天津市2023年度哲学社会科学规划一般项目

基于职业教育类型定位视角的大中小学思政课一体化建设研究

主　编　王胜利
副主编　王维园　王千文

JIYU ZHIYE JIAOYU LEIXING DINGWEI SHIJIAO DE DAZHONGXIAOXUE SIZHENGKE YITIHUA JIANSHE YANJIU

天津社会科学院出版社

图书在版编目（CIP）数据

基于职业教育类型定位视角的大中小学思政课一体化建设研究 / 王胜利主编. -- 天津 ： 天津社会科学院出版社, 2024. 9. -- ISBN 978-7-5563-1014-2

Ⅰ. D64

中国国家版本馆 CIP 数据核字第 2024DE0563 号

基于职业教育类型定位视角的大中小学思政课一体化建设研究
JIYU ZHIYE JIAOYU LEIXING DINGWEI SHIJIAO DE DAZHONGXIAOXUE SIZHENGKE YITIHUA JIANSHE YANJIU

选题策划：柳　晔
责任编辑：柳　晔
装帧设计：高馨月
出版发行：天津社会科学院出版社
地　　址：天津市南开区迎水道 7 号
邮　　编：300191
电　　话：（022）23360165
印　　刷：高教社（天津）印务有限公司
开　　本：787×1092　　1/16
印　　张：33.25
字　　数：486 千字
版　　次：2024 年 9 月第 1 版　　2024 年 9 月第 1 次印刷
定　　价：88.00 元

序

《基于职业教育类型定位视角的大中小学思政课一体化建设研究》一书，是贯彻落实习近平总书记在党的二十大报告中提出的“推进大中小学思想政治教育一体化建设”，以及此前在学校思想政治理论课教师座谈会上和新时代学校思政课建设推进会上个作出的深入推进大中小学思想政治教育一体化建设重要指示的理论创新成果。

作为天津市2023年度哲学社会科学规划一般项目同名课题的主要研究成果，本书凝结了天津市30余位大中小学（以职业院校为主）思政课教师，从职业教育视角阐明思政教育的最新心得。这本学术著作，是课题组经过前期资料收集、深入实地调研、反复论证提纲、通力协作撰写、专家把关修改、主编修改定稿等环节之后才完成的。本书书稿在送交出版社之前，课题组诚邀我为之作序，以我对职业教育的相对陌生以及对真正的学术研究的敬畏，断不敢应承此事。但通读全部书稿后，我内心的那份学术热忱战胜了最初的不安，愿意以此文向业界同仁推荐这本著作。

从职业教育的角度研究大中小学思政课一体化建设，本书表现出以下三大亮点：

一是研究主题填补空白。目前，从职业教育的视角系统研究大中小学思政课一体化建设的论文是极为少见的，专门研究这个问题的学术著作尚未见到，因而本书具有填补学术空白的意义。本书在绪论和理论研究部分，将职业教育与思政教育以工业文化为联结点而完美地统一起来，这一观点令人耳目一新。全书着眼于职业教育类型定位，紧扣“大中小学思政课一体化建设”这一最新实践要求，将职业院校在贯彻落实立德树人根本任务、培养德智体美劳全面发展时代新人上的特殊性，特别是将职业教育从职业院校下延至普通中小学的职业生涯教育和劳动教育，这种独特的思路使本书成为有“分量”、创新性强的与时之作。

二是谋篇布局匠心独运。全书分为“理论研究篇”“实践探索篇”“教学研究篇”“教案优选篇”“借鉴参考篇”五大部分，分别从理论上探讨职业教育与思政教育相结合的基本问题、职业院校开展思政教育以及中小学适应职业教育发展而开展相关教育的基本问题、职业院校在思政教育方面的具体教学问题、职业院校开展《习近平新时代中国特色社会主义思想概论》教学的案例展示、国外有关思想道德教育的具体做法对我们的借鉴等，从而使本书体现出内容上的全面性、丰富性和学理性。又如在“理论研究篇”中，在分别探讨思政教育与职业教育各自特点的基础之上，综合研究职业教育视角下思政教育的可行性和所面临的挑战。这样的谋篇布局，不仅展示了课题组对职业教育和思政教育的深厚情感，也体现了他们对学术追求的严谨态度。

三是研究成果直接应用。本书在内容上实现了理论性与实践性的兼顾与平衡，做到了思政教育与职业教育的有机统一。既深入浅出地阐述了思政教育的核心理念与实施原则，又紧密结合职业教育的实际需求，收集整理了大量鲜活的案例与实用的策略。这样的编写方式，不仅增强了全书的可读性，更为教育实践者提供了宝贵的教学实践指导，展示出思政教育与职业教育相结合服务于教学的良好前景。本书聚焦职业院校思政课教学中的教学资源建设、“大思政课”教学质量标准、监控和评价，以及职业院校思政课教师能力提升和团队建设等具体问题，以完善顶层制度设计、建设工作机制、考核督导与评价体系等具有应用推广价值的举措提出，对推动职业院校思政课建设具有积极意义。

在充分肯定这本书贡献的基础上，我还想对这个问题的后续研究提几点建议：一是进一步对职业教育背景下思政教育特殊性进行理论概括，二是探索如何在数字化、智能化时代重塑思政教育的教学模式,三是思考在全球化大背景下如何构建具有中国特色的职业教育和思政教育相结合的实践体系。我有幸成为本书的第一个读者,热切期盼更多的同仁能够加入这场意义深远的学术探索之中,共同书写我国职业院校思政教育科学发展的新篇章。

李朝阳[1]

2024年8月1日

① 李朝阳:教授、博士生导师,天津师范大学马克思主义学院常务副院长。教育部高校思政课教指委"四史"分委会委员,天津市思政课教指委"中国近现代史纲要"分委会主任委员,马克思主义理论研究和建设工程重点教材《中国近现代史纲要》2021、2023版编写组主要成员。

目 录

第三篇 教学创新篇

第四篇 教案优选篇

绪 论

一、问题的提出

(一)“大中小学思政课一体化”的由来及其两个分支

新中国成立以来,思想政治教育历来在学校教育中占有重要地位,一度甚至占有至高无上的地位乃至取代了科学文化知识的传授而几乎成为唯一的教育内容。这种高度重视,或因为国家政治形势的变化而不断改变内容,或因为受国家政治形势的影响而未能与社会上的政治教育相区分。改革开放后,思想政治教育成为专门的学科,其主要任务是培养从事思政教育的各级专门人才。而对以思政课为核心的思政教育应当如何开展研究不多。这导致的一个严重后果是,人们对思政课教学的认识主要停留在其意义上,而实际教学中普遍存在着内容重复、形式单一问题,具体表现为各层次学生纵向衔接不准、各类型学生横向特色不明。例如关于如何做人的道德和法治要求,本应在义务教育阶段就解决了,但在高等教育中还在讲授,而各个层次学生都开展国家战略、理论逻辑教学这些属于讲道理的问题,并不适合义务教育阶段的学生实际;以升学和选拔为主要特征的普通教育类型学校开展思政课教学,与其他学科和专业教育形式相同,强调学科的系统性和学术性,而以实践能力培养为主的职业教育类型学校开展思政课教学,则沿用普通教育类型学校教学内容和方法,并未反映职业院校人才培养的特色而难以为学生所接受。由此必然提出职业教育视角下的大中小学思政课一体化建设问题。

进入新时代以来,以习近平同志为核心的党中央开始重视并着力解决这个问题。早在2017年,国家成立国家教材委员会,提出统筹大中小学各级各类学校的教材建设,其中包括德育教材一体化问题,这是大中小学思政课一体化的先声。2019 年 3 月,习近平总书记在学校思想政治理论课教师座谈会上指出:“在大中小学循序渐进、螺旋上升地开设思想政治理论课非常必要”,“要把统筹推进大中小学思政课一体化建设作为一项重要工程”。中办、国办随后印发的《关于深化新时代学校思想政治理论课改革创新的若干意见》提出:“大中小学思政课一体化建设需要深化,遵循学生认知规律设计课程内容,体现不同学段特点”。2022 年 4 月 25 日,习近平总书记在中国人民大学考察调研时更加明确地指出:“青少年思想政治教育是一个接续的过程,要针对青少年成长的不同阶段,有针对性地开展思想政治教育。”他鼓励“各地高校积极开展与中小学思政课共建,共同推动大中小学思政课一体化建设”。2022 年 10 月 16 日,习近平总书记在党的二十大报告中再次强调:“用社会主义核心价值观铸魂育人,完善思想政治工作体系,推进大中小学思想政治教育一体化建设。”与此同时,中华人民共和国教育部等部门开展了大思政课建设工作和大中小学思政课一体化共同体建设工作的具体指导,天津市也作出了相应的工作部署。

从习近平总书记的论述和各级领导部门印发的文件精神来看,对于当前大中小学思政课一体化建设的现状思考和工作思路设计,主要集中在大中小学各学段之间思政课教学内容的衔接问题,而基本上没有涉及职业教育类型学校思政课教学的特殊性,且这方面的理论研究成果也不多见。实际上,职业教育作为一种类型教育,它自身也有一个大中小学思政课一体化问题,即包括职业本科学校、高职学校、中职学校(技师学院、技术学校、职业高中)、初中和小学的职业和劳动认知等这些层次的思政课教学要体现职业教育的特色。换言之,当前职业教育类型学校的思政课教学与普通教育类型学校的思政课教学几乎是一样的,但如果能在教学内容的拓展、教学资源的充实、教学方法的创新等方面更加突出职业教育的特点,其教学成效必然会有所提升。在较小范围的有效尝试中,这一点已经得到初步的证明。从各级各类职业院校学生自身特点及其学习内容、实训方式等特点来看,专门研究基于职业教育类型定位的大中小学思政课一体化建设问题是非常必要的。于此,本书认为,国家提倡和推动大中小学思政课一体化建设,应当包括普通学校类型和职业学校类型两个分支,探讨后者的规律和特点则是本书研究的基本任务。

（二）高职学校牵头开展大中小学思政课一体化建设的特殊性和基本内涵

职业教育角度的大中小学思政课一体化建设的特殊性,来自思政课教学的职业教育特色和思政课教学的职业学校特点。《国家职业教育改革实施方案》明确提出:“保持高中阶段教育职普比大体相当。”表明我国初中生至少有一半进入职业教育类型学校学习;“鼓励中等职业学校联合中小学开展劳动和职业启蒙教育,将动手实践内容纳入中小学相关课程和学生综合素质评价”,表明从中小学即开始了职业教育准备工作,从而证明:不仅职业教育作为一种类型教育在各级各类学生中已是一个完整的系统,而且职业院校的思政课教学也应当是一个带有职业教育特色的完整系统,由此证明了职业教育角度的大中小学思政课一体化既是成立的,也是有其特殊性发展要求的。

在职业学校的思政课教学中体现职业教育特色,其实与普通教育类型学校开展思政课教学一样,思政课教师在某个年级（班级）讲授理论时,总要了解一下学生学情,包括所学专业、学生特点等,以使用学生最易接受的资料、案例,从而增强教学效果。在职业学校的思政课堂上,教师要想让学生热爱职业教育和所学专业,教师自己要先懂职业教育并对学生所学的专业有所了解;教师期望学生要有工匠精神,教师自己在教学中也要体现工匠精神,他所做的教案、课件（PPT）、所举的案例都是精心制作和精挑细选的,如此等等。由此而言,思政课教学的职业教育特色不仅是客观需要的,而且是大有可为的。

在职业学校的思政课教学中体现职业学校特点,则是指在职业院校开展思政课教学,教师还必须充分认识所在学校的特点,巧妙运用该校相关资源,使思政课教学更加突出职业教育特色,从而更有利于提升育人成效。正像普通教育类型学校也有自己的独特文化传承、校史特点一样,职业教育类型的学校会因其或为行业办学、或为企业办学的特点而更加具有自身鲜明的特点。如果职业院校思政课教师能充分挖掘、利用所在学校的行业文化、企业文化并使之成为思政课内容的组成部分，其授课效果必然会得到明显提升，从而发挥思政课这一关键课程在学校“三全育人”中的独特作用。

根据大中小学思政课一体化建设的一般特点，把握职业教育类型学校思政课教学的特殊之处，可以对由高职院校牵头开展大中小学思政课一体化建设的实践作出以下分析和界定：“大中小学思政课一体化建设”，关键点是对“一体化”的理解，如果要将大中小学思政课形成一体，必须采取两个办法：一是通过教材来联系和区分各个学段，这一点只能由国家来决定；二是在实际教学中，大中小学校的思政课教学组成联盟（共同体），探讨各学段的相互衔接的有效性和可能性（教育部最近发文建立各种共同体以及各地的实践就是这样的）。这其中的难点、需要探讨的是，各学段之间在衔接中难以避免教学内容重复，如出现国家大政方针的变化（时事政策课讲好必然涉及理论问题）；同一人上学，如果沿着各个学段（台阶）往前走，当然不会出现学习内容的重复，但他要在某个阶段就业了，也必须给他一个完整的思政课教学内容，这个“完整”出现在哪个学段（台阶）都不好把握，特别是在职普融通全面推进、两大教育类型相互交叉时，如此等等。由此来看，这个“一体化建设”在可以预见的一段时间内还是一个探索性问题，至于在职业教育类型的各个学段之间如何衔接，那就更是一个难题了。由此可以给“由高职院校牵头开展大中小学思政课一体化建设的实践”作出一个基本的判断和界定：基于国家对职业教育类型定位优化的背景，通过组建教学联盟来探讨各级各类职业院校思政课教学的职教特色和职校特点，并辐射普通教育类型的中学的职业生涯教育和小学的职业认知教育，以使思政课教学在职业教育的改革发展中助力育人功能的发挥。在这个过程中，对思政课教学内容、方法的改进，是主要的研究和创新的对象和领域。本书对研究主题的确定和研究大纲的设计，就是围绕这一问题而展开的。

二、若干重要概念的辨析

近些年来,由于国家对思政课教学和思政教育工作一再强调,先后有许多相关的新概念、新提法陆续出现在多种相关文件和具体实践中。出于科学研究的需要和特点,有必要对这些相关概念和提法加以适当区分(只能适度而绝不可能完全区分)。

(一)思想政治理论课与"大思政课"

思想政治理论课是一个基本概念,大家已约定俗成简化为"思政课",本书除在特定情况下之外,一般都用思政课这个提法。思政课从在各学校的开设门类以及其教学的基本内容看,它由国家规定的教材来决定。近几年国家特别提出了"大思政课"概念,并进行实验和试点改革,这就需要加以深入分析和思考。国家关于"大思政课"建设的文件,主要体现在教育部等十部门2022年印发的《全面推进"大思政课"建设的工作方案》之中。从文件中有关精神来看,"大思政课"还是讲的思政课本身的事,主要是解决仅就思政课讲思政课的自我封闭问题,提出"开门办思政课",充分调动全社会力量和资源,建设"大课堂"、搭建"大平台"、建好"大师资",为此要"改革创新主渠道教学",包括建构党的创新理论研究阐释和教育教学的自主知识体系、建强思政课课程群、优化思政课教材体系、拓展课堂教学内容、创新课堂教学方法、优化教学评价体系;"善用社会大课堂",包括构建实践教学工作体系、落实思政课实践教学学时学分、组织开展多样化的实践教学、建好用好实践教学基地;"搭建大资源平台",包括建设全国高校思政课教学系统、推进国家智慧教育平台建设使用、打造网络教育宣传云平台;"构建大师资体系",包括建设专兼结合的师资队伍、搭建队伍研究平台、提升队伍综合能力;"拓展工作格局",包括分层分类开展"大思政课"综合改革试点、深入推进大中小学思政课一体化建设、全面推进课程思政高质量建设、扎实开展日常思政教育活动。以上可见,"大思政课"建设就是将思政课教学的内容、方法、实践、保障等问题加以全面建设,是一项系统的综合性工程设计,而"大中小学思政课一体化建设"只是其中的一项工作。本书研究大中小学思政课一体化建设，当然要把“大思政课”作为背景，其中有些内容可直接纳入，但不能把二者混为一谈。

（二）思想政治教育与“三全育人”

与思政课概念内容最为相近的是思想政治教育这一概念，但也有很大差别：思政课就是一门课程，即使是“大思政课”将思政课的相关要素都列出来了，那也是以思政课为核心的提法，主要是要集中各种资源共同办好思政课。而思想政治教育则是指包括思政课教学在内的学校内外各种对学生进行思政教育活动的总和，其外延比思政课大得多。习近平总书记曾经说过：“思想政治理论课是落实立德树人根本任务的关键课程。”[①]“思政课要做思想政治教育的显性课程。”[②]

与思想政治教育比较相近的概念还有“三全育人”，有的把“三全育人”概括为十个方面，还有概括为十二个方面的提法，总之凡是学校教育及与之相关的活动都引入教育范畴，尽可能“全面”而使全方位、全过程、全员不留任何空当和死角，而这个“三全”显然不仅仅指思想政治教育，还有学校的主业——教学与科研，这表明“三全育人”的外延比思想政治教育的外延大得多。可以说，“三全育人”与立德树人这两个概念更加接近，因为立德树人中的“树人”，也是包括学校所有工作在内的，即也有教学与科研的工作内容，只是强调学校育人必须德育为先。

本书在研究大中小学思政课一体化建设时，必然有可能涉及学校的思想政治教育和立德树人相关工作，但一体化建设只是其中的一项具体工作。

（三）职业教育与工业文化

本书是从职业教育的角度（基于职业教育类型定位）研究由高职院校牵头的大中小学思政课一体化建设问题，不能不研究职业教育与思想政治教育的相互关系。毫无疑问，职业院校必须开展思想政治教育，首先也是办好思政课；在职业院校办好思政课、落实思政教育和立德树人，也必须从职业教育的类型

① 习近平：《习近平谈治国理政·第三卷》，外文出版社 2024 年版，第 329 页。
② 习近平：《思政课是落实立德树人根本任务的关键课程》，《求是》2020 年第 17 期。

出发，体现职业教育特色和职业学校特点。本书在探讨高职学校牵头开展大中小学思政课一体化建设问题时，首先必须找到职业教育与思想政治教育的联系点，这个点就是工业文化。

工业文化是近代工业化的产物，随着工业革命从西欧诞生并陆续向其他地区推进，工业文化也随之兴起而传播开来。工业文化也叫工业技术文化，是指在工业化进程中围绕技术与机器、企业与生产而形成的一整套行为规范，这些规范的功能就是支持企业生产和技术进步，同时支配相关人员的行为，即为了发展生产、改进技术，人们必须具备相应的伦理文化和工作态度，如契约规则、诚信观念、工匠精神，其中追求精益求精的工匠精神是工业文化的集中代表。同样地，职业教育也是工业化的产物，随着传统手工业被机器大工业所取代，传统的师傅带徒弟的学徒制已不适应工业化的需要，批量培养技术技能人才的职业学校应运而生。这种条件下催生的职业教育，也必须把企业文化、工业文化作为学校的主旋律。从这个意义上讲，职业教育如果不弘扬工业文化、企业文化，或者做得不够充分，就不是真正的职业教育。

（四）工业文化与思政教育

在职业学校开展思政教育，从当前现实来看，似乎是国家统一规定和要求的结果，但从深层次讲，工业文化与思政教育是一致性的。从根本上讲，职业教育作为一种类型教育也是工业文化的组成部分，这一点可以从职业教育体系比较完善的德国实践中看得很清楚。经过教育界内部长时间的争论和探讨，德国在 19 世纪将大学分为普通大学和应用科学大学两类，前者主要对学生进行学术知识培养，所形成的教育文化是学术文化；后者主要对学生开展职业技术教育，隶属于工业技术文化；德国的企业和应用科学大学的合作，一般认为是政府推动、企业需要等原因促成的，其实从深层次来讲，是共同基于工业文化或技术文化。德国的制造业长期领先于世界，应该主要得益于高质量的职业教育，得益于根植于人们心中的工业文化或技术文化。由此对我国的启示是，目前虽然已经走过了职业教育类型定位的关键一步，但远未形成工业文化或技术文化，职业教育的意义尚未成为社会各界特别是企业和学生、家长的共识。所以，我们还必须大力提倡工匠精神。与工匠精神相提并论的，还有劳模精神，这就不仅包括了工匠精神的内涵，还增加了奉献精神这一政治思想内容。与之相似的提法还有大庆精神、“两弹一星”精神、载人航天精神等，而这几种精神是属于中国共产党人的精神谱系的，其基本内涵自然也必须包含工匠精神、劳模精神，更是对工匠精神、劳模精神的超越，已完全属于思政教育的范畴。由此可以看出，中国发展职业教育必须用含有政治思想元素的这些精神武装广大国人的头脑，使职业教育文化得到建立健全和不断完善提升。

（五）职业教育与思政教育

从前面的梳理和分析中，我们已经看到，我国发展职业教育，在职业教育类型的学校开展思政教育本来是题中应有之义。只是由于这种类型划分刚刚完成，还需要一个时期的优化。这种优化包括职业教育内部结构的重建，以及它与整个教育体系的关系，这不是一朝一夕、通过某项法律规范即可实现的。从培养数以亿计的高素质技术技能人才的需求出发，我们研究和从事职业教育工作，必须下大力气倡导、推广工业文化或技术文化；而从我国国情出发，仅仅这样做是很不够的，广义的思政教育是不可或缺的。只是我们好长一段时间认为或遗憾地认为在职业院校开展思政教育比较困难，其实如果把职业教育、工业文化或技术文化都看成是工业化发展的结果，我们开展思政教育在观念上就会进一大步。沿着这个思路，探讨职业教育中的思政课教学规律，或者说找出职业教育思政课教学特色、职业院校思政课教学特点，是完全具有可行性的；开展以高职院校牵头的大中小学思政课一体化建设的实践和研究，既有重要意义，又有现实可行性。

三、职业学校思政课创新

关于思政课创新问题，党和国家相关文件已有明确、系统的规定。其中以中共中央宣传部、教育部 2020 年 12 月 18 日印发的《新时代学校思想政治理论课改革创新实施方案》最为重要和集中。这份文件不仅对思政课创新的一般要求进行全面部署，而且一并具体设计了大中小学思政课一体化建设方案。该文件在“基本要求”部分明确提出了“推进一体化”的要求：“建立纵向各学段层层递进、横向各课程密切配合、必修课选修课相互协调的课程教材体系，实现课程目标、课程设置、课程教材内容的有效贯通”；关于创新性要求，明确提出：“完善课程教材建设机制，优化教材内容，创新教学方法。”

在“课程目标体系”方面，提出“按照循序渐进、螺旋上升的原则，立足于思政课的政治性属性，对大中小学思政课课程目标进行一体化设计”，“小学阶段重在培养学生的道德情感”，“初中阶段重在打牢学生的思想基础”，“高中阶段重在提升学生的政治素养”，“大学阶段重在增强学生的使命担当”。

在“课程体系”方面，提出“根据学生成长规律，结合不同年龄段学生的认知特点，构建大中小学一体化思政课课程体系”，在小学、初中阶段开设“道德与法治”必修课程，在普通高中开设“思想政治”必修课程和选择性必修课程，在中等职业学校（含技工学校）开设“思想政治”必修课程和选修课程，在大学阶段开设“思想政治理论课”必修课程和选择性必修课程，其中本科学校和高等职业学校的开设课程门类有所不同，同时对硕士研究生和博士研究生的课程设置提出了具体要求，并且特别强调各高校结合本校实际，安排好选择性必修课程，规范实践教学。

在“课程内容”方面，提出“实现学段纵向衔接，逐层递进，学科和课程协同联动”，要求小学课程“以学生的生活作为基础”，初中课程“以学生的体验为基础”，高中课程“以学生的认知为基础”，本科及高等职业学校“根据不同类型学校和不同层次人才培养要求，进一步增强教学的针对性和实效性”。

在“教材体系”建设方面，提出“完善教材编审制度”“健全一体化教材建设机制”“加强教材研究”“构建立体化教材体系”，这些要求之中都提出了大中小学思政课一体化的专门要求。

值得注意的是在“组织领导”方面，特别提出“省级教育部门的要统筹推进大中小学思政课程教材一体化建设”，“鼓励有条件的高校和中小学组建思政课一体化教学改革创新联合体”，“组织开展大中小学思政课教师全员培训、专题研修”,“围绕教材使用,分课程、跨课程、跨学校组织大中小学思政课教师集体备课”,“结合教学实践,组织大中小学思政课教师开展交流研讨,共同探讨思政课一体化教学规律”。这些要求,大部分已在近两年内陆续开展实践,但尚未完全做到,离找到一体化建设规律还有很大距离。特别是该文件在部署课程目标时明确提出:“本科及高等职业学校专科课程重在加强理论教育和学习,高等职业学校课程还要体现职业教育特色。”这两个方面正是本书所要研究并有所创新的基本内容。

通过分析以上相关文件关于职业学校思政课创新的问题,可以归纳为以下五个方面:一是教学内容的创新,各学校可根据职业教育特色以及所在学校特点增加相关教学内容,如所在行业的红色文化传统、所在产业的绿色发展理念等;二是教材建设的创新,在用好国家规定的必修课教材的基础上,建设具有校本教材特点的选修课程教材,在这些教材中可根据所在学校专业特点融入美学、体育、劳动教育等内容;三是实践教学的创新,除学校自主建设实践教学基地外,广泛联系社会多方面的实践教学资源,特别是具有博物馆性质的工业文化、技术文化教学资源;四是教学方法的创新,充分运用新一代信息技术手段,激活或再造多种传统教学资源为教学服务,灵活多样地开展随时随地的教学,有条件地尝试智能化教学而提升教学成效;五是教学方式的创新,各种在基础教育阶段和本科教学中运用有效的教学方式都可以引入职业学校的思政课教学,在改革尝试之后及时总结和提升,特别注重发挥职业学校学生动手能力较强的特长,且有条件地让学生参与教学改革,如师生共同制作微课等。

四、职业教育角度的大中小学思政课一体化建设

从前述关于思政课改革创新的文件中已经看到,几乎在所有思政课改革的内容中都提到了人中小学思政课一体化建设的要求,但我们不能因此认为,如何开展大中小学思政课一体化建设就包含在这些改革创新内容之中。实际上,这是两个相关性很大的问题,但二者绝不能相互代替。更为重要的是,我们

要探讨由高职院校牵头的大中小学思政课一体化建设问题，必须找到它的特殊性规律。为此，有必要在以下三个方面采取有力措施。

（一）充分认识职业教育角度的大中小学思政课一体化建设的特殊性

职业教育类型的学校开展思政课教学，在内容和形式上都具有特殊性，这在国家相关文件和业界人士中都已有明确共识。但这个特殊性到底是什么，还需要进行深入探讨，这种特殊性至少包括以下三个方面：

一是职业教育的特殊性。前已指出，职业教育从根本上说是工业化的产物，而且只要工业化还在继续，职业教育还要继续存在并发挥重要作用。我国作为制造业大国，需要数以亿计的高素质技术技能人才加以支撑，职业教育在我国大有可为，前景广阔。但是，这一现实还未能形成全民共识。如前所述，工业文化、职业教育文化尚未形成并为大多数国人所接受。对接受职业教育的这部分学生来说，我们的思政课教学就不能简单地照搬普通教育类型学校的做法，要努力将工业文化、职业教育文化与思政教育结合起来，最好是融合起来，才能取得好的成效。

二是职业学校的特殊性。相比普通教育类型的学校而言，职业学校更具有特殊性。这主要表现为：行业、企业主办或参与主办的职业学校，其文化传统、教学环境、学习风气等无不带有行业或企业的特点。即使不是行业或企业主办的学校，按其学校教育类型划分，也必然表明其职业学校的鲜明身份。职业学校的课程设置、教学方式，特别是实习、实训的强化，都表明这样的环境里开展思政教育，必然地带有这个职业学校的鲜明特点；也只有突出这个特点，思政教育才能达到应有成效。

三是职业学校学生的特殊性。这是上述两个特殊性的集中表现。因为在职业学校学习的学生，中职生来自职普分流，那些进入中职的学生按照传统的世俗的观念，往往被认为是“次人一等”。同样地，进入高职学校的学生，也基本上是高考失利者或应试教育的不适应者，也往往为世人所轻视。这两种情况在全社会形成良性工业文化、职业教育文化之前，一时难以改变，从而决定了对这样的学生开展思政教育的难度及其特殊性要求。换言之，思政课教学不能有效引领这些学生的思想认识，肯定不能说是成功的。

以上三个方面虽然是认识层面的事，但也要通过具体的事情去解决，因而可以看作有效实施职业教育角度的大中小学思政课一体化建设的首要条件或办法。

（二）必须把职业教育角度的大中小学思政课一体化建设当作一项系统工程

由于职业教育作为一种类型教育，已在中国共产党的最高等级文件和国家专门法律中加以明确规定，以及在推进"大思政课"和"大中小学思政课一体化建设"的具体文件中有了具体安排，我们就必须把职业教育角度的大中小学思政课一体化建设看作一项系统工程加以把握和推进。

一是职业教育角度的大中小学思政课一体化建设本身是一个完整的系统。职业教育类型的学校已有中等职业学校（技工学校）、高等职业学校（专科学校或技师学院）、本科职业学校（包括本科、专业硕士和博士），而且国家为了建设技能型社会和推进职业教育加快发展，要求在中学阶段开展职业生涯教育，在小学阶段开好劳动实践课并对职业有所认知。这个已经形成并日益完善的大中小学职业教育系统，必然要求其思政课建设也要实现大中小学一体化，并将其也看作一个系统加以完善。

二是职业教育角度的大中小学思政课一体化建设在内容和方法上具有统一性。思政课教学在职业教育类型的学校开展，其内容要体现职业教育的特色，其形式也是极具职业教育特点的。例如，劳动教育的内容在普通高校中显然是偏重于理论阐释和道理阐发，但在职业院校，除了讲述基本原理之外，更多的要在实习实训环节中加以具化而形成学生的自觉活动。同样地，职业学校的美育，如果从思政教育的大视角去看，它也是体现在某件产品的设计和制作过程之中的，这也是有别于普通高校的思政教育特殊之处。

三是职业教育、工业文化与思政教育具有内在的统一性。职业教育和工业文化都是工业化的产物，职业学校的思政教育在社会主义制度下的今天必然要包含这两个方面的内容，再加上思想政治方面的强化，才能形成具有职业教育特色、职业学校特点的思想政治教育新类型。如果从职业教育、工业文化、思政教育的统一性去看职业学校的思政教育，并自觉地加以实践，肯定会取得良好的成效，于此，那些有意无意将思政教育与职业教育和工业文化相排斥的想法或做法，都是必须加以摒弃的。

（三）必须通过循序渐进的方式才能达成职业教育角度的大中小学思政课一体化建设目标

由于大中小学思政课一体化建设正处于推进过程的前阶时段，特别是职业教育角度的大中小学思政课一体化建设尚处于认识阶段，对这后一个一体化建设必须采取循序渐进的方式才能有所进步并最终达成目标。为此，必须做好以下三个方面的工作：

一是普遍展开与重点深化相结合。按照党和国家相关文件精神要求，大中小学思政课一体化建设涉及的工作相当复杂，特别是从职业教育角度开展这种一体化更是具有全面的创新性，不可能在短期内达到目的。除去工业文化、职业教育文化的普及这种难以把握的外部条件，其内部相关工作每一项都具有挑战性，因而只能在全面推进的要求下，先从相关重点领域开始取得初步成效，如首先在思政课教学内容拓展上加入职业教育和工业文化，在形式上采用更加直观的甚至学生直接参与的办法实现创新，有可能带动整体建设逐步深化。

二是头雁引领与分工合作相结合。从职业教育角度开展的大中小学思政课一体化建设，高职院校是其领头之雁（目前职业本科学校很少）。只有发挥头雁的引领作用，才能有效推进这个一体化建设。相比较而言，高职院校的职业教育特色和职业学校特点更加鲜明，因为国家对中职学校的定位虽然是就业与升学并重，但实际上它已基本上是高职学校的生源储备，而职业本科学校数量本来很少，且也是刚从高职学校转化而来，其在思政课一体化建设中的引领作用，短期内难以发挥出来。当然，也只有那些“大思政课”建设中成绩比较显著的高职院校才能实现头雁引领，而且这种引领离不开其他职业学校的分工合作，这种分工合作主要通过发挥各校所长和特点来体现。

三是实践发展与理论提升相结合。伴随着国家重视思政课教学相关政策措施逐步推出，各种改革实践新鲜案例不断涌现，总体上看需要有及时有效的理论概括加以论证和推广，这后一方面显然做得不够，而对职业教育角度的大中小学思政课一体化建设来说，实践发展和理论提升更显不足。但从客观要求来看，职业教育角度的大中小学思政课一体化建设的理论研究更显迫切，因为只有在理论上阐明了职业教育、工业文化与思政教育的统一性等若干重大问题，才能使这个一体化建设建立在可行性之上。自然，随着这方面的实践发展，更多的理论成果也会涌现出来，从而有效实现这个一体化建设的良性发展。

第一篇　理论研究篇

第一章

立德树人根本任务新生态新格局的构建

党的十八大首次将立德树人作为教育根本任务写入党的全国代表大会报告之中。此后，“立德树人”就频繁出现在党和国家领导人的重要讲话和一系列政策文件中。党的十九大明确提出了落实立德树人根本任务的要求，党的二十大再次指出要全面贯彻党的教育方针，落实立德树人根本任务。由此可见，构建立德树人新生态新格局是对党和国家关于落实教育根本任务要求的积极回应，有其研究的必要性和现实性。

一、立德树人的提出

党的十八大以来，习近平总书记基于百年未有之大变局和中华民族伟大复兴战略全局的充分考量，在先后到一些中小学、职业学校以及高等学校考察调研和一系列重要会议讲话中，从不同的层面对做好学校立德树人工作提出了新要求，形成了完善的学校立德树人科学体系。

（一）作为教育根本任务的“立德树人”

2012 年 11 月，党的十八大明确提出：“要坚持教育优先发展，全面贯彻党的教育方针，坚持教育为社会主义现代化建设服务、为人民服务，把立德树人作为教育的根本任务，培养德智体美劳全面发展的社会主义建设者和接班人。”这是第一次把立德树人作为教育的根本任务并在党的全国代表大会报告中加以明确。

立足办好基础教育，习近平总书记指出："基础教育是立德树人的事业，要旗帜鲜明加强思想政治教育、品德教育，加强社会主义核心价值观教育，引导学生自尊自信自立自强……"①。立足办好中国特色社会主义大学，习近平总书记强调："高校立身之本在于立德树人。要坚持把立德树人作为中心环节。"②"大学是立德树人、培养人才的地方，是青年人学习知识、增长才干、放飞梦想的地方。"③ 与此同时在不同场合也多次提到要努力把培育和践行社会主义核心价值观融入教育教学全过程，更要注重强化思想引领，牢牢把握高校意识形态工作领导权。立足整个教育体系完善，习近平总书记强调："要把立德树人融入思想道德教育、文化知识教育、社会实践教育各环节，贯穿基础教育、职业教育、高等教育各领域，学科体系、教学体系、教材体系、管理体系要围绕这个目标来设计，教师要围绕这个目标来教，学生要围绕这个目标来学。凡是不利于实现这个目标的做法都要坚决改过来。"④ 立足教育强国建设，在党的十九大报告中提出："建设教育强国是中华民族伟大复兴的基础工程，必须把教育事业放在优先位置，加快教育现代化，办好人民满意的教育。要全面贯彻党的教育方针，落实立德树人根本任务，发展素质教育，推进教育公平，培养德智体美劳全面发展的社会主义建设者和接班人。"⑤ 总的来看，习近平总书记关于"立德树人"是教育的根本任务进行了不同层面的一系列重要论述，充分体现了习近平总书记对教育规律和教育本质的深刻把握，为教育强国建设提供理

①《习近平在北京市八一学校考察时强调　全面贯彻落实党的教育方针努力把我国基础教育越办越好》，https://www.gov.cn/guowuyuan/2016-09/09/content5107047.htm。

②《习近平在全国高校思想政治工作会议上强调：把思想政治工作贯穿教育教学全过程　开创我国高等教育事业发展新局面》，http://dangjian.people.com.cn/n1/2016/1209/c117092-28936962.html。

③ 习近平：《在北京大学师生座谈会上的讲话》，https://www.gov.cn/xinwen/2018-05/03/content5287561.htm。

④《习近平出席全国教育大会并发表重要讲话》，https://www.gov.cn/xinwen/2018-09/10/content5320835.htm。

⑤ 习近平：《决胜全面建成小康社会　夺取新时代中国特色社会主义伟大胜利——在中国共产党第十九次代表大会上的报告》，《人民日报》2017 年 10 月 28 日。

论支撑。

（二）落实"立德树人"根本任务的实践路径

坚持党对教育事业的全面领导。党的二十大报告提出，"育人的根本在于立德。全面贯彻党的教育方针，落实立德树人根本任务，培养德智体美劳全面发展的社会主义建设者和接班人"。[①] 坚持办好思想政治理论课，推动思政课内涵式发展。习近平总书记在主持召开的学校思想政治理论课教师座谈会上强调，"思想政治理论课是落实立德树人根本任务的关键课程。"[②]"坚持思政课建设与党的创新理论武装同步推进，……守正创新推动思政课建设内涵式发展，不断提高思政课的针对性和吸引力。"[③] 要深入推进大中小学思政课一体化建设。坚持配齐建强思政课教师队伍。"办好思想政治理论课关键在教师，关键在发挥教师的积极性、主动性、创造性。"[④] 要着力建设一支政治强、情怀深、思维新、视野广、自律严、人格正的思政课教师队伍。坚持善用"大思政课"，"把思政小课堂同社会大课堂结合起来"[⑤]，以"大思政课"拓展全面育人新格局。

（三）落实"立德树人"根本任务的现实保障

依据习近平总书记对"立德树人"的重要论述，为更好落实"立德树人"根本任务，中央和国家有关部委相继发布了一系列制度、规范性文件。诸如2017 年和 2019 年中办、国办先后印发了《关于深化教育体制机制改革的意见》《关于深化教育教学改革全面提高义务教育质量的意见》，提出要落实立

① 习近平：《高举中国特色社会主义伟大旗帜　为全面建设社会主义现代化国家而团结奋斗——在中国共产党第二十次全国代表大会上的报告》，https://www.gov.cn/gongbao/content/2022/content_5722378.htm。

②《习近平主持召开学校思想政治理论课教师座谈会》，https://www.gov.cn/xinwen/2019-03/18/content_5374831.htm。

③《习近平对学校思政课建设作出重要指示》，https://www.gov.cn/yaowen/liebiao/202405/content_6950473.htm。

④《习近平出席全国教育大会并发表重要讲话》，https://www.gov.cn/xinwen/2018-09/10/content5320835.htm。

⑤《习近平出席全国教育大会并发表重要讲话》，https://www.gov.cn/xinwen/2018-09/10/content5320835.htm。

德树人根本任务，并进一步健全立德树人落实机制。并在随后由国务院办公厅印发《关于新时代推进普通高中育人方式改革的指导意见》中明确提出了健全立德树人机制的时间表："到 2022 年，德智体美劳全面培养体系进一步完善，立德树人落实机制进一步健全。"[①] 后续又相继发布了《关于深化新时代学校思想政治论课改革创新的若干意见》《新时代高等学校思想政治理论课教师队伍建设规定》《高等学校课程思政建设指导纲要》《全面推进"大思政课"建设的工作方案》等配套文件来保障"立德树人"根本任务的落实。在 2024 年全国教育工作会议上，教育部部长怀进鹏进一步提出要着力构建落实立德树人根本任务新生态新格局。

总的看，习近平总书记围绕立德树人的重要论述主要涉及到党的领导、思政课建设、思政教师队伍建设以及"大思政课"建设，而中央和国家部委文件则是从落实机制、工作内容及时间表等具体工作层面提出安排。这些是本书要探讨立德树人内涵和外延的重要依据。

二、立德树人的内涵和外延

在这里我们把立德树人作为一个整体概念，不能只谈"立德"也不能只谈"树人"，要把立德树人作为一个具有内在统一的整体结构来看待，既不可彼此割裂，更不可忽视内在逻辑结构。

尽管前述提到立德树人作为教育的根本任务是十八大才得以明确的，但立德树人这一理念却是在我国具有深厚的历史渊源。从我国传统文化发展历史来看，立德树人至少包含两层含义，一是将德作为基础，"德者，本也"；二是将德作为载体，"才者，德之资也；德者，才之帅也"。历史一再表明，"立德"在中华五千年文明赓续和传承中起着不可替代的作用。正如习近平总书记在文化传承发展座谈会上深刻指出："中华文明具有突出的连续性。中华文明是世

① 《国务院办公厅关于新时代推进普通高中育人方式改革的指导意见》，http://www.moe.gov.cn/jyb_xxgk/moe_1777/moe_1778/201906/t20190619_386539.html。

界上唯一绵延不断且以国家形态发展至今的伟大文明。这充分证明了中华文明具有自我发展、回应挑战、开创新局的文化主体性与旺盛生命力。深厚的家国情怀与深沉的历史意识，为中华民族打下了维护大一统的人心根基，成为中华民族历经千难万险而不断复兴的精神支撑。"[①]

事实上，"立德"与"树人"起先是分开使用的。"立德"一词的出现最早可见于春秋时期《左传·襄公二十四年》："太上有立德，其次有立功，其次有立言，虽久不废，此之谓不朽。"由此可见"三不朽"之首就是"立德"，也就是说古人把树立良好品德作为人成长成才的首要因素，是"立功"和"立言"的前提和依据，这足以深刻反映出我国古代社会对道德的追求以及重视。而"树人"一词最早出现在《管子》："一年之计，莫如树谷；十年之计，莫如树木；终身之计，莫如树人。"在历史演进过程中，由于两个词的关联度相对较高，所以后来世人就逐步将"立德"和"树人"两个词合并为一个词使用，并在全社会形成普遍的共识。

新时代条件下，落实"立德树人"这一根本任务必须厘清其内涵和外延。从现有研究成果来看，有学者将立德树人看作并列结构，认为立德与树人同样重要；也有学者将立德树人看作偏正结构，立德是为了树人，树人才是目的；还有学者将立德树人看作递进结构，认为立德是树人的前提，树人是立德的根本；除以上观点外，还有学者认为，立德与树人是辩证结构，立什么德就树什么人，树什么人就需要立什么德，二者互为前提、互为因果。以上观点各有侧重，但都将"立德"和"树人"分成两个部分；但有学者认为立德与树人各自都是动宾结构，不宜分开理解；更有人认为德和人是一体关系，"立育人之德"与"树有德之人"是有机统一的。总体上看，以上种种观点都是在强调"立德树人"目标，或者是从"立德树人"对象的角度出发，即培养合格的社会主义建设者和接班人，本身并没有错误，但还不够全面且没有深入思考。

"立德"本身至少也应该包括"谁来立德""立谁的德""立什么样的

① 习近平：《在文化传承发展座谈会上的讲话》，《求是》2023年第17期。

德”“怎么立德”这些根本问题。习近平总书记在不同场合对“立什么德”的也有着成熟的思考，突出表现为：其一，将修德分为三个层次“明大德、守公德、严私德”；其二，将德的本质归为价值观选择：“核心价值观，其实就是一种德，既是个人的德，也是一种大德，就是国家的德、社会的德。”[①]“树人”也应如此，单从教育角度看，我们要培养的是德智体美劳全面发展的人；从社会发展角度看，要培养的是社会主义建设者和接班人；从时代要求看，要培养的是担当民族复兴大任的时代新人。而现阶段对“立德树人”的解释显然忽略了“谁来立德”这一重要问题，同时忽视了“德”只是首要的核心素养而非全部素养。因此可以将新时代条件下立德树人的内涵进一步明确为：在教育活动中全员（含教育者、管理者、家长等多主体）在自身立德基础之上，遵循思想政治工作规律、教书育人规律、学生成长规律，坚持德育为先，智育、体育、美育、劳育与德育并举和融合，以培养担当民族复兴大任的时代新人。从外延上看，立德树人可以具体化为工作体系和建设工程两个方面。

二、作为工作体系的立德树人

作为工作体系的立德树人，其实就是五育并举、五育融合的具体化设计。如前文所述，习近平总书记在全国教育大会讲话中指出：“要把立德树人融入思想道德教育、文化知识教育、社会实践教育各环节，贯穿基础教育、职业教育、高等教育各领域，学科体系、教学体系、教材体系、管理体系要围绕这个目标来设计，教师要围绕这个目标来教，学生要围绕这个目标来学。凡是不利于实现这个目标的做法都要坚决改过来。”[②]这其实就已经从教育内容、教育层次、教育体系三个层面构建了一个系统化的立德树人工作体系。

---

① 习近平：《青年要自觉践行社会主义核心价值观——在北京大学师生座谈会上的讲话》，人民出版社 2014 年版，第 4 页。

②《习近平出席全国教育大会并发表重要讲话》，https://www.gov.cn/xinwen/2018-09/10/content_5320835.htm。

（一）把立德树人自觉融入教育内容之中

思想道德教育是学校教育教学中最基础的部分，要开齐办好思想政治理论课，将思想道德教育贯穿于人才培养全过程和各环节，培养自觉践行社会主义核心价值观的，明大德、守公德、严私德的合格的社会主义建设者和接班人。

文化知识教育是学校教育教学中最重要的部分，重在引导学生注重学习学科和专业知识，培养科学思维，在拓宽学术视野的过程中，善用高水平科研成果支撑和反哺教育教学和人才培养。

社会实践教育则是学校教育教学中不可或缺的组成部分，主要是通过实验教学、体验教学和工程实训等为主要抓手，让学生充分发挥主体作用，通过切身体悟，提升自身实践技能和动手能力以及提升自身人文情怀和综合素养，努力成为既有科学精神又有人文素养的高素质人才。

（二）把立德树人贯穿整个教育体系之中

基础教育在立德树人中起着先导性作用。学校立德树人要从基础教育到高等教育的全过程中一以贯之，尤其在基础教育阶段要更加注重遵循青少年学生的成长规律，帮助其扣好人生的第一粒扣子，这样在学生的后续成长过程中就能沿着正确的方向不断发展。

职业教育作为一种类型教育，相对普通类型教育的立德树人要求而言，更加强调德技并修，也就是说既需要培养能工巧匠、大国工匠，更需要在技能培养中培育弘扬工匠精神。

高等教育的立身之本就是立德树人，高校应紧扣立德树人根本任务，培养数以亿计的社会主义现代化强国建设所需要的高素质高技能的创新型人才。这就必然要求高校要主动适应国家社会发展需要，优化学科结构、合理设置专业，改进管理方式，突出创新创造，推进产学研结合，以人才培养为核心点，促进高校进一步发展。

从基础教育到职业教育再到高等教育，不论是哪一种教育类型，都必须紧紧围绕立德树人。尽管不同教育类型所承担培养人的目标和人才规格不同，但为党育人、为国育才的使命是始终不能变的。

（三）将立德树人融入教育教学全过程之中

全员育人、全学科育人是落实立德树人根本任务的必然要求。在学校教育过程中，要善于挖掘所有学科中的立德树人教育资源，把立德树人理念体现到学科体系之中，同时要解决好不同学科间的相互协调问题。

课堂教学是学校立德树人的主要阵地，教师是学校立德树人的关键，在整个教学体系设计之中都要围绕立德树人的核心理念，实现教书与育人的有机融合。

教材建设在立德树人中扮演着重要角色，党和国家高度重视教材建设，要注重教材中的意识形态问题以及不同学段教材之间的相互关联性和逻辑的完备性，要在教材中自觉不自觉地将立德树人融入其中。

学校管理体系建设也是立德树人的抓手之一，学校管理的主体在工作中首先要自身立德，其次在管理过程中要善用的“德治”的方式，各司其职，各负其责，营造浓厚的立德树人氛围，实现管与育、服与育的融通与贯通，实现从严管理和科学治理的有机统一。

总的来说，从学科体系的构建，到教材体系和教学体系的相互转化，再到管理体系都要紧紧围绕立德树人这个目标来进行。

三、作为建设工程的立德树人

立德树人是一项系统性极强的建设工程，其核心内容主要包括以下几个方面：

一是要坚持党的领导，全面贯彻党的教育方针，以为党育人、为国育才为根本目标。学校落实立德树人根本任务要坚决贯彻党的基本理论、基本路线、基本方略，坚持为党育人、为国育才，把政治标准和政治要求贯穿办学治校、教书育人全过程各方面，牢牢坚持社会主义办学方向，落实立德树人根本任务，努力办好人民满意的教育。

二是要开齐办好思想政治理论课。要坚持思政课建设与党的创新理论武装同步推进，构建以新时代中国特色社会主义思想为核心内容的课程教材体系，深入推进大中小学思想政治教育一体化建设。力求把思政课在讲准的基础上讲深讲透讲活，守马克思主义之正、创思想政治教育形式之新，推动思政课建设内涵式发展，不断提高思政课的针对性和吸引力。

三是要做好高质量课程思政工作。课程思政是落实“把思想政治工作贯穿教育教学全过程”“使各类课程与思想政治理论课同向同行，形成协同效应”的重要体现”。① 要充分挖掘其他课程中的思政元素，有机融入与专业课程中，让专业课飘出思政味儿。

四是要把教师队伍建设作为建设教育强国最重要的基础工作来抓，加强师风师德建设，构建高质量教师培养体系。尤其注重要着力建设一支政治强、情怀深、思维新、视野广、自律严、人格正的思政课教师队伍，并在教育强国建设过程中不断健全教师资源配置机制和制度保障体系。

五是以“大思政课”构建全面育人新格局。善用“社会大课堂”以中国特色社会主义取得的举世瞩目成就为内容支撑，以中华优秀传统文化、革命文化和社会主义先进文化为力量根基，教育引导青年学生正确认识世界和中国发展大势，不断增强中国特色社会主义道路自信、理论自信、制度自信、文化自信，在实现中华民族伟大复兴的时代洪流中踔厉奋发、勇毅前进，成为堪当民族复兴大任的时代新人。

六是“十大育人体系”的完善和特色化构建。完善课程、科研、实践、文化、网络、心理、管理、服务、资助、组织“十大育人”体系的同时，各学校可依据经济社会发展需要和自身办学特色进行育人体系的品牌化构建。

---

①《习近平在全国高校思想政治工作会议上强调：把思想政治工作贯穿教育教学全过程　开创我国高等教育事业发展新局面》，http://dangjian.people.com.cn/n1/2016/1209/c117092-28936962.html。

四、立德树人的新生态新格局

构建立德树人的新生态新格局是教育强国建设的必然要求，是以教育强国建设支撑引领中国式现代化的现实需要。在 2024 年的全国教育工作会议上，教育部部长怀进鹏首次提出要着力构建落实立德树人根本任务新生态新格局，并列为全年教育工作重点任务的首位，其实质就是在整合现有资源的基础上创新立德树人模式，以提升教育质量和人才培养。

关于这个问题怀进鹏部长 2024 年 3 月 29 日在《学习时报》头版发表题为《奋力书写教育强国建设支撑引领中国式现代化的新篇章》一文，明确提出："着力实施立德树人工程。坚持不懈用习近平新时代中国特色社会主义思想铸魂育人，更高质量开好讲好《习近平新时代中国特色社会主义思想概论》课。纵深推进大中小学思政教育一体化和大中小学思政课一体化，统筹党员干部、教师、思政工作力量和学生四支队伍，抓好组织机制创新、社会实践育人、'一站式'学生社区等要素，整体构建大思政格局和育人生态。深化铸牢中华民族共同体意识教育，推动实现国家统编教材全覆盖，让各族青少年掌握和使用好国家通用语言文字。以身心健康为突破点强化五育并举，持续推进学生心理健康促进行动、学生体质强健计划、美育浸润计划、劳动习惯养成计划和科学教育促进行动，发展好素质教育。深入实施全国青少年学生读书行动，以浓厚的'书香校园'氛围助力学生全面成长。促进高校毕业生高质量充分就业，提升毕业生综合素质和就业能力。"[①]

怀进鹏部长的上述论述在教育理念（讲政治）、教育内容（一体化设计、五育并举）、教育方式（遵循教育规律）、教育目标（实现就业，时代新人）上都有所涉及，也进一步指明了构建立德树人新生态、新格局的实践路径。

① 怀进鹏：《奋力书写教育强国建设支撑引领中国式现代化的新篇章》，《学习时报》2024 年 3 月 29 日第 1 版。

五、立德树人新生态新格局在职业院校的特殊性

立德树人新生态新格局在职业院校的特殊性,突出表现为职业学校立德树人评价机制的特殊性。职业院校的立德树人成效评价在评价理念、评价目标、评价主体和评价方式四个方面与普通类型教育的评价体系均有所不同。

(一)评价理念的特殊性

评价理念本质上是评价主体以某种理念对评价客体进行价值判断的过程机理。在职业院校立德树人评价理念方面至少有三个方面需要注意:一是立德树人评价理念一定要体现“以生为本”。职业院校的立德树人评价要以学生为主体,充分考虑职业院校学生生源的特殊性(职业学校学生多为应试教育的“淘汰者”),避免应试教育下的“唯分数论”,要“以生为本”,教师尊重每一个学生,善于发现学生成长过程中的点滴进步,用赞许的眼光去鼓励和对待每一个独立个体。二是要把握评价理念的综合性,在关注学生智育的同时,兼顾德育、体育、美育和劳育的多个维度,绝不能仅将立德树人成效简单地建立在升学率和论文上,而偏离以德为先、五育并举的基本要求。三是把握评价理念的过程性。职业学校学生学习时间一般为二至三年,在校周期相对要短,步入社会后可能会经过一段时间才能展示出其在校期间的学习成效,所以对立德树人成效的评价要依据客观条件和具体情况的变化不断调整充实,形成对学校立德树人落实情况进行客观的定性和定量相结合、过程性评价和总结性评价相统一的综合评价。

(二)评价目标的特殊性

评价目标既要符合学校立德树人的标准和学生实际发展情况,也要符合人才培养的目标要求。职业院校的人才培养目标是为了适应社会和经济发展的需求,培养德技并修、知行合一的能工巧匠、大国工匠,也就是要具有创新精神、实践能力和国际视野的高素质技术技能人才。这就决定了在对其立德树人成效评价中侧重点与普通类型教育要有所不同。在德育评价的过程中除了要记录践行社会主义核心价值观的日常表现外,更要关注其工匠精神、劳模精神

的培育；在智育评价中，善用发展的眼光看待学生的进步，避免“唯分数论”；在体育评价过程中，要提高体育评价的占比，良好的身体健康状况是一切工作的前提，职业院校的学生除日常的课堂教学外还会有大部分时间进行实习实训，这无疑需要对身体素质提出了更高的要求，不断健全体育育人的制度机制，形成多样化、现代化、高质量的学校体育体系，充分发挥体育育人的功能，为发展成为全面发展的人奠定坚实的体质基础；在美育评价中要逐步健全美育评价体系和管理机制，加大美育教育在学生综合素质培养方面的占比，把美育纳入人才培养方案，以形成“技美共育”的新模式；在劳动教育评价方面，根据学校实际情况，开设专门的劳动课程、开展劳动教育实践活动，将参与劳动教育课程学习和课外劳动实践情况纳入学生综合评价体系。

（三）评价主体的特殊性

落实立德树人根本任务是一个系统性的工程，涉及多元主体，所以在考核立德树人落实成效时就需要多元的评价主体共同参与。相比于普通教育类型评价主体主要有政府、学校、学生外，职业院校立德树人评价主体还必然要涉及行业与企业。现阶段来看，大部分职业院校最初都是行业、企业主办或参与主办的职业院校，有些职业院校虽然后来改变了主办单位（如由政府主办），但长期形成的校企合作关系使得其文化传统、教学环境、学习风气等无不带有行业或企业的特点。因此，这些行业和企业等主体更加关注的是学生的动手操作能力与是否具有工匠精神等。总的来说，对于职业院校立德树人的评价必须要考虑到其培养目标、职业学校的情况、生源情况以及具体实施等诸多方面，具体如下：

从培养目标上看，职业教育是为了培养高素质技术技能人才而实施的教育；相比普通教育类型的学校而言，职业学校更具有特殊性，这种特殊性就决定了职业教育所培养的人才应是在“五育并举”的总要求下，又有自身的特点和侧重。就培养目标而言：职业教育应坚持市场导向，因为职业教育是面向市场的就业教育，应注重培养德技并修、知行合一的能工巧匠、大国工匠。习近平总书记强调，要把职业教育摆在更加突出的位置，对接科技发展趋势和市场需求。要增强职业教育适应性，建立更灵活的机制，市场需要什么专业，就培养什么专业，不适应市场的要及时调整；职业需要什么能力，就训练什么能力，使职业教育的受教育者更受市场欢迎、企业青睐。而受市场欢迎、企业青睐的职业教育受教育者一定是德技并修、知行合一的受教育者。这就要求职业教育培养的人一方面要寓德于技，培养受教育者的品德、公德、大德和职业道德，执着专注、精益求精、一丝不苟、追求卓越。另一方面要技能报国，努力提高技术技能水平，成长为能工巧匠、大国工匠，为国家进步、民族复兴提供技能支撑。

从职业院校学校自身特殊性上看，职业院校因其或由行业、企业主办或因与特定企业长期开展校企合作，其学校文化无不带有行业或企业的特点，职业教育因而是面向社会的跨界教育。《中华人民共和国职业教育法》明确教育部门、行业主管部门、群团组织、企业、事业单位等多主体，可以通过独立举办、联合举办等多种形式举办职业教育；强调让企业在办学中“唱主角”，发挥企业的重要办学主体作用，鼓励企业举办高水平职业学校、发展高质量职业教育；强化企业办学责任，企业开展职业教育的情况应当纳入企业社会责任报告。具体到职业学校培养机制上，要注重产教融合、校企合作；在培养体系上，要注重融通贯通，协调发展。促进行业企业深度参与职业学校专业设置、教材开发、培养方案制定、质量评价、教师培养培训、实习实训基地建设全过程；规定产教融合型企业制度、中国特色现代学徒制度，推动职业院校和行业企业形成命运共同体。

从职业院校的生源上看，在职业院校学习的学生（中职生、高职生）大都是被认为在现有应试教育制度下成绩不理想的“差生”，其学习能力存在一定的短板是不可忽视的重要因素，但前述两种特殊性本身就决定了对职业院校学生“智育”的评价本身就应该与普通类型教育有所差别。正如前文所述，职业教育是为了培养高素质技术技能人才而实施的教育；更加注重的是对学生动手实践能力的培育，在一定程度上应该淡化文化科学知识的专业性，重视文化科学知识的基础性、广泛性、适用性，还要加强专业理论学习，注重专业技能训练和专业实践，切实地将知识转化为技术；同时要以社会需求为导向，为不同岗位工作培养实用人才，又要适当考虑学生未来发展和终身学习的需要，以身心健康为突破口强化全面发展、五育并举、五育融合，重视学生个性发展，使学生个人特长得到充分发展。

从职业院校立德树人的具体实施看，职业教育必须坚持立德树人、德技并修，实施职业教育应当弘扬社会主义核心价值观，对受教育者进行思想政治教育和职业道德教育，培育劳模精神、劳动精神、工匠精神，这本身就凸显了与普通类型教育的特殊性。因此，作为落实立德树人根本任务关键课程的思政课教学在职业院校也应有其特殊性，如职业院校的思政课教师要懂职业教育，要具备专业视野，努力把道理讲得更明白、更清楚、更打动人心；在用好统编教材的同时应赋予其更多的专业思政内容和特色；善用“大思政课”调动各种资源用于思想政治理论课建设，把思政小课堂与社会大课堂相结合，突出实践教学。在具体操作层面可进行以下尝试：邀请大国工匠、劳动模范走进校园、走入课堂，结合亲身经历宣传和弘扬劳模精神、劳动精神、工匠精神及社会主义核心价值观，释放榜样示范效应；深入挖掘校史、行业、企业资源，创新校内建筑布景，强化校园媒体传播，潜移默化将学校办学理念、办学特色融入校园文化建设；开展专题培训、警示教育和定期进行心理测量，全面加强师德师风建设，使教师成为精通专业知识的“经师”和涵养德行的“人师”的统一者，在言传身教中塑造学生良好品格；动态完善教育质量评价标准，因生施策，吸纳合作企业参评意见，把学生实习锻炼中的职业道德表现作为重要评价指标，不断提升德育效果。

总的来说，职业院校立德树人评价标准要坚持多维导向，主要是把握三个方面：一是需要体现立德树人评价工作的全面性、系统性、层次性、规范性和差异性。对立德树人实践内容的质量评价，既要关注评价全员、全过程、全方位育人的全面性和系统性，又要评价立德树人实践的层次性、规范性和差异性。比如，在推进高职院校立德树人活动设计中，就要系统地考虑学生已经获得的知识和能力，清晰地了解他们已有的思想基础。二是在工作机制层面要充分体现各方力量的协同性和学生发展的可持续性。要建立高效的工作机制，让立德树人活动涉及的各方力量充分发挥出来,促进不同主体和不同层面之间的工作协同,让立德树人工作评价各方面能在思想认识上达成一致,在行为实践中形成合力。三是立德树人工作评价的具体内容要体现针对性和有序性。评价内容应当结合实际,涵盖不同学校、不同领域立德树人的理念、方法情况。现阶段所强调的"大中小学思政课一体化建设""大中小学思想政治教育一体化"已为进一步增强立德树人工作评价的针对性和有序性提供了更多的现实可能。

第二章

思想政治教育的发展历程及其当代中国意义

思想政治教育是中国共产党鲜明的政治优势。自党成立以来，中国共产党人在中国革命、建设、改革和新时代实现民族复兴的历史进程中取得了丰硕的思想政治教育成果，也积累了宝贵的工作经验。中国共产党思想政治教育工作的发展历程和基本经验，为新时代党的思想政治教育工作提供了思想动力、精神支持和政治保证。

一、思想政治教育是中国共产党鲜明的政治优势

思想政治教育是中国共产党的政治优势和优良传统，在革命、建设、改革和新时代实现民族复兴的各个阶段，中国共产党始终坚持以马克思主义为指导，把思想政治教育作为党的一切工作的生命线来予以重视，与时俱进地开展了成效卓著的思想政治教育，取得了一系列丰硕成果和宝贵经验。

（一）新民主主义革命时期的思想政治教育

俄国十月革命一声炮响，给中国送来了马克思主义，也给苦苦求索救亡图存之路的中国先进知识分子指出了新的方向。在经历激烈的思想论战后，一批先进知识分子选择并坚定了马克思主义信仰，组建了党的早期组织，成为用马克思主义教育和领导人民的先驱力量，拉开了党的思想政治教育的序幕。1921年7月中国共产党的正式成立，标志着党的思想政治教育的开端。党的一大通过的党的第一个决议，把发展工人组织和工人运动作为党的基本任务，提出

“党应在工会里灌输阶级斗争的精神”,“教育工人,使他们在实践中去实现共产党的思想”。在井冈山革命根据地,毛泽东和朱德领导的工农红军第四军设立政治部,坚持对红军士兵进行思想政治教育,使他们提高阶级觉悟,“在艰苦的斗争中不出怨言”[①]。抗日战争时期,中国共产党开展了延安整风运动,破除了党内把马克思主义教条化、把共产国际决定和苏联经验神圣化的错误倾向,党内思想认识达到高度统一。1944 年的《关于军队政治工作问题的报告》明确了“政治工作就是以革命精神教育军队,从思想上、政治上与组织上去保证这些任务的完成”。在解放战争时期,中国共产党在继续加强党内教育和军队思想政治教育工作的同时,对解放区的农民开展了土地改革、生产支前等方面的思想政治教育,在瓦解敌军方面也做了大量思想政治教育工作。

总的来讲,新民主主义革命时期,中国共产党主要围绕革命斗争开展思想政治教育工作,把它作为启发觉悟、动员群众的重要方式,作为与敌对势力、错误思想斗争的重要手段,为新民主主义革命的胜利奠定了强大的思想政治基础。

(二)社会主义革命和建设时期的思想政治教育

中华人民共和国成立后,党的思想政治教育工作主要着眼于执政党党风建设和党内的纪律、防腐、团结等方面。1951 年 5 月,中国共产党第一次全国宣传工作会议召开,整顿党内外的政治教育工作、加强党对思想工作的领导成为会议重点讨论的问题之一。1957 年 2 月,为应对国内外复杂局势,毛泽东在最高国务会议上发表题为《关于正确处理人民内部矛盾的问题》的讲话。他在这个讲话中强调:“思想政治工作,各个部门都要负责任。共产党应该管,青年团应该管,政府主管部门应该管,学校的校长教师更应该管。”但是,在社会主义建设全面展开和对中国建设社会主义道路的艰辛探索的同时,党的思想政治教育工作也在曲折中发展。由于“左”倾思想的影响,党的思想理论教育在内容、方法等方面产生严重失误,留下了沉痛的教训。总的来讲,社会主义革命和

① 毛泽东:《毛泽东选集第 1 卷》,人民出版社 1991 年版,第 66 页。

建设时期，党在全国范围内开展了一系列丰富而生动的宣传思想工作，领导人民积极改造旧思想、旧观念，使社会各阶层普遍受到深刻的思想政治教育，逐步树立起马克思列宁主义、毛泽东思想占主导地位的新的文化意识形态，凝聚形成了在党的领导下共同建设新中国的统一意志。

（三）改革开放和社会主义现代化建设新时期的思想政治教育

党的十一届三中全会之后，党的思想政治教育紧密围绕改革开放新时期的总路线和总任务，根据中国特色社会主义发展的实践要求改变自身的工作内容和方式方法，在更好适应新形势的同时，将改革创新精神融入思想政治教育工作之中，对改革开放和中国特色社会主义的现代化发展发挥了强劲有力的促进作用。1979 年 6 月，邓小平明确提出，“需要在人民内部广泛地加强思想政治教育”[①]。1980 年 9 月 19 日，中共中央印发批转中央宣传部《关于三中全会以来的宣传工作向中央的汇报提纲》的通知。通知指出，我们党领导全国各族人民进行社会主义现代化建设，也必须有党的思想政治工作的坚强保证。1990 年至 1991 年，党在广大党员干部中开展了关于马克思主义党建学说和中共党史的学习教育，在广大人民群众中开展了社会主义思想教育。中共中央还印发了《关于加强和改进思想政治工作的若干意见》等文件，对新形势下做好思想政治教育工作提出了新的更高要求。进入新世纪，国际国内形势发生深刻变化，加强和改进大学生思想政治教育水平成为全党全社会一项极为紧迫的重要任务。总的来讲，在改革开放和社会主义现代化建设新时期，党对思想政治教育工作的探索逐步走上了一条科学化、专业化、制度化的新路。思想政治教育工作在内容、方式和机制上不断与时俱进、开拓创新，为改革开放和社会主义现代化建设提供了强大的思想保证和精神动力。

（四）中国特色社会主义新时代的思想政治教育

党的十八大以来，以习近平同志为核心的党中央，在领导党和人民进行具有许多新的历史特点的伟大斗争、推进新时代中国特色社会主义伟大事业的

① 邓小平：《邓小平文选第 2 卷》，人民出版社 1994 年版，第 187 页。

过程中，从战略高度提出了许多关于加强思想政治教育工作的新论断和新思想，极大丰富和发展了党的思想政治教育工作的内涵，为新时代全面推动思想政治教育创新发展提供了基本遵循。

习近平总书记高度重视党的思想政治教育，围绕新时代思想政治教育工作发表一系列重要论述。习近平总书记先后主持召开全国宣传思想工作会议、全军政治工作会议、全国党校工作会议、哲学社会科学工作座谈会、全国高校思想政治工作会议、全国教育大会和学校思想政治理论课教师座谈会等，并发表重要讲话，为新时代思想政治教育工作指明了方向。同时，党中央和国务院印发《关于加强和改进新形势下高校思想政治工作的意见》《新时代爱国主义教育实施纲要》《关于新时代加强和改进思想政治工作的意见》等重要文件，对深入开展思想政治教育工作提出了明确要求，进一步推动了思想政治教育工作落到实处。

党的思想政治教育优良传统体现着思想政治教育的基本规律、重要原则和有效方式，既是党的思想政治教育在历史上取得成功的保障，又是党的思想政治教育承前启后、继往开来，在新的时代背景下继续发挥政治优势和保持生命力的重要法宝。

二、思想政治教育专业和思想政治理论课的相互关系

中华人民共和国成立之后，思想政治理论课和思想政治教育专业各自走过自身历程，又相互作用。

（一）思想政治教育专业发展历程

1984 年，为适应改革开放和社会主义现代化建设的需要，教育部发布《关于在十二所院校设置思想政治教育专业的意见》，在高等学校设置思想政治教育专业，开始培养思想政治教育的专门人才。思想政治教育专业是以马克思主义理论为基础的、研究人的思想意识形成、发展规律和实施思想政治教育规律的一门应用性学科，以“厚基础、宽口径、高素质、强能力”为指导原则和基本

要求,使学生具有坚定的马克思主义信仰和中国特色社会主义信念,自觉践行社会主义核心价值观;具有较高的马克思主义理论素养、扎实的基础理论、系统的专业知识和合理的知识结构;能运用马克思主义立场、观点、方法分析和解决实际问题;具有较强的社会实践能力和一定的学术创新能力;能胜任与本专业相关的理论研究、宣传、教学工作,胜任学校学生管理以及党政群团、企事业单位的实际工作。[①]

从1984年创立思想政治教育本科专业开始,到逐步建立思想政治教育硕士点和思想政治教育博士点,我国在思想政治教育科学研究不断深化的基础上,形成了比较完整的思想政治教育学科专业人才培养体系,至今该专业已经发展了整整40年,经历了从建立巩固、发展提升、全面建设的过程。具体说来,思想政治教育学科主要经历了以下两个大的发展阶段。

1. 初步创建探索阶段(1984—1997年)

1983年7月中共中央批转的《国营企业职工思想政治工作纲要(试行)》提出:"现有的全国综合性大学文科院校,各部、委总局所属的大专院校,有条件的都要增设政治工作专业或政治工作干部进修班","在全国形成一个初级、中级和高级的政治工作干部的教育训练体系""努力造就一大批思想政治工作能手,一大批精通思想政治工作的专家"。[②] 为落实这一精神,教育部在1983年暑期召开了政工专业论证会,确定了学科名称为"思想政治教育学"专业,并初步议定了专业的课程设置。

1984年,教育部连发三个文件,布置在部分高等院校设置思想政治教育专业,开办本科班、第二学士学位班、大专起点本科班的工作,并正式设置思想政治教育本科专业,属于法学门类、政治学一级学科。全国首批办学点共13家。

1987年5月29日,中共中央在《关于改进和加强高等学校思想政治工作的决定》中,明确指出思想政治教育是一门学问,要求高校办好思想政治教育

① 教育部高等学校教学指导委员会编:《普通高等学校本科专业类教学质量国家标准(上)》,高等教育出版社2018年版,第56—60页。

② 中共中央文献研究室编:《十二大以来重要文献选编(上册)》,人民出版社1986版,第381页。

专业，“创造条件培养这方面的硕士和博士研究生，为造就从事思想政治教育的专门人才开辟一条新路”。从1988年9月起，全国有复旦大学、南开大学、武汉大学等10所院校以思想政治教育专业的名义首批独立招收硕士研究生。

1995年国务院学位委员会和国家教育委员会颁发《博士、硕士学位和培养研究生的学科、专业目录》，在新目录的法学门类、政治学一级学科中设置马克思主义理论与思想政治教育专业和相应的硕士点、博士点，代码为030205。1997年，中国人民大学、武汉大学（与华中师范大学合作）、清华大学（与首都师范大学、北京科技大学合作）首次招收博士研究生。至此，思想政治教育学已形成层次完善的学科专业体系。

2. 全面建设繁荣阶段（1999年至今）

1999年9月，中共中央颁发《关于加强和改进思想政治工作的若干意见》，鲜明提出要把思想政治工作任务落实到基层。2004年8月，中共中央国务院颁布《关于进一步加强和改进大学生思想政治教育的意见》，对新世纪大学生思想政治教育发挥了引领性的作用。2005年初《中共中央宣传部、教育部关于进一步加强和改进高校思想政治理论课的意见》文件指出：“思想政治理论课教育教学所依托的学科是我国特有的一门政治性、科学性和实践性很强的学科，只能加强，不能削弱。设立马克思主义一级学科，开展马克思主义理论体系研究，开展马克思主义发展史、马克思主义中国化研究，开展思想政治教育研究，为推进党的思想理论建设和巩固马克思主义在高等学校教育教学中的指导地位，为加强高校思想政治理论课建设，培养思想政治教育工作队伍提供有力的学科支撑。”这一文件第一次明确规定增设马克思主义理论一级学科，阐明了马克思主义理论一级学科包括思想政治教育二级学科。在这些文件精神的指引下，思想政治教育学科进入了全面建设繁荣的新阶段。

（二）思想政治理论课发展历程

思想政治理论课是对学生进行思想政治教育的关键课程、主渠道。不管是培养可靠的接班人和合格的建设者，还是培养担当民族复兴大任的时代新人，思想政治理论课都肩负着重要的责任和使命。思想政治理论课的雏形最早可以追溯到党成立之前,各地党组织创办的劳动补习学校、民众夜校、青年补习班等。在这些学校中,中国共产党人将马克思主义理论教育与文化教育相结合,一边教识字,一边讲述革命道理,在这个时候就基本具备了思想政治理论课的雏形。

在土地革命时期,党在中央苏区先后创立了红军大学、苏维埃大学、马克思共产主义大学等干部学校、政治学校,专门培养革命战争和苏区建设的急需人才,积累了开设和讲授思想政治理论课的丰富经验。抗日战争期间,大量革命青年追寻我们党的足迹,来到了延安,寻求抗日救亡的道路。为此,党在延安根据《抗日救国十大纲领》中提出的改变教育的旧制度、旧课程,实行以抗日救国为目标的新制度、新课程的规定,创立了以陕北公学为代表的新式高等学校,在课程设置上强化马克思主义内容,并明确规定"政治课应占百分之二十"。这一时期的思想政治理论课将马克思主义理论学习与抗日战争的实际需要相结合,培养了一大批掌握马克思主义、懂得抗日战争规律并充满战斗精神和牺牲精神的革命干部,为抗日战争的胜利作出了重要贡献。

中华人民共和国成立以后,党将革命战争时期的思想政治理论课开设经验成果推广到全国,在全国学校中普遍开设思想政治理论课。用马克思列宁主义的观点和方法,用新民主主义的民族的、科学的、大众的文化来代替国民党反动统治时期充满着唯心论、机械论以至封建买办的反动思想和课程,有效清除了腐朽有害的旧思想的影响,确立和巩固了马克思列宁主义在意识形态领域的指导地位,并为全面建设社会主义事业培养了大批建设者和接班人。

改革开放以来,思想政治理论课的发展迎来了新的机遇。1980 年 7 月,教育部印发了《改进和加强高等学校马列主义课的试行办法》,进一步明确高校思想政治理论课程的地位、任务和教学方针,认为其"教学必须坚持马列主义、毛泽东思想的科学性和党性,为全党全国人民的最大政治——实现社会主义现代化建设服务"。此外,还对其课程设置、学时安排、教学方法、教学质量、科学研究、师资建设等作出规定,并建立和健全其领导体制,要求各高校建立系(处)级教学单位——马列主义教研室,直属校党委领导。

后来又经过了“85 方案”“98 方案”“05 方案”的不断改革创新，形成了今天我们大家所熟知的包括《毛泽东思想与中国特色社会主义理论体系概论》《马克思主义基本原理》《思想道德与法治》《中国近现代史纲要》《形势与政策》5 门思想政治理论课。

2012 年 11 月党的十八大后，中国特色社会主义进入新时代，以习近平同志为核心的党中央高度重视思想政治理论课程建设，作出一系列重大决策部署，各地区各部门和各级各类学校采取有力措施认真贯彻落实，我国的思想政治理论课建设进入一个新的发展阶段，取得了显著成效。2019 年 3 月 18 日，习近平主总书记持召开了学校思想政治理论课教师座谈会，强调“思想政治理论课是落实立德树人根本任务的关键课程”，“办好思想政治理论课，最根本的是要全面贯彻党的教育方针，解决好培养什么人、怎样培养人、为谁培养人这个根本问题”。[①] 在此基础上，2019 年 8 月党中央和国务院印发《关于深化新时代学校思想政治理论课改革创新的若干意见》，对思想政治理论课课程教材体系进行了完善，提出要建设一支政治强、情怀深、思维新、视野广、自律严、人格正的思想政治理论课教师队伍，不断增强思想政治理论课的思想性、理论性和亲和力、针对性，加强党对思想政治理论课建设的领导。

（三）思想政治教育专业和思想政治理论课相互作用

思想政治教育专业和思想政治理论课的关系问题，本质上是理论与实践的关系问题。理论来自实践并服务于实践，受实践检验；理论必须与实践结合，随着实践发展而发展。

其一，思想政治教育专业服务于思想政治理论课教学。首先，服务于思想政治理论课教学体系的构建。改革开放以来，高校思想政治理论课课程编制历经“85 方案”“98 方案”以及“05 方案”等几次重要调整，中小学思想政治理论课结构不断更新，课程设置愈加整体、科学，既是时代进步的需求，也是思政学科不断发展、思想政治教育研究不断深化的结果。其次，服务于思想政治理

① 习近平：《思政课是落实立德树人根本任务的关键课程》，《求是》2020 年第 17 期。

论课教学过程的实施。思想政治理论课需要思想政治教育专业给予科学的建议，以丰富教育内容和提供教育方法，使其更贴近教育对象的思想认识水平。最后，服务于思想政治理论课师资队伍的建设。思想政治理论课教师大多来自马克思主义理论一级学科下的各专业，而思想政治教育专业是人数最多的专业之一。专业规模的大体量培养造就了一批具备较高马克思主义理论素养、掌握马克思主义基本原理的专门人才，其中很大一部分充实到思想政治理论课的教师队伍之中，保证了思想政治理论课师资队伍的延续和发展，持续焕发出生机和活力。

其二，思想政治理论课能在一定范围内检验思想政治教育专业的研究成果。实践是检验科学最直观的方式方法，同样理论只有在与实践过程慢慢磨合之后才能证明自身的可研究性。思想政治理论课是对大中小学各阶段的学生进行思想政治教育的主要方式和渠道，也是检验思想政治教育专业中关于大中小学思想政治教育相关研究的重要场域。将部分关于学校思想政治教育的研究成果应用于思想政治理论课实践之中，能够促进思想政治教育专业研究成果的实践转化，促进思想政治教育专业学科的发展。运用追踪反馈的方法验证思想政治研究成果合理性，不但可以推动思政的研究进展，提高大中小学校的思想政治教育质量，促进各个阶段对思政学科的认知，还可以提高学生的动手和思考能力，把理论知识转换为实践，在很大程度上广泛使用。

总之，思想政治教育专业的发展、思想政治理论课的课程建设都离不开二者的良性互动。统筹协调二者的关系，须在马克思主义指导下，继续突出马克思主义理论的核心地位，特别是坚持以马克思主义为指导，在学科和课程中完整地贯彻马克思主义的科学体系，不断推动学科建设和课程建设，使其更符合时代发展的要求，更好地为党和国家的中心任务服务。

三、新时代开展思想政治教育的新要求

党的十八大以来，随着我国经济的发展和社会的进步，思想政治教育不断

得到丰富和创新，尤其是思想政治教育的内容有了前所未有的突破。

首先是理想信念教育。一个人有了正确的理想信念，就会形成正确的价值观，朝着正确的目标前进，实现个人价值；一个国家、一个民族有了崇高的理想信念，才能团结广大人民群众，实现国家的繁荣昌盛。党的十八大以来，中央政治局曾多次组织集体学习马克思主义理论，要求党员干部完整地掌握马克思主义理论体系，掌握用马克思主义的思维解决生活工作中所遇到的棘手问题的能力，坚定对马克思主义的理想信念，为实现共产主义、为实现全人类的幸福和自由而不懈奋斗。

其次，社会主义核心价值观教育。全社会共同认可的核心价值观是一个民族、一个国家不可或缺的内在发展驱动力量。基于实践经验能够发现，核心价值观对于民族或国家而言，发挥着极为重要的凝聚力作用。社会主义核心价值观是中国传统文化中优秀品质和精神在 21 世纪的凝练表达，是凝聚各族人民共识的“最大公约数”。社会主义核心价值观的生命力，在于每一个中国人投入自觉的行动中。只有人人都能成为积极践行社会主义核心价值观的实践主体，社会主义核心价值观才会开花结果，成为推动国家富强、民族进步的强大精神力量。

最后，“四个自信”教育。一是道路自信，是对中国特色社会主义持有信心。中国共产党领导人民将马克思主义的基本原理与我国具体国情联系在一起，明确了中国特色社会主义道路的未来发展方向。经过长久以来的不断努力，在社会主义建设上取得了丰硕的成果。二是理论自信，是指对于中国特色社会主义理论体系的信心。马克思主义作为中国共产党建设社会主义的指导思想，对我国社会的发展具有不可替代的伟大意义。在实践过程中，中国共产党立足于客观事实，使马克思主义中国化的发展沿着正确的方向不断前进。与此同时，毛泽东思想、中国特色社会主义理论体系、习近平新时代中国特色社会主义思想也相继确立。只有坚持中国特色社会主义理论体系自信，才能推动社会主义现代化建设，推动中国不断发展进步。三是制度自信，是指对中国特色社会主义制度的信心。伴随着 1956 年三大改造的完成，我国确立了社会主义基本制度，该制度为当代中国一切发展进步奠定了坚实基础，为中国特色社会主义制度的创新性发展提供了前提条件。坚定中国特色社会主义制度自信，能够为中国梦的实现提供必不可少的制度保障。四是文化自信，是对中国特色社会主义文化的信心。文化是一个民族的精神支撑。中国特色社会主义文化包括中华优秀传统文化及党在艰苦奋斗中产生的革命文化和社会主义先进文化。只有坚定不移地走中国特色社会主义发展道路，才能为社会主义现代化建设提供思想支撑，早日将我国建设成为社会主义文化强国。

新时代背景下，伴随着思想政治教育内容的不断丰富，思想政治教育工作也面临着新的挑战和机遇。

首先，新时代要求思想政治教育与时俱进，紧跟时代发展步伐，结合时事热点和社会热点，引导学生树立正确的世界观、人生观和价值观。党的十九大把习近平新时代中国特色社会主义思想确立为党必须长期坚持的指导思想，并庄严地写入党章，第十三届全国人民代表大会通过的宪法修正案把习近平新时代中国特色社会主义思想载入宪法，实现了党和国家指导思想的与时俱进。新时代思想政治教育要体现时代性，最根本的要求就是要用习近平新时代中国特色社会主义思想铸魂育人。

其次，新时代要求思想政治教育注重实践性教育，通过参与社会实践活动，让学生深刻理解理论知识的实际应用，增强实际工作能力。思想政治教育本身是一项富有实践性的对象性活动，是既改造主观世界又变革客观现实的活动。思想政治教育是以人为对象的活动，而人则是现实的、具体的人。人的思想虽然是一种主观形态的东西，但它产生的基础、发展的动力，只能是实践活动和客观实际。因而，思想政治教育一定要充分注重实践教学，让教育对象在实践活动中参与进来，从而提高思想政治教育效果。

再次，新时代要求思想政治教育注重推进一体化建设。2019 年中共中央办公厅、国务院办公厅印发的《关于深化新时代学校思想政治理论课改革创新的若干意见》把统筹推进大中小学思想政治理论课一体化建设作为一项重要工作，总体设计、系统规划大中小学思想政治理论课程。其中小学阶段注重启蒙道德情感，初中阶段注重打牢思想基础，高中阶段注重提升政治素养，大学阶段注重增强使命担当，推动学段衔接、相互配合、内外协调。

最后，新时代要求思想政治教育协同联动。在全国高校思想政治工作会议上，习近平总书记指出："要用好课堂教学这个主渠道，思想政治理论课要坚持在改进中加强，提升思想政治教育亲和力和针对性，满足学生成长发展需求和期待，其他各门课都要守好一段渠、种好责任田，使各类课程与思想政治理论课同向同行，形成协同效应"。[①] 在学校思想政治理论课教师座谈会上的讲话中，他又强调"要完善课程体系，解决好各类课程和思想政治理论课相互配合的问题"。《关于深化新时代学校思想政治理论课改革创新的若干意见》明确提出整体推进高校课程思政，要求深度挖掘高校各学科门类专业课程蕴含的思想政治教育资源，解决好各类课程与思想政治理论课相互配合的问题，发挥所有课程育人功能，构建全面覆盖、类型丰富、层次递进、相互支撑的课程体系，使各类课程与思想政治理论课同向同行，形成协同效应。更加注重思想政治理论课程教学与其他课程的协同，创新的"大思想政治理论课"建设，推进思想政治教育合力的形成。

总之，思想政治教育在新时代下要不断开拓创新、求实务实，使之更好地适应时代的要求，为培养社会主义建设者和接班人做出更大的贡献。

四、新时代办好思想政治理论课的新要求

2019年3月18日习近平总书记主持召开新中国历史上第一次学校思想政治理论课教师座谈会，指出思想政治理论课是落实立德树人根本任务的关键课程，并对新时代办好思想政治理论课提出了新要求。

（一）要加强党对思想政治理论课建设的领导

思想政治工作是学校各项工作的生命线，思想政治理论课是落实立德树

① 习近平：《在全国高校思想政治教育工作会议上的讲话》，《人民日报》2016年12月9日第1版。

人根本任务的关键课程。习近平总书记强调,我们办的是中国特色社会主义教育,必须坚持马克思主义指导地位,坚持办学正确政治方向。办好思政课,最根本的是要全面贯彻党的教育方针,坚持党对思政课建设的全面领导。

一百多年来,中国共产党领导中国人民夺取了新民主主义革命的伟大胜利,完成了社会主义革命和推进了社会主义建设,进行了改革开放和社会主义现代化建设,开创了中国特色社会主义新时代,开启了全面建成社会主义现代化强国新征程。之所以能取得这一切伟大成就,追根究底是因为中国共产党是一个以马克思主义理论为指导的伟大、光荣、正确的政党。

办好中国的事情,关键在党。推动思想政治理论课改革创新,促进思想政治理论课建设,党的领导只能加强、不能削弱。要建立党委统一领导、党政齐抓共管、有关部门各负其责、全社会协同配合的工作格局,推动形成全党全社会努力办好思政课、教师认真讲好思政课、学生积极学好思政课的良好氛围。学校党委要坚持把从严管理和科学治理结合起来。学校党委书记、校长要带头走进课堂,带头推动思政课建设,带头联系思政课教师。

(二)要努力打造一支高水平专业化思想政治理论课教师队伍

教师是落实和贯彻习近平关于新时代思想政治理论课建设的关键,在学校思想政治教育中占据主要力量,是培养新时代接班人和建设者的关键。习近平总书记强调:"办好思想政治理论课关键在教师,关键在发挥教师的积极性、主动性、创造性"[①]。教师无疑是办好思想政治理论课的主体,没有教师的积极性、主动性、创造性的发挥,就不可能有思想政治理论课高质量发展,因而思想政治理论课教师要不断提高自身素养。

思想政治理论课教师首先政治要强。作为学生思想的引路人,思想政治理论课教师应该坚定正确的政治信仰,筑牢信仰之基,补足"精神之钙",将共产主义信仰镌刻心中、融入血脉,这样才能引导学生做一个有信仰的人,不断坚定马克思主义信仰、共产主义远大理想、中国特色社会主义共同理想,为实现

① 习近平:《思政课是落实立德树人根本任务的关键课程》,《求是》2020年第17期。

中华民族伟大复兴的中国梦贡献智慧和力量。

思想政治理论课教师情怀要深。习近平总书记提到学生时代自己的政治课老师讲述焦裕禄的事迹时数度哽咽,使总书记很受震撼。足以说明,教师在课堂上展现的情怀最能打动人,甚至会影响学生一生。思想政治理论课教师要坚持爱国主义底色,保持对教育的热爱和坚守,努力用一个生命唤醒另一个生命,切实承载塑造灵魂、塑造生命、塑造时代新人的重任。

思想政治理论课教师思维要新。思想政治理论课教师要学会运用辩证唯物主义和历史唯物主义的思维方法,善于运用创新思维,创新课堂教学,更新自己的教学理念,革新自己的教学内容和创新自己的教学方式,从而更好地引导学生树立正确的理想信念、学会正确的思维方法。

思想政治理论课教师视野要广。马克思主义理论体系博大精深、内容丰富,涉及自然界、人类社会和思维各个领域,要想讲好思想政治理论课,教师必须扩展自己的知识视野、国际视野和历史视野。一是要有扎实的马克思主义基本原理功底。二是要具有基本历史知识和历史学素养。三是要有当代世界经济政治的知识。要对世界各国政治经济制度、国际热点问题的发生发展脉络、特点和背后的利益关系有较为准确的把握。四是要对我国社会主义建设各领域发生的最新动态、重要事件、热点问题等能够及时了解。

思想政治理论课教师自律要严。作为一名思想政治理论课教师,在教学与生活场景中要注重以高尚人格和道德操守影响感化学生,以身立教、言行一致、表里如一。同时,要严格要求自己的言行,做学生为学、为事、为人的品行之师。在治学方面,保持对马克思主义理论的研究热情,做到常学常新,常学常用。

思想政治理论课教师人格要正。有人格,才有吸引力。亲其师,才能信其道。思想政治理论课教师要真诚待人、踏实工作、团结友善。所谓学高为师、身正为范,就是要有堂堂正正的人格,用高尚的人格感染学生,用真理的力量感召学生,用深厚的理论功底赢得学生的尊敬。

（三）要推动思想政治理论课改革创新

1. 构建“大思政”育人格局

“大思想政治理论课”建设是推动新时代思想政治理论课程高质量发展的重要手段。“大思想政治理论课”之大，大在是一门社会大课、一项系统工程，需要善用“大”的资源、汇聚“大”的合力。进一步构建“大思想政治理论课”育人体系，必须坚持守正和创新，在全面理解“大思想政治理论课”深刻内涵的基础上坚守思想政治理论课课堂教学主渠道，坚持促进多主体合作育人，以建立“家校社”联动机制为目标基础，以落实立德树人根本任务为导向。在思政小课堂和社会大课堂之间建立桥梁，让“思政小课堂”与“社会大课堂”深度融合、同频共振，促进“大思想政治理论课”育人体系构建的实践路径的实现。

2. 推动大中小学思想政治理论课一体化建设

党的二十大报告提出，用社会主义核心价值观铸魂育人，完善思想政治工作体系，推进大中小学思想政治教育一体化建设。这一重大部署关乎国之大计、党之大计，关乎为党育人、为国育才，是加快建设教育强国的题中应有之义。构建大中小学思想政治理论课一体化共同体，切实发挥思想政治理论课立德树人关键作用，是落实这一重大部署的关键环节。

要把统筹推进大中小学思政课一体化建设作为一项重要工程，坚持问题导向和目标导向相结合，坚持守正和创新相统一，推动思政课建设内涵式发展。要针对不同学段，根据思想政治理论教育规律和学生成长规律科学设置具体教学目标，抓好教学目标设计、课程设置、教材编写、教学改革、教师培养、考核评价等环节，既不能揠苗助长、操之过急，又不能刻舟求剑、故步自封。课程设置要相对稳定，坚持大中小学纵向主线贯穿、循序渐进，各类课程横向结构合理、功能互补的原则，确保教材的政治性、科学性、时代性、可读性。

大中小学思想政治理论课一体化是指在坚持立德树人的根本任务的基础上，以学校教育为核心，坚持思想政治理论课程与课程思政同向同行，充分发动社会、学校、家庭、网络等各方面力量，建立一体化发展共同体，以共同体的力量推动大中小学思想政治理论课一体化建设,增强思想政治理论课育人成效。具体来说,建设大中小学思想政治理论课一体化共同体,包括育人主体共同体、课程建设共同体、资源整合共同体、组织保障共同体。

第三章

新时代思想政治理论课教学在职业院校的特殊性

职业院校思想政治理论课教学需要与新时代要求相适应，更要从教学主体、课程设置、教材设计、教学方法、教学评价等方面体现职业院校的特点，在加强思想政治理论课教学建设中要善用“大思政课”铸魂育人，从发挥育人主体作用、构建实践育人体系、优化教学资源供给、创新思政课堂教学方法、完善教学评价机制等方面加以推进，使职业院校思想政治理论课教学彰显自身特色。

一、新时代思想政治理论课教学的发展导向

思想政治理论课承担着对学生进行系统的马克思主义理论教育的任务，是巩固马克思主义在学校意识形态领域指导地位、坚持社会主义办学方向的重要阵地，是全面贯彻党的教育方针、落实立德树人根本任务的主干渠道和核心课程，是加强和改进学校思想政治工作的灵魂课程。党的十八大以来，以习近平同志为核心的党中央高度重视思想政治理论课建设，先后出台一系列重大决策部署和指示精神，在课程设置、教材内容、教学方法、教师素质、教学评价等方面提出了新的更高要求，思想政治理论课建设在改进中不断加强，课堂教学状况显著改善，大学生对高校思想政治理论课的认同感和获得感明显增强。

（一）思想政治理论课课程设置要逐步深化

中国特色社会主义进入新时代，一方面，“两个一百年”奋斗目标和中华

民族伟大复兴中国梦的实现，要求加强意识形态建设；另一方面，在国内国际两个大局之下，各种不稳定因素深刻影响着青年学生的思想，因此通过高校思想政治理论课建设武装青年学生的思想，巩固马克思主义的指导地位，成为我国站在新的历史起点上做出的必然选择。2019 年 8 月，《关于深化新时代学校思想政治理论课改革创新的若干意见》出台，提出要加强以习近平新时代中国特色社会主义思想为核心内容的思政课课程群建设，指出思想政治理论课程可各具特色，并强化了学校和教师的主体性。2020 年 12 月，《新时代学校思想政治理论课改革创新实施方案》发布，指出要建立纵向各学段层层递进、横向各课程密切配合、必修课选修课相互协调的课程教材体系，要充分发挥思想政治理论课在立德树人中的关键课程作用，推进思想政治理论课一体化，循序渐进、螺旋上升地开设好大中小学思政课，在各学段现有课程内容基础上，重点推进习近平新时代中国特色社会主义思想融入课程，推进法治教育、劳动教育、总体国家安全观教育、公共卫生安全教育等方面内容的全面融入，实现学段纵向衔接、逐层递进，学科、课程协同联动，实现整体设计、循序渐进、逐步深化，切实提高课程设置的针对性实效性。

（二）思想政治理论课教材内容需与时俱进

党的十八大以来，面对新形势下新的特征，以习近平同志为核心的党中央将教材建设提到国家事权的战略高度，对教材建设做出一系列重要战略部署。为推进党的十八大精神“三进”工作，教育部组织教材和教学大纲编写组专家研究制定了《高校思想政治理论课贯彻落实党的十八大精神教学建议》，并同中宣部全面修订了教材和教学大纲。党的十九大报告确立了习近平新时代中国特色社会主义思想的历史地位，为了深入学习习近平新时代中国特色社会主义思想和党的十九大精神，2018 年对思想政治理论课教材再次进行修订，突出习近平新时代中国特色社会主义思想。2019 年 9 月，教育部高等学校思想政治理论课教学指导委员会印发《“习近平新时代中国特色社会主义思想概论”教学大纲（试用）》，具体指导并推动北京大学马克思主义学院等全国 37 家重点马克思主义学院及山西大学马克思主义学院等 4 家培育单位高标准、高质量、高要求地开设好《习近平新时代中国特色社会主义思想概论》课程。2021 年 7 月 21 日，国家教材委员会印发《习近平新时代中国特色社会主义思想进课程教材指南》，强调思想政治理论课是落实习近平新时代中国特色社会主义思想进课程教材的主渠道。同年 8 月，中宣部、教育部组织对“马工程”重点教材高校思想政治理论课教材进行了全面修订，突出习近平新时代中国特色社会主义思想是马克思主义中国化最新理论成果的重要意义。2021 年 9 月，《习近平新时代中国特色社会主义思想学生读本（大学生）》（人民出版社）出版，着力突出习近平新时代中国特色社会主义思想对马克思主义的原创性贡献以及对新时代的重大指导意义。党的二十大报告首次明确提出“加强教材建设和管理”的重要任务，成为新时代进一步做好思想政治理论课教材出版工作的根本遵循。2023 年 3 月，《马克思主义基本原理》《毛泽东思想和中国特色社会主义理论体系概论》《中国近现代史纲要》《思想道德与法治》重新修订出版，2023 年 8 月，第一部全面系统阐述习近平新时代中国特色社会主义思想的统编教材《习近平新时代中国特色社会主义思想概论》也出版发行。

（三）思想政治理论课教学方法要改革创新

新时代高校思想政治理论课教学方法改革和发展的启动，始于高校思想政治理论课教学方法改革项目“择优推广计划”的实施。2013 年 6 月，教育部社会科学 司印发《高校思想政治理论课教学方法改革项目“择优推广计划”实施方案》，指出用五年左右的时间，遴选和培育 100 项教学方法新、教学效果好、受学生欢迎的优秀思想政治理论课教学方法改革项目，开启了新时代高校思想政治理论课教学方法创新发展的序幕。在此后的两年间，教育部先后评选“择优推广计划”项目共 40 项、培育项目共 60 项。这些项目既包含整体综合的课程教学模式，也包含单一具体的教学方法；既包含课堂教学方法，也包含课外教学、教学实践方法；既包含实体课堂教学方法，也包含网络虚拟课堂教学方法、混合式教学方法等，内容十分丰富，充分体现了新时代高校思想政治理论课教学方法探索的成果，对高校思想政治理论课教学方法改革探索发挥了示范和带动作用。2015 年 7 月，中共中央宣传部、教育部印发《普通高校思想政治理论课建设体系创新计划》,对新时代以来高校思想政治理论课教学方法取得的成就进行总结,进一步明确了高校思想政治理论课教学方法改革创新的基本原则,提出高校思想政治理论课教学方法改革的目标任务、培育推广优秀教学方法、不断深化教学研究与理论研究、切实加强教学管理等举措。2016年12月,中共中央、国务院出台《中共中央、国务院关于加强和改进新形势下高校思想政治工作的意见》对高校思想政治理论课教学方法提出"创新教学方法,增强教学的吸引力、说服力和感染力"的新要求,"注意以问题为导向开展专题式教学,倡导集体备课和名师引领,实施教学攻关行动,组织评选优秀教案,开展公开观摩"等新举措,为高校思想政治理论课教学方法的改革发展构筑了新的政策环境。

2019年3月18日,习近平总书记主持召开学校思想政治理论课教师座谈会并发表重要讲话,从"八个统一"的规律性认识角度,对思想政治理论课教学改革提出明确要求,把对思想政治理论课教学方法的认识提升到教学规律层面,为高校思想政治理论课教学方法改革发展指明新的方向。同年4月,教育部印发《新时代高校思想政治理论课教学工作基本要求》的通知,指出高校思想政治理论课教学方法在总结推进优质教学方法的基础上实现全面深化,高校思想政治理论课教学方法在坚守课堂教学方法为根本的基础上,不断向教学方法科学研究、专业课程、日常教育、学生生活、实践教学、网络虚拟等领域延伸,呈现出多元多样、系统集成和综合协同发展的趋势。2019年8月,中共中央办公厅、国务院办公厅印发《关于深化新时代学校思想政治理论课改革创新的若干意见》,明确提出"大力推进思想政治理论课教学方法改革,提升思政课教师信息化能力素养,推动人工智能等现代信息技术在思想政治理论课教学中应用,建设一批国家级虚拟仿真思政课体验教学中心"的要求,以更开阔视域、更综合的领域以及更具体的举措,对高校思想政治理论课教学方法提出指导。2021年3月,习近平在看望参加全国政协十三届四次会议的医药卫生界教育界委员并参加联组会时提出"'大思政课',我们要善用之"的思想,为高校思想政治理论课教学方法发展创新提供新理念。之后教育部等十部委印发《全面推进“大思政课”建设的工作方案》，不仅从“大思政课”视域对高校思想政治理论课教学进行系统构建，而且对思政课课堂教学方法改革创新提出明确要求，如“善于采用多样化的教学方法，注重发挥学生主体性作用，积极运用小组研学、情景展示、课题研讨、课堂辩论等方式组织课堂实践。”把高校思想政治理论课教学方法改革创新置于更为开阔的“大思政课”平台，突出课堂教学方法的核心作用，指明了高校思想政治理论课教学方法改革发展的新格局。

（四）思想政治理论课教师素质要全面提升

党的十八大以来，随着中国特色社会主义进入新时代，党和国家更加重视高校思政课教师队伍建设。以习近平在学校思想政治理论课教师座谈会上的重要讲话和 2020 年 9 月教育部颁布的《新时代高等学校思想政治理论课教师队伍建设规定》（教育部令第 46 号）为标志，对思政课教师队伍职责和要求做出明确规定，尤其是针对思政课教师提出“政治要强”“情怀要深”“思维要新”“视野要广”“自律要严”“人格要正”的六要要求，为思政课教师育人核心素养发展提供了实践指南，为建设高素质思政课教师队伍做出顶层设计。2023 年教育部印发《马克思主义学院建设标准（2023 年版）》，将马克思主义学院建设新标准中的教师队伍建设提升为一级指标，在政治素质、配备培养、师德师风建设、职务（职称）评聘等方面提出了新的更高的规范要求。

（五）思想政治理论课教学评价要综合全面

2017 年是教育部提出的思想政治理论课质量提升年，中共教育部党组印发《高校思想政治工作质量提升工程实施纲要》，将思想政治理论课作为课程育人质量提升体系中的重要任务摆在质量提升工程的第一位。2022 年 8 月，教育部等十部门联合印发的《全面推进“大思政课”建设的工作方案》，为思政课改革提供了明确的方向、措施。新时代思政课要着眼于国际国内更加宽广的视野，着力于学校、社会协同配合，聚焦于思政课课堂“主渠道”理念、内容和方法的守正创新。

二、职业院校抓好思想政治理论课教学的特殊性

习近平总书记在中国人民大学考察时指出:“思政课的本质是讲道理,要注重方式方法,把道理讲深、讲透、讲活。”这一重要论述,深刻揭示了思政课的本质属性,为职业院校开展思想政治理论课教学提供了理论指导和行动指南。职业院校承担着培素质技术技能人才这个特殊的使命任务,而任务的完成需要发挥思想政治教育的引领功能。因此,科学认识职业院校思想政治理论课教学的特殊性,对于提高思想政治理论课教学质量,培养更多高素质技术技能人才和大国工匠、全面建设社会主义现代化国家具有重要意义。

(一)职业院校思想政治理论课教学主体特色鲜明

习近平总书记在学校思想政治理论课教师座谈会上指出:“思想政治理论课教学离不开教师的主导,同时要坚持以学生为中心,要加大对学生的认知规律和接受特点的研究,发挥学生主体性作用。”无论是普通高等院校还是职业院校开展思想政治理论课教学都要牢牢坚持主导性和主体性相统一,认真分析和研究学生的特点、学习特征和成长规律,充分发挥学生的主体性作用,从而增强思想政治理论课教学的针对性和有效性。

然而,职业院校学生有着不同于普通高等院校学生的鲜明特点。一是生源结构的复杂性。学生构成复杂,有 2 年制专科,也有 3 年制专科,还有 4 年制本科,多个办学层次的学生共同存在,生源质量参差不齐,生源的综合素质与普通院校相比有较大差距。二是思维能力的独特性。学生的形象思维能力较强,而抽象思维能力较弱。这样的思维能力特点决定了其喜欢“听故事”,则对纯理论讲授不感兴趣。三是学习态度的情绪化。对自己感兴趣的东西学习积极性较高,而对于不感兴趣的东西则不愿意学习,甚至不学习。四是思想困惑的多样性。有些学生“两耳不闻窗外事”,认为“能管好自己就不错了,就不要管什么社会、国家那些和自己没有关系的事”;有些学生过于偏激,对一些事实的看法较为极端;有些学生感觉前途迷茫,烦闷急躁,精气神不足,心理问题也随之增多。五是动手能力的超强性。职业院校主张校企合作工学结合,特别注重

学生动手操作能力的训练。在这样的学习环境下，职业院校学生普遍动手能力强，喜欢案例式和讨论式教学，对课外实践具有浓厚的兴趣。

（二）职业院校思想政治理论课课程设置展现职教特色

2019年8月，中共中央办公厅、国务院办公厅印发的《关于深化新时代学校思想政治理论课改革创新的若干意见》指出，调整创新思政课课程体系。以高等职业学校为例，此阶段所开设思政课必修课重在夯实思想基础，增强道德情感，强化情感认同，结合职业教育特点，立足培养政治坚定、技能精湛的大国工匠，引导学生巩固爱党、爱国、爱社会主义、爱人民、爱集体的情感，把党、祖国、人民装在心中，勤练本领、提高技能，具备做社会主义建设者和接班人的自觉追求和人生理想。目前高等职业学校开设的思政课必修课有："毛泽东思想和中国特色社会主义理论体系概论""思想道德与法治""形势与政策""习近平新时代中国特色社会主义思想概论"。此阶段所开设的选择性必修课主要围绕中国特色社会主义和中国梦教育、社会主义核心价值观教育、法治教育、劳动教育、心理健康教育、中华优秀传统文化教育等设置。一些学校结合自身院校的特点开设了如"中共党史""大国工匠与职业理想""马克思主义劳动观与劳动教育"等选择性必修课课程。

习近平总书记强调，"要坚持理论性和实践性相统一，用科学理论培养人，重视思政课的实践性，把思政小课堂同社会大课堂结合起来，教育引导学生立鸿鹄志，做奋斗者"。[①] 基于职业教育鲜明的"职业性"和"实践性"，职业院校思政课课程设置要将理论教学与实践教学相结合，落实实践教学环节。实践教学是提高学生学习热情的突破口，职业院校应根据自身工学结合的性质，将产教融合、校企合作、学生实训等带有职业特色的教学资源融入思政课，譬如搭建富有职业特色的实践基地，让学生在实践教学中了解工作环境、熟知岗位所要求具备的能力等。另外，要坚持实践教学的多样性，善于运用社会大课堂，组织学生参加社会实践活动，使学生通过活动接触社会，提高自身素质。

---

① 习近平：《用新时代中国特色社会主义思想铸魂育人，贯彻党的教育方针，落实立德树人根本任务》，《人民日报》2019年3月19日，第1版。

（三）职业院校思想政治理论课教学设计突出工匠精神

职业教育的突出特点是“产教融合、校企合作”“德技并修、工学结合”职业院校肩负着“培养高素质技术技能人才、能工巧匠、大国工匠”的使命。2020 年 11 月 24 日，在全国劳动模范和先进工作者表彰大会上的讲话中，习近平总书记深刻阐释了工匠精神的内涵：执着专注、精益求精、一丝不苟、追求卓越。职业院校在开展思政课教学时唱响工匠精神，具有更深层次的文化、政治、伦理与制度内涵的指向，其根本是引导学生通过正确认知职业认识劳动，实现自我价值、社会价值。弘扬工匠精神，既是对辛勤劳动、诚实劳动、创造性劳动的价值认同，也是对劳动者和劳动的价值尊重。

职业院校思政课理论教学注重弘扬工匠精神。根据职业要求整合优化教学设计，采用“专题式教学”，打破教材章节，进行整体规划和加工，精选优秀工匠案例和故事，并对其进行精心设计，使其符合职业院校学生的认知特点，用优秀的企业文化、工匠精神涵养人、影响人、塑造人，推进工匠精神进课堂。习近平总书记指出，“思政课不仅应该在课堂上讲，也应该在社会生活中来讲”。[①]职业院校在开展思政课实践教学时坚持小课堂和社会大课堂的有机统一，以此为切入口融入工匠精神，引导学生明匠心，铸匠魂、强匠技。有些院校组织学生参观“劳模工匠文化公园”，讲工匠故事；有些院校组织创新大赛、工匠精神宣讲比赛、经典诵读比赛，这些都是突出职业院校特点的好方法和有效形式。

（四）职业院校思想政治理论课教学方法注重理实结合

基于职业院校学生的独特性，在开展思想政治理论课教学时选择适合的教学方法尤为重要，可以达到事半功倍的效果。思政课教师在选择教学方法时要充分结合学生所学专业的特点。2021 年 3 月，教育部印发《职业教育专业目录（2021 年）》，职业教育共设置 19 个专业大类、97 个专业类、1349 个专业，其中中职专业 358 个、高职专科专业 744 个、高职本科专业 247 个。虽然都属于职业教育，但不同层次不同专业的学生各有特性。如自动化类男生较多，他们

---

① 杜尚泽：《“大思政课”我们要善用之（微镜头·习近平总书记两会“下团组”·两会现场观察）》，《人民日报》2021 年 3 月 7 日，第 1 版。

的特点有：不善于表达、逻辑思维周密、执行率高、善于发现问题等。而财务会计类女生较多，她们的特点有：善于表达、情感细腻、思维敏捷、精打细算、归纳总结能力较强等。这就要求思政课教师能够做到科学分析和捕捉不同专业学生的特点，有针对性地选择适合的教学方法。

习近平总书记指出，“上思政课不能拿着文件宣读，没有生命、干巴巴的。”[①] 思政课教师要把道理讲深、讲透、讲活，不能从书本到书本、从理论到理论，而是要创新方式方法。在理论教学中要充分发挥职业院校学生善于表现的特点，设置时事热点讨论话题，给予学生表达观点的机会，在讨论、辩论中把握学生思想动态的方向，引导学生透过现象看本质，激发学生深入思考问题。结合不同的教学内容及教学重难点创造性地运用案例教学法、情景教学法、合作教学法、问题式教学法、探究式教学法等。在实践教学中要充分利用产教融合优势，针对不同阶段和不同实践实训项目，选择专题演讲、互动辩论、讲座、问卷调查、知识竞赛、技能比武汇报展演等方法，注重启发性教育，引导学生发现问题、分析问题、思考问题，在不断启发中让学生水到渠成得出结论。

（五）职业院校思想政治理论课教学评价凸显独特性

教学评价是对教学活动进行价值判断的过程。2021 年 11 月，教育部在印发《高等学校思想政治理论课建设标准（2021 年本）》时明确指出，高等学校思政课建设要用好教学评价“指挥棒”，从健全课程质量评价、重构教师教学评价、改革学生学业评价等方面发力，不断提升思政课的教学质量和成效。而高职思想政治理论课的教学评价，既要遵循一般教学评价的标准和原则，更应考虑到基于职业教育的特性。

职业院校思想政治理论课教学评价同其他课程教学评价相比不能降低其鲜明的政治性特点。思政课是落实立德树人的关键课程，就是努力培养担当民族复兴大任的时代新人，培养德智体美劳全面发展的社会主义建设者和接班人。与其他公共基础课程和专业课程不同，思政课不仅要做好知识传授，还要

① 杜尚泽：《“大思政课”我们要善用之（微镜头 · 习近平总书记两会“下团组” · 两会现场观察）》，《人民日报》2021 年 3 月 7 日，第 1 版。

做好学生的价值引领和实践转化。譬如同语文、数学等公共基础课程相比，思政课更注重对学生进行马克思主义理论教育和思想政治教育；而同专业课程相比，思政课更注重对学生政治、思想、道德水平的提升。由此可见，职业院校思想政治理论课教学评价具有鲜明的政治性。

职业院校思想政治理论课教学评价同普通高等学校思想政治理论课教学评价相比，则更加注重其鲜明的职业性。职业院校思政课必然要服务于职业院校的人才培养目标，培养高素质劳动者和技术技能人才，更注重技能的培养和应用，更注重职业道德的培养和提升。所以，职业院校思政课除了设置高校思政课的课程目标之外，还需设置服务于职业院校人才培养的相关目标，如要紧密围绕学生的专业和未来职业进行教学，注重对学生进行职业道德和工匠精神的培养。因此，职业院校思想政治理论课教学评价要突出产教融合特色，健全和完善评价内容，优化评价主体，强化评价过程，完善评价方式，凸显职业院校思想政治理论课教学评价的职业特色。

职业院校思想政治理论课教学评价注重评价方法的多元性。一是差异化评价。如前所述，职业院校学生生源具有复杂性，教师应结合学生的个性差异，因材施教、因材施评。二是学生互评。学生互评贯穿在课堂发言、学生辩论、分组讨论等各个环节，通过相互间的质疑、启发、补充等，不断提升学生认识问题、分析问题和解决问题的能力。三是肯定性评价。鉴于职业院校学生的特点，职业院校思政课教师在教学过程中对学生的评价，要坚持以正面引导的肯定性评价为主。

三、新时代办好职业院校思想政治理论课的具体路径

高职思想政治理论课教学既有高校思想政治理论课教学的共性，又有职业院校的特殊性。新时代办好职业院校思想政治理论课需要坚持共性与独特相融，处理好二者之间的关系。从“共性”来看，高职思想政治理论课教学要适应党和国家事业发展大局，服务全面建设社会主义现代化强国，要引导学生把

对祖国血浓于水、与人民同呼吸共命运的情感贯穿于学业、事业的追求中，把个人发展与国家发展相结合，成为国家需要、人民需要的人才。在适应“共性”基础上，高职思政课还需适应职业教育的特点、学校发展的特点，坚持以习近平新时代中国特色社会主义思想为指导，在落实立德树人根本任务的过程中因地制宜、因时制宜、因材施教。在充分认识职业院校开展思想政治理论课教学特殊性的基础上，认真思考办好职业院校思想政治理论课的具体路径。

（一）发挥多重育人主体作用，形成育人合力

2022 年 7 月 25 日，教育部等十部门印发的《全面推进“大思政课”建设的工作方案》指出：坚持开门办思政课，强化问题意识、突出实践导向，充分调动全社会力量和资源，建设“大课堂”、搭建“大平台”、建好“大师资”。高职思政课要适应时代的发展，适应党和国家事业发展，适应自身高质量发展要求，就必须坚持开门办思政课。高职院校要以落实立德树人为根本任务，善用职教力量找准办好具有职业教育特色的“大思政课”的突破点、着力点。高职院校可以利用“产教融合、校企合作”的职教优势，统筹社会、学校、行业、企业的力量，建设高职“大思政课”。一方面，要利用职教力量，拓宽高职“大思政课”建设场域。高职院校在推进产教融合、校企合作的条件下不仅可以把思政课开在校园课堂上，还可以把思政课上在工厂、田间地头，真正将校园场域的“思政小课堂”与开放的“社会大课堂”相结合，从而形成“学校—企业—社会”的育人体系。

思政课“适不适应”，教师是关键。“产教融合、校企合作”的职教优势无形之中为高职院校建设好“大思政课”提供了更强大的育人力量，即形成了以校内教职人员为主，校外合作企业、行业人员为辅的“大思政课”教师队伍。高职院校可以通过完善协同育人机制，多元引进思政教师，调动校外力量积极主动参与“大思政课”建设，开展“双师同堂”或“多师同堂”协同教学，形成开门办思政课的育人合力。为此，必须开展教师成长发展进阶培养，为教师提质培优持续发力。一是建设思政课教师五级阶梯式培养体系。结合思政课教师从教时间和思想政治理论课教学规律，以教龄和职称为基本脉络，建立全流程思

政课教师素质能力培养体系，确保思政课教师“有人教、有人带、有人管”，着力提升思政课教师队伍教学能力水平。二是大力实施新时代马克思主义政治人才培养工程。三是建立锻炼实践岗，为教师提供拓宽视野、增加阅历的岗位实践锻炼机会。思政课教师可以从锻炼实践岗中汲取更多培育学生的力量。四是推动各学段教师开展“互听课，共成长”教学观摩活动，各学段老师走进课堂，通过互听互学，深入挖掘思政元素，增强学段之间的沟通和联接，凝聚多方力量培育育人队伍，探索大中小学思政育人一体化建设的新路径。五是搭建科研服务体系。把增强广大教师的学科归属感作为重要工作，在科研、教改项目设立、经费使用、机构建设等方面向马克思主义理论学科倾斜。邀请专家从选题依据、核心概念、研究目标、研究内容、研究方法、研究步骤、人员分工、预期成果等方面进行指导，提供科学指南。

（二）创新实践育人体系，拓宽实习实训育人途径

《全面推进“大思政课”建设的工作方案》要求善用社会大课堂，组织开展多样化的实践教学，建好用好实践教学基地。“工学结合、知行合一”是高职院校的育人模式，高职院校职教特色要求高职思想政治理论课教学不仅要讲好理论“大”课，更要善用社会大课堂，开展融入思想性、实践性、职业性的实践教学，让学生在实践中做到学思用贯通、知信行统一。一方面，高职思政课实践教学要把握“两个大局”，立足中国特色社会主义事业的伟大实践，着眼高质量发展，根植中华优秀传统文化，统筹红色资源、本地资源、校史资源，用好不同主题的思政教学实践基地，利用志愿服务、理论宣讲、社会调研等形式开展实践教学，推动思政“小课堂”与社会“大课堂”相结合。

另一方面，高职思政课要善用职业教育中的育人资源，建好用好校企合作实践教育基地、校内外实训基地。高职院校通过实习和实训基地建设，将思想政治理论课教学实践和专业课实训实习充分融合，深化学生职业技能和职业素质培养融合，借助实施多层次思想政治理论课教学实践活动，将实训实习基地塑造为高职思想政治理论课教学实践基地，为学生创造更加生动、立体的思政课实践教学环境，使思想政治理论课教学与岗位实训、职业发展、社会实践相

结合,进行艰苦奋斗的劳动教育、爱岗敬业的职业素养教育、精益求精的工匠精神教育,将学生塑造成优秀企业员工。这样的思政课实践教学善用我国社会发展成就,善用职业教育优势,让思政课堂理论教学与工作岗位、社会实践、企业社会有机衔接,激发学生主动实现理论与实践相统一,提升思政课的针对性与有效性,从而更好地培养德才兼备的优秀人才。

(三)讲好职业教育故事,增强思政课的生动性

无论在革命、建设还是改革时期,党和国家培养了一批又一批知识型、技能型、创新型优秀人才。各行各业涌现出无数的职业模范人物。在革命战争年代,"边区工人一面旗帜"赵占魁、"兵工事业开拓者"吴运铎、"新劳动运动旗手"甄荣典等劳动模范,以"新的劳动态度对待新的劳动",积极参加义务劳动,全力支援前线斗争,带动群众投身中国共产党领导的人民解放事业。新中国建设时期的"宁肯少活二十年,拼命也要拿下大油田"的王进喜带领石油工人顽强拼搏,铁人精神成为激励各族人民投身社会主义建设的强大力量;"宁肯一人脏、换来万人净"的淘粪工人时传祥获得荣誉无数,仍每天背着粪桶在大街小巷穿梭。改革开放以来,涌现出以吴文俊、陈景润、蒋筑英等知识分子和科研工作者为代表的劳动模范。与此同时,"工人发明家"包起帆、"金牌铆工"杨建华、"专家型工人"李斌等一大批知识型产业工人中的劳动模范勇立时代潮头、锐意改革创新,他们敢于啃硬骨头、敢于涉险滩,在波澜壮阔的改革开放历史进程中绽放出夺目光彩。进入新时代,更是涌现了"金手天焊"高凤林、知识型工人巨晓林等一大批先进人物和大国工匠。这些先进人物身上彰显出劳动光荣、劳动美丽的职业品质,展现出劳模精神、劳动精神、工匠精神等职业精神。正如习近平总书记所指出的:"长期以来,广大劳模以平凡的劳动创造了不平凡的业绩,铸就了'爱岗敬业、争创一流,艰苦奋斗、勇于创新,淡泊名利、甘于奉献'的劳模精神,丰富了民族精神和时代精神的内涵,是我们极为宝贵的精神财富。"① 高职思政课应立足大历史观,善用这些职教资源拓展教学

① 温红彦等:《以劳动托起中国梦——以习近平同志为总书记的党中央关心工人阶级和广大劳动群众纪实》,《人民日报》2015年5月1日,第2版。

内容，从历史和现实的角度向学生讲好职业教育发展成就及职业模范人物的故事，培养高职学生“劳动铸就伟大，劳动创造幸福”的劳动观念，坚定他们的职业自信。在全面建设社会主义现代化强国的新征程中，职业教育“前途广阔、大有可为”。高职思政课要讲好“劳动光荣、技能宝贵、创造伟大”职业教育新风尚，讲好培育德技并修的高素质技术技能型人才、能工巧匠、大国工匠的职业教育新目标，讲好为实现中华民族伟大复兴的中国梦发愤图强的职业教育新定位，引导高职学生成为有理想、敢担当、能吃苦、肯奋斗的新时代的奋斗者。毫无疑问，讲好这些故事，自然会大大增强思政课的生动性。

（四）优化教学资源供给，强化育人时效

利用信息技术改革高职思想政治理论课教学方式，创新教学方法，既符合高职思政课适应时代发展之需，又适应高职大学生发展之需，能让思政课成为学生真正喜欢的、有获得感的课程。一要利用信息技术开发适应高职大学生学习特点的思政课数字化资源，打造沉浸式教学模式。党的二十大报告明确提出“推进教育数字化”，而且高职大学生更乐意接受可视化和形象化的内容，因而高职思政课要建设思政课资源制作中心和主题智慧教室，利用信息技术开发和建设思政课数字化资源，建立思政课教学资源库，拓展课程资源体系，丰富线上教学资源。要以慕课、微课等灵活多样的教学供给方式，给学生提供丰富的课内外学习资源；创设数字情境让学生身临其境、感同身受、情感共鸣、知行合一。二要利用信息技术改革课堂教学方法，提高学生的参与度。高职思想政治理论课教学应改革单一的理论讲授方法，利用信息技术开展多样化教学，激励学生积极参与课堂教学，做到“灌输性与启发性相统一”。搭建网络云课堂，建设智能化的教育教学设备，配备录播、直播系统和设备，实现实景课堂和虚拟资源联动，教师与学生交互式的教学体验。三是打造网络思政名师，发挥新媒体创编与运营在网络思政教育中的关键作用，创作发布网络视频，提升网络思政育人实效。

（五）完善教学评价机制，提升育人质量

将体现职业教育特色作为思政课考核要求，通过对老师的“教”与学生的

"学"进行综合考核，能够更有效促进职业院校培养学生在思政课堂上的积极性。在评价的内涵构建方面，将学生日常行为、人际交往、活动出勤、遵纪守法以及专业活动、顶岗工作、技术实训活动等情况作为主要评价因素，并强调学生职业品质的培养。运用信息技术优化高职思政课考核评价方式，增强评价的科学性。高职思政课可以运用信息技术收集学生的学习过程性和结果性数据，注重过程性评价，探索增值评价，优化结果性评价，形成科学的综合性评价，增强学生在思政课教学中的获得感。评估方法也需要进一步完善，应该形成以学生自主评价、同学之间互评和教师综合评价相结合的评估系统，反映出教学的成效和不足及其形成原因，使教师和学生都能够通过评估得到进步。

第四章

职业教育在中国的发展历程及其当代中国之路

职业教育从学徒制开始，在中国已存在几千年。与工业化相伴随的职业教育，则发端于洋务运动。此后有重大影响的职业教育节点主要有：黄炎培的大职业教育观、新中国初期的技工教育。改革开放以后进入现代职业教育体系建设与改革时期。

一、古代手工业作坊学徒制及班墨文化

（一）中国古代农业、手工业、商业中的技术传承

《齐民要术》和《天工开物》是中国古代工农业技术的集中体现。北魏末年的《齐民要术》是农书，但里面的记载却涵盖了当时人们生活的方方面面，被称为我国古代第一部大百科全书。《齐民要术》共十卷，另外附有序和杂说一篇，在十卷内容中，全面而系统地介绍了生活的方方面面：第一卷是农田的耕作，第二卷是五谷的收种，第三卷介绍了当时的蔬菜种植，第四卷则是叙述当时的果树，第五卷主要讲桑和蚕，第六卷是养殖，第七卷介绍货值和酿造，第八九卷介绍生活用品的制作，第十卷则记录了除北魏本地外的一些物种。

明代的《天工开物》基于“贵五谷而贱金玉”的理念编写而成，是中国第一部关于农业和手工业生产技术的百科全书，是中国古代科技的总结性著作，

是中国古代“经世致用”思想的理论成果。① 该书详尽展示了古代农业与手工业各领域的工艺及科技成就，充分体现了古人在农业与手工业方面所秉持的工匠精神和卓越的技艺。作者宋应星通过实地考察研究，对古代农业和手工业技术进行了系统总结，构建了一个完整的技术体系，对当时的农业和手工业发展发挥了积极的推动作用。《天工开物》记载的内容十分丰富，涉及的领域十分广泛，从《乃粒》到《珠玉》分为上中下三卷共十八篇，记载了农业和手工业中关于机械、陶瓷、兵器、火药、纺织、冶金、造纸等 30 多个领域的内容，描绘了 130 多项生产技术及所使用工具的名称、形状和工序等，并附有 123 幅图，通过图文并茂的方式详细论述了我国 17 世纪农业与手工业生产的工艺技术与科技成就。

中国古代的生产技术和工艺，基本上通过手工业作坊内的学徒制代代相传。这种学徒制就是一种特别的职业教育形式，在原始社会的手工业作坊中已具雏形，兴起于奴隶社会，发展完善于封建社会。隋唐时期，从中央政府到地方政府机构中都设有官营手工业作坊，且均采用学徒制的教育形式，以强大的生命力推动着古代职业教育的发展。

（二）班墨文化

在我国古代春秋之际伊始，无论从中国还是世界发展来看，鲁班和墨子二人都是杰出的工匠。鲁班被后世工匠尊为“鼻祖”，而墨子及其弟子大多从事技艺发明创造等。目前，在“班墨文化”的研究方面，关于鲁班的著作主要有《鲁班经》《鲁班全书》等；研究鲁班与研究墨子的关联性，《鲁问》《公输》记载了墨子与鲁班事例。中国墨子学会常务理事鲁开国提出：“始终坚持以传承、挖掘、宣传、教育、普及、弘扬墨学思想和班墨文化为己任。”

墨子作为战国初期伟大的思想家、科学家、教育家、军事家和社会活动家，被誉为“古代人类智慧的最高代表”“工匠加学者”“科学圣人”。他以发展普通劳动人民的生产生活为基础，创立了开放包容、德业并进的墨学思想，

① 吴建华：《近二十年来〈天工开物〉研究综述》，《河南牧业经济学院学报》2024 年第 1 期。

培养了大批具有崇高理想人格和工匠精神的技能型人才，对形成“人人尊重技能，人人拥有技能”的良好社会氛围发挥了重要作用。墨子以构建“兼相爱、交相利”的大同社会为最高目标，培养以德为本的“兼士”，并在此基础上提出社会分工思想——这是墨子教育思想的一个重要组成部分，也是职业教育类型发展、“人尽其才、才尽其用”思想前提。[①]

中国古代工匠精神诠释中有“技、艺、道”三个层次：“技”是指拥有的最基本的能力；“艺”是指在技的基础上的创造，蕴含了方法和智慧的凝聚；“道”则是对前两者的深刻顿悟，是对天地万事万物的理解。鲁班作为工匠巨匠是“技、艺”的代表，表现为工匠者精益求精的实践创新精神；墨子作为哲学家则将工匠技艺上升为“道”，表现为以道为学、以术为用的科学人文精神。班墨文化作为中国优秀传统文化的重要组成部分，其中蕴含的哲理与经验是教育价值的体现。班墨文化的人文价值体现在其思想更容易被平民大众所接受，与劳动者及劳动生产生活唇齿相依，是劳动人民大众的文化，对于今天我们学习、运用、发展工匠精神都有着重要的价值和意义。[②]

二、近代工业化兴起后专业技术学堂建设及其意义

（一）洋务学堂的三种形式

洋务运动中，奕䜣、曾国藩、李鸿章、左宗棠、张之洞等为代表的洋务派在大力创办以引进和学习西方军事技术为核心的新式军事工业的同时，积极兴办洋务学堂、开展洋务教育，旨在培养洋务运动所需要的科学技术人才。从19世纪60年代到90年代，先后兴办了教授外国语言文学的“西文”洋务学堂和教授西方近代军事和科学技术的“西艺”洋务学堂30多所。其中，以1862年奕

① 宁启扬：《技能型社会视域下墨子职业教育思想及当代价值》，《广西职业技术学院学报》2024年第2期。

② 赵柏林：《班墨文化中工匠精神融入高校思政教育的研究》，硕士学位论文，沈阳建筑大学马克思主义理论专业，2019，第30页。

䜣奏设的京师同文馆为首个“西文”洋务学堂，其后始有上海同文馆、广州同文馆等；以1866年左宗棠创办的福州船政局附设的福建（福州）船政学堂为首个“西艺”洋务学堂，其后始有江南制造局附设的操炮学校、福州电报学堂、天津电报学堂、天津水师学堂等。外国语学堂致力于培养可以中西互译、了解万国公法、通晓各国政情的外事外交人才；技术学堂致力于培养矿务、铁路、电报、轮机等工程制造方面“习知西事，通体达用”的实用人才；军事学堂则致力于培养制造轮船枪炮、操作先进武备、精通近代战略战术的军事指挥人才。这些洋务学堂都具有非常鲜明的实业教育性质，属于提供专门训练的专科性学校，其无论在培养目标上还是在教学内容上，以及教学的组织形式等方面，都与中国传统学校教育有着显著差异，因而被称为“新式学堂”“新式教育”。[①]

（二）马尾船政学堂的职业教育特色

以学习夷技而自强为基本诉求的洋务运动中最早建立且最具代表性的福建马尾船政学堂，开启了专业技术教育和工业技术文化的新篇章。马尾船政学堂创办于1867年，经历了40余年的发展，起初其作为一所专门培养海军人才的院校，后发展为培养多种工程人才的院校并开创了留学制度。

船政学堂吸收并发挥国外教育理念，形成自己独特的组织形式，由最初的前后学堂发展到后来的八所学堂，可谓现代教育组织形式的典范。船政学堂的办学模式在当时来说是科学合理的，厂校合一的办学体制，使得学生和老师既有实践能力，又富有专业理论做支撑，培养的人才更具专业性，做到学有所用。其灵活多样的办学方式不仅吸引了优秀的人才与教师前来学习任教，也为其他学堂的建立提供了宝贵的经验。“权操诸我”的办学理念使得选贤任能有了依据，奖惩分明，激励了广大船政学员的学习积极性。

理论与实践相结合是船政学堂的重要特点。福建船政局同时创办铁厂、船厂和学堂，既不是厂办学校，也不是校办工厂，更不是厂校联合或合作，而是船政衙门统筹下的厂校一体，这种厂、校、政一体化的办学形式，使教育与生

① 许悦，郝士艳：《论洋务学堂与中国近代职业教育的发端》，《西部学刊》2022年第2期。

产劳动紧密结合，理论与实践紧密结合，实验、实训、实习等实践性教学有充分保障。

洋务学堂冲击了封建科举制度，革新了传统教育观念，推动了西式教育改革，其在培养目标和师资结构、课程设置与教学组织形式、招生就业等方面，无不呈现出显著而浓厚的职业教育特征。洋务学堂揭开了中国近代职业教育的序幕，是中国职业教育现代化的发端。洋务学堂虽然推动近代职业教育向前迈进了一大步，但在“变器不变道”办学指导思想的浸润下，难逃南橘北枳之命运。各个学堂各自为政，学制系统不统一，课程设置差异大，缺乏国家层面的统筹安排和长远规划，难以完成自强、求富的使命。洋务学堂对西式教育的引进终究未能突破器物层面，取其技术，去其精神，致使中国早期的科学教育先天不足。①

三、黄炎培创办现代意义上的职业学校及“大职业教育观”

1917 年，黄炎培联合众多社会贤达共同创立中华职业教育社，通过多年调研与办学实践，逐渐形成了大职业教育观，主张将职业教育与社会经济发展紧密结合起来，为社会提供所需的各类人才。

（一）打造多方协同发展职业教育的办学格局

黄炎培通过对以往的职业教育实践的深刻反思，提出三句话：“只从职业学校做工夫，不能发达职业教育；只从教育界做工夫，不能发达职业教育；只从农、工、商职业界做工夫，不能发达职业教育”。这种大职业教育观将职业和教育、学校和社会有机结合，实际是将职业教育放到整个社会大环境中以确保职业教育长久稳定发展。

鉴于职业教育学校毕业生毕业后要为社会服务，黄炎培认为办职业学校最重要的一点就是要与社会需要相结合，设置职业科目必须因地制宜，根据当地现有状况，切勿盲目设立。其次，制定职业学校课程不可理想化，规定标准与

① 郭明帅：《马尾船政学堂在我国工程教育史上的地位分析》，硕士学位论文，黑龙江大学科学技术史专业，2013，第 25 页。

原则应多留余地，可以请一部分有经验的技师依据亲身经验先制定教学时长、入学程度标准和毕业程度标准，而后再逐步修改至能够服务社会的需要。黄炎培认为应破除普通教育的优越性，打破职业教育与普通教育间的壁垒：既要在普通教育中渗透职业教育因素，以保障学生对社会的适应性；也要借鉴普通教育，学习普通教育中科学文化知识的教学模式，针对学校实际情况因地制宜地开展教育，以科学来解决教育问题。[①]

（二）致力"使无业者有业，有业者乐业"的教育目的

"无业者有业，有业者乐业"，是指职业教育通过对社会需求的把握，培养职业所需人才，解决失业问题，为百姓生计而服务。同时，通过对学生开展职业教育，使其具有积极的职业态度与正确的职业观念，热爱工作，热爱生活，为社会作贡献。黄炎培强调职业教育要"解决社会、国家最困难之生计问题"。他清醒地意识到，若我国教育不能有效解决此问题，自会有他国教育者插手我国教育，最终中国必将丧失教育主权。爱国之心促使黄炎培决心深入考察国内外教育，坚信职业教育不只局限于个人生计，还要为服务社会和国家贡献自身力量。在职业学校办学过程中，他将生计教育视为教育之重，为使学生在毕业后能尽其才，以促进社会长期稳定持续发展，真正实现"无业者有业"；另一方面，黄炎培高举"劳工神圣"的大旗，向学生输送"敬业、乐业"的职业观念，促使其热爱所业，让"有业者乐业"成为现实。

（三）践行"社会化、科学化、平民化"的办学方针

黄炎培大职业教育观的精髓是职业教育"社会化"，即职业教育必须与社会相沟通，积极适应社会发展和需要，为社会服务，不断被社会接纳、认可乃至支持。社会是一个整体，应将职业教育放入社会大环境中，在办学实践中，从专业设置、课程设置、毕业标准、职业道德标准制定无一不建立在对社会充分调研的基础上。同时，他在总结办职业教育原则时强调"注意社会之需要"，以保证人才能够切合职业界需要。

---

① 中华职业教育社：《黄炎培教育文选》，上海教育出版社 1985 年，第 153 页。

同时，他认为职业教育种种方面均可采用科学方法解决，注意职业与人的天性、兴趣和环境等区别，科学设定职业标准。他还强调，“办职业教育，须下决心为大多数平民谋幸福”，“如果办职业教育而不知着眼在大多数平民身上，他的教育，无有是处，即办职业教育，亦无有是处”。这是他的职业教育平民化的基本观点。他将职业教育清晰定义为大众教育，对于促进经济发展、提升大众素质必将发挥着不可替代的作用。

（四）遵循“手脑并用、做学合一”的教学原则

黄炎培提出职业教育教学中要使动手的读书，读书的动手，将读书与动手结合。如果只学习书本知识而不实地体验，那便不是真知，职业教育目的在于养成实际的、有效的生产能力。于是他总结提出“教学合一”的教学原则，具体说来，在教学中应理论与实习并行，知识与技能并重。为践行“手脑并用，做学合一”的教学原则，黄炎培主张在办学实践的每一环节都融入实践训练。在课程设置上，他强调理论课与实习课时数各占一半，学生一半时间在校，另一半时间在机关或商店。在教师选择上，他认为职业学校师资选拔要注重理论和实践并重，充分利用职业界经验丰富的人才参与教学。

尽管以黄炎培为代表的先驱人物为职业教育的发展作出了巨大的贡献，但他们的思想和实践也面临着一些挑战。如何平衡理论教育和实践教育的关系，如何提高职业教育的社会地位，如何吸引更多的学生选择职业教育等，这些在当时历史条件下难以解决的问题，在今天的现代职业教育发展中仍然是需要继续深入探讨的话题。

四、新中国成立之后对中等职业教育和技工教育的贡献及启示

（一）新中国成立至 20 世纪 90 年代中等职业教育发展的贡献和启示

1. 整顿发展时期（1949—1957 年）

创办新职教，实施新学制。新中国成立之初，百废待兴，文盲充斥，国民经济恢复与建设急需大量的技术技能人才。1949 年 9 月发布的具有临时宪法作

用的《中国人民政治协商会议共同纲领》明确提出：中国的文化教育是新民主主义的，即民族的、科学的、大众的文化教育，教育的目标是有计划有步骤地实行普及教育、加强中等教育和高等教育、注重技术教育、加强劳动者的业余教育和在职干部教育。由此，我国开展了三方面的重大改革：一是把旧中国的职业教育改称为技术教育。二是改造旧中国的职业教育。三是建立新中国的学制。[①]

借鉴苏联经验，建立新的教育制度。针对当时存在大量文盲的社会现状，一方面，党和国家在农村地区开展了大规模的扫盲运动，鼓励农村兴办多种形式的学校，普及基础教育；另一方面，模仿苏联办学制度，继续大力发展技术教育，从招生、学校管理、教学管理及毕业生分配等方面较为全面地建立起中等职业教育制度。通过聘请苏联专家和学者来华讲学，翻译苏联中等职业教育教学计划、教学大纲和教材以及相关资料。经过几年的努力，确立了中等职业教育在国家教育体系中的地位，为新中国职业教育发展奠定了良好的基础。

2. 扩张调整时期（1958—1989 年）

下放教育权力，实施多主体办学。第一个五年计划的提前完成，极大地提升了人们的信心和生产积极性，但在多快好省建设总路线下，我国开始了左倾的“大跃进”运动。1958 年 8 月，中共中央、国务院发布了《关于教育事业管理权下放问题的意见》，把教育管理权下放给地方，由地方自主办学。随后多地出现多主体共同办学的局面，由此，职业学校规模在短期内取得了快速增长。教育权力下放后，实践中产生了多种办学形式，尤其是半工半读教育的兴起，对落实教育与生产劳动相结合的教育方针，满足更多人接受教育的愿望，推动教育规模的扩大起到了积极的作用。

兴办农业中学，优化农村教育结构。1956 年，我国基本完成了社会主义改造，开始全面进入社会主义建设时期。经济社会的全面发展，推动初等教育取得了长足的进步，但又出现了大量高校毕业生无法升学的难题。1958 年，我国

① 张兆诚，曹晔：《新中国成立 70 年来我国中等职业教育发展历程与成就》，《职教通讯》2019 年第 23 期。

农村开始实行人民公社制，集体制社会化大生产对懂得农业生产的技术干部提出了大量需求。为了适应生产和升学的需要，农村职业学校应运而生。[①] 农业中学实行群众办学，强调课堂教学与田间教学、书本知识和老农经验相结合，学生既学到知识，工作技能也得到锻炼。农业中学采取缴费上学和社来社去的招生分配办法，缓解了国家普及中等教育与教育经费不足的矛盾，符合这一时期穷国办大教育的客观国情。农业中学的兴办丰富了我国中等职业学校和农村教育的办学形式，促进了中等职业教育办学格局的多元化。

协调中等教育结构，开启大力发展职业技术教育新路径。党的十一届三中全会决定将全党工作重心转移到了经济建设上来，发展经济必然需要大量的技术技能人才，这就需要调整教育结构、大力发展职业技术教育。1977 年，教育领域开始拨乱反正，恢复一度中断或变形的大中专院校统一考试招生制度，恢复农业中学、技工学校以及职业中学的办学，中等职业教育从停滞走向复苏发展。1978 年，全国教育工作会议召开，邓小平在会上提出要扩大各类中等职业学校的比例。在国家政策的引导和支持下，各类中等职业学校蓬勃发展，学校数量和在校生人数取得了快速增长，尤其是由普通高中改办而成的职业高中成为这一时期的主力军，中等职业教育的快速发展使我国原本单一的中等教育结构得到了显著改变。[②]

（二）新中国成立至 20 世纪 90 年代技工教育发展的贡献和启示

1. 劳动部门主管下的技工教育（1949—1963 年）

为贯彻落实中国人民政治协商会议通过的《共同纲领》，指出“要加大对技术教育的重视程度，其发展要以适应当时的革命工作和国家经济社会建设为重心”的要求，特别是为适应建 156 项重点工程，建设所需大量应用型技术工人和一线技术操作人员的急需，技工学校进入快速发展阶段。总体来看，这一时期的技工教育占中等职业教育的比例不断扩大，在校生人数、学校数和教职

① 张倩，宁永红，刘书晓：《新中国成立以来的技工教育：历程、回归与超越》，《理论》2017 年第 24 期。

② 王晓军，崔秋立：《新中国成立 70 年技工教育的发展特色及贡献》，《职业》2019 年第 29 期。

工人数都在不断增加。

2. 教育部门主管下的技工教育（1964—1977 年）

为了进一步贯彻落实普教与职教并举的政策方针，加强对职业教育各项工作的管理与统筹，1964 年国务院明确指出：技工学校的管理工作由劳动部转为教育部，要求劳动部协助教育部共同发展技工教育。

技工教育动荡阶段（1966—1969 年）。1967 年，人民日报发表《打倒修正主义教育路线的总后台》的文章，对半工半读和两种教育制度进行了错误批判，导致当时很多技工学校被迫停办。1969 年，由于毕业生离校和新招学生不断减少，导致许多技校生源奇缺。这一年也是自 1949 年以来，技工学校的在校生人数最少的一年。

技工教育恢复整顿阶段（1970—1977 年）。1970 年，国务院临时工作机构科教组成立，批判了"左"倾思潮，重申又红又专。1971 年，在全国教育工作会议上，国务院表达了强烈要求恢复并办好技工学校的意愿。之后，国务院于 1973 年批转《国家计委、国务院科教组关于中等专业学校、技工学校办学几个问题的意见》，规定"全国技工学校要对自身规划和布局工作及时调整，并积极开展招生工作，根据现实需要和实际条件，对其进行适当的发展"。在此期间，技工学校废除招生考试政策，实行学生自愿报名，群众及教师推荐，领导和学校批准、复审的原则。招生对象不再仅仅是初中毕业生，还包括有实践经验的工人农民，当时称为工农兵学员，实行两年学制。正规农业学校的毕业生遵从由公社来再到公社去的分配政策，无论是学校数、招生数，还是在校学生人数都在不同程度上得到了恢复。

3. 改革开放初期的技工教育（1978—1989 年）

1978 年，技工教育重新被划归劳动部门管理。为适应大规模经济建设对技工人才的迫切需要，1979 年《技工学校工作条例（试行）》颁布，进一步恢复和规范技工学校办学。同年，国务院批准在天津、山东、河南、吉林设立 4 所技工师范学院，技工教育走上规范办学之路。1978 年，技工学校在校生只有 38 万人，到 1990 年则达到 133 万人，是 1978 年的 3.5 倍。

五、现代职业教育体系的建立、建设与改革

（一）现代职业教育体系的建立和建设

到20世纪90年代，伴随中国工业化迅猛推进，高素质技术技能人才需求日益增强，迫切需要建立完整的职业教育体系，中央发出《关于大力发展职业技术教育的决定》，国家制定《中华人民共和国职业教育法》，并在《中华人民共和国高等教育法》中明确高等职业学校的高教地位，此后关于职业教育的历次重要会议、重要文件均以建立、建设和完善职业教育体系为中心而展开。当前，我国职业教育进入围绕服务国家改革和发展大局、着力推动现代职业教育体系建设、提高职业教育国家化水平的新阶段。①

改革开放以来，国家出台了一系列政策指导现代职业教育体系建设。1980年8月《中共中央关于转发全国劳动就业会议文件的通知》中指出："目前，我国高中毕业生升大学的只有百分之四左右，必须积极地逐步地把一部分普通中学改为职业学校，要把职业教育作为教育体系的重要组成部分，逐步建立职业教育网。"1983年5月，教育部、劳动人事部和国家计委联合颁发了《关于改革城市中等教育结构，发展职业技术教育的意见》提出要使职业教育逐步发展成为与普通教育并行的教育体系。这是首次提出职业教育体系的概念，明确职业教育体系与普通教育并行。1985年5月《中共中央关于教育体制改革的决定》和1991年《国务院关于大力发展职业技术教育的决定》均提出初步建立起有中国特色的、从初级到高级、行业配套、结构合理、又能与普通教育相互沟通的职业技术教育体系，从而初步明确了职业教育体系的内涵。1994年7月《国务院关于〈中国教育改革和发展纲要〉的实施意见》提出："有计划地实行小学后、初中后、高中后三级分流，大力发展职业教育，逐步形成初等、中等、高等职业教育和普通教育共同发展、相互衔接、比例合理的教育系列。"不仅指出职业教育体系是由初等、中等、高等三个层次构成，而且是与普通教育体系并

① 周建松：《推进现代职业教育体系建设改革的方向与重心》，《宁波职业技术学院学报》2024年第2期。

列的。1996年《中华人民共和国职业教育法》提出："建立健全职业教育与职业培训并举,并与其他教育相互沟通协调发展的职业教育体系。"

2002年《国务院关于大力推进职业教育改革和发展的决定》提出初步建立起有中国特色的,从初级到高级、行业配套、结构合理、形式多样,又能与其他教育相互沟通、协调发展的职业技术教育体系的基本框架。2005年《国务院关于大力发展职业教育的决定》提出："进一步建立和完善适应社会主义市场经济体制,满足人民群众终身学习需要,与市场需求和劳动就业紧密结合,校企合作、工学结合,结构合理、形式多样,灵活开放、自主发展,有中国特色的现代职业教育体系。"《国家中长期教育改革和发展规划纲要(2010—2020年)》提出到2020年建立起适应经济发展方式转变和产业结构调整要求、体现终身教育理念、中等和高等职业教育协调发展的现代职业教育体系。教育部等部门印发的《现代职业教育体系建设规划(2014—2020年)》提出到2020年,形成适应发展需求、产教深度融合、中职高职衔接、职业教育与普通教育相互沟通,体现终身教育理念,具有中国特色、世界水平的现代职业教育体系。

(二)现代职业教育体系建设进入改革新阶段

习近平总书记在党的二十大报告中指出："深入实施科教兴国战略、人才强国战略、创新驱动发展战略"。在此基础上,进一步提出："推进职普融通、产教融合、科教融汇,优化职业教育类型定位。"这是首次提出将职业教育放在整个教育体系之中加以建设。这不仅是对职业教育新的类型定位的新论述,也是对现代职业教育体系建设的新要求。

为推动落实党的二十大对于职业教育发展的重要指示,2022年底中共中央办公厅、国务院、办公厅联合发布《关于深化现代职业教育体系建设改革的意见》,明确职业教育发展的重要战略任务,就是要深度探索省域现代化职业教育体系建设新模式、着力打造市域产教联合体,努力打造行业产教融合共同体;在深入推进产教融合的过程中,借助企业的资金、资源、技术优势以及管理经验等方面的支持,给职业院校的学生提供更多实习实训、技能培养和就业的机会,更好地帮助学生成长成才;要立足于学生自身发展的需要,不仅要推进学生专门化的发展,更要促进学生的全面发展,成为学生实现人生价值和社会价值的主要途径;职业教育还需服务于国家经济发展的需要,从市场的根本需求出发,深度实现产教融合,支持地方重点产业发展,为国家培养高水平技能型人才。

第五章

职业教育类型定位的理论内涵和时代意蕴

职业教育类型定位包含两层涵义：一是职业教育与普通教育是并行的两类教育，二是职业教育与普通教育具有同等重要性，二者缺一不可，共同统一于整个教育大体系之中。当前，这两个方面都存在一些问题，必须通过“优化”举措加以解决。

一、教育的类型和层次及其划分标准

教育的类型可大致分为普通教育和职业教育。普通教育侧重于知识的传授与综合素质的培养，为学生升学和全面发展奠定基础；职业教育则更注重职业技能的训练，以培养学生适应特定职业的能力。教育层次通常包括学前教育、初等教育、中等教育、高等教育等。

根据 2011 年联合国教科文组织修订的《国际教育标准分类法》，正规教育（Formal education）是有制度的、有目的、有计划的教育，通过公共组织和公认的私人团体进行，它们的总和构成一个国家的正规教育系统。正规教育课程因此经相关的国家教育当局或相当的机构，比如与国家或地方的教育当局合作的任何其他机构，来公认。正规教育主要由初期教育构成。职业教育、特殊需要教育和部分成人教育通常公认为正规教育系统的一部分。由此可见，根据国际普遍认可的分类标准，职业教育是相对于普通教育而言的一种教育类型，它区别于普通教育的主要方面，就在于它的职业性，也就是“使学习者获取某种职业或行业特定的知识、技艺和能力”。

教育类型学研究的首要问题是教育活动的分类理念、分类方法、分类标准，然后是各类教育的类型特征、内在结构以及类型之间的相互关系。教育类型分类处理的方法，既可以依据不同时期的教育哲学和理论思潮，也可以是不同社会环境下的教育现实存在状态。教育的根本问题是培养什么人、怎样培养人、为谁培养人，将之具化到教育活动的各个环节中，按照教育历史与现存形态，从社会、政治、经济、文化等不同角度，可形成和产生相应准则并实施不同的分类，体现出相应的理论与实践价值。例如，教育性质分类法（封建主义教育、资本主义教育、新民主主义教育、社会主义教育），办学类型分类法（公办教育、民办教育、混合型教育、中外合作教育），办学层次分类法（学前教育、初等教育、中等教育、高等教育），教育对象分类法（学龄人口教育、成人教育），教育形式分类法（全日制教育、非全日制教育），教育途径分类法（学历教育、非学历教育），教育历史分类法（古代教育、近代教育、现代教育）等各种分类方法。

从社会通识的角度，最常用的是基于培养目标的分类方法。培养目标是对教育目的中“培养什么样的人”问题的具体化，既与特定社会阶层和领域的需要紧密相连，又与劳动力市场需求密切相关。一般认为，在中等层次和初等层次，与职业教育相对应的概念是普通教育，即定向于某一职业或职业群的职业教育和基本上不指向特定职业的普通教育。国际上，联合国教科文组织《国际教育标准分类》（2011）课程定向有两个类别：普通教育和职业教育。在高等教育分级中，将使用术语“学术”和“专业”各自代替“普通”和“职业”，从而将教育课程（ISCED-P）和受教育程度（ISCED-A）的4～5级划分为两类：普通/学术教育与职业/专业教育，在研究出学术和专业的定义之前，ISCED采用普通和职业教育定义。在我国大众话语体系中，从人才培养目标分类的角度，通常认为职业教育是与普通教育相对应的概念，普通教育以学校全日制学历教育为主，培养的是学术型人才；职业教育包括学校职业教育和培训，培养的是技术技能型人才。综上，鉴于联合国教科文组织ISCED有关概念、定义和类别已经得到国际上的公认，且在我国大众习惯和国家政策上，通常约定俗成地把普通教育作为与职业教育相对应的概念，按照培养目标分类法可将教育活动分为普通教育和职业教育，不但包括初等层次和中等层次，而且包括高等层次。

类型定位奠定了建设中国特色现代职业教育体系的政策基石。有学者提出，现代职业教育作为国民教育制度类型的诞生必须具备对象、环境、制度三个条件，从对象、环境的角度考察，清末民初逐渐具备了前两个条件。教育政策作为国家意志在教育领域中的重要体现，“广义上教育政策不仅包括行政法规、教育行政规章，而且还包括了教育法律。”从法律制度的维度，1996 年《中华人民共和国职业教育法》第一次从国家法律制度上，确认职业教育“是国家教育事业的重要组成部分”，范围包括职业学校教育和职业培训，职业学校教育办学层次“分为初等、中等、高等职业学校教育”三个层次，从中可以较为清晰地认识到我国职业教育的体系结构、层级划分和功能目的，“职业教育体系”在国家法律层面上得到确立，这是我国职业教育体系法治化建设进程中的重要里程碑。2005 年《关于大力发展职业教育的决定》第一次从国家政策上明确提出“中国特色的现代职业教育体系”建设目标。2014 年《建设规划》对现代职业教育体系的建设目标、基本架构、重点任务、制度保障、机制创新等作出了制度性安排，是我国历史上首次针对职业教育体系建设专门出台的国家文件。

上述一系列法律和政策的出台，表明职业教育体系建设已经由法律规定层面向政策落实方面转化，职业教育作为“一种教育类型存在身份”暗含和验证于“现代职业教育体系”之中。2020 年《职业教育提质培优行动计划（2020—2023 年）》提出“办好公平有质量、类型特色突出的职业教育”，2021 年全国职业教育大会强调优化类型定位，则将上述法律和政策层面上有关职业教育是国民教育体系中的独立教育类型若隐若现的面纱彻底揭开。这一从应然到实然的落地过程，从战略定位上将问题关注的重点从“教育类型”的存在与否转向“类型教育”的实现路径与治理优化，为建设中国特色现代职业教育体系奠定了政策基石。

二、职业教育类型定位的理论分析

为了明确职业教育定位，指明职业教育发展方向，国家和教育部进一步发文确立职业教育的类型地位。2019 年 1 月，国务院印发《国家职业教育改革实施方案》，开宗明义指出“职业教育与普通教育是两种不同教育类型，具有同等重要地位”，正式确定职业教育在中国教育体系中是一个单独种类的教育。这一重要定位，一方面，是对职业教育的重大理论贡献，明确了职业教育是一个教育类型，而不是教育层次，对于摆正职业教育的地位，发挥职业教育服务社会和个体发展的能力，以及推进职业教育治理体系和治理能力现代化，具有重要的发展战略意义，极大地丰富了中国特色职业教育理论；另一方面，具有重要的政策指导和实践意义，明晰了职业教育和普通教育的联系与区别，指明了职业教育的发展方向，有利于职业教育系统更明晰自己的功能和作用，进一步探索和完善职业教育独特的办学模式和人才培养模式，更好地服务、支撑国家现代化建设。以类型教育为基点，我们牢固确立职业教育在国家人才培养体系中的重要位置，围绕建设现代职业教育体系，强化类型特色，坚定服务发展、促进就业的办学方向，不断深化产教融合、校企合作，工学结合、知行合一，走出了一条中国特色的职业教育发展道路。

“分类”是根据事物的特点分别归类。教育类型学首先关注的是教育分类问题，而实现教育分类则以类型特征为显著标志，类型特征具有层次性。教育的内在本质在于它是一种有组织、有计划、有目的的培养人的社会活动，这是教育的共性特征，是整个教育活动区别于其他事物的对外属性；教育类型特征则是教育活动内部各教育类型的个性差异，即一种教育类型区别于其他教育类型的“种差”。教育类型特征具有两层含义：一是相对于教育活动，属于个性，是该教育类型从教育中分离出来的特殊属性；二是相对于类型自身，属于共性，是该教育类型内部各种子类型的共同属性。在国民教育体系中，职业教育能够作为一种教育类型存在，正是因为它不但具备教育的共同属性，更为根本的是它具备培养技术技能型人才的“类特征”，这是职业教育本质的外在标记。譬如，“职业性”是职业教育类型的本质特征，除此之外的其他特征和功能，如实践性、经济性、大众性、终身性等，都是从这一类型特征引发出来的。“类型特征”使一种教育类型从应然转变为实然，从该角度而言，“教育类型”是定位，“类型教育”是执行，前者偏重理论、制度、政策层面；后者偏重实践、现实、执行层面。职业教育只有充分展现自身类型特征，按照“类型教育”的线路改革发展，才能成为一种真正的“教育类型”，而不是处于从属地位的一个“教育层次”或“教育阶段”，实现从“层次”到“类型”的实质性飞跃。

类型存在于结构和关系之中，显现于在功能和价值之上。教育类型内在结构和相互关系，研究的主要是教育类型的内部和外部、纵向和横向关系问题。教育类型内在结构，解决的是一种教育类型内部的结构、层次、比例问题，结构是否完整、层次是否清晰、比例是否协调，是否形成具有相对独立性的类型体系，是衡量一个教育类型是否最终确立、成熟的标志。教育类型相互关系，解决的是不同教育类型的外部关系问题，类型间是否等值、是否沟通、是否互洽，不同教育类型、相应教育阶段之间能否相互转换和互认，是一个国家（经济体）教育制度设计是否科学、完善的关键。就职业教育和普通教育的关系而言，就存在“单轨制”还是“双轨制”等不同的制度设计模式。中国近代自清末洋务运动开始兴办实业教育以来，教育制度先后经历和借鉴了日本、美国、苏联、德国、新加坡等有益经验，通过“分而合、合而分”的双重循环，逐渐形成并确立了中国特色现代职业教育体系框架。在“类型”思想和原则之下，从近百年来中国职业教育类型历史发展角度考察，“双轨制、双通制”体系是吸纳世界成果、扎根中国大地、符合中国国情的制度设计，可使职业教育脱离对传统学术教育的依附状态，在终身教育大背景下，真正实现“类型发展”。

综上，从教育类型学角度判断一种教育类型是否能够确立，至少需要具备三个基本要素：一是理论体系，二是制度体系，三是治理体系。理论体系必须具有严密的逻辑性，不但能够自圆其说，而且能够与时俱进不断发展创新；制度体系必须具有相对的完善性，不但能够切合理论，而且能够为实践提供坚实保障；治理体系必须具有较强的操作性，不但能够形成模式机制，而且能够切实践行理论和制度。基于此，中国特色职业教育体系，相应地包含三个层面：一是中国特色职业教育理论体系，二是中国特色职业教育制度体系，三是中国特色职业教育治理体系。其中，理论体系是先导，制度体系是保障，治理体系是实践，三者相辅相成，是一个有机整体，非职业教育理论研究者、政策制定者、实践工作者三方之合力而不可以实现。

三、职业教育类型定位的实现条件和相应举措

（一）职业教育类型定位实现的条件

近年来，随着国家经济的快速发展，社会对职业技术人才的需求急剧增加，职业教育的社会功能也日益彰显。2014 年，国务院印发了《关于加快发展现代职业教育的决定》提出："到 2020 年，形成适应发展需求、产教深度融合、中职与高职衔接、职业教育与普通教育相互沟通，体现终身教育理念，具有中国特色、世界水平的现代职业教育体系。"2022 年，党的二十大报告进一步指出，"统筹职业教育、高等教育、继续教育协同创新，推进职普融通、产教融合、科教融汇，优化职业教育类型定位。" 可以说，加快发展现代职业教育体系，已经成为当前社会发展的必然趋势。

从内部来看，职业教育若要作为一种独立的类型教育得以稳固确立，必须具备以下条件：其一，拥有逻辑严密且系统完整的理论体系，该理论体系能够深入阐释职业教育的本质、目标、内容、方法等核心要素，为职业教育的实践提供科学的理论指引和坚实的学理支撑；其二，构建相对完善的法治体系，通过明确的法律法规来规范职业教育的各个环节和各方行为，保障职业教育在法律框架内有序运行和健康发展；其三，形成相对稳定的运行机制，包括合理的管理体制、有效的资源配置机制、科学的教学质量保障机制等，以确保职业教育能够持续稳定地发挥其功能和作用。

从外部来看,职业教育要与普通教育实现真正的地位等值,具体表现在以下几个方面:首先是技术文化认同,即社会对职业教育所承载的技术文化应给予高度的认可和尊重,认识到其独特价值和重要意义;其次是社会价值等量,意味着职业教育在推动社会进步、促进经济发展、培养各类技能人才等方面所产生的社会价值应与普通教育等同,不能被轻视或忽视;最后是个体适应自觉,也就是个体在面对职业教育时,应具有充分的认知和理解,能够根据自身情况自觉自愿地选择职业教育,并积极投入其中,充分发挥自身潜力和实现自我价值。只有当这些内外条件相互协同、共同作用时,职业教育才能真正成为一种被广泛认可和重视的独特教育类型,在教育体系中发挥其不可替代的重要作用,为社会培养出更多高素质的技术技能人才和能工巧匠,推动社会的全面进步和发展。

(二)职业教育类型定位实现的必要举措

1. 内部措施

(1)加强理论研究。积极鼓励高校、研究机构以及职业院校自身投入更多资源进行职业教育理论的深入探究。可以设立专项研究基金,吸引专家学者针对职业教育的本质、规律、发展趋势等核心问题进行系统研究。通过组织学术研讨会、专题论坛等活动,促进不同领域研究者之间的交流与合作,碰撞出更多的思想火花。同时,加强国际的学术交流与合作,借鉴国外先进的职业教育理论成果,结合本国实际进行创新和应用,不断丰富和完善职业教育的理论体系,为职业教育的实践提供坚实的理论基础和科学依据。

(2)优化课程设置。深入调研行业企业的实际需求和技术发展动态,邀请行业专家参与课程设计。根据不同专业的特点和职业岗位的能力要求,精心规划课程内容。确保课程既涵盖基础理论知识,又突出实践技能培养。增加新兴技术、跨学科知识等内容,以适应产业升级和创新发展的需要。定期对课程进行评估和更新,及时淘汰过时的内容,引入最新的行业标准和实践经验。同时,注重课程之间的衔接和整合,形成系统的课程体系,培养学生全面的职业素养和综合能力。

（3）提升师资水平。“推进现代职业教育体系建设改革，优化职业教育类型定位，需要建设高质量的职业教育教师队伍。”[1] 建立完善的教师培训体系，定期组织教师参加专业培训、企业实践和学术交流活动。鼓励教师到企业挂职锻炼，深入了解行业一线的生产和管理情况，提升实践教学能力。引进具有丰富实践经验的企业技术骨干作为兼职教师，充实教师队伍。为教师提供良好的职业发展通道和激励机制，鼓励他们不断提升自身专业水平和教学能力。加强“双师型”教师队伍建设，通过资格认证、考核评价等方式，确保教师具备扎实的理论知识和高超的实践技能。

（4）强化实践教学。加大对实践教学的资金投入，建设现代化、高标准的实训基地。配备先进的实训设备和工具，模拟真实的工作场景，让学生在实践中学习和掌握技能。增加实践教学的课时比例，合理安排理论教学与实践教学的衔接。采用项目教学、案例教学等多种实践教学方法，激发学生的学习兴趣和主动性。建立实践教学质量监控体系，对实践教学过程和效果进行严格评估，及时发现问题并进行改进。同时，加强与企业的合作，开展校外实习实训，让学生在实际工作环境中锻炼成长。

（5）完善教材体系。组织专业团队编写适合职业教育特点的教材，注重教材的实用性和可操作性。教材内容要紧密结合行业实际和职业标准，突出技能训练和实践案例。鼓励教师根据教学实际和学生特点，编写校本教材和补充教材。积极推动数字化教材建设，利用多媒体技术丰富教材的表现形式和内容，提高学生的学习效果。建立教材评估和更新机制，定期对教材进行审查和修订，确保教材的时效性和适应性。同时，加强教材的推广和使用，让更多的职业院校受益。

（6）建立质量监控机制。制定科学、全面的教学质量评估指标体系，涵盖教学过程、教学效果、学生综合素质等方面。通过定期检查、随机抽查、学生评教等多种方式，对教学质量进行全面监控。建立教学质量反馈机制，及时将评

---

① 任友群：《优化职业教育类型定位建设高质量职业教育教师队伍》，《中国职业技术教育》2003 年第 5 期。

估结果反馈给教师和教学管理部门，以便采取针对性的改进措施。加强对学生学习效果的监测和评价，通过考试、项目考核、技能竞赛等方式，全面了解学生的学习情况和技能水平。建立质量追溯机制，对教学质量问题进行溯源分析，追究相关人员的责任，确保教学质量持续提升。

2. 外部措施

（1）加强政策引导。政府部门应出台一系列具有针对性和激励性的政策，如在招生政策方面，给予职业院校一定的招生自主权，提高职业院校的生源质量。在经费支持政策方面，加大对职业教育的财政投入，设立专项基金支持职业教育的发展，包括基础设施建设、师资培养、教学改革等。制定税收优惠政策，鼓励企业参与职业教育，对积极开展产教融合的企业给予税收减免等优惠。同时，出台政策鼓励职业院校开展国际合作与交流，提升职业教育的国际化水平。

（2）推动产教融合。推动职业教育实现高质量发展，只有以产教融合为重点，实现教育链与产业链的深度融合，才能达到优化供给、升级赋能的新境界。职业教育作为与经济产业关系最为紧密的教育类型，产教融合是现代职业教育体系的基本特征，也是其最大优势。[①] 制定明确的激励政策，鼓励企业积极参与职业教育，如给予参与企业一定的财政补贴、税收优惠、项目支持等；建立产教融合的协调机制，由政府牵头，组织职业院校和企业定期召开联席会议，共同商讨合作事宜。开展订单式培养，根据企业的需求定制人才培养方案，实现人才培养与企业需求的无缝对接；共建产业学院，整合企业和院校的资源，共同开展教学、科研和社会服务；加强企业导师队伍建设，选拔优秀的企业技术人员担任学生的实践导师，指导学生的实践学习。

（3）开展职业教育宣传。利用多种媒体渠道，如电视、报纸、网络等，广泛宣传职业教育的重要性、成果和特色。制作专题节目、报道优秀职业院校和学生的事迹，树立职业教育的良好形象。举办职业教育开放日、校园招聘会等活动，让社会各界走进职业院校，亲身感受职业教育的魅力。加强与中学的合作，

① 雷世平：《“三融”现代职业教育体系的多视角审视》，《职业技术教育》，2023 年第 4 期。

开展职业教育进中学活动，为中学生提供职业规划指导和职业体验，提前培养他们对职业教育的兴趣。通过宣传，逐步改变社会对职业教育的偏见，提高职业教育的社会认可度和吸引力。

（4）建立职业资格认证体系。与行业协会、企业等共同制定符合行业标准的职业资格认证体系，明确各级别职业资格的要求和标准。加强职业资格认证的管理和监督，确保认证的公正性和权威性。推动职业资格认证与学历教育的衔接，使获得职业资格证书的学生在升学、就业等方面享受相应的优惠政策。建立职业资格证书的更新和升级机制，要求从业人员定期参加培训和考核，以保持其职业技能的先进性和适应性。同时，加强国际职业资格认证的合作与交流，提高我国职业教育在国际上的竞争力。

（5）促进职普融通。职普融通旨在通过一定方式、政策和机制，整合普通教育与职业教育资源，实现教育资源共享、贯通、互认，从而达到协同发展、共育人才的目的。[①] 建立普通教育与职业教育之间的学分互认机制，使学生在普通教育和职业教育之间能够自由转换和流动。在普通中学开设职业教育课程，培养学生的职业兴趣和技能。鼓励职业院校学生参加普通高考，拓宽他们的升学渠道。加强普通教育与职业教育之间的师资交流和合作，促进教育教学理念和方法的相互借鉴。开展普职融通的试点项目，探索适合我国国情的普职融通模式和经验。

（6）提高技能人才待遇。适应工业化和信息化要求，国家提出建设技能型社会的新要求。因此，必须制定相关政策，提高技能人才的薪酬水平，使其与学历人才的薪酬待遇相匹配。在职称评定、职务晋升等方面，给予技能人才平等的机会和待遇。加强对技能人才的表彰和奖励，设立专门的奖项和荣誉称号，提高他们的社会地位。改善技能人才的工作环境和生活条件，为他们提供更好的职业发展空间。同时，加强对技能人才合法权益的保护，营造良好的劳动环境和社会氛围。

---

① 葵子彤、潘美宏：《普职融通模式构建的困境与突围——基于广西地区三校样本实践的考察》，《职教通讯》2020 年第 5 期。

（7）举办职业技能大赛。定期举办各级各类职业技能大赛，吸引广大职业院校学生和企业职工积极参与。通过大赛，展示职业教育的成果和学生的技能水平，激发学生的学习热情和竞争意识。加强对大赛获奖选手的奖励和宣传，提高他们的荣誉感和自豪感。将大赛的标准和要求融入教学过程，促进教学质量的提升。同时，通过大赛促进职业院校之间、企业之间的交流与合作，推动职业教育的共同发展。

四、职业教育类型定位优化的路径

如果说类型定位奠定了中国特色现代职业教育体系的逻辑起点、现代职业教育体系框架勾勒了中国特色职业教育现代化的蓝图，那么，治理体系就是现代职业教育体系实现的方法路径。所以，构建什么样的现代职业教育治理体系，如何提升职业教育治理水平和实现治理能力现代化，是当前和今后一个时期职业教育改革与发展的重要任务。

（一）完善职业教育内部层次结构，协调职业教育内外系统

根据结构功能理论，结构是功能的基础，功能发挥依赖于结构，两者具有紧密的关系，就职业教育系统而言，其功能的发挥取决于结构的组成。当前，我国职业教育层次结构存在设计缺位、衔接错位、定位不清等问题，影响其人才培养目标实现、各项资源整合和模式维持等功能的发挥，需要进行系统整体功能的调适。第一，调整职业教育结构以适应经济社会发展，在专业、层次和规模上必须积极主动与社会环境保持密切联系，引导鼓励职业教育机构根据区域社会经济发展、行业发展和自身优势而自主确立办学定位和专业设置，同时加强职业教育与社会供需信息反馈机制，增强信息互通。第二，适应社会系统发展，明确各层次职业教育的定位，中职教育定位于培养实操型技能人才，高职教育定位于培养应用型技术型人才，本科层次职业教育定位于培养管理型、工程型和应用型高级专门人才，专业学位研究生教育定位于培养高层次应用研究型专业人才。第三，加强职业教育各项资源的整合，从政令规范性和统一性出发，由

教育部门统一管理职业院校，人力资源保障部门负责营埋职业技术资格认定、相应资格证书的颁发事宜，并指导行业、企业参与职业资格标准的制定，加强校企合作长效机制构建，使企业成为职业教育的主体之一，提高职业教育资源的利用率。第四，加强职业教育精神文化建设，涉及办学理念、校园文化、职业文化、企业文化、相应职业规范、校园规章制度等各种因素，并在加强校园文化建设并与企业文化对接的同时，强化“以人为本”“以生为本”的价值理念，充分尊重个体成长，引导职业教育实现可持续发展。

（二）促进职普融通，构建与普通教育协调发展的职业教育体系

职业教育作为类型教育并非将其独立于教育大系统之外，而是在职业教育与普通教育同等地位下拥有同等的发展机会和平台，以制度化的手段解决职业教育在社会系统中的弱势地位。现代职业教育体系作为国家层面对职业教育发展的基本架构设计，实际上包含了职业教育类型、层次、发展形态、纵横向及教育系统内外间等关系。通过发展多种层次和形式的职业教育，促进职业教育与普通教育相互融通，畅通职业教育内外部衔接通道，形成横纵贯通的人才培养体系，实现职普从起点、过程到终点的系统融通，即从职普招生上同等对待普通教育和职业教育学生学籍，实现两类考生的学籍或资格互认，并完善教育过程中两种不同类型学生的双向流动，职业教育与普通教育通过联合制订人才培养目标、设计课程体系、互派师资、共享资源等途径，实现课程互选、学分互认、学籍互转、学生互动，构建其合作发展机制，充分给予学生多元教育选择机会。同时完善具有职业教育类型特征的考试招生制度，创新纵向贯通机制，推进“职教高考”制度，并建构与生源数量和质量相适应的高等学校招生计划分配机制，积极探索从“中职—高职—职业本科—研究生教育”的完整现代职业教育体系，满足学生掌握更高技能、获得更高学位的教育需求，破解学历社会下职业教育向上发展瓶颈，化解职业教育在社会系统中的矛盾和冲突。

（三）保障职业教育交换权利，提高技术技能人才社会地位和政策待遇

保障职业教育交换权利，就是通过政策层面的调适实现职业教育权利平等、机会平等和人格平等。首先，在职业教育政治权利的保障上，一方面，通过

国家政策干预，合理分配社会财富，保障各岗位劳动者的权利，激励更多人选择职业教育；另一方面，在政策层面确保职业教育同等的教育类型地位，即职业教育应享有平等的人才选拔权利、办学自主权利，注重教育资源科学合理地配置，通过建立科学合理的人才选拔机制和标准，尊重个体的教育自由和天赋，同时职业院校明确自身的办学目标和定位，发展多元化的办学模式和格局，提高办学质量水平，并完善人才评价标准体系。其次，在职业教育经济权利的保障上，加强职业教育与行业企业各项资源的交换，借助行业企业的力量，共同建设新的专业、开发新的课程，实现职业院校育人模式的革新，同时紧跟产业链发展的趋势，为建设技能型社会奠定基础。再次，在职业教育社会机会层面的交换权利保障上，营造崇尚技能的社会文化，扩大对职业教育发展、大国工匠、劳动模范等主题的正面舆论宣传，树立“崇尚技能、人人皆可成才”的多样化人才观。最后，在职业教育社会保障交换权利上，改革传统的人事管理制度，优化技能人才的职业发展通道，并完善工资结构和激励机制，尊重技能人才的技术技能价值，真正实现其价值的体现和社会地位的提升。

（四）重构职业教育社会形象，提升其社会认可度

职业教育社会形象是基于自身实践和社会发展，由社会大众主观感知、评价和情感构建而成，是一个不断演化和调整的过程，反映社会大众对职业教育的认知和期望，并对职业教育发展和社会认可起重要作用。当下职业教育存在社会形象与其对经济社会的贡献不相匹配、自我认同与社会大众认知差异巨大、相关从业者与非从业者感知差异较大等问题。为促进职业教育功能发挥和目标实现，职业教育需进行补偿性自我呈现来重构其社会形象，重点在于突出职业教育的“职业性”和“教育性”本质特征，尽可能脱离大众偏见所形成的狭隘情景认知，加强自身积极印象管理，消解职业教育原有的消极教育标签，进一步引导社会大众建立对职业教育的价值期待。一方面，职业教育要真正提高社会认可度和社会地位，关键要有切实的育人成效，应加强内涵建设，明确自身与普通教育类季区别的基础上，立足于经济社会发展现实需要，坚持技术技能人才培养的办学定位，服务于产业结构转型和产业链现代化，突出自身品牌特

色，特别注重满足职业教育学生对未来前途发展的期待，提高人才培养供给侧与产业需求侧匹配度，以职业教育高质量发展推动时代发展。另一方面，在社会文化价值理念的倡导和弘扬上，强调技能的重要性和劳动的尊严，传承工匠精神，弘扬工匠精神中坚韧、专注和追求卓越的品质，构建支撑工匠精神的社会文化体系，同时在经济和政治方面采取相应的政策以切实提升广大技术技能劳动者的社会地位和劳动回报，打好职业教育发展认同的社会基础。

第六章

职业教育与思政教育理论基础以及二者的契合性和工作切入点

职业教育与思想政治教育（简称“思政教育”）在中国的教育体系中扮演着重要角色。职业教育侧重于培养学生的专业技能和职业素养，使其能够满足社会对各类技术人才的需求；而思政教育则致力于塑造学生的社会主义核心价值观，增强其社会责任感和道德品质。二者在理论基础上的契合性体现在都强调人的全面发展，即不仅注重知识技能的传授，也重视品德修养的提升。在工作切入点上，职业教育可以将思政教育融入课程设计、实训实践和校园文化中，如通过开展职业道德教育、举办红色主题教育活动等，使学生在掌握职业技能的同时，深化对国家政策、社会道德和价值观的理解和认同，实现职业技能与思想素质的双重提升。同时，思政教育也应结合职业教育的特点，采用案例教学、项目式学习等方法，让理论学习更加贴近实际，提高教育的实效性和吸引力。

一、职业教育与思政教育各有自己的理论依据

职业教育和思政教育是分属教育学和政治学两个一级学科的二级学科，各有自己的理论依据。总体上，职业教育和思政教育是现代教育体系中两个重要的组成部分，它们各自有着不同的理论基础和实践目标。从各自的理论依据、实践目标、相互关系以及在现代教育体系中的作用等方面，可以表明职业

教育侧重于培养学生的职业技能和实践能力，而思政教育则侧重于培养学生的思想政治素质和社会责任感。

（一）职业教育的理论依据

职业教育的理论基础主要来自教育学、心理学以及劳动经济学（特别是社会分工理论）等领域。其核心理念是培养学生的职业技能，以适应社会和经济发展的需求。职业教育强调实践性、应用性和针对性，注重学生动手能力和实际操作技能的培养。

1. 教育学视角：教育与社会需求的紧密结合

从教育学的角度看，职业教育的核心理念是将教育与社会需求紧密结合起来。这种理念基于教育的社会功能论，即教育应当服务于社会的发展和进步。在这一视角下，职业教育的目标是为社会培养有用的人才，这些人才能够满足特定行业或职业的需求，从而推动社会经济的发展。社会分工理论在此视角下扮演着重要角色。随着工业化和现代化的进程，社会分工越来越细化，对专业技能的需求也越来越具体。职业教育通过提供专业技能培训，使学生能够适应这种细化的社会分工，成为特定领域的专业人才。

2. 心理学视角：个性化教学与个体差异

心理学视角强调个体差异和个性化教学的重要性。职业教育在这一视角下，注重根据学生的兴趣、能力和学习风格进行教学，以提高教学效果和学生的满意度，这种个性化的教学方法有助于激发学生的学习动力，促进其潜能的发挥。在职业教育中，心理学的应用还体现在对学生职业兴趣和职业倾向的评估上，帮助学生选择最适合自己的职业道路。通过这种方式，职业教育不仅传授专业技能，还帮助学生进行职业规划和个人发展。

3. 劳动经济学视角：劳动力市场的供需关系

劳动经济学视角下的职业教育关注劳动力市场的供需关系。这一视角基于经济学的基本原理，认为职业教育应当根据市场的需求来设计课程和培训项目，以确保毕业生能够满足劳动市场的需求。社会分工理论在此视角下同样具有重要意义，社会分工理论为职业教育提供了一个宏观的框架，强调了职业教育在适应和促进社会分工中的作用。随着社会分工的细化，劳动力市场对特定技能的需求也在不断变化，职业教育通过及时调整课程内容和教学方法，以适应这些变化，确保培养出符合市场需求的专业人才。

通过这三个视角的综合，职业教育的理论基础得以丰富和完善。其不仅关注于技能的传授，还关注于个体的发展和社会的需求，形成了一个既注重实用性又注重个性化的教育理念。这种理念有助于职业教育在不断变化的社会和经济环境中，培养出能够适应多样化职业需求的人才。

（二）思政教育的理论依据

思政教育的理论基础则主要来自政治学、哲学和伦理学等领域。其核心目标是培养学生的社会主义核心价值观，提高学生的思想政治素质。

1. 政治学视角：国家意识形态的培养

从政治学的角度看，思政教育的核心任务是培养和强化国家意识形态。这一视角强调教育在塑造国家认同和价值观方面的作用。思政教育通过各种教学活动和课程设置，使学生能够理解并认同国家的发展方向、政策和价值观念。思政教育不仅传授知识，更重要的是引导学生形成正确的世界观、人生观和价值观。这种教育方式有助于构建一个统一的思想基础，为国家的稳定和发展提供精神支撑。

2. 哲学视角：人的全面发展与批判性思维

哲学视角下的思政教育关注人的全面发展，特别是批判性思维和独立思考能力的培养。哲学认为，教育应当帮助学生形成独立的人格和思想，使其能够对各种社会现象进行深入的思考和分析。思政教育在这一视角下，鼓励学生质疑、探索和创新，而不是简单地接受既定的观点和知识。通过哲学教育，学生能够学会从不同角度审视问题，形成自己的观点和见解，这对于培养具有创新精神和社会责任感的公民至关重要。

3. 伦理学视角：道德教育与社会责任感

伦理学视角下的思政教育着重于道德教育，培养学生的社会责任感和公民意识。伦理学认为，教育应当引导学生形成良好的道德品质和行为习惯，使其能够在社会生活中扮演积极的角色。思政教育通过道德规范、价值观念的教育，以及社会实践活动，使学生学会尊重他人、遵守社会规则，并积极参与社会服务和公共事务。这种教育有助于培养学生的公民意识和社会责任感，为构建和谐社会作出贡献。

综上，思政教育的理论基础是一个多维度、相互关联的体系。政治学视角强调国家意识形态的培养，为学生提供了认同感和方向感；哲学视角关注个体的全面发展和独立思考能力的培养，为学生提供了批判性和创造性思维的发展空间；伦理学视角则着重于道德教育和社会责任感的培养，为学生提供了成为合格公民的道德基础。三者共同构成了思政教育的理论基础，旨在通过教育活动，培养学生的思想政治素质，使其成为具有国家认同感、批判性思维和社会责任感的现代公民。

（三）职业教育与思政教育的实践目标

职业教育与思政教育在现代教育体系中扮演着各自独特的角色，它们的实践目标虽然各有侧重，但共同构成了培养全面发展人才的教育蓝图。

职业教育的实践目标主要集中在专业技能的培养上。这种教育模式紧密跟随技术发展和社会需求的变化，通过提供与行业紧密相关的课程和实践机会，使学生能够掌握必要的专业技能和知识。职业教育强调“学以致用”，即学生所学的技能和知识能够直接应用于实际工作中，从而提高其就业竞争力和职业适应性。在职业教育中，实践性教学是核心，包括实验室操作、工作坊训练、实习和学徒制等多种形式。这些教学方法让学生能够在真实的工作环境中学习和成长，提前适应职场的要求。此外，职业教育还注重培养学生的创新能力和解决问题的能力，以应对未来工作中可能遇到的各种挑战。

与职业教育不同，思政教育的实践目标更侧重于培养学生的思想政治素质。通过系统的思想政治课程和活动，思政教育旨在深化学生对社会主义核心价值观的理解和认同，包括爱国主义、集体主义、社会主义法治观念等。这些价值观是构建和谐社会、推动国家发展的精神支柱。思政教育通过案例分析、讨论、社会实践等方式，引导学生形成正确的世界观、人生观和价值观。

它鼓励学生积极参与社会生活，培养他们的社会责任感和公民意识。此外，思政教育还注重培养学生的批判性思维能力，使其能够独立分析问题，形成自己的见解。

虽然职业教育与思政教育在实践目标上有所区别，但两者在教育实践中是相辅相成的。职业教育在传授专业技能的同时，也应当融入思政教育的元素，如职业道德、团队合作精神等，以培养学生全面的素质。反过来，思政教育也可以通过结合职业教育的特点，如案例教学、角色扮演等，使学生在实践中学习和体验社会主义核心价值观。职业教育与思政教育的实践目标共同构成了培养社会主义建设者和接班人的教育体系。而在实践层面的结合，则往往更集中于职业院校的课程思政领域，这也意味着要“将显性思想政治教育和隐性思想政治教育相统一，形成协同效应，构建全员全程全方位育人大格局，着力解决好专业教育和思政教育‘两张皮’问题，深入挖掘各类课程和教学方式中蕴含的思想政治教育资源，让学生通过学习丰富学识、增长见识、塑造品格，成为德智体美劳全面发展的社会主义建设者和接班人。”① 因此，职业教育通过专业技能的培养，使学生具备适应社会需求的能力；思政教育则旨在培养学生的社会主义核心价值观和责任感。两者的有机结合，能够提高学生的就业竞争力，培养他们成为有理想、有道德、有文化、有纪律的现代公民。

（四）职业教育与思政教育的相互关系

职业教育与思政教育虽然在学科领域上有所区别，但在教育实践中，它们之间存在着密切的相互关系和互补性。这种关系不仅体现在教学内容的融合上，更体现在对学生全面发展的共同追求上。

1. 职业教育中有思政教育元素

职业教育的核心在于培养学生的专业技能，使其能够适应社会和市场的需求。然而，专业技能的培养并不仅仅局限于技术层面，更包括职业道德、工作态度、团队合作能力等非技术性素质的培养。这些素质的培养正是思政教育的

① 夏永林：《“大思政课”内涵的多维探讨》，《思想理论教育导刊》2021 年第 8 期。

重要组成部分。在职业教育中融入思政教育元素，可以帮助学生树立正确的职业观念，培养良好的职业习惯和职业精神。例如，通过职业道德教育，学生可以学会尊重同事、诚实守信、负责任地完成工作任务。通过团队合作的训练，学生可以学会在集体中发挥作用，培养协作精神和集体荣誉感。

2. 思政教育中有职业教育特点

思政教育的目标是培养学生的社会主义核心价值观，但这并不意味着它与职业教育没有直接的联系。实际上，思政教育可以通过结合职业教育的特点，如实践性、应用性等，来提高教学的实效性和吸引力。例如，思政教育可以通过案例教学的方式，将理论知识与实际工作场景相结合，使学生能够在具体的职业环境中理解和体验社会主义核心价值观。此外，通过组织学生参与社会实践活动，如志愿服务、社区服务等，可以让学生在实践中体验和践行社会主义核心价值观，增强其社会责任感和公民意识。

3. 职业教育与思政教育的相互融合体现在实践性上

在教育实践中，职业教育与思政教育的融合可以通过多种方式实现。首先，课程设置上可以进行整合，将思政教育的内容融入专业课程中，使学生在学习专业技能的同时，也能够接受思政教育的熏陶。其次，教学方法上可以进行创新，采用案例教学、项目教学、模拟实训等方法，将理论与实践相结合，提高学生的学习兴趣和参与度。同时，通过组织学生参与校内外的实践活动，如企业实习、社会服务等，使学生在实践中学习和体验社会主义核心价值观。职业教育与思政教育的相互关系是教育实践中不可或缺的一部分，二者之间的融合不仅能够提高教育的实效性，更能够促进学生的全面发展。通过在职业教育中融入思政教育元素，可以培养学生的职业精神和社会责任感。另一方面，通过在思政教育中结合职业教育的特点，可以使学生更好地理解和接受社会主义核心价值观。这种相互融合和相互促进的教育模式，对于培养具有专业技能和良好思想政治素质的社会主义建设者和接班人具有重要意义。

（五）职业教育与思政教育在现代教育体系中的作用

在现代教育体系中，职业教育和思政教育扮演着至关重要的角色，共同构成了培养全面发展人才的两大支柱。这两种教育形式不仅在理论上相互补充，在实践中也相互促进，为社会培养出既有专业技能又有良好思想政治素质的人才。

职业教育的主要作用在于为社会经济的发展提供技术支持和人才保障。随着科技的不断进步和产业结构的升级，社会对于技术技能型人才的需求日益增长。职业教育通过与行业紧密结合，培养出能够迅速适应岗位需求的专业人才，满足了市场对于各类技术人才的迫切需求。职业教育注重实践性和应用性，通过校企合作、工学结合等方式，使学生能够在学习过程中获得实际工作经验，提高其职业技能和就业竞争力。此外，职业教育还强调创新能力和创业精神的培养，鼓励学生在掌握专业技能的同时，具备探索新领域、解决新问题的能力。

思政教育在现代教育体系中的作用同样不可或缺。通过系统的思想政治课程和活动，培养学生的社会主义核心价值观，提高其思想政治素质。“思政课具有鲜明的实践品格、突出的问题导向、浓厚的现实关怀，而非所谓书斋里的‘纯理论’，不食人间烟火的‘纯学术’，这是由思政课自身的性质宗旨和目标任务所决定的。”[①] 在全球化和信息化的背景下，思政教育有助于学生形成正确的世界观、人生观和价值观，增强国家认同感和社会责任感。思政教育还注重培养学生的批判性思维能力，使其能够独立分析问题，形成自己的见解。这种能力对于学生在面对复杂多变的社会现象时，能够做出理性判断和选择具有重要意义。同时，思政教育还通过社会实践活动，使学生在参与社会生活的过程中，体验和践行社会主义核心价值观。

职业教育与思政教育在现代教育体系中的协同作用表现在多个方面。首先，两者在课程设置上可以相互融合，将思政教育的元素融入职业教育的专业课程中，使学生在学习专业技能的同时，也能够接受思想政治教育的熏陶。此外，职业教育与思政教育在现代教育体系中的作用是相辅相成的，职业教育为

① 冯秀军：《善用“大思政课”的三个维度》，《思想理论教育导刊》2021年版第8期。

社会培养了大量的技术技能型人才,推动了社会经济的发展;而思政教育则为培养具有良好思想政治素质的公民提供了保障。通过两者的有机结合和相互促进,培养出既有专业技能又有良好思想政治素质的社会主义建设者和接班人。

二、职业教育与思政教育具有共同的理论基础

职业教育与思政教育虽然在学科领域上有所区别,但它们在理论基础上却有着深刻的联系。这种联系不仅体现在对个体全面发展的追求上,更体现在对社会主义核心价值观的培养上。以下将从工业文化、马克思主义理论以及二者在教育实践中的融合等方面,对职业教育与思政教育的共同理论基础进行深入探讨。

(一)工业文化与职业教育

从工业文化的内涵看,工业文化强调效率、质量、创新和团队合作,这些价值观与职业教育的目标不谋而合。职业教育旨在培养学生的专业技能和实际操作能力,以适应工业生产和社会服务的需求。而工业文化中的工匠精神,即对工作的精益求精和对质量的不懈追求,正是职业教育所倡导的职业态度。

工业文化是职业教育的重要理论基础之一。在工业文化中,工匠精神是核心。职业教育与工业文化的结合表现在对专业技能的重视和对职业精神的培养上,职业教育的目标之一是培养符合产业需求的技术技能人才,而工业文化则是连接教育与产业的纽带。在职业教育中融入工业文化,意味着教学内容要紧密贴合行业发展动态,教学方法要注重实践操作与创新思维的培养。比如,通过校企合作,让学生了解行业标准,体验企业文化,这样不仅能提升学生的就业竞争力,还能加深他们对工业文化的理解和认同,促进其全面发展。再比如,职业教育通过模拟真实的工作环境,使学生能够在实践中学习和掌握专业技能。同时,职业教育也注重培养学生的职业责任感和团队协作能力,这些都是工业文化中不可或缺的元素。在职业教育中,通过引入工业文化的理念,如劳

模精神、大庆精神等，可以激发学生对工作的热情和对职业的尊重。这些精神不仅体现了工业文化的核心价值，也是思政教育的重要组成部分，有助于培养学生的社会责任感和集体荣誉感。

思政教育在工业文化背景下，更加注重培养学生的社会主义核心价值观。通过将工业文化中的优秀元素融入思政教育，可以使学生更好地理解和接受社会主义建设者的角色和责任。例如，通过讲述工业发展中的英雄人物和先进事迹，可以激发学生的爱国情感和社会责任感。再例如，劳模精神代表了对工作的高度敬业和对技艺的不懈追求，体现了劳动者对职业的热爱和对工作的尊重。大庆精神则代表了艰苦奋斗、自力更生的精神，体现了劳动者在面对困难和挑战时的坚定意志和不屈不挠的精神。这些精神不仅在职业教育中得到了体现，也是思政教育的重要组成部分。此外，思政教育还可以通过实践活动，如参与社区服务、企业实习等，使学生在实际工作中体验和践行社会主义核心价值观。这种实践活动不仅有助于学生将理论知识与实际工作相结合，也有助于他们在工业文化的环境中培养正确的价值观和人生观。

因此，职业教育与思政教育在工业文化背景下的共同理论基础，为培养具有专业技能和良好思想政治素质的人才提供了坚实的支撑。职业教育的专业技能培养与工业文化的职业精神相辅相成，而思政教育的价值观塑造则与工业文化中的社会主义核心价值观相融合。

（二）马克思主义理论与职业教育

马克思主义理论深刻地影响了职业教育的发展，为职业教育提供了坚实的理论基础。在这一理论体系中，社会分工被视为推动社会生产力发展和社会进步的关键因素，而职业教育则是适应社会分工需求，培养专业人才的重要途径。

首先，马克思主义理论认为，社会分工是生产力发展和社会进步的必然结果。随着生产工具的改进和生产方式的变革，劳动过程逐渐分化为不同的专业领域，每个领域都需要特定的技能和知识。职业教育正是为了满足这种分工细化的需求而产生，它通过专业化的教育和培训，为社会培养具有特定技能的劳动者。职业教育的目标是使受教育者掌握某一职业或行业所需的专业技能和知识，以适应社会对各类专业人才的需求，不仅关注技术技能的培养，也注重职业道德和创新能力的培育，以促进劳动者的全面发展。

其次，马克思主义理论特别强调教育与劳动的结合。在《资本论》中，马克思提出，教育不应仅仅作为知识的传授，而应与劳动实践紧密结合，使劳动者在掌握专业技能的同时，也能够提高自己的思想政治素质和社会责任感，不仅有助于劳动者更好地适应社会生产的需求，也有助于其形成正确的世界观和价值观。通过教育与劳动的结合，劳动者能够在实践中学习，在学习中实践，实现知识与技能的有机统一。

再次，马克思主义理论强调职业教育与思政教育的融合。"物质生活的生产方式制约着整个社会生活、政治生活和精神生活的过程。不是人们的意识决定人们的存在，相反，是人们的存在决定人们的意识"[①]。在马克思主义理论的指导下，职业教育与思政教育的融合成为必然趋势。职业教育不仅要传授专业技能，还要培养学生的社会主义核心价值观和职业道德。通过将思政教育融入职业教育的课程和教学中，可以使学生在学习专业技能的同时，也能够接受思想政治教育的熏陶。融合型的教育模式有助于学生形成正确的劳动观念，培养其对工作的热情和对职业的尊重。同时，通过实践活动和社会服务，学生能够在实际工作中体验和践行社会主义核心价值观，增强其社会责任感和公民意识。

综上可知，马克思主义理论为职业教育提供了丰富的理论资源和明确的发展方向。社会分工的细化和教育与劳动的结合，为职业教育的发展提供了理论指导。职业教育与思政教育的融合，能够培养学生的专业技能，提高学生的思想政治素质，为培养全面发展的社会主义建设者提供了有效的教育模式。

（三）职业教育与思政教育在教育实践上的融合体现

在教育实践中，职业教育与思政教育的融合体现在多个方面。首先，在课程设置上，职业教育的专业课程中融入了思政教育的元素，如职业道德、工作

① 中共中央马克思恩格斯列宁斯大林著作编译局编译：《马克思恩格斯文集 2》，人民出版社 2009 年版，第 591 页。

态度等，使学生在学习专业技能的同时，也能够接受思想政治教育的熏陶。其次，在教学方法上，职业教育采用了案例教学、项目教学等方法，将理论与实践相结合，提高了学生的学习兴趣和参与度。同时，思政教育也通过实践活动、社会实践等方式，使学生在实践中学习和体验社会主义核心价值观。由上述可知，职业教育与思政教育在理论基础上具有深刻的联系。工业文化中的工匠精神、劳模精神、大庆精神等，不仅是职业教育的重要理论基础，也是思政教育的重要组成部分。马克思主义理论中的社会分工、教育与劳动相结合的理论，为职业教育与思政教育的融合提供了理论支持。

此外，在教育实践中，职业教育与思政教育的融合不仅能够提高教育的实效性，更能够促进学生的全面发展，当前这一融合的最新趋势体现为职业院校开展“大思政”综合改革。“大思政”体系建设是一项基础性、长期性、全局性的系统工程，要“广泛调动课内与课外、校内与校外、线上与线下的一切育人主体，有效整合育人资源。”[①] 通过“大思政”综合改革，可以有效在职业教育中融入思政教育的元素，培养学生的职业精神和社会责任感。在思政教育中结合职业教育的特点，可以使学生更好地理解和接受社会主义核心价值观。相互融合和相互促进的教育模式，对于培养具有专业技能和良好思想政治素质的高素质技能人才具有重要意义。

三、职业教育与思政教育的契合性和工作切入点

职业教育与思政教育的契合性和工作切入点是当前教育改革和发展的重要议题。职业教育与思政教育的契合性体现在理论基础、文化价值和教育目的的一致性上。在实际工作中，通过课程融合、实践活动、师资队伍建设、环境营造和评价机制等切入点，可以有效地实现职业教育与思政教育的有机结合，为培养全面发展的社会主义建设者和接班人提供坚实的教育支持。

① 杨增岽，赵月：《善用“大思政课”：深刻内涵、时代价值与建设理路》，《学校党建与思想教育》2022 年第 5 期。

（一）职业教育与思政教育的契合性

1. 理论基础一致

职业教育与思政教育在理论基础上具有高度的一致性。马克思主义理论为两者提供了共同的理论支撑。在马克思主义看来，教育是培养全面发展的人的重要途径，而职业教育和思政教育都是实现这一目标的手段。职业教育侧重于培养学生的专业技能和实践能力，以适应社会分工的需要。思政教育则侧重于培养学生的思想政治素质，以形成正确的世界观、人生观和价值观。尽管侧重点不同，但两者都致力于人的全面发展，体现了马克思主义关于人的全面发展的理论。

2. 文化价值一致

职业教育与思政教育在文化价值上也具有一致性。教育不仅仅是知识的传授，更是文化传承和价值观念塑造的过程。职业教育通过培养学生的专业技能，同时也在传承和弘扬专业文化和工匠精神。思政教育则通过培养学生的社会主义核心价值观，弘扬爱国主义、集体主义和社会主义精神。在这一过程中，职业教育与思政教育共同促进了社会主义文化的繁荣和发展，为学生提供了丰富的精神食粮，帮助他们建立起积极向上的人生态度和价值追求。

3. 教育目的一致

职业教育与思政教育在教育目的上具有一致性。无论是职业教育还是思政教育，其根本目的都是培养能够适应社会发展需求、具有良好思想政治素质和专业能力的社会主义建设者和接班人。职业教育通过专业技能的培养，使学生具备在各自领域内发挥作用的能力，思政教育则通过思想政治教育，使学生具备正确的价值观念和社会责任感。两者相辅相成，共同为学生的全面发展和终身发展奠定基础。

在实际工作中，职业教育与思政教育的契合性表现在课程融合、实践活动、师资队伍建设、环境营造和评价机制五个方面：

一是课程融合——促进思政教育与专业课程的无缝衔接。将思政教育元素融入职业教育的专业课程中，旨在培养学生的职业道德和社会责任意识。这一融合要求教师在教授专业技能的同时，引导学生理解行业规范、职业伦理以及公民责任。例如，在工程类课程中加入环保理念和可持续发展原则的教学；在商科课程中强调诚信经营和公平竞争的重要性；在医疗健康课程中培养医者仁心和对生命的尊重。这样的课程设计有助于学生在掌握硬技能的同时，形成良好的软实力，为未来职业生涯打下坚实的基础。

二是实践活动——理论与实践相结合的育人模式。组织学生参与社会实践和志愿服务，是将社会主义核心价值观内化于心、外化于行的有效方式。通过参与社区服务、公益项目或企业实习，学生能够在真实的社会环境中体验团队协作、解决实际问题，从而深化对社会责任和集体荣誉感的理解。这种实践活动不仅丰富了学生的学习经历，还增强了他们的社会适应能力和创新精神。

三是师资队伍建设——目标是打造双师型教师队伍。加强职业教育和思政教育师资队伍的建设，对于提升教育质量至关重要。双师型教师既精通专业领域，又能深刻理解思政教育的内涵，他们能够结合专业知识传授正确的价值导向，引导学生树立正确的世界观、人生观和价值观。因此，定期开展教师培训，提升教师的综合素质，尤其是思政教育能力，是实现职业教育高质量发展不可或缺的一环。

四是环境营造——构建和谐向上的校园文化。营造一个积极向上、和谐共融的教育环境，是培养学生良好品德和健康心理的重要保障。这需要从校园文化建设入手，通过举办丰富多彩的文化艺术活动、体育竞赛和学术讲座，激发学生的兴趣爱好，培养他们的团队精神和领导力。同时，建立健全的学生管理和服务体系，关注学生的心理健康，提供个性化的指导和支持，帮助学生建立自信，形成积极的人生态度。

五是评价机制——全面评估学生综合素质。建立科学合理的评价机制，不仅要考查学生的专业知识和技能，还要评价其思想政治素质和道德品质。这意味着评价体系应包括课堂表现、实践能力、团队合作、创新思维等多个维度，通过综合测评来全面反映学生的发展状况。此外，引入同伴评价、自我反思和教师反馈等多元评价方式，可以更客观、公正地评估学生的学习成果，促进学生自我成长和持续改进。

（二）职业教育与思政教育的工作切入点

在探讨思政教育与职业教育如何切入具体工作时，可以发现二者之间的一个重要交汇点在于工业文化。工业文化作为现代社会发展的重要基石，不仅承载着生产方式的变革，还蕴含着丰富的价值观念、行为准则和社会责任，这些都构成了思政教育与职业教育结合的天然桥梁。

如前所述，工业文化是在工业化进程中形成的一种特定的文化形态，它涵盖了工业生产的技术、组织、制度以及与之相适应的价值观、行为模式和社会关系。在职业教育中，学生不仅学习具体的技能，更重要的是培养对工作的严谨态度、团队协作精神和对社会的责任感，而这些正是工业文化的核心要素。例如，工业生产中的精益管理、质量控制、安全生产等理念，可以被用来教育学生如何在工作中追求卓越，如何对待每一件产品如同对待自己的孩子一般，注重细节，精益求精。通过工业文化中的具体事例，学生可以更直观地理解“工匠精神”“敬业乐群”的含义，从而在内心深处种下对工作认真负责的种子。在两种类型教育工作切入时，工业文化强调的效率、质量、创新、安全和责任，都能成为思政教育和职业教育所共同追求的核心目标与重要抓手。

工业文化视角下的思政教育与职业教育在结合路径上，可以体现为以下几个方面：

一是课程设置与教学改革。将工业文化中的典型事例和成功经验融入课程设计，开设专题讲座和研讨会，邀请行业专家分享实践经验，让学生在学习专业知识的同时，领悟工业文化的精神内涵。二是实践基地建设。依托企业和实训基地，建立工学结合的实践教学体系，让学生在真实的生产环境中学习，亲身体验工业文化的魅力，增强职业认同感和归属感。三是师资队伍共建。鼓励教师与行业专家合作，共同开发教材，设计教学方案，甚至可以邀请企业工程师直接参与授课，以增强教学的实用性和针对性。四是评价体系创新。在学生评价体系中纳入工业文化相关指标，如团队合作能力、创新思维、解决问题的能力等，激励学生在实践中不断学习和成长。五是校园文化建设。通过举办工业文化节、技术技能大赛等活动，营造浓厚的工业文化氛围，激发学生对工业发展的兴趣和热情，培养其成为既有技术技能又有文化素养的高素质劳动者。

总之，工业文化作为思政教育与职业教育结合的切入点，不仅为职业教育提供了丰富的教育资源和实践平台，还为思政教育提供了生动的案例和鲜活的素材，促进了学生职业技能与人文素养的双重提升，为培养新时代所需的复合型人才奠定了坚实的基础。

第七章

职业教育视角的大中小学思政课一体化建设的基本问题

基于职业教育类型定位视角的大中小学思政课一体化建设，是基于立德树人的根本任务，遵循思想政治教育规律和学生成长成才规律，科学规划、统筹安排职业教育各学段思想政治教育的目标理念、教育内容、方法技术、制度保障等方面的系统工程。有效推进这一建设过程，应努力加强基本理论研究，积极开展实践教育探索，重点抓好思政课教学，及时解决建设中的具体问题。

一、职业教育视角的大中小学思政课一体化建设的内涵

“一体化”最早源于拉丁语的 integratio，在英文语境中被表述为 integration，其原初含义是“更新”。20 世纪 40 年代中后期，随着西欧国家经济合作组织与军事联盟的建立，“一体化”概念逐渐越出原有的解释框架并获得了更为丰富的内涵，即从某一事物的“自我更新”演变为不同事物的“相互融合”，借以描述或指代多个相互独立的实体经由某种方式逐步结合成为新的实体的过程。此后，“一体化”概念开始广泛应用于经济、政治、社会等各个领域，涌现出了经济一体化、政治一体化、军事一体化、区域一体化等表述。

在我国，有关大中小学思想政治教育一体化建设的设想由来已久。早在 2010 年，《国家中长期教育改革和发展规划纲要（2010—2020 年）》就明确提出要“构建大中小学有效衔接的德育体系”，“树立系统培养观念，推进小学、

中学、大学有机衔接”。这里的“衔接”一词就突出强调了不同学段之间系统性、有机性的动态联系。尽管当时并没有明确提出“大中小学思想政治教育一体化”概念，但是其中所蕴含的整体规划、一体建设的理念设想已开始形成。

习近平总书记在党的二十大报告中指出要“完善思想政治工作体系，推进大中小学思想政治教育一体化建设”，为新时代加强和改进学校思想政治工作指明了方向。深入贯彻落实习近平总书记关于思想政治教育的重要论述和党的二十大精神，要求我们深刻领悟思想政治教育一体化建设的精神实质。这种“一体化”，如果从协同发展的最高形态看，应包括横向一体化、纵向一体化和融合一体化，而当前“大中小学思政课一体化建设”需要着力解决的是不同学段思政课协同育人的问题。这里的不同学段既包括普通教育，又包括职业教育，这是由我国现代国民教育体系特点决定的。《中共中央关于构建社会主义和谐社会若干重大问题的决定》（中发〔2006〕19号）指出，我国现代国民教育体系是“以普通教育和职业教育为基础，以初等、中等、高等教育为层次”的。《中华人民共和国职业教育法》规定：“职业教育是与普通教育具有同等重要地位的教育类型。”在学段方面，职业教育和普通教育之间存在着“合—分—交叉”的关系。义务教育阶段为“合”，初中阶段以后进入“中职”或“高中”为“分”，高中学生考高职、中职学生考大学则为“交叉”。同时，职业教育的机制、管理、学制、招生等方面与普通教育也是同中有异。因此，职业教育的思政课一体化建设与普通教育的思政课一体化建设一样，都是大中小学思政课一体化建设的重要组成部分。可以说，加强职业教育各学段的思政课一体化建设，即加强中高职思政课一体化建设，既是建设教育强国、人力资源强国和技能型社会的需要，也是职业教育坚持立德树人、德技并修，持续培养更多高素质技术技能人才、能工巧匠和大国工匠的必然选择，更是职业学校新时代把握新机遇、迎接新挑战、实现高质量发展的战略调整。

因此，职业教育视角的大中小学思政课一体化建设定义为：基于国家对职业教育类型定位优化的背景，通过组建教学联盟而探讨各级各类职业院校思政课教学的职教特色和职校特点，并辐射普通教育类型的中学的职业生涯教育和小学的职业认知教育，以使思政课教学在职业教育的改革发展中助力育人功能的发挥。这个问题可具体从以下五个方面理解：

第一，价值引领的连续性。从小学的品德教育到中学的公民意识教育，再到高职院校中含有政治思想元素的工匠精神、劳模精神、大庆精神、"两弹一星"精神、载人航天精神等教育。思政课在不同阶段有着不同的侧重点，但其核心价值是相通的，即培养学生的社会责任感、集体荣誉感和国家认同感，使学生在不同的成长阶段，受到与其身心发展和认知特点相适应的教育熏陶。

第二，知识传授的系统性。思政课的知识点涵盖了历史、文化、法律、经济等多个领域。在一体化建设中，这些知识点不再是零散的、孤立的，而是形成了一个相互关联、逐步深入的知识体系。这样的体系有助于学生构建起完整的世界观、人生观和价值观。"小学阶段重在培养学生的道德情感"，"初中阶段重在打牢学生的思想基础"，"高中阶段重在提升学生的政治素养"，"大学阶段重在增强学生的使命担当"的设计正是如此。

第三，能力培养的递进性。随着学生年龄的增长和认知能力的提升，思政课应更加注重培养学生的批判性思维、独立思考和问题解决能力。在职业教育中，这种能力的培养尤为重要，因为它直接关系到学生将来在职场上的表现和职业发展。

第四，实践教学的深度整合。职业教育强调"学以致用"，因而思政课的教学不应仅限于课堂内的理论讲授，更应与学生的实践活动、社会实践和职业实践紧密结合起来。通过参与社区服务、企业实习等活动，学生能自然地体验和实践社会主义核心价值观。

第五，教育资源的共享。大中小学思政课一体化建设还需要打破学段壁垒，实现教育资源的共享。这包括教师队伍的交流互动、教学经验的传承借鉴、教材内容的衔接统一等。通过资源整合，可以有效提升教育效率和质量。

总之，大中小学思政课一体化建设是一项系统工程，它要求我们在内容设计、教学方法、评价体系等方面进行深入的研究和创新。在职业教育的大背景下，这一工程的实施将有助于培养出更多具有良好职业道德、扎实专业技能和强烈社会责任感的高素质技术技能人才，为国家的发展和社会的进步提供坚实的人才支撑。

二、职业教育视角的大中小学思政课一体化建设的机遇

（一）全党重视，将中高职思政课一体化建设提升到更高战略层面

习近平总书记在中国人民大学考察时强调："思想政治理论课能否在立德树人中发挥应有作用，关键看重视不重视、适应不适应、做得好不好。"[①] 现阶段，国家将加大对职业教育的投入，为思政课一体化建设提供更多的政策支持和资源保障。与此同时，教育部等部门开展了大思政课建设工作和大中小学思政课一体化共同体建设工作的具体指导，天津市也作出了相应的工作部署。为发挥思政课立德树人更大作用，做到了"尊""统""融"三点。所谓"尊"，即指思政课高举的是思想旗帜，关注的是意识形态，凝聚的是人民意志，解决的是人类难题，在课程体系中属于"万山磅礴中的主峰"，给予其更加尊崇的地位。"统"，指在思想上统一、意志上统一、政策上统一、观念上统一，通过宣传和教育，使思政课一体化建设深入人心、化为师生自觉和全民自觉。"融"，指在职业学校进行思政课一体化建设的基础上，加强中高职衔接，逐渐形成一个更加宏大的思政课一体化建设共同体。天津机电职业技术学院成立了津南区大中小幼思政一体化联盟，为建设一个充满生机和活力的社会思政大课堂奠定基础。

（二）健全机制，确保中高职思政课一体化建设扎实推进

近年来，教育部党组成立了"大中小学思政课一体化建设指导委员会"，教育部办公厅印发了《教育部大中小学思政课一体化建设指导委员会章程》。截至目前，全国共组建了 32 个"大中小学思政课一体化建设共同体"，积极推动了大中小学思政课一体化建设走深走实。中高职思政课一体化建设作为大中小学思政课一体化建设的重要组成部分，在这个过程中也得到了充分发展。

---

① 习近平：《在中国人民大学考察时强调　坚持党的领导传承红色基因扎根中国大地走出一条建设中国特色世界一流大学新路》，《人民日报》2022 年 4 月 26 日第 1 版。

（三）改革创新，打造一体化的社会思政大课堂

习近平总书记指出："改革创新是时代精神，青少年是最活跃的群体，思政课建设要向改革创新要活力。"[①]"要注重方式方法，把道理讲深、讲透、讲活，老师要用心教，学生要用心悟，达到沟通心灵、启智润心、激扬斗志。"[②]大中小学思政课一体化建设与大思政课建设是一个问题的两个侧面，都是为了办好思政课这一关键课程。前者是一体化向纵向建设，后者是一体化的横向拓展，后一方面重在为大中小学思政课一体化建设创造有利的社会实践环境。从职业教育视角看，将育人主体多元化充实为各主体（企业、政府、社区、研究机构等）积极参与思政育人，从而有效打造一体化的社会思政大课堂。

三、职业教育视角对大中小学思政课一体化建设的挑战

（一）职业教育体系尚待健全和完善

从职业教育角度实施大中小学思政课一体化，有赖于职业教育体系健全，特别是职业教育作为类型教育与其他教育形式和谐共生。但当前现代职业教育体系结构仍不完善，有诸多难点亟待破解。首先，职普融通壁垒依然存在，特别是中职学校和普通高中之间融通多处于试点阶段，"并行"多于"融通"，单向流动多于双向互动，有效实现路径尚未形成。其次，不同层次职业教育之间纵向衔接程度仍不高。尽管职业教育"断头路"已经被修通，但是对技术技能人才培养的系统化设计还不够，在考试、课程和教学等方面的衔接还存在堵点和卡点，学生成长成才通道还不够畅通。此外，产教融合进入"深水区"，需要直面并破解政策边界不清、跨部门协同机制不畅、对企业经营需求重视不足、混合所有制改革难推进、优质产教融合资源不均衡等关键问题，才能有效推进现代职业教育体系建设，进而理顺职业教育与其他教育的关系。只有这些问题

① 习近平：《思政课是落实立德树人根本任务的关键课程》，《求是》，2020年第17期。
② 习近平：《在中国人民大学考察时强调　坚持党的领导传承红色基因扎根中国大地走出一条建设中国特色世界一流大学新路》，《人民日报》2022年4月26日第1版。

解决好了，依据这个教育体系而建设大中小学思政课一体化才能有效推进。

（二）思政教育育人成效尚需有效措施支撑

思想政治教育成效是指学校思想政治教育的各项教育活动的预期目标与结果之间的关系，即学校为培养德智体美劳全面发展的社会主义建设者和接班人而开展的思想政治教育活动的育人成效，受教育者、教育对象、教育内容、教育媒介和教育环境等因素影响。不能开展贴近青少年学生生活，满足青少年学生发展需要和成长需求的思想政治教育是制约当前学校思想政治教育成效提升的主要原因。

进入新时代，党中央将思想政治教育提高到新的高度，各级各类学校对推进思想政治工作改革创新的重要性认识、主观能动性显著增强，对思想政治工作改革创新、“三全育人”改革的领导进一步加强，也成立了相应的领导机构或议事协调机构，但是在推进、落实层面的具体措施还不够有力，大中小学思政课一体化的推进机制也不健全，从而导致思想政治教育成效尚未获得显著提升。

（三）职业教育视角的大中小学思政课一体化建设的规律性特征尚未把握

思政课教学要遵循学生的成长发展规律、认知规律以及教育教学规律等，不同学段的学生在认识能力、辨别能力、实践能力等方面各有不同，因此在设置思政课不同学段的内容上要坚持具体问题具体分析，让思政课教学内容能循序渐进，不断深入。[①] 当前大部分思政课教师都是根据本学段的教学内容进行授课，部分教师形成了各管一段的固化思维，没有认识到大中小学思政课一体化建设的重要性，尚未形成一体化意识，对思政课一体化建设的机制、路径等不熟识，对其他学段的课程内容和课程目标不了解，缺乏对其他学段学生思政课掌握情况的深度把握，尚未在工作中主动研究实施一体化建设的相关内容。上述问题会在一定程度上阻碍大中小学思政课一体化建设。更为重要的是从职业教育的角度看，实施大中小学思政一体化建设，必须充分认识职业学校思政课的特殊性，这种特殊性至少包括三个方面：

① 吴宏政：《论大中小学思政课一体化建设中的几对辩证关系》，《思想理论教育导刊》，2021 年第 11 期。

一是职业教育的特殊性。我国作为制造业大国,需要数以亿计的高素质技术技能人才加以支撑,职业教育在我国大有可为,前景广阔。但是,这一现实还未能形成全民共识。对接受职业教育的这部分学生来说,我们的思政课教学就不能简单地照搬普通教育类型学校的做法,要努力将工业文化、职业教育文化与思政教育结合起来,最好是融合起来,才能取得好的成效。

二是职业学校的特殊性。这主要表现为:行业、企业主办或参与主办的职业学校,其文化传统、教学环境、学习风气等无不带有行业或企业的特点。职业学校的课程设置、教学方式,特别是实习、实训的强化,都表明这样的环境里开展思政教育,必然地带有这个职业学校的鲜明特点;也只有突出这个特点,思政教育才能达到应有成效。

三是职业学校学生的特殊性。职业学校的学生,中职生来自职普分流,那些进入中职的学生按照传统的世俗的观念,往往被认为是“次人一等”。同样地,进入高职学校的学生,也基本上是高考失利者或应试教育的不适应者,也往往为世人所轻视。这两种情况在全社会形成良性工业文化、职业教育文化之前,一时难以改变,从而决定了对这样的学生开展思政教育的难度及其特殊性要求。

(四)职业教育视角的大中小学思政课一体化体制机制有待健全和完善

就一般而言,大中小学思政课一体化的体制机制尚不健全,一定程度上影响了大中小学思政课一体化建设动态、有序地发展。而从职业教育视角看大中小学思政课一体化建设,其共建机制正在探索之中。其一,部分地区的思政课一体化指导委员会及研究机构尚未建立,或虽已成立,但尚未承担起相应职责,导致本区域思政一体化建设难以统一协调、有序推进,使得各学段之间思政课教师的联系受阻,地方优质思政资源得不到共享,相关教材得不到开发,课程体系无法及时建立,课程标准无法及时制定,影响全方位思政育人的实效。而突出职业教育特色的大中小学思政课一体化建设更没有受到特殊的对待和重视,更谈不上形成有效的运行机制。其二,大中小学思政课一体化建设的集体备课制度尚不完善,没有真正发挥集体备课制度在一体化建设中的重要作用。而在职业教育视角下做集体备课尝试，目前还没有过。其三，推进大中小学思政课一体化建设的激励制度尚不健全，思政课教师缺少推进一体化建设的积极性。由于从职业教育视角推进这个问题尚未展开，这方面所要解决的问题需要重新认识。

四、职业教育视角的大中小学思政课一体化建设的应对策略

（一）加强基本理论研究

从《国家中长期教育改革和发展规划纲要（2010—2020年）》明确提出要"构建大中小学有效衔接的德育体系"，到《关于深化教育体制机制改革的意见》提出"构建大中小幼一体化德育体系"，再到"统筹推进大中小学思政课一体化建设"，充分体现了党和国家在学校思想政治教育问题认识上既一脉相承、又与时俱进，为我们推进学校思想政治教育改革创新明确了发展方向。特别是从"大中小学思政课一体化"到"大中小学思想政治教育一体化"，不只是文字表述上的变化，更重要的是在内涵上集中体现了党在学校思想政治教育理念上的更新，表现出一种更为广阔的教育视野和更具整体性的顶层设计，同时也意味着给学校思想政治教育提出了新的更高的要求。考虑到不同学校、不同学段思想政治教育，在包括课程、科研、实践、文化、网络、心理、管理、服务、资助、组织等各方面均有不同要求，必须分别对主体进行深入研究，并在整体上加以整合和系统化。同时，由于我国大学、中学、小学在育人目标上的一致性，也要求各学段思想政治工作只有加强联系、深化沟通，不断促进大中小学思想政治教育一体化建设，才能有效履行本学段的育人职能，并为社会和更高学段输送合格人才。为此，要在深入推进大中小学思政课一体化建设的基础上，将强化大中小学思想政治教育各要素、各方面的协同与联动机制的研究基础上不断优化和完善思想政治工作体系。更为重要的是还要深入研究不同类型教育中思政课教学的特殊性，特别是重点研究职业教育类各学段的思政课要求以及对职业教育类型教育中思政教育的整体特征。只有在这方面形成系统

的研究成果，才能有效推进职业学校思政课教学以及开展职业教育视角下的大中小学思政课一体化建设。

（二）积极开展实践教育

1. 梳理课内实践元素。把课堂教学和实践教学有机结合，需要系统梳理思政课教材中每个章节的实践元素，从零散的布点走向系统的布局，从碎片的考察走向有组织的实践，引导学生将所学的理论知识与实际问题相结合，做到知行合一。一要打造“实景课堂”。实景课堂实际上是让课堂“搬个家”，从教室走向现场，开展沉浸式教学，重点在深度上下功夫，避免形式化，在实践中让思想的力量转化为行动的力量。例如组织学生到革命遗迹、红色场馆开展教学，开发各具特色的课程教学资源，使理论学习更加具体化、形象化和生动化。职业学院的实景课堂，可选取有代表性的工业展馆，大型工程遗址等开展现场教学，这样更加贴近学生专业实际，有利于形成良好的新认识。二要打造“行走的课堂”。行走的课堂就是依循理论教学重点难点和学生思想困惑点，在社会现实中寻找论据，重点在精度上下功夫，通过一个点的考察找到一串理论的答案。职业学校思政教学开展“行走的课堂”实践，可与学生实训实习结合起来，这样不仅能解决长期以来因高效实训实习而缺少思政教育的问题，而且可以在思政教育中彰显职教特色。三要打造“空中课堂”。空中课堂就是弥补线下实践资源投入和空间不足的局限，借助网络技术将实践资源引入校园，重点在广度上下功夫。职业学校的“空中课堂”同样要求思政课教学实行线上线下相结合，其线上资源可通过国家、地区、学校相关平台获取，也可以由师生共同打造，这样更能体现职业院校的特点。

2. 布局课外实践资源。新时代大中小学思政课一体化建设，要秉持“开门办思政”理念，开展“有意识的实践”，体系化布局实践基地，系统化为课堂供给实践素材，为理论讲解提供坚强有力的实践证明。一是论述中国特色主义具体时间，特别是习近平总书记视察天津重要讲话精神中的思想政治教育资源，特别注重了解习近平总书记在地方重大实践和视察地方和学校的重要论述，并系统联系习近平新时代中国特色社会主义思想课程的教学过程，对于习近平总书记关于职业教育的论述，更要在职业院校的思政课教学中加以强化。二是完善思政课实践资源图谱。系统建设一批“大思政课”实践教学基地，编制学生社会实践基地场馆标准和指南，针对不同学段特点，从资源开发、课程设计、学生服务等方面，明确不同类型场所育人服务规范，让实践资源看得见、用得上、记得住、入得脑。在职业学校，要善于将实训实习中能用的教学资源加以系统化，可以起到事半功倍的成效。三是要用活用好用足职业教育丰富的独有的育人资源。加强职业院校特色的马院建设，提升思政课教学质量和育人效果，引导学生毕业后立足行业、投身企业、创造事业。比如，理论教学可以主动结合行业融入工匠精神、宣传行业模范、讲好工匠故事，用自身行业优势推动思政课特色化发展，避免“千校一面、万人同语”现象；实践教学应结合办学特色与职业优势，用好用活用职业院校领域的辉煌成就、感人事迹、行业前沿的重大问题等鲜活生动的案例。行业特色型高校思政课应当在严格遵守教育部相关统一性规范（共性）的前提下，结合学校定位和学生实际（个性），打造具有自身行业特色的思政课教学体系，不断提高课程教学的精准性和针对性。

3. 积极运用数字技术。守正创新，激发立德树人的协同动力。习近平总书记指出，做好高校思想政治工作，要因事而化、因时而进、因势而新。他强调，“要运用新媒体新技术使工作活起来，推动思想政治工作传统优势同信息技术高度融合，增强时代感和吸引力”。[①] 这一重要论述，是对高校思想政治工作改革创新的系统性要求。为此，需要运用数字技术增强大中小学思政课一体化建设成果共享力，突出传播效果示范力，突出思想引领穿透力。一要线上资源赋能线下教学，扩大资源供给。依托“大学生思政课在线学习平台”和“大学生思政课实践成果展示平台”，以短视频的方式将思政课知识点或具有思政教育效果的内容延伸到网络空间，在学生喜爱的新媒体平台上建立传播矩阵，同时鼓励大学生在课后将学习成果制作成短视频，用大学生的优质作品影响更多的大学生，以此实现思政课表达形式创新、传播方法创新和互动模式创新。二要

① 蓝晓霞：《深入落实立德树人根本任务》，《光明日报》，2018 年 8 月 21 日第 6 版。

增强虚拟技术教学应用，延伸实践时空。积极建设“大思政课”虚拟仿真实验室、数字化体验馆，开展基于增强现实和虚拟现实等技术的体验式实践教学，拓展内容的广度和深度，延伸参与的时间和空间，提升实践教学质量和水平。三要提升数智管理效能，提供数据支撑。以数据驱动、智慧赋能推动思想政治工作的管理精细化、服务精准化。依托伴随式数据采集，建立长周期、跨场域、多维度的学生画像，加强学生思想动态、实践教学问题分析研判，为大中小学思政课理论与实践相结合提供精准引导和数据支撑。

（三）重点抓好思政课

办好思政课，是习近平总书记非常关心的一件事。党的十八大以来，习近平总书记主持重要会议、发表重要讲话、作出重要指示批示、多次走进课堂，在许多场合反复强调加强思政课建设。在学校思想政治理论课教师座谈会上，习近平总书记指出：“我对教育工作在这方面强调得最多，教育工作别的方面我也强调，但思政课建设我必须更多强调。”2020 年，习近平总书记走进湖南汝城县文明瑶族乡第一片小学四年级同学们的思政课堂，勉励同学们把红色基因传承好；走进岳麓书院，与正在开展思政课现场教学的师生们亲切交流。2021 年，习近平总书记看望参加全国政协会议的医药卫生界教育界委员时，提出善用“大思政课”的重要命题。2022 年，习近平总书记在省部级主要领导干部学习贯彻党的十九届六中全会精神专题研讨班开班式上的重要讲话中，强调“要用好学校思政课这个渠道，推动党的历史更好进教材、进课堂、进头脑，发挥好党史立德树人的重要作用”。同年，习近平总书记到中国人民大学考察，观摩思政课智慧教室现场教学并参与讨论。2023 年，习近平总书记在中共中央政治局第五次集体学习时强调“提高思政课的针对性和吸引力”。习近平总书记的系列重要讲话，极大增进了全党全社会对思政课的认识和重视，广泛凝聚了办好思政课的强大合力。

“循序渐进、螺旋上升”形象地揭示了大中小学思政课一体化建设是个系统工程，需要在理论认识和实践探索方面不断深化发力。基于职业教育类型定位视角推进大中小思政一体化建设要做到以下几点：一是要抓好思政课课程

"牛鼻子"。在确保每一门课"守好一段渠""种好责任田"的基础上，科学有序贯通职业院校、中小学思政课课程群的目标、设置和教材内容，推进大中小学思政课标准不断完善、课程内容螺旋深化、质效评价更加科学。着力破解与中小学思政课内容学段间衔接性不够强、其他各类课程和教学方式中蕴含的思想政治教育资源挖掘不够、立体化协同育人新格局还未完全形成等现象和问题。二是着力破解思政课建设"孤岛"现象。找准"何以一体化"的关键点位、可行办法，主动对接不同学段资源共建共享的核心需求，加快完善不同学段的思政课体系，破解不同学段思政课建设中"各管一段""背靠背"的现实问题，以"共建""拉手""接力""拼图"的方式，推动实现不同学段思政课之间的有机衔接、无缝对接。三是推动形成一体化"向心力"。遵循不同学段学生思想品德形成发展规律、成才规律、教育教学规律，广泛凝聚大中小学思政课一体化建设的集体合力。在充分发挥教育部大中小学思政课一体化建设指导委员会、一体化教材建设编审专家库、高校和中小学思政课一体化教学改革创新联合体作用的基础上，更多地发挥区域性"大中小学思政课一体化建设"研究中心、大中小学思政课一体化研究基地等的支撑功能和辐射带动作用，特别要加强职业教育视角的大中小学思政课一体化建设的理论与实践探索，以便使大中小学思政课一体化建设在改进、创新思政课教学方面发挥更大的作用。

（四）及时解决建设中的具体问题

推进职业教育视角下的思政课一体化建设，关键是"一体化"，着力点是"职业教育"。要从中华优秀传统文化和中国特色社会主义伟大实践中取材，一体化构建中高职思政课教育内容，一体化设计中高职思政课实践活动，一体化研究职业院校思政课教材教法，使思政课在理论武装、实践指导方面发挥其应有功能。

1. 横向协同：社会大课堂与思政小课堂同频共振

职业院校的思政教育核心目标不仅体现在思政课小课堂上，也体现在学校的第一课堂、第二课堂和校园文化之中，还体现在家庭、社区、企业之中；从更大的视野看体现在党和政府的国家治理之中，在中国共产党团结带领中华民族和中国人民从站起来、富起来到强起来的伟大征程之中，在中华民族自强不息、厚德载物的历史积淀之中。换言之，如果仅仅将思政课限定在思政小课堂上，既不符合思想政治教育的规律，也达不到立德树人的效果。必须加强大中小学思政课的横向一体化建设，以思政小课堂为根据地，加大与社会大课堂的广泛联系，把学校内部的思政元素统起来，把社会发展的伟大成就引进来，把历史文脉中的优秀文化传下去，一体化打造一个全社会统一的、向思政课集中的思政学习场域，使学生沉浸其中，随时随地都能“吸吮”蕴藏其中的营养。在“两个课堂”协同的过程中，思政小课堂要发挥积极主动的作用。首先，要自我革命，以“落实立德树人根本任务的关键课程”的高标准建设好思政课；其次，加强全面协同，围绕育人目标，一体化构建各类思政课育人共同体，凡学习、生活、工作之处，皆有思政课堂在；最后，加强分类协同，从思政课堂的要求出发，广泛开展内容协同、教师协同、资源协同、专业协同、教法协同、评价协同，从不同角度共同提升思政课育人效果。要注重英雄模范的引领示范作用，引导学生向民族英雄学习、向革命前辈学习、向大国工匠学习；同时，要明确提出职教学子思想、政治、道德方面的要求，加强榜样选树和学生评价，鼓励并引导学生在实现中华民族伟大复兴的时代洪流中踔厉奋发、勇毅前行。

2. 纵向衔接：职业院校与大中小学思政联盟院校全方位合作与分工

基于职业教育视角下的思政课一体化建设的关键是加强各学段所涉及的政府、社会、行业、企业等方面的衔接。以学生为中心，根据学生的整体特点、成长需求一体化设置思政课程体系，继而进行合作与分工。在纵向衔接的过程中可能会出现领域不同、性质不同、级别不同等现象，推动起来会相对复杂。同时，现实中的职业院校学制也非常复杂。如有的学校可以通过“3+2”五年一贯制举办高职，有的高职学校可以通过“3+2+2”七年一贯制举办普通高中，等等。也就是说，有的职业学校既办普通教育，又办职业教育；有的职业学校既办中职，又办高职专科，还办职业本科。所以，基于职业教育视角下的思政课一体化建设核心是思政课程的衔接，着力点要从课堂做起，既要关注学生青春期的普遍特点，又要关注不同年龄阶段的不同特点；既要关注相同课程的衔接，也要关注不同课程的衔接；既要关注各学段的思政课内容的缺漏，又要关注不同学段思政课内容的重复；既要强调各学段思政课的独立性，更要研究不同学段思政课的递进性。在此基础上，坚持问题导向、目标导向和效果导向相结合，打通学段"壁垒"，用系统观念一体化设计思政课研究、教学、教法、实践、评价等各个环节，在课程衔接、教师衔接、资源衔接、专业衔接、教法衔接、评价衔接等方面构建相互衔接、学段递进的课程体系、内容体系、实践体系、资源体系、评价体系，开创"新机制"、建设思政课"大课堂""大平台""大资源""大师资"。

3. 实践检验：用实践检验知与行的互相印证教育是否成功

马克思认为人以及全部社会关系的本质都是实践。他在《关于费尔巴哈的提纲》中指出："哲学家们只是用不同的方式解释世界，而问题在于改变世界。"① 我国古代哲学家王阳明倡导知行合一，强调的也是实践，他说："知是行的主意，行是知的功夫；知是行之始，行是知之成。"② 重视思政课与实践的关系，尤其是中国共产党领导中国人民在革命、建设、改革和新时代等各个时期的伟大实践，反映的是新民主主义革命、社会主义革命、社会主义建设和新时代中国特色社会主义的伟大成就。学习思政课，最好的方法就是扎根在中国大地、沉浸于中国历史、投入中国特色社会主义的伟大实践中，在实践中继承和接受真理，在实践中传播真理、发展真理，继而指导新的实践。打铁还需自身硬，大中小学思政一体化联盟各学校要通过"三全育人"建设、课程思政建设、日常思政建设、校园文化建设、"一站式"学生社区综合管理保持学校各方面工作与思政课同向同行，打造一个大中小思政课一体化建设的第一实践平台。社会实践是大中小思政课一体化建设的第二实践平台，可以通过设置社会实践题目或项目来提升其社会实践效果。比如：抗击新冠疫情、脱贫攻坚、乡村振兴、美丽中国建设、教育强国、传统优秀文化传承、"四史"教育、工匠精神体验等

① 中共中央马克思恩格斯列宁斯大林著作编译局：《马克思恩格斯文集·第一卷》，人民出版社 2009 年版，第 12 页。

② 王阳明：《传习录》，中国画报出版社 2012 年版，第 21 页。

的社会实践活动，可以让学生在古今对比、中外对比中加深认知，在实践中实现知行合一。此外，作为牵头单位的高职院校，在校企合作中开展思政教育是一种重要方式。企业是职业院校思政课一体化建设的第二实践平台，既是中国特色社会主义伟大成就的重要载体，也是技能型人才培养的重要基地。在企业生产、实习实训中融入劳动精神、劳模精神、工匠精神教育，在企业的生产劳动中让学生学习马克思主义、习近平新时代中国特色社会主义思想、社会主义核心价值观和中华优秀传统文化，既是必要的，也是可能的。

第二篇　实践探索篇

第八章
打造具有职业教育特色的思政课教学模式

《国家职业教育改革实施方案》指出:“职业教育与普通教育是两种不同教育类型,具有同等重要地位。”[①] 职业教育作为国民教育体系的重要组成部分,在培养技术技能人才、促进就业创业创新、推动中国制造与服务迈向更高台阶等方面发挥了至关重要的作用。2022 年中共中央办公厅、国务院办公厅印发《关于推动现代职业教育高质量发展的意见》,明确提出“坚持立德树人、德技并修,推动思想政治教育与技术技能培养融合统一”的总体要求。发挥思政课在职业教育中的引领作用,探究职业教育背景下的思政课教学模式具有重要的理论和现实意义。

一、构建职业院校思政课教学模式的必要性与重要性

(一)职业教育特色下思政课教学模式改革的时代背景

职业教育对接产业更紧密、服务经济更直接,成为人力资源供给和推动生产力转化的力量之源,肩负着输出大量优秀技术人员的责任。在此过程中,推动职业院校思政课建设改革创新,充分发挥思想政治教育的引领作用,既是落实党和国家教育战略的需要,也是推动职业教育高质量发展的应有之义。

①《国务院关于印发国家职业教育改革实施方案的通知》(国发〔2019〕4 号)。

（二）职业教育特色下思政课教学模式改革的现实需求

2022年教育部等十部门印发的《全面推进“大思政课”建设的工作方案》，对“大思政课”的内涵进行了深度解读，这与职业教育所强调的产教融合、校企合作、德技兼修、实践导向等要求具有高度契合性。习近平总书记曾在全国高校思想政治工作会议上指出：“要用好课堂教学这个主渠道，思想政治理论课要坚持在改进中加强，提升思想政治教育亲和力和针对性，满足学生成长发展需求和期待，其他各门课都要守好一段渠、种好责任田，使各类课程与思想政治理论课同向同行，形成协同效应。”①

当前职业院校在思政课教学中存在问题与挑战。第一，对于思政课教育主体责任落实不够明晰，协同育人效果不理想。思政课是落实立德树人任务的关键课程，需要调动起学校、家庭、社会各方的积极因素，但各责任主体协同育人机制匮乏，思政课程和课程思政契合度不够高，未能充分发挥出学生的主观能动性。第二，课堂教学内容不够鲜活，课堂效果仍需提升。思政课理论性较强，基于职业院校学生特点，需要从学生关心的社会热点问题入手，但目前课堂上仍然存在抬头率不高、课堂参与度不高、学生兴趣不浓厚等问题，思政课的鲜活性和吸引力有待提升。第三，囿于传统教学方式，课堂的多样化形式和信息化程度有待提高。当前思政课主要还是通过老师讲、学生听的方式授课，容易产生视觉和听觉疲劳。因此，实践教学的形式亟须探索和创新，传统的小组讨论、课前演讲、手抄报制作、辩论赛等方法可以让学生从思政小课堂走入社会大课堂，提高理论联系实际能力，除此之外，伴随着数字化、信息化的发展，多媒体设备服务课堂的作用应该被重视起来，让科技助力课堂，充分挖掘职教数字化平台的强大功能，以提高课堂效率。

---

①《习近平在全国高校思想政治工作会议上强调：把思想政治工作贯穿教育教学全过程开创我国高等教育事业发展新局面》，《人民日报》2016年12月9日第1版。

二、职业院校思政课特色教学模式的理论基础与设计理念

（一）马克思主义教育观视域下的职业教育

马克思和恩格斯把技术教育、智育和体育作为教育的主要任务，其中技术教育相当于我们现在所说的职业教育。马克思和恩格斯强调要把技术教育和德育、体育有机结合，共同推动无产阶级知识和能力水平的提升，认为这是推动社会生产力发展和人的自由而全面发展的重要方式。一方面，生产劳动要与德育、体育结合起来。马克思和恩格斯在工厂考察时就发现，在工厂上课的儿童虽然比在学校学习的儿童上课时间少将近一半，但是这并不影响他们对于知识的掌握，这说明工厂中的实践普遍增强了人的智力和体力。基于此，马克思认为未来社会人的教育目标就是在劳动中培养自由而全面发展的人。所以，未来社会的教育发展趋势就是将劳动生产和德育、体育结合。这个结合“不仅是提高社会生产的一种方法，而且是造就全面发展的人的唯一方法”①。从提高社会生产力发展的角度，工人掌握更多的知识和技能，才会更有利于“富有生命力的最普遍的工业部门的经营比较合理”②。

大力发展职业教育和劳动教育，最终目的是通过劳动推动人的身心发展。基于对于人类社会发展规律的考察，马克思和恩格斯立足现实，分别从国家、政府、学校和企业四个方面明确了各自在职业教育中的角色和定位。首先，国家对于职业教育发展起着总统筹的作用。马克思恩格斯曾明确教育的国家性质，即“教育可以是国家的，而不是政府的。”③ 国家是教育能否办好的主体。就职业教育来说，国家可以为职业院校的专业设置、培养方式、立法保障等方面提供指导和帮助，从而提高职业教育的办学质量和水平。其次，政府应起到监督职业教育发展的作用，即政府可以依据科学标准对职业教育进行管理、约束，有责任保障每个孩子的受教育权利。再次，学校是开展职业教育的重要场

① 马克思：《资本论（第1卷）》，人民出版社2004年版，第553—577页。
② 马克思、恩格斯：《马克思恩格斯全集（第34卷）》，人民出版社2006年版，第428页。
③ 马克思、恩格斯：《马克思恩格斯选集（第3卷）》，人民出版社2012年版，第11—35页。

所，其人才培养目标应该是让学生“了解生产各个过程的基本原理，同时使他们获得运用各种生产的最简单的工具的技能。”[①] 这里明确了职业教育的基本职能，并且已经孕育出职业教育只是和本科教育不同的类型教育的认知萌芽。最后，企业也为职业教育成果转化提供了训练的平台。一方面，马克思通过走访了解到，资本主义社会的职业教育与工厂结合非常紧密，甚至直接将学校安排在工厂中，最大限度节约成本，提高效率。另一方面，马克思还认为可以把技术学生在生产实践中完成的产品用以支付学费，降低职业教育培养成本。

（二）职业道德与思政课教学

马克思和恩格斯从人本角度出发，提出促进人的自由而全面发展的目标，强调为人类服务的长远职业道德目标，高度肯定为全人类谋幸福而劳动的职业道德目标是高尚的、光荣的。伴随着现代工业的兴起，资本主义进入飞速发展时期，资本家对工人的剥削越来越严重，制定严厉的规章制度来压缩工人的自由时间，体现了资本主义虚伪、丑陋的职业道德观。基于这样的社会状态，马克思和恩格斯在对旧职业道德观念批判的基础上，形成了新的职业道德思想，特别重视敬业和诚信在职业中的重要作用。在敬业方面，马克思和恩格斯批判了少数医生的不称职行为，赞美了以“汉特医师”为典型代表的医生，强调不论从事什么工作都要本着负责的态度，讲究敬业道德。在诚信方面，马克思和恩格斯就在《资本论》中指出经济活动中，借贷行为是凭借信用品质作为抵押，这种借贷是“以偿还为条件的付出”。这种经济领域中的诚信扩及到社会政治文化领域，则包括热爱祖国、政治忠诚、教育工作诚信等具体内容。要实现敬业和诚信，就要加强人的职业道德教育，思想政治教育的重要作用因此不言而喻。职业院校的思政课教学应当帮助学生树立正确的世界观、人生观、价值观，深刻理解社会主义核心价值观的内容及意义，锤炼敬业、精益、专注、创新的工匠精神。

① 马克思、恩格斯：《马克思恩格斯选集（第16卷）》，人民出版社2006年版，第218页。

三、职业院校思政课特色教学模式构建的基本要素

（一）课程内容设计

基于职业院校学生群体的心理特质、学习特质、需求特质及培养目标的特殊性，职业院校在思政教育内容上要凸显自身的特色和优势。依据思政课各门课程的教学目标和特点，将职业教育人才培养的目标和特点融入各门课程的教学内容中。

教学内容为王。选择那些贴近学生、贴近实际的教学内容，有利于讲好讲活思政课。在“思想道德与法治”课程中，要注重结合学生所学专业，如在讲“理想信念”和“社会主义道德”时，要联系学生所学专业背景，讲好学生应具备什么样的职业理想、职业观念、职业态度、职业纪律、职业作风等并要求学生内化为行动，恪守职业道德。在讲“弘扬中国精神”时，要将职业教育的灵魂即“工匠精神”融入中国精神，让学生走近大国工匠，比如革命时期的“边区模范工人”赵占魁、“工人阶级抗日生产的光荣旗帜”张秋风、“工业战线的老英雄”孟泰等劳动模范，用工匠精神涵养当代大学生，更多地引导和激励学生走技能成才、技能报国之路。在讲“改革创新”时，要带领学生走出创新是一件“高大上”的事情、与青年学生无关、更与职业院校学生无关的认知误区，帮助学生认识到创新无处不在，在学习阶段可以在日常学习中融入创新意识，利用课余时间参加大学生创新创业比赛，步入工作岗位后坚持问题导向、坚持价值创造。在讲解“法治”相关知识时，要结合学生所学专业对应的岗位要求，在培养他们法治思维的同时让其熟知职业岗位的法规要求。

在“毛泽东思想和中国特色社会主义理论体系概论”课程中，要让理论知识“落地”。“毛泽东思想和中国特色社会主义理论体系概论”这门课程，理论知识较多且相对复杂，在课堂讲授时一定要结合学生的专业，及时将与专业背景相关的最新理论成果融入教学之中，如针对旅游管理专业的学生，要及时将习近平文化思想融入教学之中，拓展学生对专业知识的深刻认识，坚定文化自信，更好地讲好中国故事，增强传播好中华文化的责任感和使命感。总之，联系

学生自身实际既有利于实现从教材体系向教学体系的转化，又提高了思政课教学内容与职业教育的融合度；既能够让枯燥的理论变得通俗易懂，也增加了学生理论知识的趣味性，让学生体会到理论具有的生命力，切实增强了思政课的亲和力。

（二）教学方法创新

习近平总书记在中国人民大学考察时强调："思政课的本质是讲道理，要注重方式方法。"[①] 传统的教学方式具有较大的局限性。当前职业院校的思政课教学应打破时间与空间的局限性，对现有的教学资源进行优化整合，使线上教学、实践教学与课堂教学相互贯通，充分发挥各自教学方式的优势。

第一，将课堂教学与信息化手段相结合。党的二十大报告强调要"推进教育数字化"。职业院校学生思维活跃，对周围的事物充满好奇，愿意参与实践活动，动手能力强，又是互联网的"原住民"。因此，课堂教学可以开发利用 VR 等信息化资源，通过 VR 虚拟体验馆，开展沉浸式体验教学，可显著增强教学的感染力和吸引力。

第二，将课堂教学与课外文化活动相结合。加强职业院校育人软环境建设，主要包括院校精神、实践育人、网络育人、环境育人和学风育人等方面。在思政育人的过程中，要注重构建富有"工匠精神"的校园文化，加强中华优秀传统文化教育，开展大国工匠进校园、技能大师进课堂、优秀榜样在身旁、走进文化博物馆等活动。加强正面宣传，挖掘、宣传基层和一线技术技能人才成长成才的典型事迹，弘扬劳动光荣、技能宝贵、创造伟大的时代风尚。

第三，将课堂教学与社会实践活动相结合。习近平总书记在学校思想政治理论课教师座谈会上指出："要坚持理论性和实践性相统一，用科学理论培养人，重视思政课的实践性，把思政小课堂同社会大课堂结合起来，教育引导学生立鸿鹄志，做奋斗者。"[②] 基于职业教育鲜明的"职业性"和"实践性"，要将产

①《扎根中国大地办大学》，《人民日报》2022 年 4 月 27 日第 1 版。

②《习近平主持召开学校思想政治理论课教师座谈会强调：用新时代中国特色社会主义思想铸魂育人　贯彻党的教育方针落实立德树人根本任务》，《人民日报》2019 年 3 月 19 日。

教融合、校企合作、学生实训等带有职教特色的教学资源融入思政课，建立凸显职教特色并能创造真实工作环境和具体工作岗位的实践基地，从而促进学生了解工作、熟知环境，提早培养岗位所具备的核心能力和素养。这样形成的“课堂主导—学生主体—行业指导—校企合作—社会参与”校内校外联动的思政课实践育人模式，能更好地实现理论学习与实习锻炼有机结合，不但使“大思政课”具有“理论的厚度”，又解决了职业教育与企业市场的脱节，学生思想素质、专业知识和技能不能满足企业要求等系列问题，从而形成社会、学校、企业、家庭、网络合力育人的良好氛围。

（三）实践教学环节

《全面推进“大思政课”建设的工作方案》要求善用社会大课堂，组织开展多样化的实践教学，建好用好实践教学基地。”“知行合一、工学结合”是职业院校的育人模式，职业院校职教特色要求其思政课教学不仅要讲好理论“大”课，更要善用社会大课堂，开展融入思想性、实践性、职业性的实践教学，让学生在实践中做到学思用贯通、知信行统一。

第一，加强顶层设计，补齐制度短板。一是完善思政课实践教学运行机制建设。将制度建设贯穿到课前准备、课中实施和课后反思的整个流程。除了落实学时学分以外，学校每年要制定详细可行的实践教学计划，内容涵盖教学时间、教学形式、教学地点、教学主题、责任老师以及助教等。学期初将全校思政课实践教学计划敲定，马克思主义学院审核，避免思政课教师不按学院计划、不按教学进度随意开展没有针对性的实践活动。此外，学校也要注重完善课程标准、教学设计、教学大纲以及实践教学的听课评课制度、考核评价制度等。二是强化学校环境保障机制建设。立足于立德树人的战略高度，学校要将思政课实践教学作为年度重点工作积极推进，成立专门工作小组，负责思政课实践教学的整体规划、科学指导和有效监督。

第二，发挥思政教师在教学中的主导作用。教师要转变重理论轻实践的教学理念，主动提升自己的实践教学能力。一是以奖促教。理论教学是按照既定的教学计划开展的，有明确的课时并予以工作量的认定。思政课实践教学形态多样，在时间空间上都具有很强的不确定性，如何科学合理地核定不同实践教学的工作量，承认教师在课堂以外的付出，学校可以通过课时折算、优秀实践教学成果奖励、教学业绩考核加分等方式激励教师积极投身思政课实践教学。二是以查督教。职业院校的思政课听课评课制度已很健全，但主要停留在课堂教学，尚未覆盖到课堂以外的实践教学项目。要成立专业的教学督导组，邀请经验丰富、能力突出的资深骨干教师担任实践教学督导，形成一套行之有效的实践教学评价制度。三是以赛评教。教学竞赛是评价教师教学水平、助力教师能力提升的重要方式。在每年的职业院校教师教学能力比赛中专门开设实践教学赛项，鼓励思政课教师大胆展示优秀的实践教学设计，并向全校、兄弟院校推广示范。定期开展班级之间的实践教学成果展示与交流，举办优秀实践教学成果展演，以成果评比的形式提升思政课实践教学质量。四是以学助教。学校要主动为教师搭建实践教学技能培训的平台，利用研讨会、实践研修、专题培训等契机，组织教师外出考察学习，开展实践教学示范课程。社会实践研修是思政课教师自我提高的重要途径，鼓励教师积极参与社会实践研修，把研修途中的经历凝练成鲜活的教学资源，将课本教材与实践经历融合，能有效提高授课的感染力[①]。

第三，实现课程对象与资源载体间的精准匹配。为有效解决目前职业院校思政课实践教学样态丰富但运行无序的问题，需按照资源内容进行系统整合。学校要对课程与资源、学生与载体进行精准匹配。一是实现理论知识与资源的串联，将资源精准嵌入课程内容。例如，依据“思想道德与法治”课程的“以爱国主义为核心的民族精神”这一理论内容，设计实践活动：参观平津战役纪念馆并分组讨论。二是实现学生群体与载体的串联，为学生精准匹配最佳载体。实践教学载体是指能够承载并传递思政课实践内容或信息的场所和形式，主要包括校园文化活动、实践基地、社会调研、志愿服务、网络实践

① 于安龙：《高校思想政治理论课教师社会实践研修的价值意蕴与实践理路》，《思想理论教育》2021 年第 5 期。

等[①]。根据不同专业学生的知识基础、能力结构、性别比例等，个性化定制可行性强、实效性强的实践教学载体。语言表达能力强的学前教育专业可选择“小先生讲思政课”、主题演讲比赛等校园文化活动；理论功底扎实的班级可选择红色经典著作研读、社会调研；基础薄弱但动手能力强的班级更适宜选用生产类实践教学基地；女生比例较高的早教专业更适宜选用妇女精神和妇女文化类的实践教学基地等。

（四）教师队伍建设

习近平总书记在学校思想政治理论课教师座谈会上指出：办好思想政治理论课关键在教师，关键在发挥教师的积极性、主动性、创造性。贯彻落实好习近平总书记重要讲话精神，就必须不断提升思政课教师水平。一是建立和完善思政课教师企业挂职锻炼制度。大力激励和支持思政课教师走进企业，深入了解学生专业所对应的职场核心竞争力，以及职业岗位所要具备的基本职业素养和职业能力。二是以专业或专业群为单位组建思政课教学团队。激励企业一线技术骨干人才到学校从事一线教学工作，鼓励跨专业、跨学校集体备课，促进课程思政与思政课程优势资源互补，形成育人合力。三是注重吸收双师型教师参与思政课教学。针对职业院校人才培养目标的特殊性和学生身心特点，各校普遍打造适应新时代要求的政治思想素质过硬、业务能力精湛、育人水平高超的“双师型”教师团队，这些教师如能参与思政课教学，一定会产生良好成效。

（五）评价体系改革

第一，坚持立德树人原则。思政课是落实立德树人根本任务的关键课程，不仅要给学生传授知识，更要承担价值引领任务。“立德”即立社会主义之德，指培育爱国主义精神、公民道德、社会主义核心价值观等。法治是社会主义核心价值观的重要内容，社会主义之德是道德素质和法治素养的有机统一。“立德”目的在于“树有德之人”，即培养“德法兼修”的新时代好青年。立德树人在评价目标、主体、方法和结果等核心要素方面为建构科学有效的思政课“德

① 陈静、刘秀伦：《高校思政课实践教学生态圈：内涵、结构及构建策略》，《黑龙江高教研究》2022 年第 4 期。

法共育”评价体系提供了根本价值导向。其一,评价体系的具体建构必须紧紧围绕“培养什么人、怎样培养人、为谁培养人”这个教育的根本问题展开;其二,评价目标是知识性与价值性、理论性与实践性的统一;其三,倡导全面参与的原则,尤其要让学生以民主平等的主体参与评价活动;其四,坚持结果性评价与过程性评价相结合、量化评价与质性评价相结合的评价方法。

第二,坚持科学有效原则。《深化高校教师考核评价制度改革的指导意见》强调学校应实行教师自评、学生评价、同行评价和督导评价等多种形式相结合的教学质量评价。健全职业院校思政课教学质量评价机制,强化教学过程评价使各主要教学环节质量有标准可依至关重要,除此之外还要坚持“持续改进”理念,把教师自评、学生评价、同行评价、督导评价、家庭评价和社会评价有机结合,构建以学生发展为导向的多元主体协同教学质量评价体系,推动思政课高质量发展。

四、职业院校思政课特色教学模式构建的关键要点与实践策略

(一)细化教学计划与实施方案

思政课教学计划的细化与实施方案可以从以下几个方面入手:第一,确定教学目标。教学目标是教学计划的基础,它决定教学的方向和内容。思政课的教学目标包括培养学生的社会主义核心价值观,增强学生的爱国主义情感和社会责任感,提高学生的思辨能力和创新意识,以及增强学生的法治意识和社会责任感等。第二,选择教学内容。教学内容是实现教学目标的载体。思政课的教学内容应结合时代发展和学生实际,既要有马克思主义基本原理的学习,也要有中国特色社会主义理论体系的学习等。第三,制定教学策略。教学策略是实现教学目标的方法和手段。思政课的教学策略可以包括讲授法、讨论法、案例分析法、角色扮演法等多种教学方法。第四,设计教学活动。教学活动是实现教学目标的具体行动。思政课的教学活动可以包括课堂讲解、小组讨论、主题演讲、社会实践等多种形式。第五,制定评价标准。评价标准是对教学效果

的检验。思政课的评价标准应包括学生的学习态度、学习过程和学习结果等多个方面，既要考查学生的理论知识掌握程度，也要考查学生的实践能力和创新精神。

（二）优化资源配置与技术支持

资源配置和技术支持对于提高思政课的教学效果至关重要。为满足不同学段、不同爱好、不同专业学生的需求，需要使用多元化、立体式的教学资源，包括利用大数据、云计算、物联网、人工智能等新技术构建高质量、动态化的数字资源和网络信息资源库。与此同时，还要结合社会大课堂与思政小课堂，利用5G、新媒体技术等将思政课开在田间地头、车间码头、红色资源地等生产生活一线。同时，加强纪念馆、博物馆、“大思政课”实践教学基地等资源建设，利用VR或者AR技术让历史人物、历史事件等资源“活”起来。比如，利用虚拟仿真技术展示红色革命建筑如中共一大会址、嘉兴南湖红船，让学生感受中共一大召开的场景，体悟伟大建党精神。总之，通过有效的资源配置和技术支持，可以大大提高思政课的教学质量和效果，更好地达到教育目标。

（三）开展教学改革试点与示范推广

当今社会发展速度飞快，思政课作为一门帮助学生了解世情、国情、党情的课程，更要与时俱进。为此，需要根据学生的需求，丰富课程内容，使之更加贴近实际，更能引起学生的兴趣。采用新的教学方法，使学生成为学习的主体。改变传统的考试评价方式，引入多元化的评价方式，以全面评估学生的学习效果。通过实践教学，让学生更好地理解和掌握知识，提高其解决实际问题的能力。为了更好地将改革成果推广下去，可以选择一些具有代表性的学校进行教学改革的试点，总结经验，辐射其他学校。培训教师，使其掌握新的教学方法和技巧，从而提高教学质量。通过各种平台和媒体，分享教学改革的成功经验和做法，以供其他学校借鉴和学习。思政课教学改革试点的开展和示范推广是一个系统工程，需要多方协作，才能取得良好的效果。

（四）建立常态化的教学质量监控与反馈机制

思政课教学质量监控与反馈机制的建立是一个复杂而重要的任务，需要多方面的考虑和努力。第一,明确教学质量的标准。明确什么是高质量的思政课教学,不限于但必须包括教学内容的准确性、教学方法的多样性、教学效果的显著性以及学生的满意度等。第二,建立教学质量监控体系。通过建立一套完整的教学质量监控体系来进行定期的教学质量评估。第三,收集并分析反馈信息。可以通过问卷调查、访谈、讨论会等多种方式收集学生、教师和其他利益相关者的反馈信息,对这些信息进行分析,找出教学中存在的问题和不足。第四,制订改进计划。根据反馈信息,制订相应的改进计划,包括改进教学方法、调整教学内容、优化教学环境等。第五,持续改进。建立一个持续改进的机制,定期进行教学质量的评估和反馈,并根据评估结果进行相应的改进。具体的教学质量监控与反馈机制可能会因学校、课程和教师的不同而有所不同。在实际操作中,我们需要根据实际情况进行灵活调整和优化。

第九章

以"大思政课"视角推进基于职业教育的大中小学思政课一体化

大中小学的学生正处于人生的"拔节孕穗"期,而不同学段的学生所体现出的群体差异性也比较明显。一方面,思政课一体化建设要紧紧把握住各学段思政课之间的内在联系,统筹建设思政课,并且对每个学段的思政课的教学目标和内容等进行科学编排,使各个学段的思政课有机衔接;另一方面,思政课一体化建设要注重同一学段的思政课之间相互协调关系,形成育人良性循环。本研究基于职业教育的大中小学思政课一体化,将职业精神、职业道德等建设作为一体化建设的价值主线,服务职业教育人才培养目标,突出职教特色。

一、相关研究成果综述

(一)关于"大思政课"的研究

燕连福(2021)从"大思政课"与传统思政课的区别入手进行研究,指出"大思政课"与传统思政课最大的区别在于"大"字,这也是其特征所在,"大"表现为历史视野、实践视野和国际视野的开阔性;时空上的新突破、新发展、新延伸;在内容上解学生之惑、答时代之惑;以及广泛、开放地运用多种方式方法,以实现思想政治教育资源要素的系统整合与协同应用。宫长瑞、张乃亮(2021)从内容要素、时空场域、本质属性三个方面进行分析研究,认为"大思政课"教学内容的综合性、学科合力使其具有内容要素多元融合的特征;其突破时空和地域局限，具有全员、全过程、全方位育人的大格局；其教育内容的丰富、教学形式的多样、育人力量多方，具有铸魂育人的大模式的特征。王资博（2021）认为新时代“大思政课”集多主体协同、诸形式共享、立体式场景教学、综合性效应生成于一体，将宏观视野、宏大叙事和微观视角、具体生活有机结合。董晓绒（2022）认为“大思政课”具有思想性、理论性、时代性、针对性、实践性。徐志萍（2023）认为，要加强思政课主体建设、推进横向协同与纵向贯通一体化、构建以思政课堂为主、思政小课堂与社会大课堂双循环相互促进的新格局。

我国学界对“大思政课”的相关内容研究取得了较为丰硕的成果，但还是存在不足与缺陷，目前研究大多集中于对高校“大思政课”各方面内容的研究，而针对中小学“大思政课”的研究较少，而基于职业教育视角进行研究的就更为稀少，这也是本研究要着重解决的问题。

（二）关于“大中小学思政课一体化”的研究

邵沁妍、刘振霞（2020）认为，“大、中、小三个层次”的思想政治课程一体化，既是中国特色社会主义思政课一体化的具体体现，又是中国特色社会主义思政课一体化的必然要求。石书臣（2021）指出，思政课程一体化是德育一体化的组成部分。对思政课进行了广义上和狭义上的分析，并强调大中小学思政课的专有属性。文天天、陈大文（2021）从大、中、小学思政课一体化的由来、科学内涵与基本要求出发，阐述了在大、中、小学三阶段的思政教育要具有整体性的功能定位、针对性的目标指向、层次性的内容供给、适切性的方法选择。黄闪闪（2021）强调，一体化建设的特点是它拥有系统科学的整体性、层次性、开放性和目的性。只有这样，才能达到整体大于部分之和，从而让思政课的实效性得到充分发挥。李东坡和王学俭（2021）认为，思政课一体化贯穿于大中小学的全过程，它具有长期性、相伴性和系统性，这一点是其他任何一门课程都无法与之相比的。马宝娟（2022）从大中小学思政课一体化的价值逻辑和内在理据角度对其进行哲学思考。王易、田雨晴（2023）认为，推进大中小学思想政治教育一体化建设，应强化组织管理机制保障，建立健全合作科研制度，统筹推进课程体系建设，推动师资队伍的一体化，挖掘拓展教育资源与平台。

国内各个学者对大中小学思政课一体化的研究各有侧重，同时也存在究范围局限、创新性不足的问题。一是现有对大中小学思政课一体化的研究大都集中于较为宏观的领域，如针对一体化必要性、机制保障、体系建设等方面，缺乏对于具体一体化内容和实践的深入探讨，涉及思政课教材内容的研究较少。目前这种重理论轻实践的情况导致实践性较弱，可操作性不强。二是现有大多数关于思政课一体化的研究大多从单一的角度论述思政课一体化的问题，缺乏对思政课一体化的系统性课程规划的研究。思政课一体化的系统性课程规划更注重思政课的整体性和不同学段思政课内容的相互衔接，确保知识体系的连贯性和层次性，避免教学内容的重复和缺失，提高教学效果。这也是本研究的重点之一。三是大中小学思政课一体化建设的微观实证研究与大中小学思政课一体化建设工作开展情况与经验总结相关研究较少，特别是职业教育领域。职业教育的特殊性与差异性也决定了大中小学思政课一体化建设要在一般性规律基础上，结合职业教育的实际情况，探索具有针对性的思政课一体化建设策略。

二、相关文件梳理

（一）关于“大思政课”的文件梳理

2019 年 3 月 18 日，习近平总书记在学校思政课教师座谈会上指出坚持理论性和实践性相统一……把思政小课堂和社会大课堂结合起来。2019 年《关于深化新时代学校思想政治理论课改革创新的若干意见》（以下简称《意见》）中明确提出“思政小课堂和社会大课堂结合”。从习近平总书记的重要论述和《意见》中可以看到，“大思政课”是面向全党全社会提出的一项明确要求。“大思政课”不再局限于学校，而是借助社会资源把思政课课堂空间由学校拓展到社会全域。2020 年《新时代学校思想政治理论课改革创新实施方案》强调“各高校要规范实践教学，把思想政治教育有机融入社会实践、志愿服务、实习实训等活动中，切实提高实践教学成效”，对新时代思想政治理论课改革创新提出了指导性意见。文件的出台不仅有效拓展了“大思政课”建设的维度、延展了校内第一课堂，也为有效加强社会资源开发、优化新时代思想政治教育格局发挥了重要的保障作用。

（二）关于“大中小学思政课一体化”的文件梳理

2019 年 3 月 18 日，习近平总书记在学校思政课教师座谈会上强调：“在大中小学循序渐进、螺旋上升地开设思想政治理论课非常必要。”2019 年 8 月，中共中央办公厅、国务院办公厅印发《关于深化新时代学校思想政治理论课改革创新的若干意见》，提出“统筹大中小学思政课一体化建设。2020 年 12 月，中央宣传部、教育部印发《新时代学校思想政治理论课改革创新实施方案》，提出大中小学思政课主线贯穿、循序渐进、结构合理、功能互补的特点，提升了思政课的政治性、思想性、理论性。这些文件明确提出了大中小学一体化、协同育人要求。比如，在大中小学思政课一体化建设方面，统筹规划了大中小学思政课各学段的课程目标、课程设置、课程内容、课程教材、师资队伍建设等；在课程建设方面，强调了思政课程与高校课程思政、中小学学科德育的协同效应。2022 年 7 月，教育部等十部门印发《全面推进“大思政课”建设的工作方案》，再次强调“深入推进大中小学思政课一体化建设”，强调突出实践导向，强化问题意识，充分调动全社会力量和资源，开门办思政课，建设“大思政课”。

三、大中小学思政课一体化建设的理论依据

（一）马克思主义认识论和辩证法

首先，推进大中小学思政课一体化建设，体现了马克思主义认识论要求。马克思主义认识论认为人的认识过程是源于实践而不断深化的发展过程，是一个从实践到认识，再从认识到实践的循环往复过程。正是在这个由实践到认识到再实践再认识的反复循环过程中，人们的实践能力和认识水平不断提升。但是这种认识的过程不是直线式的前进，因为受到认识水平、思维能力、社会发

展形态、科学技术水平等的影响，人们对客观世界的认识是一个由外及内、由量变到质变的渐进的呈螺旋曲线状上升的过程。

不同学段的学生对事物的理解和接受水平存在差异，所把握的理论层次和深度是不同的，呈现为从低学段至高学段不断理论拓深趋势。因此，面对不同学段的受教育者，要尊重受教育者的认识规律，根据知识的难易程度进行不同形式和不同内容的思政课教学。要将不同的知识点进行不同难易程度的科学分类梳理，使不同知识点之间形成环环相扣、由浅入深的逻辑体系，实现思政课的阶段化和层次化教学，最终提升思政课教学效果。

其次，推进大中小学思政课一体化建设符合马克思主义唯物辩证法。马克思主义唯物辩证法认为，事物是普遍联系并不断发展的。物质世界是普遍联系的整体，这种联系是指一切事物之间及事物内部各要素之间相互影响、相互作用和相互转化。这个过程蕴含着“否定之否定”规律，是对事物的肯定性理解中包含着对现存事物的否定性理解，事物的发展过程就是不断对现存事物进行否定的过程。思政课一体化建设所要解决的是同一个知识点和价值观在不同学段之间螺旋上升的问题，在否定之否定的上升过程中，同一个知识点和价值观在不同的学段中呈现出不同的理论深度。①

马克思主义唯物辩证法中关于整体和部分的观点，对本项研究亦具有指导意义。整体不是部分的机械相加，而是有机组合，整体具有各个部分所不具有的新的属性和功能。同时，部分的属性和功能会受到整体的制约，部分只有在整体中，它的属性和功能才能真正得以彰显。大中小学思政课一体化建设遵循了唯物辩证法关于整体和部分的观点。第一，大中小学思政课一体化建设是规避零散状态，对思政课进行整体化建设的需要。思政课整体化建设有助于提升思政课总体实力和凸显思政课在立德树人过程中的重要作用。第二，大中小学思政课一体化建设在“纵观整渠”的同时，注重部分建设，要求建设好中高职两个学段的思政课，使两个学段思政课各自“守好一段渠”，充分发挥各学段

① 侯鉴洋：《大中小学思政课“一体化”建设的总体性逻辑研究》，《吉林省教育学院学报》2023年第9期。

思政课的育人功能。

（二）习近平总书记关于思想政治教育的重要论述

作为落实立德树人根本任务的关键课程，思政课的改革、创新和发展，既是新时代教育事业的发展要求，也是新时代思政工作的重大使命。立足于中华民族伟大复兴的宏伟事业，为培养一代又一代拥护中国共产党领导和我国社会主义制度、立志为中国特色社会主义事业奋斗终身的有用人才。习近平总书记对教育发展十分关心，在许多场合对教育的发展发表了重要论述并提出了相关要求。这些重要论述既是习近平总书记吸收中华优秀传统文化而对我国教育发展的重要阐发，又是对世界上其他教育强国建设经验的借鉴，也是对马克思主义教育理论的重要创新。建设教育强国是中华民族伟大复兴的基础工程。党的二十大报告明确指出要加快建设教育强国、科技强国、人才强国；坚持为党育人、为国育才。

2021 年习近平总书记在看望参加全国政协会议的医药卫生界教育界委员时明确提出："'大思政课'我们要善用之。"首先，深刻理解和全面把握推进大中小学思政课一体化建设要在党的领导下进行，要在社会主义道路上治学办学。思政课在我国教育事业中具有鲜明的特殊性和突出的重要性，既有一般课程的科学性、系统性、规范性和知识性等特点，又有自身建设的政治性、理论性、思想性和价值性等特征，更有涵盖学生学习全周期、融入学生生活全领域、指导学生人生全过程等特性，承担着新时代培养担当民族复兴大任的时代新人、培养德智体美劳全面发展的社会主义建设者和接班人的重要使命。只有坚持党的领导，思政课才能开办好，才能保证思政课建设有力度和高度。

在大中小学思政课一体化建设的过程中始终要贯彻立德树人的根本任务，实现立德与树人二者的统一。虽然其他各类课程也承担着铸魂育人的重要使命、实现着立德树人的根本任务、彰显着价值引领和思想育人的作用，但是思政课在学生的学习成长过程中始终发挥着不可替代的作用。尤其是思政课贯穿大中小学全过程，其长期性、相伴性和系统性是其他任何课程都无法比拟的，这也决定了思政课在落实立德树人根本任务中的突出地位，决定了思政课的建设质量和水平，直接影响我国教育事业在新时代为党育人、为国育才的效果。

（三）青年成长认知规律、思政教育规律理论

著名瑞士心理学家皮亚杰认为，人从出生到成人的认知发展是伴随同化性的认知结构的不断再构。[①] 从儿童到成年人的认知发展水平是不断阶梯式向上发展的，各个阶段构成一个整体结构，它们之间不能彼此互换。皮亚杰的认知发展理论对中高职思政课一体化建设具有重要参考价值。中高职思政课一体化重在建设具备连贯性和衔接性的思政课内容体系，以期改善思政课内容中所存在的内容超前、层次不清、实践内容的衔接不足与学生的认知发展不能较好对应的设计性缺陷。大中小学思想政治教育是按照不同学段受教育者的认知能力和认知特点进行的，因此梳理并把握不同学段思政课的教育规律是成功实现中高职思政课一体化建设的基础。

大中小学的学生正处于人生的“拔节孕穗”期，而不同学段的学生由于年龄段不同，学生所体现出的群体差异性也比较明显。根据不同学段学生的生理、心理特点，以及中高职学生独有的性格特点，思政课教学必须要结合具体学情制定贴合学生实际的教学形式。例如，中职阶段学生的理性认知能力开始有明显的增强。这个年龄段的学生相比较于初中的学生，对自我的认知更加成熟，对外界新知有了新的体验，同时愈发关注身边同学、朋友、老师的价值观念评价，对自己的未来有了新的预期，开始逐渐具备理性认知自我的能力。这一时期受教育者的反思能力开始建立，因而理性的能力虽然有显著的增强，但也难免有些片面。因此思政课就应该以知识的传授为主，知识化教育就成为这一阶段的主要教育特征。然而，学生考试的成绩比较好，但并不意味着学生的思想道德修养真正有所提高。而且，由于该学段学生的理性成熟度不高，很难普遍达到深刻的理解，但这种知识化教育为后来高职阶段的教育奠定了进一步深度理解的基础。

① 陈新夏：《马克思主义人的发展理论的哲学基础》，《广西师范大学学报（哲学社会科学版）》2023 年第 4 期。

进入高等职业教育阶段的学生身体已经基本发育完成,形成了相对稳定的性格特点,叛逆倾向逐渐消失,独立思考能力逐渐增强,三观趋于成熟阶段。高职阶段学生从知识化教育中走出来,但理性仍然没有达到完全成熟。高职阶段学生接触社会的机会增多,其主观世界也将不可避免地受到影响,产生较为剧烈的波动。就思政课来说,掌握意识形态和价值观的知识点已经不是高职阶段的主要任务,重点是在进一步深化认同的同时,进一步坚定理想信念并且在实践中践行所掌握的知识点,最终实现"知行合一""内化于心、外化于行"。

四、大中小学思政课一体化建设的主要内容

(一)教材内容既要紧密衔接又要避免交叉重复

教材是思政课教学的主要依托。当前大中小学思政课设置方面存在课程衔接分散、课程架构分布不统一、教学内容衔接不紧密的问题。以中职阶段"职业道德与法治"与高职阶段"思想道德与法治"为例,在中职阶段本门课程在学生理想、三观指引、中国精神等层面均提及不明显,与高职阶段的思政课"思想道德与法治"教学内容衔接不紧密。同时大中小学思政课又存在教材内容区分度不够,内容存在交叉和重复的问题。

教材内容编写应注意循序渐进,体现出层次性和阶段性。这就需要做到以下几点:

建立统筹协调机制。组建专门的教材编写团队,负责全面规划和监督思政课教材内容的编写工作。教材编写团队要对思政课程体系进行全面梳理,明确各学段、各门思政课程的教学内容重点,减少不必要的重复。对于必须重复的基本概念或原理,可以采用不同的阐述角度或深度,以增加教材内容的层次性和深度。

疏通交流沟通渠道。要疏通教材编写部门与师生之间的双向互动交流沟通渠道。教师与学生对教材的评价最直接、最有发言权,他们的反馈对于减少教材内容交叉重复至关重要。

加强教材更新与修订。教材编写部门要定期对思政课教材进行全面审查和评估，通过问卷调查、教师反馈、学生建议等多种渠道，广泛收集教材使用过程中的意见和建议。根据时代发展和教学实践的需要，及时增补新的知识点和案例，保持教材的时效性和鲜活性。

（二）教学目标要针对性强

教学目标是教学活动的依据与灵魂，是教学活动的出发点和归宿点，对教学具有突出的导向作用。① 根据不同学段学生的认知水平和发展需求，合理分解和定位课程目标，确保每个学段的教学目标既有区分度又能相互衔接。一是教学目标既要完整也要精准。教学目标的设置要兼顾知识目标、能力目标、素质目标和德育目标，同时教学目标要精准，便于教师有针对有选择采取合适的教学方法、妥善组织教学、准确进行教学评价，引导学生自觉、自为地以教学目标为导向学习。二是教学目标既要体现共同性也要体现阶段性。思政课既有共同的目标，即“努力培育担当民族复兴大任的时代新人，培养德智体美劳全面发展的社会主义建设者和接班人”，也有体现各自学段特点的目标。各学段思政课的教学目标不但要完成各学段的教学任务，还要为学生今后的学习做好铺垫，高学段的教学目标应在低学段教学目标的基础上根据学生的年龄特征和接受能力进一步深化。

（三）课程设计因材施教、因时而新

课程设计是将教材体系转化为教学体系的重要桥梁，也是提升学生课堂参与度、获得感的关键。一堂课的教学质量如何，课程设计在其中占有重要比重。课程设计要做到因材施教、因时而新。② 一是要做到因材施教。课程设计要以学生为中心，从学生的认知能力、理解能力出发，关注学生的兴趣爱好。通过因材施教，教师能够最大限度地发挥每个学生的优势，激发学生的学习兴趣和

① 袁梅：《多维度建构大中小学思政课一体化路径探究》，《湖北成人教育学院学报》2021 年第 5 期。

② 李倩、范文博：《新时代民办高校学生党建与思政课融合的现状与对策》，《现代职业教育》2022 年第 2 期。

动力。二是要做到因时而新。随着科技的飞速发展,课程设计必须紧跟时代的步伐,广泛使用现代科学技术,及时更新教学内容和方法。通过引入最新的科学技术,教师能够帮助学生拓宽视野,增强他们的综合素养和竞争力。

(四)考核评价全面客观、方式多样

思政课考核评价应当全面、客观、科学地反映学生的学习情况和思政课程的教学效果。科学的评价体系是对教学实施效果进行检验和进一步完善的必要环节。建立完善的考核评价体系包括三个方面。一是完善评价过程。考核评价不能只看期末考试情况,其范围应该囊括学习的全过程,课堂教学过程中是否积极参与、认真投入以及平时表现都是考核评价的对象。二是完善评价内容。学以致用是教育的重要目的,也是考察教育效果的重要评价指标。对学生的评价不能仅考察其课堂表现,还要考察其是否真正将所学内容付诸实践。三是完善评价主体。教师评价是主要的评价方式,学生自评和互评也是有益的补充。

(五)思政课教师沟通交流、互动合作

习近平总书记强调指出:“办好思想政治理论课关键在教师。”各学段思政课一体化建设需要一线教师充分发挥积极性、主动性和创造性。要解决各学段思政课教师之间缺乏联系的问题,加强各学段思政课教师之间的沟通交流,促进各学段思政课教师之间的相互学习。为思政教师提供交流平台,分享教学经验、探讨教学方法,形成优势互补,共同提高教学水平。鼓励不同学段思政教师共同备课,共享教学资源,探索教育规律,及时沟通在不同学段教学中出现的问题,集思广益,相互启发,提高教学质量和教学效果。通过统筹各学段思政课教师的培养、培训,通过研讨会、观摩会、互助学习会等多样的形式,真正将统一的指导思想落实到具体的教育教学实践活动,使思政课教师能够从整体出发,对各个学段的思政课有全面的认识和理解,明确自身所处学段思政课课程教学的特点和侧重点。

五、大中小学思政课一体化建设中要处理好几个关系

（一）思政课内容循序渐进与螺旋上升的关系

一方面，思政课一体化建设要紧紧把握住各学段思政课之间的内在联系，统筹建设思政课；另一方面，思政课一体化建设要看到各学段思政课之间的递进和发展的态势，循序渐进地开展思政课教学。

（二）学段分层与有效衔接的关系

成长阶段不同的学生，他们的认识发展存在明显差异。思政课内容需要按照学生的认知发展水平来进行一体化建设。不同学段的学生的理解认知能力、价值观塑造能力、信念意志力不尽相同，思政课内容要与其相适应。教学须遵循学生的认知规律才能取得预期教学效果。《关于深化新时代学校思想政治理论课改革创新的若干意见》明确指出，“遵循学生认知规律设计课程内容，将思想政治教育规律、学生认知发展规律作为一体化建设的前提依据。”

思想政治教育在每个阶段教育只是培养目标不同，教育目的始终保持一致，无论哪一阶段的思想政治教育都不是孤立存在的。各学段思政课是相继相连的阶段，教学需由浅入深、由低级到高级、由感性到理性和由具体到抽象，以此逐步推进和安排设置教学目标、安排教学内容、采用不同的教学方法，从而循序渐进推进学生思想政治素质不断地提高。

（三）思政教育普遍性和职业院校思政教育特殊性的关系

从思政教育具有的普遍性看，各级各类学校都有“立德树人”“培养德智体美劳全面发展的社会主义建设者和接班人”的根本任务。但是职业教育又有其特殊性，还承担着培养高素质技术技能型人才的任务，要特别关注学生良好职业道德的养成。首先要做到爱岗敬业，对自身所从事的职业有发自内心的热爱和尊崇，体现在兢兢业业、精益求精的工作态度。其次，还要树立诚信品质。劳动者要做到诚实劳动，就是要踏踏实实做事，清清白白做人，不弄虚作假、不偷工减料，更不能将他人的劳动成果窃为己有。第三，培养奉献精神。受市场经济的影响，部分学生过分看重“等价交换”，强调每一份付出都要获得回报，奉

献意识淡薄。而那些取得突出成就的劳动模范、大国工匠都是不计较个人一时得失，心甘情愿为人民的事业作出奉献的杰出劳动者。

六、以“大思政课”视角推进基于职业教育的大中小学思政课一体化建设的实践路径

（一）立足职业教育，推动思政课“大改革”

教材融通，“共建一堂课”。以“习近平新时代中国特色社会主义思想‘三进’”为主题，以“小学阶段重在启蒙道德情感，初中阶段重在打牢思想基础，高中阶段重在提升政治素养，大学阶段重在增强使命担当”为原则，以职业素养、职业精神培育为主线，各学段教师相互了解课程目标、课程标准和课程内容，实现教学内容有序衔接、螺旋上升。各个不同学段结合学校自身特色，制作教学课件，参加同构一堂课教学展示活动，推出一批导向鲜明、思想深刻、内容丰富、形式活泼的教学课件、教学讲义、教学视频等优质课程资源。

教法融汇，因材施教、因时而新。既着眼于实现思政课铸魂育人的任务，又立足于各学段的实际情况。各学段因材施教，遵循青少年认知规律、思政教育规律，根据教学内容科学采用体验式教学、讨论法、翻转课堂等教学方法，不断提升思政课的实践性、更好发挥学生的主体性，引导学生以知促行、知行合一。例如，在小学阶段通过讲劳动模范的故事，帮助学生树立劳动最光荣的意识；在中学阶段丰富学生的劳动体验，对中职生更加侧重培养职业意识；高职阶段更加注重树立正确职业观、培养职业精神、创新意识。

教师融合，共建教师队伍。统筹各学段思政课教师的培养、培训，为进一步扩大大中小学思政一体化建设成果的共建共享，促进各学段教师教学能力的提升以及经验交流、智慧分享，多措并举组建一支政治强、情怀深、思维新、视野广、自律严、人格正的一体化教学创新团队。组织思想政治理论课教师集体备课、集体教研，使教师能够从整体出发，不但明确自身所处学段的特点和侧重点，而且对各学段的思政课有全面的认识和理解；开展培训交流活动，以提升

各学段教师开展教学的能力；搭建校际联合教研平台，培养后续理论与实践课堂教学项目名师。组织开展分学段“同课异构”活动，形成规模化效应。

（二）党委统一领导，构建思政“大格局”

坚持党的领导是我国社会主义办学的基本原则，也是保证大中小学思政课一体化建设取得成效的前提条件。① 大中小学思政课一体化建设要在学校党委的统一领导下进行，学校党委要从战略的高度重视中高职思政课一体化建设工作，书记、校长要主动积极参与其中，带头参与、带头建设，落实中央文件指示精神。各学段学校党委要在学校之间、校内教学部门、行政部门之间加强协调、统筹规划、科学分工并组织建立沟通协调机制，充分调动各部门的积极性。

（三）突出职教特色，用好实践“大课堂”

理论教学和实践教学都是思政课的教学方式，虽然出于思政课知识性、理论性强等课程特点的需要，理论教学所占比重较大，但是随着对思政课教育教学规律认识的不断深化，实践教学的重要性愈发凸显，实践教学越来越被重视。

职业教育承担着立德树人和培养高素质技术技能型人才的双重任务。思政课不仅是对学生进行德育教育的主阵地，也是培养学生职业素质的重要渠道。因此很有必要将德育教育与职业技能培养相融合，这种融合不仅体现在专业理论课的“课程思政”中，也体现在思政课实践教学与专业课实训教学中。

思政课实践教学的教学效果，如良好的品德、行为习惯以及正确的世界观和方法论等可以转化为学生自身的能力，应用到专业课学习中去，有助于学生积极地学习专业知识、掌握专业技能、解决专业问题。在专业实训中，通过在生产一线的实践劳动可以帮助学生强化职业道德，而且所培养的实操能力、动手能力也有助于提高在思政课学习中理论联系实际的能力。

（四）平台融合共建，开发共享“大资源”

要做好大中小学思政课的衔接，要求教师知己知彼，但教师毕竟精力有限，不同学段的思政课教师对本学段的教材、教学内容更加熟悉，也更加了解

① 彭陈、李玉竹：《爱国主义教育在大中小学思想政治理论课一体化教学中的时代构想》，《大理大学学报》2021 年第 3 期。

本学段学生的实际情况，如学习能力、心理特征、兴趣爱好等。这就需要不同学段的教师互相配合，互通有无，共同建设思政课程资源。要将“共享”作为大中小学思政课一体化建设的思想指导和现实策略。①

（五）健全体制机制，健全育人“大师资”

完善的制度是办好大中小学思政课一体化建设的关键。要提高大中小学思政课一体化建设水平，需要建立高水平的思政课教师队伍，并充分发挥好相关制度的促进、激励作用。例如，制定大中小学思政课一体化建设教师激励制度。毕竟思政课一体化建设与日常普通教学相比，教师除了要完成本学段教学内容的备课外，还要了解其他学段的教学内容并进行规划设计，需要付出更多时间、精力甚至是体力。

发挥好思政课教师的关键作用，配齐高校思政课教师数量，同时注重“质”的提升。这里的“质”既包括教师本身的综合素养，同时也包含教师工作的“质”。在思政课教师队伍建设中，不少院校给思政课教师增加超负荷工作量，如过多的课时安排或科研压力，导致思政课教师工作的“质”无法保证。各院校在思政课教师队伍建设中，要注意给思政课教师尤其是年轻的思政教师成长的空间，引导思政教师将精力更多投入在思政教育中。与此同时，思政课教师要认真领会国家相关文件精神，深刻认识自身肩负的育人使命，积极参与到教学研发与实施过程，严肃认真对待思政课教学工作。

① 杨增崇、金灿洋、藏雪：《大中小学思政课一体化建设背景下优质课程资源共建共享探赜》，《学校党建与思想教育》2024 年第 1 期。

第十章

职业教育视角的大中小学思政课一体化建设的纵向衔接贯通

思政课作为培养学生正确价值观和社会责任感的关键环节，在整个教育体系中占据着不可替代的地位。再从职业教育的视角出发深入探讨如何构建一套连贯且有效的思政教育体系，确保学生从基础教育阶段到高等教育阶段都能获得系统的思政教育，具有重要意义。特别关注如何根据不同年龄段的认知特点设计教学内容，如何将思政教育与职业技能培训相结合，以及如何通过实践活动增强思政教育的实际效果。

一、目标衔接：总目标基础上的阶段性思政教育目标达成

这里所说的目标衔接，指始终围绕培养德智体美劳全面发展的社会主义建设者和接班人这一总目标，根据不同学段人才培养的具体要求，设定阶段性思政教育目标，并保证这些目标之间的连续性和递进性。

（一）明确各教育阶段思政教育的基本目标与高级目标

职业教育各阶段思政教育的基本目标与高级目标，旨在按照学生成长规律和职业教育特点，为各阶段学生提供清晰的成长路径，循序渐进地塑造德技并修的高素质技术技能人才。

在中小学与中职阶段，就其基本目标而言：一是公民道德教育。培养学生的社会公德、家庭美德和个人品德，形成遵纪守法、诚实守信、尊重他人、爱护

环境的良好习惯。二是职业启蒙教育。引导学生认识职业世界,理解劳动光荣、技能宝贵,树立初步的职业理想和职业规划意识。三是社会责任感培养。通过参与社区服务、公益活动等,增强学生的社会责任感和团队协作精神。就其高级目标而言:一是社会主义核心价值观的理解与内化。即引导学生深入理解并自觉践行社会主义核心价值观,形成正确的世界观、人生观、价值观。二是职业精神的初步塑造。教育学生初步形成敬业、精益、专注、创新的职业精神,具备初步的职业道德判断力和行为规范执行力。三是职业生涯规划能力的启蒙与提升。使学生能够结合个人兴趣、特长和社会需求,制定初步的职业生涯规划,并具备一定的自我管理和自我提升能力。

在高职阶段,就其基本目标而言:一是深化社会主义核心价值观的思想教育的践行。即深入学习社会主义核心价值观的理论内涵和实践要求,提高理论素养和思想觉悟。二是强化职业道德教育。例如带领学生较为熟练地掌握本专业领域的职业道德规范和行业法律法规,具备较高的职业道德判断力和行为自律性。三是提升社会责任感与创新能力。积极参与社会实践活动,培养解决实际问题的能力和创新思维,增强服务社会、奉献社会的责任感。就其高级目标而言:首先是职业精神的深度塑造。如形成深厚的工匠精神、企业家精神,具备高度的职业荣誉感和使命感,使学生能够在复杂的职业环境中坚守职业道德,推动职业生涯持续发展。其次是职业环境中团队协作能力的提升。帮助学生学习并具备一定的组织协调、决策分析和团队管理能力,能在合作团队中发挥引领作用,推动团队协作和创新。再次是社会交往能力甚至国际交往能力培养。例如在鲁班工坊项目环境中,能够了解国际规则、尊重文化差异,具备初步的国际视野和跨文化交际能力,能在全球化的背景下展现中国技术技能人才的风采。

在应用型本科阶段,就其基本目标而言:一是系统化学习并深刻领悟社会主义核心价值观的教育内容。包括对社会主义核心价值观有全面、深入的理解,能将其融入专业学习和职业实践中,成为引领自身行动的精神支柱。二是具备较高职业道德与行业法规教育素养。如精通本专业领域的高级职业道德规范和行业法规,具备卓越的职业道德判断力和行为规范执行力。三是接受社会责任与创新精神深度培养。例如能够自觉参与高层次的社会实践、职业技能培养、科研创新活动,具备强烈的创新意识和社会责任感,能在复杂的生产活动和社会问题中提出创新解决方案。就其高级目标而言:首先,塑造卓越的职业精神。例如形成卓越的工匠精神、企业家精神,具备崇高的职业荣誉感和使命感,能在行业前沿领域引领技术创新和产业升级。其次,具备较强的团队协作与思维能力提升。如具备出色的组织协调、战略决策和团队管理能力,能在大型项目或企业岗位中担任重要角色,推动组织战略实施和变革创新。再次,具备广阔的国际视野和深厚的跨文化交际能力,能在全球范围内开展合作交流,推动中国技术技能人才走向世界舞台。

(二)设定符合学生身心发展规律的阶段性德育目标

设定符合学生身心发展规律的阶段性德育目标,应遵循科学性与时代性相结合原则。各阶段德育目标的设定,都应以马克思主义理论为指导,遵循人的全面发展和社会发展的客观规律,同时紧密贴合新时代对技能型人才的思想道德素质要求,关注社会热点问题,培养学生具备社会主义核心价值观。遵循层次性与连贯性相统一原则。应根据学生的年龄特点、认知水平和职业发展阶段,设立由浅入深、由低到高的阶段性目标,形成循序渐进、螺旋上升的德育体系。同时,各阶段目标之间应保持内在逻辑的一致性和连续性,确保德育工作的系统性和完整性。遵循理论教育与实践锻炼相融合原则。包括既注重理论知识的学习,提升学生的道德认知水平,也要通过社会实践、志愿服务、企业实习等多元化的实践活动,使学生在亲身参与中体验、内化和践行道德规范,实现知行合一。

(三)研究并构建从基础教育到职业教育逐级递进、步步深化的目标体系

职教思政构建从基础教育到职业教育逐级递进的目标体系,应注重思政教育内容与学生认知发展、职业成长路径的紧密结合,将思政教育贯穿于基础教育与职业教育全过程,一体化设计,形成连续、系统的思政教育链,根据学生的认知发展规律和职业素养需求,设定由浅入深、由广到专的阶段性思政教育

目标,结合各阶段学习内容与生活环境,将思政教育与学科教学、实训实习、校园文化活动等有机融合,强调知行合一,通过实践活动培养学生的道德判断力和行为执行力,提升思政教育实效。最终确保思政教育在不同教育阶段既保持连续性,又体现针对性。

在具体阶段的目标设定上,基础教育阶段应注重道德品质启蒙,培养基本的道德认知,如诚实守信、尊重他人、热爱集体等,形成初步的道德判断力;具有国家认同与文化传承的基本意识,了解国家历史、民族文化和社会主义制度,培养对祖国的热爱之情,传承中华优秀传统文化;树立初步职业认知,通过生涯规划教育,引导学生认识各种职业,理解劳动价值,树立初步的职业理想。初级职业教育阶段应注重对职业道德的深化领悟,如深入学习职业伦理、行业规范,理解并践行职业道德准则,如敬业奉献、诚实守信、公平竞争等,学会运用法律维护自身权益和履行职业责任;明确职业目标,学会制定并调整个人职业规划,培养自主学习和终身学习能力。高级职业教育阶段应具备一定的社会责任担当意识。如积极参与社会服务、志愿者活动,培养社会责任感和公益精神,能够在职业生涯中服务于社会和行业发展;具备良好的创新精神与创业意识,培养创新思维,鼓励创业实践,理解和尊重知识产权,具备适应产业变革和创新创业的能力;注重个体成长与团队协作能力,能够在职业环境中发挥引领作用,有效协调团队合作,解决复杂问题。

职教思政教育通过这样逐级递进的目标体系设定,能够系统、有效地引导学生在基础教育至职业教育的不同阶段,逐步提升思想道德素质、职业素养与社会责任感,为其成为具备高尚职业道德、深厚家国情怀和国际视野的高素质技能人才奠定坚实基础。

二、内容衔接:课程内容设计上衔接贯通的知识体系构建

这里所说的内容衔接,指在课程内容设计上,应遵循学生认知发展规律,根据各学段学生的年龄特点和接受能力,形成由浅入深、循序渐进的知识体系。

（一）分析各阶段思政课程内容的差异性和关联性

职业教育思政总目标旨在培养具备社会主义核心价值观、良好职业道德、社会责任感和创新精神的技术技能人才。在此目标指导下，思政课程内容既展现出鲜明的差异性以适应不同层次、类型的职业教育需求，又呈现出紧密的关联性，共同服务于人才培养的整体目标。以下从差异性和关联性两方面对思政课程内容进行分析。

差异性方面：一是对层次差异的分析。思政课程内容的深度和广度有所差异，应依据职业教育的不同层次如中职、高职、应用型本科等进行具体分析。例如，在小学阶段侧重于基本道德观念和社会规范教育；中学阶段增加公民意识、法治观念和中华优秀传统文化教育；中职阶段侧重于基础的公民道德、法律常识、职业启蒙教育，培养学生初步的社会责任感和职业认同感；高职阶段则深化对社会主义核心价值观的理解，强化职业道德规范、行业法律法规学习，提升职业伦理判断力和社会实践能力；应用型本科阶段则进一步强化职业道德、社会责任、创新创业精神以及专业素养中的思想政治内涵，同时关注社会热点问题、全球视野下的中国立场，以及创新思维、领导力等综合素质培养。二是类型差异的分析。不同类型的职业教育，如工科类、商科类、艺术类等，其思政课程内容应与专业特色紧密结合，应体现针对性。例如，工科类注重科技伦理、工匠精神、安全生产教育；商科类强调诚信经营、公平竞争、社会责任等商业道德；艺术类关注文化自信、审美教育、版权法规等。三是个体差异分析。即针对学生个体的兴趣、特长、生涯规划等个性化需求，思政课程内容应灵活多样，提供丰富的选修模块或专题讲座，如创新创业教育、心理健康教育、传统文化研习等，满足学生的多元发展需求。

关联性方面：一是价值导向的一致性。职业教育各层次类型的思政内容，无论课程内容如何差异，均始终围绕社会主义核心价值观这一主线展开，强调爱国、敬业、诚信、友善等基本道德规范，确保所有课程都传递出一致的价值导向，形成强大的育人合力。二是能力培养的互补性。尽管职业教育思政各课程侧重点不同，但都在培养学生的职业素养、社会责任感、创新精神等方面形成互补。如公民道德教育奠定良好的道德基础,职业道德教育提升职业操守,法治教育增强法治观念,心理健康教育促进人格健全,这些能力的综合提升有助于实现思政总目标。三是知识体系的融合性。职教思政课程内容并非孤立存在,而是相互渗透、相互支撑的知识体系。如在讲解职业道德时,可以融入社会主义核心价值观的内涵;在探讨科技创新时,可以引申到国家发展战略、社会责任等议题。这种知识体系的融合性使得学生能够从多角度、多层次理解和把握思政教育的主旨。

由此,职业教育思政课程内容在体现层次、类型、个体差异性的同时,保持了价值导向、能力培养、知识体系的紧密关联性,旨在构建全面、立体、动态的思政教育体系,有效服务于职业教育思政总目标的实现。

(二)设计与制定各学段间相互衔接、循序渐进的思政课程大纲

明确各学段的教育目标和学生的成长特点。职业教育通常包括中职和高职两个学段,每个学段的学生在年龄、心理、认知和社会经验等方面都有所不同。因此,课程大纲的制定需要充分考虑到这些差异,确保思政课程能够与学生的发展阶段相匹配。

注重思政课程的连贯性和系统性。在制定课程大纲时,应该确保各个学段之间的思政课程相互衔接,从基础知识到深入理论,再到实践应用,避免内容的重复和脱节。

注重思政课程的时代性和实用性。紧密结合时代要求,及时更新内容,并注重课程的实用性,让学生能够在实践中运用所学知识,提高解决问题的能力,强调思政课程与其他课程的融合,共同构建完整的职业教育体系,确保课程与社会发展同步,让学生在学习专业知识的同时,也能够得到思想政治教育的熏陶和启发。

探索教材编写与选用上的衔接配合,确保课程内容的连续性与完整性。在教材编写方面,须按照教育部思政教育课程编写的统一教材要求,探索符合职业教育学情与特点的整体规划与分段编写细则。例如,制定涵盖基础教育至职业教育各阶段的思政教材编写总纲,明确各阶段思政教育的核心内容、重点难

点、教学目标和教学方法，确保教材体系的整体性。按照基础教育、初级职业教育、高级职业教育三个阶段，分别组织专家、教师和行业人士编写教材，确保教材内容符合各阶段学生的特点和需求，形成循序渐进的知识体系。内容衔接上，把握好教材内容中的知识点衔接，对于重复或递进的思政教育知识点，如道德规范、法律法规、职业伦理等，确保在不同阶段教材中表述一致、难度适中、深度递增。案例与实践活动衔接上，应选取与各阶段学生生活、学习、实习实际密切相关的真实案例和实践活动，确保案例的时效性、典型性和教育意义，实践活动的可操作性和针对性。语言与呈现方式衔接上，针对不同年龄段学生的语言理解能力和阅读习惯，采用适宜的语言风格和表达方式，确保教材语言的通俗易懂、生动有趣，灵活运用文字、图表、图片、音频、视频等多种媒介形式，增强教材的视觉吸引力和互动性。

在教材选用方面，须统一标准与规范，在符合教育部要求的教材资源选用范围内，建立科学、公正、透明的教材评审机制，对出版的职教思政教材进行严格的质量把关，确保入选教材符合国家教育方针、课程标准和思政教育要求，确保选用教材的权威性、规范性和适用性。把握选用教材的学段对接，注意不同学段教材之间的内容衔接，确保同一主题或知识点在不同学段教材中的表述一致、难度适中、深度递增。定期跟踪评估教材使用与更新情况，及时修订教材内容，更新案例与数据，确保教材内容与社会发展、行业变革、学生需求同步。对选用教材进行系统培训，帮助教师准确把握教材内容、教学目标和教学方法，提高教师使用教材的能力和水平，提供详细的教材使用指南和教学参考资料，包括教学计划、课件、习题、实践活动方案等，为教师实施教学提供全方位支持。

三、方式衔接：教学手段与方法的精准有效

这里所说的方法衔接，指采用适合不同年龄段的教学方法和手段，如小学以活动体验为主，中学通过案例分析和讨论，大学及职业教育阶段则结合专业

实践进行情境模拟和实操训练，确保思政教育的有效性和针对性。

（一）根据学生年龄特征和认知发展特点，采用适宜的教学方法，推动各阶段思政课教学方式的转变与衔接

在职业教育初级阶段，教学方式应以夯实基础、寓教于行为主。以中职阶段为例，一是案例教学法的方式选用。选取与学生专业紧密相关的社会现象、行业动态或职业道德案例，引导学生结合所学专业知识进行分析讨论，增强思政教育的实用性和吸引力。通过鲜活案例，帮助学生初步理解社会主义核心价值观在职业生涯中的具体体现，培养初步的职业道德意识和法治观念。二是实践活动嵌入的方式选用。如组织参观企业、参与志愿服务、模拟职场情境等实践活动，让学生在实践中感悟职业道德、社会责任和敬业精神。如组织学生到合作企业进行短期实习，让他们亲身体验职场规则，理解职业道德的重要性，提升职业素养。三是小组合作学习的方式选用。鼓励学生以小组形式，围绕特定思政主题进行资料收集、观点交流、成果展示。小组合作既能锻炼团队协作能力，又能激发批判性思维，促使学生在讨论中深化对思政知识的理解，形成正确的价值取向。

在职业教育中级阶段，教学方式应以深化理解、强化应用为主。以高职阶段为例，可更多应用问题导向教学法。设定与专业领域和社会热点相关的问题，引导学生进行深度探究。例如，解析行业政策、探讨职业伦理困境、预测行业发展趋势等，通过解决实际问题，提升学生独立思考和问题解决能力，使思政教育更具挑战性和启发性。应用翻转课堂教学法。教师提供预习资料，学生在课前自学基础知识，课堂时间主要用于答疑解惑、深度研讨和实践应用。翻转课堂模式能有效调动学生主动性，提升教学效率，使学生从被动接受知识转向主动建构知识体系。应用专家讲座与行业论坛方式。定期邀请行业专家、企业高管等进行专题讲座或举办行业论坛，使学生及时了解行业前沿动态，开阔视野，深化对社会主义核心价值观在职业实践中的认识和认同。同时，通过与行业精英的面对面交流，激发学生的职业理想和进取精神。

在职业教育高级阶段，教学方式应以提升素养、创新实践为主。以应用型

本科为例，可探索项目驱动教学方式。如深化 EPIP 等工程特色教学法，围绕实际工作项目或科研课题，引导学生运用思政理论解决实际问题，开展社会调查、撰写政策建议报告、参与企业咨询项目等，通过“做中学”，实现思政教育与专业技能的深度融合，培养学生知行合一的能力。探索学术研究引领的教学方式。学术研究不仅有助于深化学生对思政理论的理解，还能锻炼其逻辑思维、文献检索和书面表达能力，因此，可鼓励学生参与职教思政相关的学术研究，如撰写论文、申报课题，通过严谨的学术训练，提升其理论素养和创新能力。探索校企合作育人教学方式。深化与企业的合作，共建实习实训基地、设立订单班、实施双导师制等，将思政教育无缝融入人才培养全过程。在真实的职业环境中，学生能在导师的指导下，直接面对职业伦理问题，锤炼职业精神和社会责任感，实现学校教育与社会需求的有效对接。

综上所述，针对职业教育学生的年龄特征和认知发展特点，思政课教学应遵循“夯实基础—深化理解—提升素养”的递进路径，通过案例教学、实践活动、小组合作、问题导向学习、翻转课堂、专家讲座、项目驱动、学术研究、校企合作等多种教学方法的综合运用，实现各阶段教学方式的有机衔接与创新转变。

（二）运用现代信息技术手段，实现线上线下、理论实践的深度融合与衔接

第一，构建线上线下融合的教学平台。利用互联网、移动通信、云计算等信息技术，建设集教学资源、互动交流、在线测试、实践活动等功能于一体的数字化思政教育平台。线上平台可以提供丰富的学习资源，如微课、慕课、专题讲座、电子教材等，方便学生随时随地自主学习。通过在线讨论区、论坛、直播互动等方式，增强师生间的即时交流与答疑解惑，打破时空限制，实现线下课堂教学的延伸与补充。

第二，开发实践性强的线上线下混合式课程。以职业院校为主体，设计以问题为导向、以项目为载体的混合式课程，将理论知识与实践活动紧密结合。教务部门和有关校级研究机构可以组织线上案例分析、模拟实训、角色扮演等活动，引导学生运用所学理论解决实际问题；线下则由各实践实训中心组织，安排参观考察、志愿服务、企业实习等实践活动，让学生在真实情境中深化理

解、锻炼能力、塑造品格，以线上线下活动互相配合，形成理论与实践的闭环，提升思政教育的效果。

第三，运用虚拟仿真、AR/VR 等技术增强沉浸式学习体验。AR/VR 技术则可以进一步打破现实与虚拟的界限，让学生在立体、交互的环境中深度体验、反思和学习，提高思政教育的吸引力和影响力。借助此类虚拟仿真技术，有助于创建模拟职场环境、社会热点事件等情境，使学生能够在高度仿真的环境中进行决策演练、道德判断等实践操作，增强思政教育的直观性和代入感。

第四，利用大数据分析优化教学过程与评价机制。包括收集、分析学生在线学习行为数据（如学习时长、点击率、互动频率等），了解学生的学习习惯、兴趣点、难点等，及时调整教学内容、方式和进度，实现个性化教学。同时，建立基于过程性数据的多元评价体系，既关注学生的理论知识掌握情况，也考察其在实践活动中的表现、态度转变、价值观塑造等，全面、客观地评估思政教育效果。

第五，搭建网络思政社区，营造积极的网络育人氛围。一方面，利用社交媒体、公众号、短视频等新媒体工具，搭建职教思政社区，发布思政资讯、分享优秀案例、开展主题讨论等，激发学生参与热情，引导他们树立正确的网络观念，理性、健康地使用网络。另一方面，教师应积极参与网络互动，对学生的思想动态、困惑问题给予及时回应和引导，打破传统教育模式的局限，提升思政教育的实效性、创新性和吸引力，形成线上线下联动的思政工作格局。

四、资源整合：教育资源与环境的集聚打造

整合各级各类职教思政教育资源，构建支撑思政一体化建设的共享平台，旨在打破地域、层级、类型的壁垒，实现思政教育资源的高效汇聚、优化配置与开放共享，有力推动职业教育思政工作的一体化、系统化、高质量发展。

（一）整合各级各类教育资源，构建支撑思政课一体化建设的共享平台

全面摸底调研。以本地本校思政课一体化建设需求为建设目标，对全国范

围内各级各类职业院校的思政教育资源进行全面摸底调研,明晰资源现状。调研内容可涵盖课程体系、师资队伍、实践基地、研究成果、特色活动、合作企业等各个方面。通过问卷调查、实地走访、数据采集等方式,详细记录各类资源的数量、质量、分布、特色、使用情况等信息,形成翔实的资源清单,为后续资源整合与平台建设提供精准依据。

构建资源库。根据职教思政教育一体化的核心内容(如理想信念教育、道德法治教育、职业素养教育、国情教育等)和资源类型(如课程、案例、视频、音频、图文资料、软件工具等),对已摸底的资源进行科学分类与深度整合。遵循系统性、科学性、时代性的原则,剔除过时、低质内容,保留并更新优质、特色资源,形成结构清晰、内容丰富、形式多样的思政教育资源库。确保资源的准确性、权威性、时效性和适用性,满足不同层次、专业、地域的职业院校需求。

打造一体化共享平台。运用云计算、大数据、人工智能等先进技术,构建一个功能完备、界面友好、操作便捷、兼容性强的职教思政大中小一体化共享平台。平台应具备资源展示、检索、下载、在线学习、互动交流、数据分析等多种功能,支持 PC 端、移动端等多终端访问,满足教师、学生、管理者等各类用户的多元化需求,强化平台的安全防护能力,确保资源传输、存储、使用的安全性与稳定性。

建立健全共建共享机制。制定完善的资源上传、审核、更新、使用的管理制度与激励政策,鼓励各级各类职业院校、行业企业、研究机构、社会团体等多元主体积极参与资源共建。对原创、优质、特色资源给予适当奖励,激发资源生产者的积极性。通过版权保护、权限管理等技术手段,保障资源所有者的合法权益,实现资源的安全、有序、高效共享。

推动跨校跨区域深度协作。利用共享平台的共建契机,积极推动各级各类职业院校以及大中小学,在思政课程建设、教学改革、师资培训、科研项目、实践活动等方面开展深度合作。例如,可以通过设立专题协作组、联盟、工作室等合作机制,定期举办线上线下的交流研讨、观摩互鉴、成果展示等活动,打破地域、层级、类型的限制,实现资源共享、优势互补、共同发展,提升职业教育思政工作一体化的整体效能。

（二）开展校际、校企合作，打造立体化、开放式的思政教育实践基地

第一，确立职教思政教育实践基地的总体目标。通过整合多方资源，构建融理论教育、实践锻炼、价值引领于一体的开放性、综合性育人平台，明确实践基地的定位，既要服务于本校学生，也要面向兄弟院校开放，形成区域乃至全国范围内的资源共享、经验交流、协同育人的良好局面。

第二，搭建合作平台与机制。一是组建合作联盟。联合区域内或同类型职业院校，成立思政教育实践基地合作联盟，制定章程，明确权责，设定共同目标与任务。联盟内定期召开联席会议，协商重大事项，共享教育资源，推动合作项目的落地实施。二是建立协调机制。设立由合作院校、企业代表组成的协调小组，负责日常沟通、项目对接、问题解决等工作。建立健全信息通报、工作调度、评估反馈等制度，确保合作的顺畅运行。签署合作协议，明确各方在基地建设、运营、管理等方面的权责利关系，促成具有法律约束力的合作协议。

第三，整合与优化资源。包括校际资源共享，由各合作院校开放各自的思政教育实践资源，包括课程、师资、设施、场地、案例等，实现优质资源共享，降低重复建设成本。鼓励开展跨校选课、教师互聘、学生交流等活动，拓宽学生视野，提升思政教育的广度与深度。与相关企业签订长期合作协议，共建实习实训基地、企业课堂、创业孵化园等，将企业生产、管理、服务一线作为思政教育的重要实践场所。

第四，持续加强实践教学模式的创新。例如构建“双师型”教学团队。整合校内外师资力量，打造一支既有深厚理论功底，又熟悉行业前沿、企业实践的“双师型”教学团队。通过集体备课、教学研讨、教师培训等方式，提升教师的实践教学能力。开发多元实践项目。采用项目化、任务驱动、情景模拟等教学方法，提升实践教学的实效性，设计涵盖红色教育、志愿服务、社会调查、创新创业、职业体验等多种类型的实践项目，引导学生在实践中领悟理论、锤炼技能、塑造品格，为培养具有高尚职业道德、深厚家国情怀、卓越职业技能的新时代职教人才提供有力支撑。

五、评价衔接：全过程的思政教育质量监控体系与评价机制

这里所说的评价衔接，指建立科学合理的评价机制，关注学生的持续成长和终身发展，将过程性评价和终结性评价相结合，形成覆盖大中小学全过程的思政教育质量监控体系。“用好思政课教学评价结果，作为马克思主义学院和班子成员考核的重要指标，作为思政课教师绩效考核、职称晋升、评奖评优等的基本依据。”[①]

（一）构建符合各教育阶段特点和发展需求的思政教育评价指标体系

构建符合各教育阶段特点和发展需求的职业教育思政教育评价指标体系，需遵循立德树人、阶段适应性、全面发展、过程与结果并重等原则，促使学生从被动接受转为主动探索，推动思政课改革创新要坚持“八个相统一”[②]

其指标内容包括但不限于：评估学生对马克思主义基本原理、中国特色社会主义理论体系、社会主义核心价值观等思政知识的理解程度，以及在实际生活、学习、实习实训中运用这些知识解决问题的能力；考查学生遵守法律法规、校规校纪，尊重社会公德，践行职业道德，诚实守信，有良好的公民意识和社会责任感等情况；评价学生对国家认同、民族自豪感、文化自信、生态文明观等方面的积极情感态度，以及对社会主义核心价值观的自觉认同和内化程度；观察学生参与社会实践、志愿服务、校园文化活动、创新创业项目等的积极性，以及在其中展现出的创新思维、问题解决能力和团队协作精神；衡量学生对所学专业及其行业发展的认识，对个人职业规划的清晰度，以及在实习实训、模拟职场情境中展现出的专业技能、敬业精神、沟通协作等职业素养。

在评价指标设定上，一要设计阶段适应性指标。在中等职业教育阶段，侧重于基础知识掌握、基本道德规范养成、初级职业素养培育，可增加对课堂纪律、日常生活行为规范、基础职业技能训练表现等具体行为指标的考核。在高

---

① 欧媚：《全民推进“大思政课”建设》，《中国教育报》2022 年 8 月 20 日第 1 版。

②《习近平主持召开学校思想政治理论课教师座谈会强调：用新时代中国特色社会主义思想铸魂育人　贯彻党的教育方针落实立德树人根本任务》，《人民日报》2019 年 3 月 19 日。

等职业教育阶段，强调理论联系实际分析解决问题的能力评价，以及对专业课程中的思政元素融入、学术研究或项目实践中体现的价值观、参与社会服务或实习实训的表现等评价内容。二要采用多元评价方法。例如形成性评价，即通过课堂讨论、作业、小论文、实践活动报告、在线学习平台互动等方式，持续跟踪记录学生在学习过程中的思政素养发展情况。终结性评价，即通过思政课程考试、专题报告、案例分析、演讲辩论、角色扮演、模拟法庭等形式，对学生思政知识掌握、价值观认同、问题解决能力等进行综合考核。又如教师评价与第三方评价，包括教师依据日常教学观察、指导实践项目、参与学生活动等进行评价，同时引入企业导师、社区代表、家长等第三方评价，以更全面、客观地反映学生思政素养。

（二）建立纵向连贯的学生思政素质跟踪评价机制，根据评价结果及时调整教育方案

建立纵向连贯的职教学生思政素质跟踪评价机制，旨在实现对学生思政素质发展的全程监测与精准干预。

第一，设立长期跟踪档案。建立学生学情基础信息库，例如从学生入学开始，收集每位学生的个人信息、专业背景、兴趣特长、家庭环境等基础数据。以新生入学评价为例，通过问卷调查、面试、心理测试等方式，了解新生的思政知识基础、价值观倾向、行为习惯等，为制定个性化教育方案提供依据；记录学生成长过程中的思政教育历程，包括记录学生在校期间参加的所有思政课程、实践活动、主题讲座、社团活动等经历；完善评价记录，在学期或重要阶段节点，汇集每次形成性评价与终结性评价的结果，详细记录得分、等级、评语、改进建议等信息，形成职教背景下学生思政素质发展轨迹。例如在临近毕业时，可进行一次深度的思政素质综合评价，评估学生在思政知识、道德品质、职业素养、社会责任感等方面的综合表现，为其顺利过渡到工作岗位或进一步深造提供参考。

第二，构建动态评价模型。教学评价体系构建应注重引导教师深入理解高

校思政课教学评价融“知识评价与价值评价”为一体的特殊性，[①] 运用数据分析技术，将学生大中小学各阶段的各项评价数据，转化为可量化的思政素质指数，构建反映学生思政素质发展变化的动态曲线图。模型应能揭示学生在不同教育阶段、不同评价维度上的优势与短板，以便精准定位教育干预点。

第三，根据评价结果调整教育方案。突出个体化指导，针对每个学生的思政素质评价结果，制订个性化的学习计划、实践活动安排、心理咨询与指导方案，帮助其弥补短板、提升整体素质。根据学生群体在思政知识、价值观认同等方面的共性问题，调整思政课程内容、教学方法、考核方式等，提高课程的针对性与实效性。根据学生在社会实践、志愿服务、职业体验等活动中反映出的思政素质发展需求，设计新的实践活动项目，提供更丰富、更贴近实际的学习与锻炼机会。

第四，做到定期对跟踪评价机制的运行效果进行评估，收集师生、家长、企业等各方意见，及时调整评价标准、方法、流程，确保机制的科学性、公正性、有效性，增强公众对职业教育思政工作的信心与支持。

① 佘双好、张琪如:《高校思想政治理论课课程评价的特点及改革路径》,《思想理论教育》2021年第3期。

第十一章

职业教育视角下大中小学思政课一体化建设的横向协同联动

在职业教育的视角下，大中小学思政课一体化建设的横向协同联动，是实现教育系统内部与社会资源有效整合的关键。这一联动不仅要求各学段之间在课程内容、教学方法和育人目标上形成互补和衔接，更强调与社会、家庭以及政府等多方力量的合作，共同构建一个开放、多元、互动的教育环境。通过校际合作、区域联盟、社会实践等方式，打破传统教育的界限，促进教育资源的共享与优化配置，实现从课堂到社会的无缝对接。这种横向协同联动，将有助于培养学生的综合素质，提升思政教育的实效性，为学生成长为德智体美劳全面发展的社会主义建设者和接班人打下坚实基础。

一、职业教育视角下“横向协同联动”的概念及其在思政课程一体化建设中的作用

职教视角下“横向协同联动”的概念，是指在职业教育领域中，针对思想政治教育工作的特殊性和重要性，各类相关主体如职业院校、行业企业、社会团体、政府机构等，跨越传统的组织界限，围绕思政教育的目标、内容、方法、评价等方面，在思政必修课、选修课、实践课等各类思政课程领域进行深度协作与互动，形成相互支持、协同推进的网络化工作机制。这种联动旨在强化思政教育的整体性、系统性和实效性，确保思政课程的一体化建设在职业教育全

过程中得以贯穿和融合。

（一）思政课与选修课在职业教育体系中的定位和功能分析

在职业教育体系中，思政课与选修课作为两类重要的课程类型，各自承担着独特的定位和功能，共同服务于培养德技并修、全面发展的人才目标。

思政课是职业教育体系中的核心课程，具有鲜明的思想引领和价值塑造属性，是落实立德树人根本任务的关键载体，也是构筑学生精神世界、塑造正确世界观、人生观、价值观的重要阵地。其功能包括思想引领，例如以教授马克思主义基本原理、习近平新时代中国特色社会主义思想为核心内容，引导学生树立正确的政治立场、坚定的理想信念，形成对中国特色社会主义的道路自信、理论自信、制度自信、文化自信。道德培育，培养学生良好的道德品质和社会责任感，使其具备高尚的职业道德情操和法治意识。职业素养塑造，结合职业教育特点，融入行业规范、企业文化、工匠精神等元素，帮助学生树立爱岗敬业、诚实守信、精益求精的职业精神，提升其适应职场环境和应对职业挑战的能力。人文素质教育，涵盖历史、哲学、社会学等相关知识，提升学生的文化素养，"将显性思想政治教育和隐性思想政治教育相统一，形成协同效应，"[①] 培养其人文关怀和批判性思维能力，为其全面发展奠定基础。

选修课是职业教育体系中的补充和拓展课程，旨在满足学生的个性化学习需求、拓宽知识视野、提升职业技能、增强就业竞争力。在功能上，其定位内容涉及促进学生的个性化发展，这是因为选修课种类丰富、覆盖面广，允许学生根据个人兴趣、特长、职业规划选择学习，有助于发掘和培养个体潜能，实现个性化发展；推动学生知识结构优化，补充主干专业课程之外的相关知识，如跨学科知识、前沿科技动态、行业发展趋势等，有助于完善学生的知识结构，提升综合素质；支持学生技能拓展与思维提升，可直接针对某一特定职业或岗位所需技能进行训练，如专业软件应用、项目管理、创新创业等，有助于提升学生的专业技能水平，增强就业竞争力；对学生进行职业生涯规划指导，部分选修

① 夏永林：《"大思政课"内涵的多维探讨》，《思想理论教育导刊》2021年第8期。

课如职业规划、就业指导、创新创业教育等,能帮助学生了解职业市场动态,明确职业发展目标,提升自我规划与管理能力。

可以说,思政课侧重于思想道德引领和价值观塑造,“具有鲜明的实践品格、突出的问题导向、浓厚的现实关怀,”[①] 是学生精神成长的基石;选修课则注重个性化发展、知识技能拓展和生涯规划指导,助力学生全面提升职业竞争力。思政课与选修课在职业教育体系中相辅相成,共同服务于培养具有深厚家国情怀、扎实专业知识、过硬职业技能、良好职业素养的高素质技术技能人才。二者共同构建起职业教育课程体系的完整框架,为实现职业教育的高质量发展提供有力支撑。

(二)选修课在职业院校教育体系中的独特价值及其与思政课的内在联系

选修课在职业院校教育体系中扮演着不可或缺的角色,以其独特价值为学生的个性化发展、知识技能拓展、职业素养提升及就业竞争力增强提供了广阔舞台。其独特价值表现在课程体系的丰富多元,可以为学生提供根据兴趣爱好、职业规划选择课程的机会,有助于挖掘和培养个体潜能,实现知识结构、技能特长的个性化构建,促进全面发展;有助于学生知识视野拓宽,涵盖跨学科知识、新兴科技、行业前沿、人文艺术等领域,有助于学生突破专业限制,拓宽知识视野,提升综合素质,适应社会经济发展的多元化需求;通过实践性强的教学方式,增强学生的动手能力和实战经验,提升就业竞争力。同时,选修课中涉及职业道德、团队协作、沟通技巧、职业生涯规划等内容,有助于学生塑造良好的职业态度,提升职场适应力,培养终身学习与自我发展能力。

在与思政课的内在联系问题上,选修课与思政课具有价值导向的一致性。两者均遵循立德树人的教育方针,致力于培养德技并修的高素质技术技能人才。选修课在传授专业知识技能的同时,也注重价值观的渗透与塑造,与思政课共同引导学生树立正确的世界观、人生观、价值观;具有内容上的互补性。思政课着重于宏观层面的思想引领与道德教育,而选修课则在微观层面补充与

① 冯秀军:《善用“大思政课”的三个维度》,《思想理论教育导刊》,2021 年第 8 期。

扩展相关知识，如行业法律法规、职业道德规范、企业文化等，使思政教育更具针对性和实践性；具有教学方式上的协同性。思政课与选修课均可采用案例教学、实践教学、研讨式教学等多元化教学方式，实现理论与实践、课堂与职场的有效衔接。例如，思政课中的社会热点讨论、道德情境分析可与选修课中的社会实践、企业参访等环节相结合，共同营造沉浸式、体验式的教学环境，提升教学效果。因此，这两种课程样态共同构建起科学合理的课程结构，既满足学生个性化发展的需求，又确保其在掌握专业知识技能的同时，形成坚定的政治信仰、高尚的道德情操和良好的职业素养。

二、职业院校思政课与选修课的教学现状及问题剖析

职业院校选修课设置旨在满足学生个性化发展、拓宽知识视野、提升职业技能的需求，但在实际运行中，仍存在一些不足，尤其是在与思政教育融合方面，有待进一步优化和完善。

（一）选修课设置情况及与思政教育融合的不足

从职业院校选修课设置情况来看，在课程种类与数量方面，部分职业院校选修课种类较为丰富，涵盖了专业拓展、职业技能、人文素养、创新创业等多个领域，但也有部分院校选修课设置相对单一，难以满足学生多元化、个性化的学习需求。在课程更新与调整上，选修课内容应随着社会经济的发展和行业需求的变化，及时更新以保持其时效性和实用性。然而，部分院校选修课更新滞后，未能及时引入新兴技术、行业动态等前沿内容，影响了课程的吸引力与实效性。在课程质量上，部分选修课教学资源丰富、师资力量强，教学效果显著，但还有一部分课程由于资源投入不足、师资力量薄弱，导致教学质量不高，难以激发学生的学习兴趣与积极性。在选课机制方面，部分院校选课系统操作复杂，选课时间安排不合理，导致学生选课困难，有的热门课程名额有限，供需矛盾突出，影响了选课的公平性与效率。

而在与思政教育融合方面，选修课也存在一些不足之处。有的是融合理念

认识不足，部分职业院校在设置选修课时，尚未充分认识到与思政教育深度融合的重要性，导致选修课在价值引领、道德教育等方面的力度不够。有的是课程内容融合度低，虽然部分选修课涉及职业道德、社会责任等相关内容，但与思政教育的核心内容（如马克思主义基本原理、社会主义核心价值观等）的深度融合不足，未能形成有效的思政教育合力。有的是教学方式缺乏创新，例如在选修课教学中，思政教育元素的融入方式往往较为单一，仅通过理论讲解或案例分析进行价值观传递，缺乏实践活动、情境模拟、小组研讨等多元化的教学手段，影响了思政教育的实效性。还有的是教学效果评价体系未充分体现思政要求，一般来讲，选修课评价体系往往偏重专业知识与技能掌握，对学生的道德素养、社会责任感等思政教育成果的关注不足，未能形成对思政教育效果的有效反馈与激励。

综上，职业院校在选修课设置中应进一步丰富课程种类、更新课程内容、提升课程质量、优化选课机制，同时，深入理解与践行思政教育与选修课深度融合的理念，创新教学方式，完善评价体系，以实现选修课在提升学生专业素质的同时，有效承载思政教育使命。

（二）构建职业院校思政课与选修课横向协同课程教材体系的挑战

一是关于理念认同与共识。需要在教育管理者、教师、学生等多方主体间，形成对思政课与选修课协同配合重要性的广泛共识，打破传统课程边界，树立“大思政”教育理念，通过政策引导、理论研讨、案例推广等多种方式，推动理念转变与共识形成。

二是关于课程体系顶层设计。如何科学设计思政课与选修课的结构布局、内容衔接、学分分配等问题，确保二者在培养目标、教学内容、教学方法等方面实现有效协同，是一项复杂的系统工程。需兼“顾专业特色、学生需求、行业发展趋势等因素，构建既符合职业教育规律，又能凸显思政教育特色的课程体系”①。

① 徐蓉、周璇：《善用“大思政课”推进教学改革创新》，《思想理论教育》2021年第10期。

三是关于教材研发与更新。协同配合的课程教材体系要求教材内容既要体现思政教育的主线,又要融入专业领域知识,实现思政教育与专业教育的有机融合,要求教材编写团队具备跨学科知识背景和教学实践经验。同时,教材更新速度需与社会发展、行业变革保持同步,确保教材内容的时代性与前瞻性。

四是关于师资队伍能力建设。职业院校思政课与选修课的协同配合,对教师的综合素养与教学能力提出了更高要求。教师需具备深厚的思政理论功底、丰富的专业知识、灵活的教学方法以及较强的跨学科教学能力。而提升师资队伍的能力建设,需要通过培训、交流、研修、合作教学等形式,打造一支既能讲好思政课,又能有效融入思政元素进行选修课教学的高水平教师队伍。

五是关于教学模式创新。要求探索新的教学模式,如项目驱动、案例分析、情境模拟、线上线下混合式教学等,以增强课程的实践性、互动性和趣味性,提高学生的学习积极性与参与度。在新的教学模式选用上,也要投入大量人力物力,在不断试错调整过程中,对职业院校教学管理与技术支持也提出了较高要求。

面对上述挑战,职业院校需积极应对,通过政策引导、资源配置、机制创新、师资培养等多种手段,努力构建思政课与选修课横向协同、密切配合的课程教材体系。

三、构建职业院校思政课与选修课横向协同课程教材体系的具体策略

(一)明确协同配合的课程目标与定位:确保思政教育贯穿全过程,选修课充分体现思政教育要求

一方面,思政课目标与定位要精准。牢固树立思政课作为立德树人关键课程的意识,其目标在于培养学生坚定的政治立场、高尚的道德情操、强烈的社会责任感和深厚的家国情怀。具体而言,应引导学生深入理解并自觉践行社会主义核心价值观,形成科学的思维方法,提升分析和解决问题的能力。应明确

定位，即思政课应作为职业教育各阶段课程的"灵魂"，发挥引领作用，为学生的专业学习提供价值导向和精神支撑。其内容应涵盖马克思主义基本原理、中国近现代史、思想道德修养、法律基础、形势与政策等多个课程方面，形成系统的理论体系，为学生全面了解中国特色社会主义制度优势、国家发展战略和社会发展趋势提供理论依据。

另一方面，选修课要充分体现思政教育要求。选修课在协同思政教育的过程中，其目标在于实现专业知识技能教育与思政教育的深度融合，使学生在专业学习过程中自然接受思政教育的影响。具体而言，应培养学生在专业领域内遵循职业道德规范，具备行业法律法规意识，理解并尊重行业文化，能从社会、经济、环境等多维度思考专业问题，展现良好的社会责任感和创新精神。同时，选修课应定位于思政教育的"载体"，在专业课程中嵌入思政元素，使之成为思政教育的重要延伸和拓展。其课程设计应结合专业特点，涵盖专业伦理、行业法规、企业文化、社会责任、科技创新、绿色环保、国际视野等内容，形成特色鲜明、针对性强的专业思政课程体系。

除此之外，思政课与选修课协同配合还应处理好几组关系。其一，课程衔接中的关系。思政课与选修课应实现内容上的紧密衔接，确保思政教育主题在两类课程中得到延续和深化。例如，思政课中的道德修养、法治观念等内容，可以在选修课中以专业伦理、行业法规等形式进一步细化和实操化。其二，教学方式协同中的关系。实践中，可采用案例教学、情境模拟、实地考察、项目实训等多种教学方式，使思政教育与专业教育在教学过程中相互渗透、相互支撑。思政课可通过剖析行业典型事例，引导学生运用所学理论分析专业问题；选修课则可借助专业实践活动，让学生在实践中体验和践行思政教育理念。其三，课程成绩考核中的关系。构建涵盖思政素养、专业知识技能、职业素养等多维度的课程成绩考核体系，将思政教育要求融入选修课成绩评定标准中，如设置思政实践报告、职业道德考核等环节，确保选修课在成绩考核过程中充分体现思政教育要求。

总体上，明确协同配合的课程目标与定位，是构建职教思政课与选修课横向协同课程体系的基础。通过系统规划、精心设计，确保思政教育贯穿全过程，使选修课充分体现出思政教育要求，从而实现职业教育的全程育人、全方位育人。

（二）教材内容整合与创新：挖掘专业课程中的思政教育资源，将思政元素有机融入选修课程教材

整合与创新职教思政课教材内容。首先要善于挖掘专业课程中的思政教育资源，深入挖掘各个专业的行业精神、职业道德规范和价值追求，如工匠精神、医德医风、商业伦理等，将其转化为思政教育的鲜活素材，并从中提炼专业精神和职业素养。其次要善于梳理行业法规政策，整理与专业相关的国家法律法规、行业规定、政策文件等，引导学生理解和遵守行业规范，培养法治意识和社会责任感。再次要善于选取典型行业案例，从一般到具体，从普遍到特殊，在搜集国内外行业内的成功案例、争议事件、热点问题的基础上，用以分析职业道德、社会责任、创新精神等思政主题在专业领域的具体表现和应用。

将思政元素有机融入选修课程教材。重点在于有针对性地设置思政模块，例如在选修课程教材中专门设立“思政视角”“职业道德与法治”“行业文化与社会责任”等模块，系统阐述相关思政知识点，确保思政教育内容的完整性。辅之以思政案例的嵌入，教师在讲解专业知识技能的同时，应不时穿插与之相关的思政案例，通过案例分析，让学生在理解专业知识的同时，领悟其中蕴含的思政价值。在具体案例讲授的同时，适时引申归纳出关联的思政理论，将思政理论与专业知识点进行关联解读，如在讲解技术革新时引入创新理论，讲述行业发展时引入社会进步理论，使学生在学习专业技能的同时，提升思政理论素养。

加强教材呈现方式的创新。注重图文并茂，采用图表、漫画、实景图片等形式，直观展示思政教育内容，提升教材的视觉吸引力和信息传递效率。加强互动设计，设置思考题、讨论话题、实践活动等互动环节，鼓励学生主动参与、深度思考，增强思政教育的实效性。善用数字化融合技术，比如利用二维码、AR 技术等手段，链接线上资源，如微课、视频、电子书等，打造立体化、动态化的学习体验，适应新时代学生的学习习惯。定期更新教材中的案例、数据、政

策信息等内容，收集师生对教材使用的反馈意见，根据教学实践效果及时调整教材内容和结构，确保教材的时效性和针对性。

课程结构优化与联动设计。合理安排思政课与选修课的教学顺序与内容衔接，形成系统化的课程群：

第一，科学规划课程结构。设立必修的思政基础课程，如高职阶段按照教育部统编教材要求，安排毛泽东思想和中国特色社会主义理论体系概论课、思想道德修养与法律基础课等课程，奠定学生思政理论基础，培养基本的道德品质和法治观念。针对不同专业特点，设置相应的专业思政课程，使思政教育更具针对性和实效性。开设面向全校学生的跨专业思政选修课程，如“中国传统文化与现代公民素养”“生态文明与可持续发展”等，拓宽学生的知识视野，提升人文素养和社会责任感。

第二，合理安排教学顺序。本着先基础后专业的原则，遵循由浅入深、循序渐进的教学规律，先开设思政基础课程，再进行专业思政课程的学习。基础课程为学生构建思政理论框架，专业课程在此基础上深化和拓展。在学生学习专业课程的同时，安排相应的专业思政课程，实现思政教育与专业教育的同步推进，避免出现“两张皮”现象。

第三，精心设计内容衔接。思政基础课程与专业思政课程、专业课程与思政选修课程之间，应围绕共同的主题进行内容设计，如“法治精神”“职业道德”“创新思维”等，形成主题呼应，强化学生对思政教育内容的整体把握；在不同课程中引用相同的行业案例，从不同角度进行分析解读，使学生在对比学习中深化理解，实现知识的融会贯通；组织跨课程的实践活动，如社会调查、志愿服务、实习实训等，让学生在实践中将思政理论与专业知识相结合，提升解决实际问题的能力。

第四，在合理规划基础上构建课程群。按照专业类别或思政主题，将相关课程组合成课程群，如“财经类思政课程群”“工程类思政课程群”“公民素养课程群”等，形成系统化的课程体系。课程群内部实现教学资源、教学方法、评价标准等的共享与协作，提升教学效率，增强课程群的整体效应。同时，制定合理的学分互认规则，鼓励学生跨课程群选课，拓宽知识面，提升综合素质。

四、职业教育中思政课与选修课的横向协调联动关系构建

（一）完善职业教育课程体系顶层设计，明确思政课与选修课的协同育人路径

以“育人为本”奠定协同育人的顶层设计理念。关注学生的全面发展，将思政教育贯穿于职业教育全过程，培养德技并重、具备社会主义核心价值观的职业技能人才。坚持系统集成，构建思政课与选修课相互融合、相互支撑的课程体系，打破学科界限，实现知识、技能、态度的有机统一。强化需求导向，以经济社会发展需求和学生职业生涯发展需求为导向，确保课程体系既满足专业技能培养要求，又符合思政教育目标。建立课程体系的动态调整机制，根据社会发展、科技进步、教育改革等情况，及时更新课程内容，优化课程结构，提升课程质量。

协同育人路径强调课程设置一体化、教学内容融合化、教学方法多元化。具体而言，有必要将思政课与选修课纳入同一课程体系框架下，确保思政教育与专业教育在课程设置上的一致性。思政课作为必修课程，提供思政教育的基本框架和理论基础；选修课则根据专业特点，设置具有思政内涵的专业选修课程，实现思政教育与专业教育的深度融合。在思政课与选修课的教学内容中，融入对方领域的相关内容。思政课应结合专业特点，引入行业案例、职业伦理等元素；选修课则应嵌入思政理论、法律法规、职业道德等内容，使学生在学习专业知识技能的同时，提升思政素养。思政课可通过剖析行业典型事例，引导学生运用所学理论分析专业问题；选修课则可借助专业实践活动，让学生在实践中体验和践行思政教育理念。

持续从师资、资源、政策层面完善保障机制建设。加强思政课教师与专业课教师的交流与合作，提升教师的跨学科教学能力。通过培训、研讨、观摩等方式，提高教师对思政教育重要性的认识，提升其在专业教学中融入思政教育

的技巧。整合校内外优质思政教育资源，如典型案例、视频资料、实践基地等，为师生在教学过程中提供丰富的教学素材。同时，推动与行业企业、社区等外部机构的合作，引入鲜活的社会实践资源，出台相关政策，对积极参与思政课与选修课协同育人的教师给予教学工作量认定、职称评定等方面的倾斜，激发教师的教学创新活力。

（二）基于课程目标一致性，将思政教育融入选修课内容，实现育人目标的一体化

一是对接思政教育总目标并对每一门选修课程进行深入剖析。突出价值引领，培养学生形成正确的世界观、人生观和价值观，强化法治教育，提升学生的法律意识和规则意识，培养良好的职业道德和社会责任感，能够在职业生涯中践行职业道德规范，激发创新精神与实践能力，具备解决实际问题的能力，适应经济社会发展需求。结合其学科特性和内在价值，设定在该课程中融入思政教育的具体目标，确保这些目标与思政教育总目标紧密衔接，形成育人目标的一体化架构。

二是深挖选修课中的思政资源。对选修课教材、教学内容进行系统梳理和深度挖掘，充分利用其中蕴含的思政教育资源，提炼与思政教育相关的基础知识、基本原理、重要观点等，将其巧妙融入专业教学中，如在经济学选修课中，讲解市场机制时融入公平竞争、诚实信用等市场经济伦理原则；精选具有思政教育意义的实际案例，通过分析讨论，引导学生理解和践行社会主义核心价值观，如在人力资源管理选修课中，探讨企业如何践行平等就业、尊重员工权益的实例；设计包含思政教育元素的实验、实训、项目等实践活动，让学生在实践中感悟思政教育内涵，如在环境保护选修课中，组织学生参与环保公益项目，培养其社会责任感和环保意识。

三是运用多元化、互动性的教学模式与检验方法。使思政教育自然、生动地融入选修课教学过程，创设与现实生活、工作场景紧密关联的教学情境，让学生在模拟或真实环境中体验、思考和解决问题，深化对思政教育内容的理解和认同；推行小组讨论、案例分析、项目协作等合作学习方式，鼓励学生积极

参与、主动表达，提升思政教育的实效性；利用多媒体、在线平台等现代信息技术，丰富教学资源，拓宽学习路径，增强思政教育的吸引力和影响力；关注学生在课堂讨论、实践活动、作业完成等过程中的思政素养表现，纳入平时成绩计算，注重检验展示成果，例如鼓励学生通过撰写专题论文、制作汇报视频、开展主题演讲等方式，展示思政教育学习成果。

（三）结合案例教学、项目实践等手段，通过教法创新使思政教育与专业教育深度融合，将思政素养纳入选修课考核评价体系

量化评估思政素养，将思政素养纳入选修课考核评价体系，是对学生思政教育成效的直接反馈和激励。

第一，依据选修课思政教育目标，制定包含思政素养的多元评价指标。如价值观认同度、法治意识、职业道德行为、社会责任感、创新思维与实践能力等。

第二，关注学生在课堂讨论、案例分析、项目实践等过程中的思政素养表现。定期记录并给予反馈，作为平时成绩的一部分。如设立“思政参与度”“团队协作”“职业道德表现”等评分项。

第三，在期末考试或项目结题报告中，设置专门针对思政素养的考核内容。如撰写思政教育反思报告、进行思政主题演讲、解答思政相关试题等。同时，将项目成果及思政教育实践表现纳入总评成绩。

其中，应重点关注第二部分即“过程性评价”。一方面，通过案例教学鲜活呈现思政价值。具体来讲，在精选案例环节，选取与专业领域密切相关的、具有鲜明思政教育意义的真实案例，如企业诚信经营、行业模范人物、社会热点事件等，确保案例既能反映专业特性，又能凸显思政教育主题。在深度剖析环节，引导学生从多个角度分析案例，揭示其中蕴含的思政教育元素，如职业道德、社会责任、法治观念、创新精神等。教师应鼓励学生批判性思考，探讨案例中的正反面经验教训，深化对思政教育内容的理解。在互动讨论环节，组织小组讨论、角色扮演、模拟法庭等活动，让学生在互动交流中分享观点、碰撞思想，提升思政教育的参与度和实效性。

另一方面，在从项目实践与实战中锻炼思政素养。其流程包括：根据选修

课内容和思政教育目标，设计包含思政教育元素的实践项目，如社区服务、企业咨询、产品设计、公益策划等。项目应具有一定的挑战性，能促使学生运用专业知识，同时践行思政教育理念。教师应提供全程指导，帮助学生明确项目目标、规划实施方案、解决实际困难，同时引导学生在项目实施过程中反思自己的行为，对照思政教育要求进行自我评价和调整。项目完成后，组织学生进行成果展示，分享项目实施过程中的思政教育体验和收获。通过集体评议、教师点评等形式，引导学生深入反思项目实施过程中思政素养的表现，进一步提升思政教育效果。

通过上述案例教学、项目实践以及考核评价体系的构建，职业院校能够有效实现思政教育与专业教育的深度融合，确保思政素养在选修课中得到充分培养和评价，从而全面提升学生的综合素质，为其未来职业生涯和社会责任担当打下坚实基础。

第十二章

高职院校思政课讲道理和讲故事的关系

2022年4月25日，习近平总书记在中国人民大学考察调研时指出，“思政课的本质是讲道理，要注重方式方法，把道理讲深、讲透、讲活，老师要用心教，学生要用心悟，达到沟通心灵、启智润心、激扬斗志”。[①] 思政课教师会讲故事、讲好故事十分重要。教师善于在思政课中运用感人的事迹、生动的事例，贴近学生思想、学习和生活实际，把“思想政治”的道理讲明白、讲清楚，让学生爱听爱学、听懂学会，这是讲故事的目的所在。把讲道理与讲故事有机结合，是把思政课讲活、提高教学感染力和实效性的重要途径。

一、高职院校讲道理与讲故事在思政课中的现实挑战与应用必要

（一）明确讲道理在思政课中的现实挑战

在高等教育体系中，思政课作为传授政治理论知识、培育学生正确价值观的重要阵地，承担着至关重要的角色。然而，在实际的教学过程中，讲道理这一教学方法却面临着诸多现实挑战。

一是知识灌输与学生接受度的矛盾。高职学生心理特点与思政课知识体系的认知难度，难以满足学生的多样化需求，传统说教方式的吸引力下降。思政课往往涉及大量的理论知识和抽象概念，而这些内容与学生的日常生活经验

①《习近平总书记在中国人民大学考察时强调坚持党的领导传承红色基因扎根中国大地　走出一条建设中国特色世界一流大学新路》，《人民日报》2022年4月26日第1版。

存在较大的距离。如果教师过于注重理论讲解,而缺乏与实际的联系,那么学生可能会感到枯燥无味,难以真正理解和接受这些理论知识。此外,对于一些深奥的理论问题,如果教师没有进行生动解释,学生会感到困惑和迷茫。

二是抽象理论概念向通俗化讲解的转换困难。思政课教材一般来说使用的是书面语言,甚至引用的重要文件比较多,这是由思政课教学的内容所决定的,如果在讲课过程中使用文件性语言过多,学生在学习中就会感到十分枯燥。这就需要教师在把教材体系转化为教学体系的过程中善于使用话语体系的转换,并在教学中善于运用富有时代特色、学生喜欢的话语来讲述,努力做到以理服人与以情动人的有机统一,增强思政课的感染力和亲和力。

三是理论与实践脱节的问题。高职教育强调实践性,理论知识如何转化为可操作的职业道德规范和行为准则,这是在教学中亟待解决的问题。因此传统的讲道理方式需要与时俱进,融入更多的现代元素和教学方法,以适应时代的发展和学生的需求。同时,思政课还需要加强与其他学科的交叉融合,拓展课程的广度和深度,提升教学质量和效果。

(二)把握讲故事在思政课中的应用必要

思政课的核心任务旨在帮助学生认识时代、认识社会,思政课通过生动的故事把鲜活的人物和丰富的实践引进课堂,把家事、国事、天下事引入课堂,把抽象、高深、枯燥的道理变得形象、生动、鲜活的好办法。

一是增强教学吸引力与感染力,通过鲜活的故事展现价值观,激发学生的情感共鸣。思政课主要是面向学生并以学生易于接受为基本遵循的,因此,它的内容需要按照学生的心理发展特点和认识规律来组织和呈现,其语言的特点是形象生动、通俗易懂、口语化。思政课教学中的讲故事,本质上是把教材上抽象的理论内容与时空、人物、事件等具体情境结合起来进行"二次加工",这有利于增强教学的针对性、时效性,有利于学生对内容产生亲切感,激起学习兴趣。

二是思政课要坚持教育为人民服务、为中国共产党治国理政服务、为巩固和发展中国特色社会主义制度服务、为改革开放和社会主义现代化建设服务。

习近平总书记特别强调，在大中小学的不同学段，无论是通过讲故事、讲历史还是讲理论的方式讲思政课，都要体现思政课的政治引导功能。在这里，习近平总书记不仅把“讲故事”与“讲历史”“讲理论”看成是并列的讲思政课的重要方式，更重要的是强调了讲故事要“体现思政课的政治引导功能”。习近平总书记的这一重要论断明确地指出了新时代思政课讲故事的价值定位。

三是提升思政教育实效性，通过案例分析、情景再现等方式寓教于乐，增强理解和记忆。故事化教学可以将理论与故事有效融合，特别是将历史文化中的典型故事、新闻媒体中的热点时事吸纳进来，并且与理论知识紧密结合，及时为学生答疑解惑，帮助他们明辨是非，树立正确的价值观，培养学生的批判性思维和解决问题的能力。

二、讲道理与讲故事的理论依据与实践举例

（一）讲道理的理论依据与应用价值

2019 年 3 月 18 日，习近平在学校思想政治理论课教师座谈会上要求，教师要通过生动、深入、具体的纵横比较，把一些道理讲明白、讲清楚。

正确理解思政课的本质是讲道理。高校思想政治工作关系党和人民事业后继有人这个根本大计。对于思政课而言，承担着政治引导、价值引领、理论塑造、知识传授等多重功能，首要标准就是要把道理讲明白。因此要把握好“讲什么”的重要问题，要旗帜鲜明、原原本本地讲好马克思主义。马克思主义是科学的、人民的和实践的理论，始终站在时代前沿。只有紧紧围绕马克思主义理论开展教学，才能为学生发展指明正确道路，保证高校思政课的引领性作用。新时代，要聚焦马克思主义中国化时代化最新成果，原原本本、全面准确地讲好习近平新时代中国特色社会主义思想的基本观点、科学体系，把握好这一思想的世界观、方法论，帮助学生自觉运用好这一强大思想武器。

要把道理讲深。只有把道理讲清楚、讲明白，才能让学生做到入脑、入心、入行。面对世界百年未有之大变局，学生可能会有各方面的思想困惑，因此要

善于把道理讲深，善于挖掘各学科的思想政治教育资源，做好课程思政，引导学生准确观察和分析问题。做到把道理讲深，一是要把理论概念讲清楚。概念是理性认识的基本形式，反映事物本质属性。概念清则思维清。二是要把中华文明的历史讲清楚。在历史与现实相统一的逻辑中，讲清楚中国共产党为什么能、马克思主义为什么行、中国特色社会主义为什么好，帮助学生从内心深处厚植对党的信赖、对中国特色社会主义的信心、对马克思主义的信仰，增强"四个意识"、坚定"四个自信"、做到"两个维护"。

要把道理讲透。理论只有讲得透彻才能够说服人。一要坚持问题导向。习近平总书记指出，每个时代总有属于它自己的问题，只要科学地认识、准确地把握、正确地解决这些问题，就能够把我们的社会不断推向前进。学生关心关注的、感到困惑的、提出疑问的热点难点问题，大多涉及深层次的理论和实践问题，需要深入剖析解答。只有直面问题，把道理讲透彻，才能有针对性地解疑释惑。二要善于引导学生找到解决问题的科学方法。要善于引导学生在历史与现实相贯通、理论与实践相结合、国内与国际相比较之中认清现实问题，打开解决问题的大门。

（二）讲故事的理论依据与实践举例

故事教学法采用生动的叙事形式，能够帮助学生更好地理解抽象的概念和理论。思政课融案例教学、情境教学、探究教学、问题链教学等教学方法于一体，不仅符合学生的认知特点，还能有效激发学生的学习兴趣和积极性。在故事选择与教材内容衔接上可以做到政治性和学理性相统一，在故事价值导向与知识体系建构上可以做到价值性和知识性相统一，在故事问题链设计与思维训练上可以做到建设性和批判性相统一，在故事讲述与理论学习上可以做到理论性和实践性相统一，在故事叙事与多维解读上可以做到统一性和多样性相统一，在故事呈现与故事延展上可以做到主导性和主体性相统一，在故事升华与理论解析上努力做到灌输性和启发性相统一，在故事情境设置与互动参与上可以做到显性教育和隐性教育相统一。

讲好故事，是落实"八个统一"的重要着力点。讲故事作为一种生动的叙事形式，讲述与课程内容相关的故事，可以引导学生深入思考、感悟道理。以“政治性和学理性相统一”为例，在讲解理想信念作用时，可以引用将《愚公移山》的精神与国家的发展目标、民族复兴的伟大梦想相结合，引导学生思考，如何将个人的理想信念与国家的发展目标相结合，为国家的繁荣富强贡献自己的力量。

落实“八个统一”的要求是对思政课教学的原则规范，也是对教学方法的指导。以“显性教育和隐性教育相统一”为例，在讲述故事的过程中，教师不仅可以通过故事情节直接传递思政教育的显性内容，还可以通过故事背后的寓意、情感等隐性元素对学生进行潜移默化的影响。比如，在讲解社会主义核心价值观中的“爱国”这一内容时，可以讲述一些具有爱国情怀的英雄故事或普通人的爱国事迹。这些故事不仅能够展现爱国精神的伟大和崇高，还能够触动学生的心灵，激发他们的爱国情感。

把讲道理与讲故事有机结合，是把思政课讲活的有效途径。当代青年学生兴趣广泛、好奇心强、求知欲盛，对道理的了解往往不满足于泛泛地讲解，而希望听到集思想性、知识性、趣味性于一体的内容。为此，把道理讲活就要着力增强讲道理的亲和力、吸引力、感染力。一要善于讲故事。要善于运用感人的事迹、生动的事例，把深刻的思想、抽象的道理融入鲜活的故事之中，把讲道理与讲故事有机结合，讲好中华民族的故事、中国共产党的故事、中华人民共和国的故事、中国特色社会主义的故事、改革开放的故事等，特别是要讲好新时代的故事。二要善于运用鲜活语言。深刻的道理、严密的逻辑，辅以通俗易懂、生动鲜活的语言，往往得到更为有效的表达。要善于把我们要讲的道理与情理、现实与事实，用当代青年学生喜闻乐见的语言、易于接受的方式呈现出来，引发学生思想和情感的共鸣，真正让道理内化于心、外化于行。

一是讲好思想理论形成的故事。在讲述马克思主义思想理论形成时，选择具有代表性、启发性的故事，如马克思和恩格斯的生活经历、他们合作创立马克思主义的过程，以及马克思主义在各国革命实践中的应用等。这些故事不仅富含理论内涵，而且具有生动的情节和人物，容易引起学生的兴趣。在讲述这些故事时，要注重情节的连贯性和人物形象的塑造，使学生感受到理论的生动性和实践性。同时，要深入挖掘故事背后的思想内涵。在讲述过程中，还可以结合现实生活中的案例进行分析，使学生看到马克思主义理论在现代社会中的实际应用。

二是要讲好中国共产党的故事。在讲述民族精神和时代精神时，精心挑选具有代表性的关于党的创立、革命斗争、改革开放等关键历史节点的故事，也可以是关于优秀共产党员先进事迹的故事。这些故事不仅承载着丰富的历史内涵，也展示了中国共产党人的精神风貌和价值追求。通过生动的语言描述和细节展现，将历史场景和人物形象栩栩如生地呈现在学生面前。通过具体的历史事件和人物行为，阐释党的理论、方针和政策，感受到中国共产党波澜壮阔的历史，党领导人民进行的革命、建设和改革事业的辉煌成就，都充满了感人的故事。一代又一代中国共产党人顽强拼搏、不懈奋斗，形成了以伟大建党精神为源头的精神谱系，这些故事的系统讲解必然使学生更加深入地理解中国共产党的历史地位和重要作用。

三是要讲好中国故事。深入挖掘蕴含中华民族核心思想理念、中华传统美德、中华人文精神等中华文化基因的故事，以及故事背后的思想内涵和价值观念，引导学生理解其中的道理和意义，可以有效引导青年学生自觉传承中华优秀传统文化；通过中国人民自强不息、团结奋斗改变中华民族命运的故事，例如《建国大业》《建党伟业》《开国大典》《觉醒年代》《长征》等一些中国共产党创建、英勇奋斗的坚定信念和不屈精神以及新中国成立历史的影视作品，引导学生深入理解中华民族“四个伟大”精神，深刻领会中华民族迎来从站起来、富起来到强起来的伟大飞跃的深远意义，激发他们的爱国情感和奋斗精神；讲述现代建设的故事，展示中国特色社会主义的优越性和发展成就，比如，超级计算、高速铁路、第四代核电、特高压输电技术、5G网络等科技创新产品，“中国速度”“大国工匠”“中国智造”等实体经济名片，京津冀、长江经济带、粤港澳大湾区等区域发展战略，帮助学生了解党史、国史、国情，深刻领会历史和人民选择马克思主义、选择中国共产党、选择社会主义道路、选择改革开放的必然性。

四是讲好身边故事。在讲解创新发展时，可以以天津机电职业技术学院与蒂森克虏伯的合作、航空类专业的创新与改革，以及培养大赛获奖选手的典型案例为例，使学生更好地理解和感受职业教育的魅力。通过合作，学院引入了企业先进的设备和技术，同时根据企业需求调整了专业设置和课程内容，使学生能够更好地适应市场需求。这种产教融合的模式，不仅提高了学生的就业率，也为企业输送了更多高素质的技能人才。在讲述这个故事的过程中，我们可以引导学生思考产教融合的重要性，使学生深刻认识到职业教育与产业发展的紧密联系，以及职业教育在推动社会经济发展中的重要作用。

三、讲道理与讲故事在高职院校思政课教学中的工作原则

（一）讲道理与讲故事相互补充，相得益彰，达到深度与温度的统一

讲道理是一种侧重于理论分析和逻辑推导的教学方法，它通过深入剖析课程内容的内在逻辑和理论框架，引导学生形成对知识的深入理解和系统把握。讲道理强调理论的严谨性和科学性，有助于培养学生的理性思维和逻辑思维能力。相比之下，讲故事则是一种更为生动、形象的教学方法。它通过叙述具体的情节和人物形象，将抽象的理论知识与现实生活中的情境相结合，使学生在情感共鸣的基础上更好地理解课程内容。讲故事能够激发学生的学习兴趣和好奇心，引导他们主动思考和探索，同时也能够帮助学生记忆和理解知识点。因此，将讲道理与讲故事相结合，可以达到深度与温度的统一。以“社会主义核心价值观”的教学为例，教师可以首先通过讲道理的方式，向学生详细阐述社会主义核心价值观的基本内涵、历史渊源和现实意义。在这个过程中，教师可以引用相关的理论著作、政策文件和历史事件，以证明社会主义核心价值观的科学性和正确性。为了增强教学效果，教师可以结合讲故事的方法，例如在讲解“和谐”这个内容时，可以讲述“六尺巷”的故事，引导学生继承传统文化精髓、弘扬谦和礼让美德。教师还可以讲述一些发生在身边的先进事迹和感

人故事，这些故事的主人公可以是坚守岗位、默默奉献的劳动者，也可以是见义勇为、助人为乐的普通市民，让每个学生分享一个自己亲身经历或听闻的与社会主义核心价值观相关的故事，将社会主义核心价值观与具体的现实生活情境相结合，帮助学生更加直观地体验，从而加深对社会主义核心价值观的理解和认同。

（二）讲道理与讲故事相互转化、相互支撑，提升思政课的亲和力与说服力

讲道理和讲故事在思政课中并非孤立存在，而是相互支撑、相互补充的。讲道理可以为讲故事提供理论支撑，使故事更具深度和说服力；而讲故事则可以为讲道理提供生动形象的案例，使理论更加易于理解和接受。处于“拔节孕穗期”的大学生，好奇心和求知欲强，对思想理论知识的学习并不排斥，但对照本宣科、古板说教、一味灌输则会敬而远之。思政课要让大学生真心喜爱、终身受益，就要善于讲故事，精心设计故事讲述内容与方式。可以讲述身边人、身边事，引起学生学习兴趣，点燃学生学习热情，增强思政课的亲和力和感染力。例如，可以讲述“天津机电职业技术学院：三代‘职教人’传承工匠精神”的故事，特别是许超老师从一名大专学生，到全国职业院校技能大赛一等奖获得者，再到就读本科并最终成为一名职业院校的老师，如今成为全国五一劳动奖章获得者、全国技术能手，他以自己的成长经历诠释了“技能成就精彩人生”。这样把“身边事”变成“天下事”，把“小故事”升华为“大道理”，让故事有内容更有内涵，更能够吸引人、打动人、感染人，让抽象的理论变得具象，让有深度的理论有温度，增强思政课的吸引力和说服力。

因此，在高职院校思政课教学中，讲道理与讲故事是两种相辅相成的教学方法。它们相互转化、相互支撑，有助于提升思政课的亲和力和说服力，使学生在轻松愉快的氛围中接受思政教育，实现思政教育的目标。

（三）两者不能混同，谨防在教学中为了追求生动性而忽视理论性的偏向

讲故事和讲道理都是非常重要的教学方法。各自承担着不同的功能和作用，二者各有侧重，不能被混为一谈。将讲道理与讲故事混为一谈，会导致教学效果的降低。如果过分强调讲道理而忽略了讲故事的重要性，可能会导致课堂

气氛沉闷，学生难以理解和接受抽象的理论知识；如果过多地使用讲故事而缺乏深入的理论分析，虽然能够吸引学生的注意力，无法使学生真正理解知识的深层含义和内在逻辑。

首先，生动性确实能够激发学生的学习兴趣，提升课堂的吸引力。通过讲述具体、生动的故事，教师可以帮助学生更好地理解和记忆知识，同时也能够引导学生深入思考和探索。然而，如果过分追求生动性而忽视理论性，那么教学就可能变得肤浅和片面。没有学理性的支撑，思政课讲故事则会出现教学内容缺乏理论说服力和现实解释力、感染力。学生可能会被故事情节所吸引，但却无法从中提炼出深层的理论意义和思想内涵，导致对知识的理解停留在表面。

其次，思政课的目标是培养学生的思想政治素质和社会责任感，这需要建立在扎实的理论基础之上。因此，讲道理在教学中具有不可替代的作用。通过讲道理，教师可以向学生传授系统的理论知识，引导学生形成正确的世界观、人生观和价值观。如果忽视了理论性，那么学生就无法建立完整的知识体系，也无法将所学知识应用于实际生活中。追求生动性而忽视理论性还可能导致学生产生误解和偏见。一些故事可能具有特定的背景和情境，如果仅仅关注故事的生动性而忽视其背后的理论支撑和深层含义，那么学生就可能对这些故事产生片面的理解，甚至形成错误的观念。

思政课是传播马克思主义理论知识，承担着涵养塑造学生的理性思维和价值立场的重要职责。故事是载体，学理论、悟思想、强思维、增德行、厚情怀、提素养才是目的。因此，在教学过程中，教师应明确讲道理与讲故事的不同功能和作用，并恰当地运用，必须防止选取的故事对思政课教学目标和任务缺乏精准定位，忽略学生的政治意识、价值观念和道德修养的培养和引导；在讲解抽象理论知识时，可以适当运用讲故事的方法，帮助学生理解和记忆；在解答疑惑或引导学生进行深入思考时，则应注重讲道理，通过逻辑分析和理论阐述来引导学生形成正确的思想认识。同时，鼓励和启发学生在听故事的过程中提出问题和思考，培养他们的批判性思维和理性分析能力。

四、讲道理与讲故事在思政课教学中的实践要求

讲故事就是要通过这个途径把道理讲深、讲透、讲活,特别是要通过生动灵活的方式方法讲到学生心里去,把抽象、高深的道理变得形象、生动、鲜活,从而“入脑”“入心”“入行”。

(一)讲道理的故事性转化,以情动人

将讲道理进行故事性转化,是实践中的一项重要要求,以情动人,从而增强学生的参与感和认同感。首先,教师在讲解思政理论时,应避免枯燥的说教和空洞的理论灌输,而是将理论知识融入生动具体的故事中,使抽象的理论变得具体而生动。其次,以情动人是故事性转化的关键。教师在选择故事时,应注重情感因素的挖掘和表达,通过讲述感人至深的故事情节和人物形象,引发学生的情感共鸣和心灵触动。这样不仅能增强学生的情感体验,还能使他们在情感上认同思政理论,从而更加积极地参与到思政课的学习中来。例如,《习近平七年知青岁月》这本书用真实的历史细节讲述了习近平总书记当年“苦其心志、劳其筋骨、饿其体肤、空乏其身”的历练故事,再现了习近平总书记知青时期的艰苦生活和成长经历。在教学中可以依托这本书讲述习近平在梁家河插队期间带领知青们修建知青井、多次到南方考察学习并带领老乡们修建沼气池,解决用电问题等故事,引导学生感悟习近平同志在应对挫折的同时坚定了理想信念,在克服困难的同时培育了为民情怀,学习习近平总书记信仰坚定、吃苦耐劳、深入实际、一心为民、勤学善思的领袖品格。

(二)讲故事的理论性、逻辑性升华

讲故事不仅是为了吸引学生的注意力和提升课堂的趣味性,更重要的是要通过故事来传达思政理论,实现理论性、逻辑性的升华。这意味着在选择故事时,教师需要确保其内容与思政理论紧密相连,能够体现并阐释相关的理论观点。通过故事的叙述,学生不仅能够被情节所吸引,更能够在情感共鸣中深入理解思政理论。其次,讲故事的逻辑性升华也是至关重要的。故事本身应当具有清晰的逻辑结构,能够引导学生按照一定的思维路径去理解和分析问题。

教师在讲述故事时，也要注重逻辑性的引导，帮助学生从故事中提炼出思政理论，形成系统的知识体系。例如，在讲述一个关于奋斗与成功的故事时，可以讲述“超级替补”邓清明等待了 24 年终于圆梦飞天的故事。他 24 年里默默无闻、甘当备份，多次与梦想擦肩而过，56 岁始终坚持训练，“宁可备而不用，决不用而无备。”这是他一直坚守的信条！讲述过程中教师可以引导学生分析主人公成功的原因，探讨奋斗精神与成功之间的关系，感悟时代精神，进而引导学生思考如何在自己的学习和生活中践行奋斗精神。

讲解“全面深化改革”这一思政理论点，可以选取高铁装备快速发展的故事。在讲述过程中，教师可以引导学生思考改革的逻辑链条，如为什么需要改革、改革的目标是什么、改革是如何推进的、改革带来了哪些变化等。通过这样的讲述，学生不仅能够理解“全面深化改革”的理论内涵，还能够从故事中感受到改革的艰辛与成果，从而增强对改革的理解和认同。

（三）增强教师讲道理讲故事的能力，创新教学方式

一是以故事为载体，引入思政理论。教师可以选择与思政理论紧密相关的故事作为教学起点，通过生动的故事情节和人物形象，引起学生的兴趣和好奇心。在讲述故事的过程中，适时引入相关的思政理论，引导学生从故事中领悟理论的内涵和价值。

二是以理论为指导，分析故事深意。教师最终要从故事回归思政理论本身，对故事中所蕴含的理论观点进行深入剖析和解读。这不仅可以帮助学生深化对理论知识的理解，还能让他们意识到理论知识的实际应用价值。同时，教师还可以引导学生将故事与现实生活相联系，思考如何在实际生活中践行思政理论，从而提升思政教育的实效性。

三是故事案例要精选。精选故事案例是思政课提高教学质量的关键环节。在明确好故事案例的标准的基础上，教师可以更好地运用讲故事激发学生的学习兴趣和思考能力。好的故事案例应当具备以下几个方面的标准：1. 内容真实。故事案例必须是真实发生的事件，不能是虚构或夸大的，以保证信息的真实性和可信度，让学生能够从中汲取真实经验和教训。2. 思想深刻。故事案例

应蕴含深刻的思想内涵和哲理，能够引起学生的思考和感悟，帮助他们树立正确的世界观、人生观和价值观；3. 情感共鸣。好的故事往往能够触动人心，引起情感共鸣，故事案例应尽量贴近学生的生活实际，让学生能够从中找到自己的影子，产生共鸣和认同感；4. 时代性。故事案例应反映当代社会的热点问题和现象，使学生能够将理论与现实相结合，更好地理解和应用所学知识。

在思政课教学中，讲好道理和讲好故事、用好案例是相辅相成、相互促进的。通过精选故事案例并将其与理论知识相结合，教师可以使思政课更加生动、有趣且富有实效性，为学生的全面发展和成长奠定坚实的基础。

第十三章

中职学校思政课讲道理和讲故事的关系

中职学校思政课教学通过“故事”讲“道理”，建立“故事”与“道理”之间紧密的联系是思政教师讲述故事的主要出发点和关键环节，不仅要考虑其趣味性和实用性，还要确保故事内容正确的价值观导向和深刻的教育意蕴，故事应贴近学生的实际生活，引起他们的共鸣，这样不仅能够提高学生的学习兴趣，还能帮助他们更好地理解和吸收理论知识。

一、中职学校思政课学情特点与教学要求

（一）中职学校思政课的重要性与特殊性

习近平总书记强调：“思想政治理论课是落实立德树人根本任务的关键课程。青少年阶段是人生的‘拔节孕穗期’，最需要精心引导和栽培。”[①] 中职学校的学生大多数为15—18周岁，正处于世界观、人生观、价值观形成的重要时期。这部分学生具有以下特点：第一，存在未成年人的心理状态与面向成年人的职业教育之间的矛盾，如何引导学生平衡未成年人的心理状态和接受的职业教育之间的矛盾是中职思政课教师需要帮助学生解决的重要问题。第二，存在愿望和能力之间的差距，部分学生自控能力差，缺乏行动的勇气和动力。既想要通过职业教育阶段学习积累未来从事职业选择的底气，又缺乏对

① 习近平：《思政课是落实立德树人根本任务的关键课程》，《求是》2020年第17期。

未来整体发展方向规划，职业规划模糊。第三，存在情感基础和理性认识之间的鸿沟，中职学校学生具有对家国情怀、亲情、友情、爱情的朴素认识，但他们的认识处于比较模糊的阶段，没有形成系统、科学的认识。因此，中职学校思政课对于青少年阶段思想认识的提升和身心健康成长起到关键性的作用。

（二）中职学校思政课是对社会主义核心价值观塑造、职业精神的构建和法治精神的培养

1. 塑造社会主义核心价值观

中职学校思政课意识形态属性强，强调培养学生的核心素养，其中最重要的一点就是政治认同。因此，中职学校思政课必须坚持马克思主义指导地位，充分体现社会主义核心价值观，帮助学生建立理性科学的对家国情怀、亲情、友情、爱情的认识，引导学生牢固树立正确的世界观、人生观和价值观。价值观教育不是空洞地说理论，贴标签，而是要与学生的专业知识、日常生活相结合，注重挖掘学生身边的案例，专业领域的典型代表，以生动的“讲故事”导出其中蕴含的道理，将“讲故事”和“讲道理”有机结合，实现社会主义核心价值观的塑造。

2. 构建职业精神

中职学校思政课是学校全体学生必修的公共基础课程，主要任务是培养学生的基本素养，提升学生的综合素质。但同时，作为中职学校，与普通教育最大的不同是中职学校属于职业教育体系的重要组成部分，设置了不同的专业。各专业学生，除了学习基础文化课以外，还要学习专业知识。因此，中职学校思政课还应该与各专业特点相结合，培养学生的专业素养，培育职业道德和职业精神，帮助学生做好职业规划，培养职业能力，以满足学生未来职业发展需要。

3. 培养法治精神

中职学生大多数属于未成年，近几年来未成年人犯罪的案件有所上升，对于未成年人的法治意识、法治精神的培养迫在眉睫。中职思政课的职业道德与法治课专门设置法治模块，中国特色社会主义课中专门设置了依法治国、依宪

治国等内容，培养学生的法治精神，特别是将来步入社会，进入职业领域，要学会尊法学法守法用法。

（三）“讲道理讲故事”在思政教育中的价值体现

“讲道理”是指把知识点的逻辑关系讲深讲透，让学生从内心深处接受知识，接受道理，从而达到内化于心外化于行的效果。“讲故事”是指通过一个个生动形象的故事，激发学生学习的兴趣，让学生更容易接受透过故事传递出的道理。单纯的“讲道理”无法直击学生内心，达不到“讲道理”的效果；单纯的“讲故事”无法提升至理性高度，达不到举一反三的效果。有效果的思政课往往是将“讲道理”和“讲故事”有机结合，通过感性认识上升到理性认识。通过“讲故事”的方式“讲道理”，像盐溶于水一样，直达学生的心灵深处，让道理更具有亲和力，达到启智润心的效果。

（四）“讲道理讲故事”现实应用情况

目前，在现实授课过程中，“讲道理”和“讲故事”的教学方法都有应用，但是存在以下几种情况。

第一，“道理”讲不活，思政课讲得不深。随着党和国家越来越重视思政课建设，大中小学包括中职学校在内，思政课教师队伍的建设也逐渐加强。越来越多的高学历思政专业的毕业生充实到中职思政课教师队伍当中。中职思政课教师的专业化水平、理论水平在不断提高，思政课的政治性、思想性、学术性、专业性也在不断的提高。对于高水平的“讲道理”，一部分学生能够从中厘清逻辑关系，从而深化认识，但也有一部分同学认为很枯燥，没意思，从而使得课堂效果无法尽如人意。

第二，“故事”讲不深，思政课讲得不透。现在越来越多的教师发现讲故事能够吸引学生的注意，激发他们学习的兴趣，因此在课堂上会选用很多的案例，通过图片、视频、文字等多种形式呈现出来，但是一些教师在讲完故事以后没有深入地分析故事，挖掘故事背后蕴藏的道理，这就离开了“讲故事”的初衷。

二、中职学校思政课程标准要求与中职思政课程模块化设计

（一）思政课程标准与模块内容架构

1. 思政课程标准

为贯彻全国教育大会精神，全面落实立德树人根本任务，深化中等职业学校思想政治课程改革，教育部专门制定了《中等职业学校思想政治课程标准（2020年版）》。该课程标准主要从以下三个方面进行设置，第一，细化了课程育人目标。在2020年版课程标准下发之前，中职学校一直以2008年版下发的中等职业学校德育课程教学大纲为依据开展课程教学工作。该教学大纲在育人目标方面比较笼统，育人要求也不够具体。在2020年版课程标准中，对于育人目标有了更加细化的要求，明确了学生学习该学科后应该具备的核心素养。第二，研制了学业质量标准。中职学校思政课更加注重提高学生运用知识解决实际问题的能力，更加关注学业标准和育人目标结合，强调通过学业质量标准检验育人目标的实现。第三，彰显了职业教育特色。中职学校思政课相较于普通高中思政课，更加彰显职业教育元素，注重在教学内容、选取案例、与专业课相融合方面融入职业特色。将职业教育和思政教育充分融合，让学生在潜移默化中，培养职业素养。

2. 模块内容架构

中职思政课程按照模块化教学进行了设计，其中中国特色社会主义课、心理健康与职业生涯课、哲学与人生课、职业道德与法治课是各专业学生的必修课，被称为“基础模块”。除了基础模块外，思政课程还设置了拓展模块，属于选修课，是对必修课的拓展和补充。对于拓展模块教学内容的选择，2020版课程标准中有一定的建议，但是不做强制要求。拓展模块的教学内容可以与学校德育工作紧密结合，可以说学校的德育工作完全可以围绕拓展模块的内容展开，将思政教育和教学工作密切联系起来。

（二）模块划分原则与逻辑关系梳理

基础模块中的四门课程，分别设置在一二年级的四个学期，按照开课的前

后顺序为中国特色社会主义课、心理健康与职业生涯课、哲学与人生课、职业道德与法治课。这四门课程是根据学生成长规律和思政课的教学规律而进行的划分和设置。其中中国特色社会主义课开设在一年级第一学期，此门课程主要是让学生了解自己所处的时代特征和社会与运行情况，是对国家和社会的了解。心理健康与职业生涯课开设在一年级第二学期，此门课程主要是让学生对自己的性格、兴趣、特点进行认识和了解，以及个人与社会、个人与他人关系如何进行处理等。哲学与人生课开设在二年级第一学期，此门课程是基于一年级学生已经对社会、对自己有了初步认识的基础上，进一步认识世界、认识人生，学会改造世界的方法论以及如何做出人生选择等。职业道德与法治课开设在二年级第二学期，此时大部分中职学生即将面临第三年的岗位实习，因此在即将进行的岗位实习或者说即将面临的职业生涯中，让学生知道会面临哪些关系和问题，如何处理这些关系和问题，这是这门课程开设的主要目的。

拓展模块属于选修课程，在教学内容方面可以涵盖很多主题，比如基本的时事政策、地方经济发展、国家安全、中华优秀传统文化、创新创业与就业、法制知识、生命健康教育等，这是对基础模块教学的有益补充，也可以作为主题教育活动的重要内容。

（三）各模块教学目标与核心素养培养目标

中等职业学校思想政治学科核心素养主要包括政治认同、职业精神、法治意识、健全人格和公共参与。其中各模块的教学目标和核心素养培养目标都涵盖了这五个方面，但是不同模块下的侧重点又略有不同。

1. 基础模块

（1）中国特色社会主义课程

中国特色社会主义这门课程的教学目标，主要是引导学生树立对马克思主义的信仰、对中国特色社会主义的信念、对中华民族伟大复兴中国梦的信心，坚定中国特色社会主义道路自信、理论自信、制度自信、文化自信，因此它的核心素养目标是以培养学生的政治认同为重点，同时穿插着对职业精神、法治意识、健全人格、公共参与的培养。此课程对于帮助学生塑造正确的家国情怀,引导学生将个人成长成才与国家、社会需要相结合有重要意义。

(2)心理健康与职业生涯课程

心理健康与职业生涯这门课程的教学目标,主要是引导学生形成自立自强、敬业乐群的心理品质和自尊自信、理性平和、积极向上的良好心态,为职业生涯发展奠定基础,因而它的核心素养目标是以培养学生的健全人格为重点,同时穿插着政治认同、职业精神、法治意识、公共参与的培养。此课程对于帮助学生做出积极心理引导,正确认识亲情、友情、爱情,以及进行合理的职业生涯规划有重要意义。

(3)哲学与人生课程

哲学与人生这门课程的教学目标,主要是用马克思主义哲学的基本原理引导学生形成正确的世界观、人生观、价值观,使学生处理个人成长中的人生问题和做出正确的价值选择,因而它的核心素养目标是以培养学生的政治认同、健全人格为重点,同时穿插着职业精神、法治意识、公共参与的培养。此课程对于帮助学生解决人生困惑,掌握认识世界、改造世界的正确方法,提高个人处理问题的水平和能力有重要意义。

(4)职业道德与法治课程

职业道德与法治这门课程的教学目标,主要是引导学生增强职业道德和法治意识,提高中职学生的职业道德素质和法治素养,养成爱岗敬业、依法办事的思维方式和行为习惯,因而它的核心素养目标是以培养学生的职业精神、公共参与为重点,同时穿插着政治认同、法治意识、健全人格的培养。此课程对于学生在今后的职业生涯中,建立正确的道德观、法治观,正确运用法律武器维护自己的权益有重要意义。

2. 拓展模块

拓展模块由各地区各学校根据实际情况开设。根据教学目标和学科核心素养目标,结合地方发展特点、学校专业特色、学生特点,有针对性地选择教育主题,补充基础模块的不足,达成思政课的教学目标和学科核心素养的培育。

三、讲道理与讲故事在中职学校思政课中的关系探析

（一）“讲故事”教学实践要素构建

1.“讲故事”的案例选择

案例选择是案例教学中的一个重要环节，教师在明确了教学目标并考虑到学生学情等实际情况后，通过不同渠道收集案例并整理分析，选出适合教学的案例。中职思政课教学的案例选择涉及面很广，包括红色革命故事、劳动故事、劳模故事、工匠故事以及与学生生活相关的职业故事和时政热点，但在案例的选择上应遵循以下几个基本要求。

第一，真实性。一方面，案例所描述的内容须是客观真实的，是具有政治严肃性和准确性的，因此案例选取切忌是非不分、立场错位。另一方面，对案例的描述须是客观公正的，即在案例描述中不加入教师的分析和评论，由学生从案例分析中找出问题解决办法、获取知识和提高能力。

第二，典型性。案例是具有代表性的、能显示同一类事物共同特征或本质属性的事件。案例既是个案，又是同类事件的典型，案例能引起学生对某类事件的深思，学生通过案例分析能学会解决同类事件的一般方法，举一反三。教师应选用对学生“政治思想”教育意义最突出的事件，其中包括正面典型示范教育和反面典型警示教育。

第三，时间性。案例是发生在一定时空中的事件。相对来说，学生对最近发生的事件比陈年旧事更感兴趣，最近发生的事件更能调动学生的学习积极性和激发他们的求知欲，因此，案例中的事件力求更新，若选取的是陈旧的经典案例，可以赋予案例以新的内涵，使其体现出时代特色。中职思政课教学案例的时间性要求也是思政课时效性特点的体现，需要做到与时俱进、顺应时代发展要求。

2.“讲故事”的方式方法

讲好故事，既要围绕教学目标、叙议结合紧扣教学内容讲故事，又要注意通过立体表达驱动大脑的感受、思维、情绪、想象、觉察等机能，按照认知规律

讲故事。第一,要紧扣"目标",卓有成效讲故事。紧扣教学目标,讲故事的教学效果要体现在学生学习的效果上。就思政课教学而言,教授理论是目的,讲述故事是手段,讲故事要服务于理论教学。对教学目标达成支持度不高的故事即使再精彩、再有趣也不应纳入教学内容,要力戒有趣无效的"段子"式课堂。讲什么故事、如何讲故事、在什么时候讲故事都要以是否支持教学目标达成为标准。第二,要把握"节奏",叙议结合讲故事。思政课教学要平衡好叙事和说理的"投入",把握好讲故事的频率和节奏,平衡好感性与理性、具象与抽象、情感与逻辑的比例。思政课教师要善于挖掘、提炼、加工并讲好"以小事讲大道"的短故事、小故事,切忌长篇大论讲故事;要善于把理论融于故事中讲解,使理论之"盐"溶于故事之"菜"中,让学生自然而然地吸收。第三,要激活"感受",绘声绘色讲故事。要恰当运用肢体语言,通过得体、自然、恰如其分的手势和姿势,可以描摹故事中所涉及的事物的状态,可以传递故事讲述者的情感体会,进而触发学生的丰富感受。同时,更要善于描述动作和细节。这些描述能让学生感同身受,读或听故事时也更有"感觉"。第四,要驱动"思维",逻辑严谨讲故事。这里的"思维"主要是指教师的归纳、分析、综合等逻辑思维。讲述故事时要善于通过提出问题、制造认知冲突、设置悬念、分层次结构化表述、逻辑分析等策略来满足大脑"思维"机能的诉求。思政课课上讲故事不是为了取悦学生、娱乐闲扯,而是要传递观点、锻炼思维。思政课教师要具备带着问题、逻辑严谨讲故事的艺术。第五,要触发"情绪",入心入情讲故事。提升自己讲故事的情绪表达力和感染力,最关键的不是刻意练习语音语调、面部表情等外在的技巧,而是提升自己感受酝酿真挚情感并带着丰富情绪讲故事的内在涵养。讲故事要"身入",感同身受进入故事的角色;要"情入",设身处地进入故事的情景;要"心入",用心讲故事,把内心的真情实感通过语音、肢体、表情等恰当表达。第六,要启发"觉察",画龙点睛讲故事。要善于通过总结结论、提炼观点、激活反思等方式满足学生的"觉察"需求,让其从生动的故事中听出故事的价值和意义。此外,思政课讲故事媒介可以采用文字、图片、视频、音频、3D、VR 等多媒体手段,也可以打破思政教育的时空限制,充分利用企业、社区、社会的思政教育资源，拓宽中职思政课的实施路径。在思政课上讲好红色故事，要找到故事与学生心灵的共鸣点，产生直抵人心的力量。教师要注重情感对学生的影响，用“本我”的真情激发学生的情感，用真情赢得共鸣。

（二）“讲道理”与故事内涵挖掘

中职思政课承担着对学生进行系统的马克思主义理论教育的重要任务，既要“脚踏实地”又要“仰望星空”。需要通过通俗易懂的语言把故事讲清楚、讲透彻、讲明白，避免过度理论化，避免“说教式”理论讲授的枯燥乏味，更要避免对理论的浅尝辄止，避免浅薄化。如果只讲故事而不谈道理，就会出现“课堂听热闹、课后脑门空”的情况，甚至会让学生形成似是而非的错误印象。因此，要注重思政故事的内涵挖掘，让“讲故事”与“讲道理”有机融合，让学生从“讲故事”的感性认识上升到“讲道理”的理性认识，让“故事思政”走深、走实。

一方面要用科学的知识讲道理，讲出政治高度。思政课具有鲜明的意识形态属性，必须旗帜鲜明讲政治，教师应时刻注意价值观的引领作用，在讲故事的过程中有的放矢，引导学生以古鉴今、以思促行，适时地抛出问题，让学生自主思考，充分发挥主观能动性，参与到课堂的互动交流中，加深学生对理论知识的理解、消化和吸收。如此不但能够锻炼学生的思辨能力，摒弃“填鸭式”教育一味吸收理论知识的习惯，学会对故事和知识主动理解和思考，在提问、假设、寻找答案的过程中形成自己的观点评价，提升学生的批判性思维能力，还能通过教师根据学生的回答进行点评，将思政理论要点进行概括总结，最终将理论进行升华，让学生达到价值观层面的政治认同。

例如，在中国特色社会主义课程第一课第一框中，在讲授和分析了太平天国运动、洋务运动、戊戌变法、义和团运动、辛亥革命这五次救亡图存的探索失败后，进行总结：中国迫切需要新的思想引领救亡运动，迫切需要新的组织凝聚革命力量，迫切需要开辟一条新的道路。同时提出问题：不结束国家分裂、军阀割据，不打跑帝国主义，实现民族独立，所有的建设都不会牢固。面对如此现状，我们怎么办？学生进行小组讨论，分析寻找中国革命方向紧迫性。

教师以 1917 年俄国十月革命进一步引导：如果在这个时候，有一个国家爆发了一场革命，这是一个崭新的阶级领导的、把社会主义由“空谈”变为现实的大事件，如果大家生活在那个时代，会怎么想？随后学生进行小组讨论并由小组代表发言，最终得出结论：用无产阶级的宇宙观作为观察国家命运的工具，重新考虑自己的问题。走俄国人的路——这就是结论。此种方法在讲故事的同时让学生设身处地地进入历史所处的时代，让学生运用逻辑思维去主动“推进”历史的发展，从而帮助其理解和记忆。

另一方面，要用深厚的学术讲道理，讲出理论深度。优秀的思政课必然是有穿透力的课程，是能够用理论说服人的课程，能够回应学生成长过程中有关人生目标、理想信念和事业选择的大问题。思政教师的理论功底和学术水平在教学中是厚积而薄发地体现出来。思政课教师必须具有深厚的理论功底，才能在课堂上深入浅出、娓娓道来，必须结合时间、空间、人物、背景等线索要素，对故事进行有序地组织和呈现。同时，要结合故事和教学内容，体现专业深度，不仅要讲好“小故事”，更要讲出故事背后的“大道理”，在理性分析中解疑释惑，让学生明白故事发生的历史意义和现实意义，达到引领学生从书本走向生活的目的，让学生真正体会到，思政课是可以付诸实践的生活指南。

又如，在职业道德与法治课程第三课第二框中，讲授“职业道德促进个人成长成才”时，可以先让学生表演情景剧《小王和小李的实习经历》，演绎两个人的不同表现，最终一人顺利留在了公司，另一人却因考核不合格被淘汰，由此让学生思考和回答：小李和小王的不同表现和结果给你什么启示？学生回答后，再播放“全国道德模范”“全国技术能手”竺士杰的事迹视频，让学生思考职业道德对个人发展的作用。最后教师总结：职业道德能够引导从业人员以强烈的道德责任感，不断增强规矩意识和敬业精神，努力塑造自己、完善自己，将职业发展与奉献社会紧密结合起来。

（三）“讲故事”与“讲道理”的关系探析

中职学校思政课的讲故事与讲道理互为表里、相互补充、深度融合，其关系体现在以下三个方面：

一是故事性和知识性相统一。思政课教师要把每门课程看作一篇“大故事”，课程中的知识点就是故事中的具体情节，教师要用“故事化”的思维，把教学过程设计成故事，在课前对知识点进行系统梳理，用故事将知识点进行贯穿和连接，将课程知识润物无声地融入故事中，率先完成由“高”到“低”的转变。在授课过程中，强调学生对故事的情节感知、立意思考和实践观照，在对故事的解析中，帮助学生完成由“低”到“高”的提升。正因为故事具有情境性、生动性、易记忆性等特征，借助于该种手法和功能的教学方法，更易于实现知识的融会贯通，更有利于学生对思政课理论知识的理解和掌握。

二是灌输性和启发性相统一。讲故事在中职学校思政课理论教学中的应用，区别于传统教育，讲故事能够增加课堂趣味性、发挥学生自主性。所谓讲故事，就是以叙事的方式呈现一个个具体的问题情境或生动的教育故事，透过故事启示或表明一个道理。这个道理不是直接告诉学生的，而是以故事的形式、隐喻的方式让对方自己去感悟、去体悟，自己获得对于某一道理或真理的认知。思政课从讲故事到讲道理的过渡，是从教师灌输教育到学生主动学习的转变，从而实现启发性教育。教师从高高在上的思政理论宣讲者转变为思政故事的讲述者，拉近了与学生的距离，实现了灌输与启发的统一。

三是理论性和实践性相统一。思政课教师要当会讲故事、善讲故事的布道者，在课堂中不仅要有马克思主义、共产主义、社会主义的宏大叙事，也要将“中国故事”“新时代故事”融入到思政课堂上，将思政小课堂同社会大课堂相结合，讲故事与讲道理的深度融合，也体现了思政教育的理论性和实践性相统一，这一点也体现了教学思维方式和教育方式的转变。

思政课是触动心灵的课程，讲好思政课不应当单纯地从理论到理论、从书本到书本，必须将理论论证与实践印证结合起来，要贴近时代、贴近实践、贴近学生思想实际，深入挖掘新时代中国特色社会主义最鲜活的素材，找准切入点、聚焦点、结合点，用生动的故事讲道理，通过一个个生动的故事揭示其背后的道理，让党的科学理论走心、入心，不断增强思政课的亲和力和感染力，讲出情感温度，提升学生的获得感。

四、中职学校思政课如何有效融合讲道理与讲故事

在中职教育阶段，由于学生群体的特点，教学更加注重实践性和操作性，因此，讲故事的方法尤为重要。教师可以选取贴近学生生活、贴近职业教育特点的实例和故事，通过“身边事”“行业事”“国家事”串联起一系列的道理，引导学生在了解、体验和反思中接受教育。如通过组织参观、实践体验、模拟演练等活动，让故事与实践相结合，道理在实际操作和体验中得到验证和巩固，提高思政课教学的实效性。

（一）教学设计注重生动性与趣味性

思政课教师要通过系统的教学设计达到学生思政课堂中知情意信行的教学目标，把思政课的道理讲深、讲透、讲活。在此之前要做足功课：要掌握中职学生学情、贯通思政课政治性和学理性、吃透思政课基本原理和最新理论成果、对标中职人才培养特色。

教师在进行教学设计时，要采用案例分析、叙事、情景模拟等多种故事教学方法增强思政教学的生动性；通过设计游戏、辩论、讨论或分组抢答等教学形式增强思政课教学的趣味性。将道理巧妙设计在“故事”中，从不同角度激发学生的思考，提高他们的参与度和学习效率，这样不仅有助于激发学生的学习兴趣，还能培养学生分析、解决实际问题的能力，促进课程教学效果的稳步提升；针对话语的互动性做出改变，将大篇幅的陈述语句适当转化为疑问句，多问“为什么”而不是单纯地讲“是什么”，引导学生从单纯听取教师话语向思考话语转变。

例如，中职思政课职业道德与法治课程第 10 课中讲授“违法违纪要承担责任”，要将《中华人民共和国预防未成年人犯罪法》《中华人民共和国宪法》等法治知识融合到课堂中，激活课堂氛围，激发学生的学习兴趣。教师先切入社会热点问题，引出职业学校中发生的校园欺凌引发的惨案和“年龄不是逃避法律”的借口，引起学生共鸣；随后，学生表演情景剧《施暴者》，演绎各类校园欺凌现象，通过分组抢答形式让学生观察剧中校园欺凌的行为，教师总结明确

校园欺凌的类型,让学生知晓校园欺凌的现象和类型,让学生深刻体会校园欺凌行为对于自身影响,从内心抵制校园欺凌行为,学会真诚对待身边同学;以小组为单位,寻找杜绝校园欺凌的方法、制定策略海报,组长展示作品,并将海报张贴在白板上,小组互评。

（二）教学方法创新注重情境化教学

建立“故事”与“道理”之间紧密的联系是思政课教师讲述故事的主要出发点和关键环节,不仅要考虑其趣味性和实用性,还要确保故事内容具有积极的思想价值和深刻的教育意义。故事应贴近学生的实际生活,引起他们的共鸣,提高学生的学习兴趣,他们更好地理解和吸收理论知识。

（三）注重其他课程与实践教学资源整合

行业、企业主办或参与主办的职业学校,其文化传统、教学环境、学习风气等无不带有行业或企业的特点,这是职业学校的特殊性。为了更好地在中职学生中进行思政教育,思政课程必然要融合职业教育的特点,要注重与其他课程、实践教学资源的整合。如能够将思政课的相关内容与学生所学专业相联系,发挥学生技能优势,思政课教学更能达到应有成效。

第十四章

高职学校与中职学校思政课的衔接与相融

教育行政主管部门一直提倡和推动中高职学校在课程设计和教学内容上做好衔接工作，同样地，在思政课教学方面也有一个相互衔接的问题，更因为思政课一体化建设的需求，这方面还有一个相融的问题。目前这两个方面的工作都有一些问题，需要在实践中努力探索，但首先要做好研究工作。

一、高职与中职思政课衔接的意义和现状

高职和中职两个层次的教育在国家职业教育体系中占有重要地位，他们共同培养学生的道德品质和职业素养。在现有高等职业教育和中等职业教育两个层面并存的格局下，为适应人才培养的连贯性和有效性需求，教育行政主管部门一再强调实现中高职在课程设计和教学内容上的衔接，相应地，在党和国家有力推进大中小学思政课一体化建设的背景下，中高职学校在思政课方面的衔接和相融具有重要的现实意义。

当前高职和中职思政课教学的问题不容忽视。一方面，高校思想政治理论课 2023 版教材、中等职业学校思想政治统编教材 2023 版均已投入使用；另一方面，实际教学中，特别是课程衔接上，2023 版教材使用中遇到了一些问题，需要认真对待并加以解决。这些问题包括：

一是课程体系衔接不统一。中高职不同阶段思政课程开设情况、相应学时、教师用书、学生用书、开课依据、课程性质、考核方式以及相关课程对应的

开设学期等基本信息还需进一步研究统一,确保落实国家关于思政课程统编教材开足开齐的基本要求。

二是教学内容衔接不紧密。中高职思政课教学内容既有目标差异又有内容相通的地方。当前,在梳理中高职思政课在内容上相通的课程,统筹好思政育人目标一致和内容梯度衔接的关系,避免教学内容简单交叉重复的研究上成果不多。实际教学中,中高职教学的深度和难度未能做到循序渐进、逐步上升,且往往只注重理论知识的传授,不重视实践性和应用性的结合。因此学生也无法将知识纵向贯通起来,无法将生活与实践融通,更加无法真正理解思政教育的意义和价值。

三是教学方法陈旧单一。在许多职业学校中,思政课的教学方法还是停留在传统的教学模式,缺乏创新和互动性。此外,中高职学校在"第二课堂"的开设上特色不一,中高职衔接上没有打通融合。"第二课堂"是中高职思政课一体化建设的重要突破口,当前在社团活动、特色品牌活动、校园文化等多方位的交流与合作中,缺少融合与共建。

四是评价机制不够完善。许多职业学校对思政课的评价不论是主体上、还是机制上均不完善。评价的主体既有"教"的主体又有"学"的主体。对于"教"的主体,综合考量的标准和科学评价机制不完善,不能有效地对教师起到激励和补短板的作用。对于"学"的主体,仍然停留在传统的考试模式上,缺乏多元化的评价方式。

二、高职与中职思政课内容的衔接

(一)中职思政课内容特点与育人标准

中等职业教育担负着培养德智体美劳全面发展的高素质劳动者和技术技能人才的任务,是国民教育体系的重要组成部分,与普通高中教育具有同等重要地位。中职思政课是中职教育的重要组成部分,为培养担当民族复兴大任的时代新人奠定坚实基础。

1. 内容特点

一是细化了课程育人目标。思想政治学科核心素养借鉴了普通高中的“政治认同”“法治意识”“公共参与”等素养,还根据职业教育特点凝练、增加了“职业精神”“健全人格”。[①] 二是研制了学业质量标准。引导教学更加关注育人目的,更加强调提高学生综合运用知识解决实际问题的能力,帮助教师和学生把握教与学的深度和广度,为阶段性评价、毕业合格性考试和高职院校分类考试命题提供依据,促进教、学、评有机衔接,形成育人合力。三是彰显了职业教育特色。一方面注重教学内容与社会生活、职业生活的联系,突出实践取向,另一方面注重有机融入职业道德、劳动精神、劳模精神和工匠精神教育,培育学生职业精神。此外注重与专业课程相互配合,形成协同育人合力。

2. 课程结构

中职调整“德育”课程名称并优化课程结构,将“德育”的课程名称改为“思想政治”,将原来必修的“经济政治与社会”“职业生涯规划”“职业道德与法律”“哲学与人生”和选修的“心理健康”调整为“中国特色社会主义”“心理健康与职业生涯”“哲学与人生”“职业道德与法治”。课程体系结构更加科学规范,同时,更准确、全面地反映习近平新时代中国特色社会主义思想的丰富内涵。思想政治课程由基础模块和拓展模块两部分构成。基础模块是各专业学生的必修课程,包括中国特色社会主义、心理健康与职业生涯、哲学与人生、职业道德与法治四部分内容。拓展模块为选修课程,是必修课程的拓展和补充。选修课程除对学生进行时事政策教育外,还根据国家形势发展、区域经济和行业发展状况,结合学校德育工作,学生社会实践、专业学习、顶岗实习,进行法律与职业教育,国家安全教育,民族团结进步教育,中华优秀传统文化、革命文化、社会主义先进文化教育,文明礼仪教育,就业创业创新教育,廉洁教

① 教育部关于印发《中等职业学校思想政治、语文、历史课程标准(2020年版)》的通知(教材〔2020〕2号)。

育，艾滋病预防教育，毒品预防教育等。[①]

3. 育人目标

通过思想政治课程学习，培育学生的思想政治学科核心素养。一是具有政治认同素养的学生，主要表现为坚持马克思主义世界观和方法论，领会中国特色社会主义理论体系，特别是习近平新时代中国特色社会主义思想，增进对伟大祖国、中华民族、中华文化、中国共产党、中国特色社会主义的认同，坚持社会主义核心价值体系，自觉培育和践行社会主义核心价值观；二是具有职业精神素养的学生，主要表现为具有积极劳动态度和良好劳动习惯，具有正确职业理想、科学职业观念、良好职业道德和职业行为，具备理性思维、批判质疑、勇于探究的科学精神，能够正确认识和处理社会发展与个人成长的关系，并做出正确价值判断和行为选择，在社会实践中增长才干；三是具有法治意识素养的学生，主要表现为具有社会主义法治观念、正确的权利义务观念，尊法学法守法用法，维护宪法尊严，自觉参与社会主义法治国家建设；四是具有健全人格素养的学生，主要表现为具有积极心理品质和自尊自信、理性平和、积极向上的心态，能自我调节和管理情绪，做到自立自强、坚韧乐观，提高心理健康水平和职业心理素质；五是具有公共参与素养的学生，主要表现为具有主人翁意识，坚持以人民为中心，能够有序参与公共事务、积极承担社会责任。[②]

（二）高职思政课内容对中职思政课内容的深化与拓展

高职思政课在课程内容、课程结构、教学要求等方面相较中职思政课进行了深化与拓展，以中职的职业道德与法治课和高职的思想道德与法治课两门课程为例，主要体现在以下几个方面。

1. 课程内容上

高职阶段结合学生的身心特点和认知规律，相较中职学段内容的基础性

① 教育部关于印发《中等职业学校思想政治、语文、历史课程标准（2020 年版）》的通知（教材〔2020〕2 号）。

② 教育部关于印发《中等职业学校思想政治、语文、历史课程标准（2020 年版）》的通知（教材〔2020〕2 号）。

和常识性，更注重内容逻辑体系的梳理，注重培养学生的综合素质，包括团队协作、沟通能力、创新能力、法治意识等方面。

中职学段通过对职业道德与法治课的学习，学生能够理解全面依法治国的总目标，了解我国新时代加强公民道德建设、践行职业道德的主要内容及其重要意义；能够掌握加强职业道德修养的主要方法，初步具备依法维权和有序参与公共事务的能力；能够根据社会发展需要、结合自身实际，以道德和法律的要求规范自己的言行，做恪守道德规范、尊法学法守法用法的好公民。

高职学段通过对思想道德与法治课程的学习，学生能够正确理解和认识中国特色社会主义进入新时代，体悟道德与法治的辩证关系；深入学习掌握马克思主义的人生观理论；理解理想信念的科学含义，正确认识理想信念对大学生成长成才的重要意义；掌握中国精神的科学内涵，充分认识爱国主义的基本内涵及时代要求；理解和掌握社会主义核心价值观的基本内容、重要意义；了解道德的含义、起源和本质，理解社会主义道德建设的核心和原则；深刻理解社会主义法律的本质特征和运行机制，整体把握中国特色社会主义法律体系、法治体系和法治道路的精髓。

2. 课程结构上

高职的思想道德与法治课程相比于中职的职业道德与法治课程，不仅有较强的理论性、系统的知识性，更具有突出的实践性、教育性以及鲜明的政治性、思想性。

中职的职业道德与法治课由基础模块和拓展模块两部分构成。基础模块是中职生的必修课程，包括感悟道德力量、践行职业道德基本规范、提升职业道德境界、坚持全面依法治国、维护宪法尊严、遵循法律规范六部分内容；拓展模块为选修课程，是必修课程的拓展和补充，由学校根据实际情况开设。

高职的思想道德与法治课程包括三大知识模块：一是思想政治教育，二是道德教育，三是法治教育。主要帮助大学生学习马克思主义法治理论，特别是习近平法治思想，深刻理解社会主义法律的本质特征和运行机制，尊重和维护宪法法律权威，引导大学生自觉尊法学法守法用法。

3. 教学要求上

高职学段思政课相较中职学段，在教学过程中注重采用问题导向原则，结合社会热点问题与学生进行理论探究，从而进一步提升学生的思政素养。

中职思政课教师可以按照新课标的要求，在教学过程中适时增设活动环节，以活动为载体加强对学生的启发和引导，培养学生思政思维，过程性考核和总结性考核相结合，更注重总结性考核。高职的思想道德与法治课要求理论教学与实践教学相结合，在教学设计上，要体现实践教学的理念，精心设计实践教学主题，布置实践学习任务，全员参与，扎实推进，促进学生做到知行统一。要求课程采用过程性考核和总结性考核相结合的考核方式，力争融素质提高、知识传授、能力培育于一体。

（三）中高职思政课内容衔接的设计与实践的理论依据

中高职思政课内容的衔接需要遵循循序渐进、因材施教等原则，同时也需要借鉴相关的理论研究成果。这些理论研究成果为实际教学提供了指导，有助于实现中高职思政课内容的有机衔接，提高教学的针对性和有效性。在中高职思政课内容衔接的设计与实践过程中，要依据以下理论。

首先，马克思主义关于人的全面发展理论为我们提供了根本指导。这一理论强调人的全面发展，包括德、智、体、美、劳等多方面的均衡发展，思政课作为立德树人的关键课程，其内容的衔接设计应着眼于促进学生思想道德素质的全面提升，促使学生在中职和高职阶段能够形成系统完整的世界观、人生观、价值观和职业观。

其次，教育心理学中的认知发展阶段理论对思政课内容衔接具有重要启示。根据这一理论，学生的认知能力随着年龄的增长和经验的积累而不断发展。因此，中高职思政课的内容设计应遵循学生的认知发展规律，确保各阶段的教学内容既相互衔接又各有侧重，以满足学生不同阶段的认知需求。

最后，系统论的整体性原则也为中高职思政课内容衔接提供了有力支撑。系统论强调将事物看作一个整体，注重各要素之间的相互联系和相互作用。在中高职思政课内容衔接的设计中，应将中职和高职两个阶段看作一个整体系统，以保障两个阶段的教学内容在逻辑上相互衔接、在结构上相互支撑，从而构建一个完整、系统的思政课内容体系。

三、高职与中职思政课教学方式与评价机制的融合创新

（一）中职阶段实践性、体验式教学方法的运用与提升

中职学生思维活跃，对于新事物和新方法好奇心强、敏感度高。只有将思政课教学与幽默风趣的语言相结合、与丰富多彩的活动相结合、与喜闻乐见的新媒体相结合、与红色影视资源相结合、与实践体验相结合，才能在润物细无声中增强学生的思想认同。这就要求我们聚势赋能、勇于创新，即要通过创新教学形式、变革教学方法去吸引学生、触动学生。因此，中职院校须大力推动教学方法的创新，加快实现教学手段的现代化，积极探索混合式教学、翻转课堂等新型课堂，努力构建线上线下相结合、校内校外相结合、理论实践相结合的教学模式，灵活运用多种教育教学方法，从而推动思政课课程改革、实现思政课教学质量“变轨超车”。

（二）高职阶段理论与实践结合的教学模式

解决理论教学与实践教学的脱节问题，是高职思政课实现“理论性与实践性相统一”的题中应有之义。首先，“思政课教师应明确思政课实践教学并非理论教学的简单补充，而是通过现实场景帮助学生丰富感性认识、印证理论知识，引导他们躬身践行，将理论内化于心、外化于行。”[①] 其次，结合社会热点和行业焦点，对学校特色、地方资源和企业文化进行有机整合，形成一套覆盖面广、时代性强且具有职教特色的实践教学内容体系。再次，创新思政课实践教学方法，引导学生发挥主观能动性，将理论知识运用于实践，在与现实的互动中增强理论认同、提高实践能力。最后，搭建思政课实践教学平台，除了建立校外实践教育基地，还应运用信息技术打破虚实鸿沟，推进思政课实践教学的数字

① 王洁：《大中小学思政课一体化中的高职思政课建设》，《中国职业技术教育》2022年第23期。

化转型,在线上线下协同的教学环境中实现实践教学的全员参与。

校外实践是提高学生职业技能、培养学生职业素养的重要环节,推动思政课教学从校内到校外的延伸也是深化理论与实践结合的重要途径。高职院校应协调企业运行与高职办学诸要素之间的关系,以工学结合条件下社会对人才素质要求的实时变化为依据,实现思政课教学与企业文化的内容互通。此外,推进校企人才互聘,推动学校“小课堂”和企业“大课堂”的融合统一,提升校企协同育人效果,完善校企育人一体化建设。

(三)探索适合中高职阶段衔接的混合式教学方法与策略

中高职要结合职业教育特色,创新教学模式,突破瓶颈。以“职业教育类型特色为着力点,德育与智育互融共进是生长点,精准思政是切入点”,增强思政课教学的吸引力。

第一,思政课课程目标和课程内容逐步升华。中职思政课教师可以按照新课标要求,在教学过程中适时增设活动环节,加强对学生的启发和引导,培养学生思政思维,从而为高职系统化思政教育打下良好的基础。高职系统化思政教育在教学过程中采用问题导向原则,结合社会热点问题与学生进行理论探究,从而进一步提升思政素养。

第二,强化“互联网 + 思政”的教学新模式。中高职院校可借助互联网这一有效平台,打破思政一体化建设的时间、空间以及技术壁垒,用学生喜闻乐见的网络手段把政治理论变得既富有知识性又富有趣味性,从而使思政知识入脑、入心。

第三,加强实践教学,优化教学形式。职业教育自身的特性决定了在高职系统化班级进行思政课一体化实践教学的重要性。中高职院校可在社团活动、劳动实践或者企业实践等过程中充分挖掘两个学段思政教育有机对接的耦合点,并借此将理论和实践有机结合起来,深化学生对于所学知识的理解,切实提升学生分析问题和解决问题的能力。在中高职思政课实践教学中,要让学生摆脱传统的走马观花式参观,不断提升自身参与感和获得感。思想政治教育实践基地通过图片、展板、模型、视频、模拟互动、VR 课堂、实景体验等多种方式,展示包括新时代重大成就、党史、道德与法律、工匠精神、中国各地风土人情等内容。学生的一站式体验，既节约了实践成本，又提升了学生参与的主动性，大大增强了学生的获得感。

（四）构建中高职贯通的思政课评价标准和流程

课程评价作为教学的重要环节，是检验教学效果、提高教学质量的重要手段。通过设置系列考核指标、运用多元评价方法对中高职思政课建设进行绩效管理和反馈诊改，对比源头目标进行结果检验，实现全流程一体化建设。

第一，通过建立健全课程建设考评制度，科学设计既有高位目标引领又有底线标准要求的思政课建设考评标准。一方面，“思政课评价应贯穿‘以学生为中心’的思想，坚持过程性评价和结果性评价相结合，动态关注学生的成长与发展，促进学生全面发展。”[①] 另一方面，要构建多元立体化的评价体系，通过明确评估方法和标准、引入不同学段专家的方式，提升中职和高职思政课纵向一体化的质量和水平。

第二，聚焦思政课建设考评结果的反馈与运用。坚持问题导向、实施循环诊改，以评促改、以评促建，推动思政课考核评价循序渐进、螺旋上升。完善中高职思政课教学评价一体化建设，推动中职和高职思政课教育教学评价机制融合，对学生进行道德记录跟踪，掌握学生的成长发展过程，根据职业教育的特点，在评价主体、评价内容、评价标准、评价方式等方面，形成多维度、多元化、科学系统的评价机制，打造中高职思政课一体化评价体系。

四、师资队伍建设与教学资源共享的融合

（一）中高职思政课教师培养与交流机制

思政课教师队伍是统筹推进中高职思政课一体化建设的重要力量，应聚焦中高职思政课教师，着力打通中高职间的壁垒，增进学段间的联系，共同跑好

① 李娜、涂曼妮：《大中小学思政课一体化视域下中高职思政课衔接问题及对策研究》，《世纪桥》2023 年第 10 期。

思政育人接力赛。

第一，通过研修培训或者开展现场教学与调研研讨，加强中高职教师的交流，帮助思政课教师树立系统化的育人观念并找准思政定位，帮助不同学段思政课教师明晰逐级递进的教学目标和各有侧重的教学模式，提升思政课教师业务能力、知识水平。

第二，构建中高职思政课教师发展共同体。一方面，开展集体备课，对中高职思政课讲什么、怎么讲以及讲到何种程度开展教研，凝聚思想合力，推动中高职思政课的有机衔接；组建中高职科研团队，加强不同学段教师间的听课互鉴，鼓励学段不同但课程相同的教师组建课题组，开展专题研究，提升教师对中高职思政课一体化建设的认识水平，完善思政课程衔接程度，为推动思政课大中小学一体化建设服务。此外，还可以“组织开展中职与中职，中职与高职学校教师互聘‘结对子’活动，以此来盘活优质教学资源，增强中高职校际之间教育教学的学习、交流与合作。”[①]

第三，建立健全思政课教师评价体系。学校应积极探索教师互评、学生评价、督导评价等综合评价体系，努力形成综合评价与专项评价、量化评价与质性评价的跨学段复合型评价机制，通过对教师进行综合考评与科学评价促进教师补齐教学短板，实现全面发展。

（二）夯实“校企协同”育人队伍，开启思政课堂新篇章

当前，一些地方和学校对思政课建设的重视程度还不够，开门办思政课、调动各种社会资源的意识和能力还不够强，有的学校教师数量不足、质量不高，对实践教学认识不足、重视不够，中高职思政课一体化建设亟须深化等现象。“大思政课”是破解当前思政课建设突出问题的有效途径。要坚持开门办思政课，充分调动全社会力量和资源，建好“大师资”，搭建“大平台”，开设“大课堂”。

第一，建好校企育人“大师资”。实施“技能大师、劳模工匠”双引进工

① 华战胜、孙勇民、杨赛：《中高职院校思政课一体化实践探索——以天津市中高职学校思政课一体化培训与研究中心为例》，《科教文汇》2021年第29期。

程，共同组建校企协同教学团队，以师德师风建设为基础，制定并健全思政课教师岗位聘任制度，聘请劳模工匠兼任思政讲师团成员，搭建起校企育人“大师资”，合力推进劳模精神、劳动精神、工匠精神传承传播，促进产学研深度融合。

第二，搭建思政育人“大平台”。通过打造“工匠精神”思政课教学专题、邀请劳模进校园现身说法、带领学生走进劳模工作室开展实践教学、组织学生在校内校外开展系列劳动实践活动，推动劳模精神、劳动精神和工匠精神教育融入思政课教学，推动形成“教学展示劳模、实践走向劳模、学生学习劳模”的劳模育人体系和特色。通过邀请劳模工匠当思政课的讲师，致力于将社会所提倡的“价值导向”切实转化为师生内在的“价值取向”，让思政课“活起来”，也“火起来”。

第三，开设“劳模匠心”大课堂。要把课堂教学和实践教学有机结合起来，持续推荐紧贴学院专业的劳模工匠成为学院的受聘教师，打造劳模工匠进校园讲思政系列课程。同时，通过开展“开学第一课”“事迹报告会”“劳模工匠讲思政课”“学生观摩劳模工作现场”等活动，探索“沉浸式”思政课，让劳模思政课成为弘扬劳模精神、劳动精神、工匠精神的重要品牌路径，引领广大学生坚定理想信念，争做时代新人。①

（三）深植“一体化”育人基因，打造思政课教学资源库

中高职思政课教学资源库建设不仅能够提高教育质量，还能够促进教育资源的均衡分配，是实现教育现代化和培养高素质技术技能人才的重要途径。建设思政课教学资源库是为了更好地服务于中高职的思想政治教育工作，提升课程思政的教学质量和效果。中高职思政课教学资源库建设，需要多方面努力才能取得成效。

第一，平台引领。通过线下开展教师互聘和线上开展课程群建设，围绕知识点进行互换讲解和短视频录制，以此丰富思想政治理论课的课程资源，提高线上网络思想政治教育成效。持续加强资源库的内容建设，不断丰富和更新资

①《石家庄市建设工会开展劳模工匠进校园讲“思政课”活动》，中工网，.http://www.hbgrb.net/ghpd/202403/t20240324_226937.html。

源库中的教学案例、视频、文献等素材,保证内容的前沿性和实用性,打造集建设、交流、学习和共享于一体的教学服务环境。

第二,金课引领。以高质量、高水平课程攻坚为重点,打造思政课程典范。通过以赛促教、教学相长,推出一批思政“金课”,即高质量的示范性课程,以此带动整个思政课程体系的提升。充分利用现有的教育资源,如精品课程、优秀的课件和讲义等,鼓励一线教师统一使用,以提高教学质量。

第三,名师引领。解决师资结构性短缺的问题,通过培训和引进高水平教师,提升整体教学能力,吸收名师智慧,打造思政教育高端平台。开展教师培训和交流,定期组织教师培训,分享最佳教学实践,促进教师之间的经验交流和相互学习。

第四,机制护航。通过项目支持等方式,推动教学资源建设常态化机制化。[①] 确保教学资源的持续更新和丰富,形成长效机制。建立和完善思政课的评价体系,确保评价机制科学、合理,能够真实反映学生的学习效果和教师的教学水平。关注学生的使用体验和反馈,根据学生的需求和建议不断优化资源库。

第五,技术保障。强化技术支持,利用现代信息技术,如云计算、大数据等,提高资源库的访问速度和数据处理能力,为教师和学生提供更好的使用体验。

---

①《教育部等十部门印发〈全面推进“大思政课”建设的工作方案〉的通知》(教社科〔2022〕3号)。

第十五章

中职学校思政课建设在大中小学思政课一体化中的特殊性

中职学校的学生正处于青春期和职业发展初期，他们面临着从学校到社会的过渡阶段。思政课要为学生进入社会、成为合格的职业人做好准备。中职思政课与高职思政课理论教学，在“为国育才、为党育人”总目标上高度一致，但在阶段性目标上具有差异。中职学校的思政课教学需要特别关注学生的心理特点和职业发展需求，重点强化与职业能力密切相关的核心素养培养，要以“思想政治 + 工业文化”“通识教育 + 职教特色”相结合，并将工匠精神教育循序渐进地融入思政课教学。

一、中职学生的特殊性

中职生年龄在 15 到 18 周岁之间，是经过初中升学分流后，选择接受高中阶段职业教育的学生。中职生源以应届初中毕业生为主，其他来源学生为辅，其选择职业教育的主要学习动机与目的是学习专业技能和实现就业。

（一）成长环境

新时代中职生，具有主流的世界观、价值观、人生观，成长环境较以往时期更为特殊。一是在家庭环境方面，大多数中职生家庭社会地位较低，一定数量的学生家庭教育存在问题。二是在思想环境方面，中职生的朋辈、同学和同龄人之间普遍认同做人诚信，重视朋友关系，在未来愿景中普遍倾向建立美好和谐家庭、追求幸福生活，对事业成功、贡献社会的期望度整体不高。三是在信息环境方面，中职生获取信息和交流思想主要利用网络平台，利用网络进行学习、辅助学业的很少。四是在生活环境方面，中职生普遍与父母长辈日常沟通交流较少。五是在学习环境方面，中职生在校期间对班主任比任课教师更亲近信任，对学习专业技能课程比较重视，在理论课特别是思政课方面能获得的学习帮助不多。

（二）综合素质分析

以天津市机电工艺技师学院（天津市机电工业学校）为例，该校自 2015 年起成立测评中心，积极探索构建德智体美劳“五育”综合素质测评体系，实行全员测评、全程测评，坚持以评促学、以评促教，促进学生德智体美劳全面发展。9 年来，累计对近 2.6 万余名学生开展综合素质测评（该做法获 2018 年天津市教育教学成果二等奖，2021 年《天津工作教育简报》作为典型案例专版刊发）。

分析近年综合素质测评数据，中职层次学生（范围覆盖普通中专、中级技工；五年技师班、三二分段及五年一贯制的高中阶段）存在以下特性（表 15-1）。

表 15-1　2015—2023 年学生综合素质一级测评（校级测评）数据展示

<table>
<tr><th rowspan="3">测评年份</th><th rowspan="3">测评人数</th><th colspan="5">学生综合素质评价情况</th></tr>
<tr><th rowspan="2">考查维度
（每年侧重不同，仅选部分典型项目展示）</th><th colspan="2">熟练掌握</th><th rowspan="2">有待提升学生占比</th><th rowspan="2">备注</th></tr>
<tr><th>是</th><th>否</th></tr>
<tr><td rowspan="3">2015 年</td><td rowspan="3">325 人</td><td>新闻时事关注与了解</td><td>252 人</td><td>73 人</td><td>22.5%</td><td rowspan="6">测评模式：党委选聘专家组一对一面试答辩</td></tr>
<tr><td>应知应会政治常识</td><td>260 人</td><td>65 人</td><td>20%</td></tr>
<tr><td>历史名人、榜样模范、英雄人物知晓</td><td>302 人</td><td>23 人</td><td>7.1%</td></tr>
<tr><td rowspan="3">2016 年</td><td rowspan="3">1754 人</td><td>观点表述考查</td><td>614 人</td><td>1140 人</td><td>65%</td></tr>
<tr><td>与德育专家一对一答辩表现（心理素质）</td><td>875 人</td><td>879 人</td><td>50.1%</td></tr>
<tr><td>思想认知考查</td><td>1492</td><td>262 人</td><td>14.9%</td></tr>
</table>

续表

<table>
<tr><th rowspan="3">测评年份</th><th rowspan="3">测评人数</th><th colspan="6">学生综合素质评价情况</th></tr>
<tr><th colspan="2" rowspan="2">考查维度
（每年侧重不同，仅选部分典型项目展示）</th><th colspan="2">熟练掌握</th><th rowspan="2">有待提升学生占比</th><th rowspan="2">备注</th></tr>
<tr><th>是</th><th>否</th></tr>
<tr><td rowspan="2">2017 年</td><td rowspan="2">1277 人</td><td rowspan="2">自我认知考察</td><td>自身优缺点概述总结</td><td>1116 人</td><td>161 人</td><td>12.6%</td><td rowspan="6">测评模式：党委选聘专家组一对一面试答辩</td></tr>
<tr><td>自身性格概括简介</td><td>1066 人</td><td>211 人</td><td>16.5%</td></tr>
<tr><td>2018 年</td><td>1033 人</td><td colspan="2">人际交往与情绪控制（面试+心理问卷）</td><td>835 人</td><td>198 人</td><td>19.2%</td></tr>
<tr><td>2019 年</td><td>2487 人</td><td colspan="2">学业目标、职业规划、升学就业</td><td>1975 人</td><td>522 人</td><td>21%</td></tr>
<tr><td>2020 年</td><td>1545 人</td><td colspan="2">对近 3 年来所读书籍作者、内容、人物简述</td><td>776 人</td><td>769 人</td><td>49.8%</td></tr>
<tr><td>2021 年</td><td>2026 人</td><td colspan="2">文理基础、通识知识、专业基础知识</td><td>1682 人</td><td>344 人</td><td>17%</td></tr>
<tr><td>2022 年</td><td>2238 人</td><td colspan="2">养成良好学习与生活习惯、自我调节与管理</td><td>1729 人</td><td>509 人</td><td>22.7%</td><td>测评模式：一对一面试答辩与网上答题相结合</td></tr>
<tr><td>2023 年</td><td>1393 人</td><td colspan="2">专业认知、专业学习情况、专业发展能力</td><td>1178 人</td><td>215 人</td><td>15.4%</td><td>测评模式：建立网络题库，随机生成问卷，开展线上测评</td></tr>
<tr><td colspan="8">一级测评合计：14078 人
附注：表中展示为一级测评情况（校级测评：总结性评价），不含二级测评（各院系自测：过程性评价）情况与数据。</td></tr>
</table>

（三）中职生的共性特质

中职学生经过升学考试筛选，转入职业教育体系后，面对新的学习环境、学习任务时所显现的缺点，大多数是在基础教育阶段所形成问题，延伸到中职阶段的必然结果。

一是对时政关注不够，思政素养欠扎实。综合素质测评中，22.5% 的学生不了解时政新闻内容，20% 的学生不掌握应知应会的政治常识，7.1% 的学生对于历史名人、劳动模范、榜样人物不熟知。

二是表达能力不强，思辨欠缺灵活。大多数中职生用死记硬背来应付考试，对于需要分析的题目，往往暴露出思辨能力差、语言组织吃力的能力短板。综合素质测评中，65% 的学生受限于表达能力，很难完整表述个人观点；50.1% 的学生心理素质不强，紧张不自信、语言表达不清；14.9% 的学生存在观念偏差现象。

三是自我认识不足，自我悦纳度有待提升。大部分中职生缺乏对自我的思考，不能深入地自我分析与评价，不清楚自己的优劣势是什么、奋斗的目标是什么，其中有的过于不自信，自我评价较低。综合素质测评中，关于“说一说个人优缺点或性格”问题，12.6% 的学生只谈了自己的优点，找不到缺点；16.5% 的学生难以总结概括自己的性格。

四是情绪容易波动，人际交往需要引导。部分中职生在面对人际矛盾所产生的愤怒、焦虑等负面情绪时易冲动，在言语和肢体上易产生人际冲突，缺乏有效的沟通技巧和情绪管理方法，尤其是在宿舍内呈现出一定的人际交往压力。综合素质测评中，19.2% 的学生表示自己在宿舍或班级中出现过强烈的人际交往冲突，情绪难以平静，又找不到释放的有效途径。

五是学业目标不明，缺乏职业规划。中职生普遍对未来迷茫，缺乏具体学业目标，职业生涯规划与发展不清晰。综合素质测评中，当问及“为什么没有升学打算”“毕业后准备从事何种职业”时，21% 的学生回答没想好或不想上学。

六是缺乏良好习惯，自我调节乏力。部分中职生在义务教育阶段，没有养成良好的学习与生活习惯，自制力较差。特别是在疫情复学后，过于依赖电子产品、不停刷抖音等娱乐内容，晚上熬夜、白天瞌睡，对环境的适应和自我调节能力不强。对于在校学习乃至未来走上岗位，适应新环境、新挑战，都亟待加强自我调节与自我管理。

七是管理难度大，教育难见成效。中职生普遍有个性、较活跃，管理难度大，不良习惯和学习问题形成时间较长，对于教育的敏感度、接受度低，除长期持续进行教育外，很难有明显成效。综合素质测评中，49.8% 的学生对近 3 年所读书籍的作者、主人公、内容概要说不清楚，个别甚至答不出。

八是具有挫败感，学习接受力差。[①] 中职生普遍对于学业缺乏信心，学习动力不足，对于职业发展的愿景侧重于收入与待遇，对所学知识与岗位的关联基本不够了解。综合素质测评中，15.4% 的学生对我现在应该学到什么？达到什么水平？将来的岗位是什么的？会用到什么？没有清晰认知与定位。

九是文化基础薄弱，影响职业发展。中职生文化基础普遍薄弱，理科基础、阅读理解、通识知识等素质不足，一定程度影响专业课学习乃至职业发展。综合素质测评中，17% 的学生或对自己所学专业领域现状不了解，或对专业基础理论不能熟练概括，或不能读懂加工任务和难以识别工件图纸。

（四）中职生的优点特质

中职生知识基础较为薄弱，但同样受传统教育固化影响较小，思维模式不局限于在系统理论知识中探究答案，思考和解决问题的视角较为独特。中职生相对普通高中生有更多接触社会的机会，如外出游玩、网络媒体、岗位实习、社会实践等。中职生在校期间经过专业培养，具有操作实践经验。中职生在初中时期得到的认可相对较少，对于荣誉和肯定较为敏感，这也是中职教育的突破口。

（五）中职生多具有较强职业倾向

职业价值观是个人追求的与工作有关的目标，亦即个人的内在需求及在从事活动时预期达到的工作特质属性。它是个人的价值观在职业上的反映，在人生价值观中占据重要地位。

① 陈治平：《中职生职业素养的培养策略研究》，《学周刊》2023 年第 22 期。

中职生在校学习具有明确导向，在义务教育阶段思想素质的基础上，融入工业文化、技术文化，初步形成了尚未稳定的职业价值观。但他们的抽象逻辑思维高度发展起来，开始对“我想从事何种的职业”“我将怎样实现价值”有了更深刻的探索和思考。如未受正向引导，易停留于追求物质享受层面。

（六）中职生的特殊性要求思政课教学应更具针对性

中职生的特殊性，主要体现为学习兴趣偏低、学习能力不强、思想与行为不成熟，这使传统的以说教宣讲、理论灌输为主的思政课教学方式面临极大挑战，这就需要中职思政课教学更应具有针对性，才能有效解决兴趣、能力、思想行为 3 大类问题，为学生全面发展打下坚实基础。

一是增强思政课教学内容吸引力，提升学生兴趣。通过以学生为中心科学设计，充分将教学资源一体化、多元化、信息化、实践化应用，让教学内容更加立体形象，调动学生学习兴趣、激发学生学习动机，帮助学生拥有更加开阔的政治格局与社会视野。

二是创新思政课教学形式多样化，夯实学生能力。[①] 通过在教学实践中探索适合中职课堂的教学形式，让学生的个性、创造力得以充分发挥，启发思维能力、提高认知能力、培养实践能力，全面促进成长成才。

三是深化思政课教学内涵延展性，促进学生成长。通过在教学全过程中有效融入红色教育、工匠精神、工业文化、心理健康等元素，增强教学内涵对学生的正向影响，帮助学生构建完善思想行为框架，培养综合发展的高素质技能人才。

当前国家教育强国建设快速推进，使得中职思政课改革上升到新的层次和领域。通过大中小学思政课一体化系统设计，构建“大思政”格局，完善课程体系，提升课程模式、质量、内涵，更好发挥思政育人合力效应，是思政课建设科学发展的必由之路。

---

① 姚明珍、苏展琛：《县域中职思政课多元立体化教学模式的构建与实施》，《广西教育》2023 年第 17 期。

二、中职学校思政课建设的复杂性

中职学校、中等专业学校、职业高中、综合高中、成人中专、技工学校（技师学院），相当于高级中学教育层次，但又不同于普通高中，其主要任务是在九年义务教育基础上，培养应用型、技术型劳动者，是以“社会保障”为主导的职业教育，侧重培养技能素质。各中职学校不同程度地存在实用主义观念，培养学生综合素质的力度和效果还不太理想，特别是中职学校思政课建设，情况较为复杂。

（一）课程模式方面

一是课程形式单一。中职校思政课堂教学不够丰富，课程内容单一，大部分任课教师多是向学生讲授思政理论知识，与工业文化、技术文化、学习与生活的结合不够紧密，理论联系实际不够深入，学以致用功能有待加强。

二是课程吸引偏低。大多数中职生对思政课学习兴趣不高，过于重视专业技能学习，同时因初中阶段学业不顺，文化课特别是思政课学习基础薄弱，不利于品读理解思政文化内涵，学习效果有限。兴趣是最好的老师，中职校思政课建设解决的首要问题应是提升课程吸引力，激发学生学习兴趣。

三是课程思政不够深入。中职校课程思政的教育渗透功能开发还不够充分，融入专业课、文化课还不够深入，在教育教学公开课、教学能力竞赛以外的日常课堂中，思政元素虽有体现，但大多未有效渗透教学内容。特别是专业课，与工业文化、技术文化、思政教育的融合待深入挖掘。

（二）教学模式方面

一是实践课程缺乏规划。中职校思政实践课程尚属于探索阶段，多以班级为单位进行组织。很多学校开展过程中缺乏合理统筹规划，班主任在课程建设中相对设计不足，特别是规模较大学校，实践课程缺乏统一主题，各班级执行落实情况各异，难以达到预期教育效果。

二是课外实践不够充分。中职校管理成本投入普遍较高，考虑到安全问题，中职生课外实践的活动规模、活动范围在一定程度上有局限性，不利于促进认知与实践的转化。

三是评价模式缺乏多元。中职校思政课教学评价以笔试为主,教师依据学生考试成绩评价学习效果,学生应试方法流于死记硬背,缺乏将理论知识与生活实际、知情意行有效结合,促进提升全面发展效果有效。

(三)内涵延展方面

一是师资水平有待加强。中职校受办学条件所限,往往侧重于专业师资建设,思政师资队伍缺乏保障,很多学校由管理人员、后勤人员兼任班主任、思政教师,思政课程建设水平参差不齐。

二是管理育人有待深化。中职校普遍存在追求管理效率,教育方法简单强制现象,亟待通过深入推广"育人为本"管理理念,充分调动管理人员、班主任、思政教师的积极性,变管理学生为服务学生,知学生事、暖学生心、导学生行,实现思政教育对学生的内在驱动、持久影响、有效激励。

三是家校对接有待密切。很多中职生家庭环境背景复杂,家长对学生关注程度不高,教育方法和理念跟不上时代,对学生厌学退学行为缺乏教育与沟通手段,无法有效配合中职学校开展思想政治教育。

三、中职学校思政课与初中阶段思政课的联系与区别

(一)中职与初中思政课的联系与区别——承续立德树人根本任务,从培养合格公民到培养高素质劳动者

初中思政课的目标是培养学生良好的道德品质和社会公民意识,培养学生具备正确的价值观和道德观念,以及对社会公民责任的认识和意识。中职思政课的目标是培养学生的政治认同、职业精神、法治意识、健全人格和公共参与,这 5 项核心素养与初中的培养目标是一致的,是初中思政课的深化。而中职思政课结合工业文化突出培养学生的职业精神,培育具有综合职业能力、工

匠精神和信息素养的高素质劳动者和技术技能人才，[1]体现了职业学校以就业为导向的办学方针，这是与初中思政课在培养目标上最大的区别。

（二）中职与初中教学方式的异同

中职学校思政课依据培养目标、课程标准及教学要求、学生能力、教学条件、教学资源等，普遍采用讲授法、案例教学、情境教学、项目教学、模块化教学等教学方式，广泛运用启发式、探究式、讨论式、参与式等教学方法，推广线上线下、课内课外、虚实结合等新型教学模式，推动课堂教学革命，提升教学质量、达成专业培养目标。初中思政课依据课程标准及教学要求等普遍采用讲授法进行教学。

（三）中职与初中课程设置的异同

表 15-2　数控技术（460103）专业教学进度安排表

分类	序号	类别	课程名称	学时				学分	考试	考查	学时分配					
				合计	理论教学	实验实训	集中实践教学				第一学年		第二学年		第三学年	
											1	2	3	4	5	6
											18	18	18	18	18	18
公共基础课	1	必修课	中国特色社会主义	36	36			2	√		2					
	2		心理健康与职业生涯	36	36			2	√			2				
	3		哲学与人生	36	36			2	√				2			
	4		职业道德与法治	36	36			2	√					2		
	5		习近平新时代中国特色社会主义思想与工匠精神	18	18			1		√					2	

① 刘蕗：《立足“工匠精神”的中职思想政治课教学研究》，《课程教学与教育管理研讨会论文集（二）》2023 年第 2 期。

表 15-3　2023—2024 学年度天津市义务教育课程设置样表（初中思政课程）

周课时 年级 课程		一	二	三	四	五	六	七	八	九	合计
国家课程	道德与法治	2	2	2	2	2	2	3	3	3	729
	语文	6	6	7	7	7	7	6	5	6	1983
	数学	4	4	4	4	4	6	4	4	5	1355
	外语	/	/	3	3	3	3	3	3	3	729
	历史	/	/	/	/	/	/	2	2	2	346
	地理	/	/	/	/	/	/	2	2	/	
	科学	1	1	2	2	2	2	/	/	/	828
	物理	/	/	/	/	/	/	/	3	3	
	化学	/	/	/	/	/	/	/	/	3	
	生物学	/	/	/	/	/	/	3	2	/	
	信息科技	/	/	1	1	1	1	1	1	/	210
	体育与健康	4	4	3	3	3	3	3	3	4	1042
	音乐	2	2	2	2	2	1	1	1	1	976
	美术	2	2	2	2	2	1	1	1	1	
	劳动	5	5	4	4	4	4	5	4	3	1324
	综合实践活动										
地方课程											
校本课程											
周课时总数		26	26	30	30	30	30	34	34	34	274
学年总学时		910	910	1050	1050	1050	1050	1190	1190	1122	9522

初中思政课仅开设道德与法治课这1门课程，贯穿初中3年。中职思政课在5个学期开设5门必修课，分别是中国特色社会主义课、心理健康与职业生涯课、哲学与人生课、职业道德与法治课、习近平新时代中国特色社会主义思想与工匠精神课。初中思政课的内容在中职5门课程中均有所体现，二者存在着有机的联系。二者的区别在于：一是开设门数不同。初中思政课开设1门，中职思政课开设5门。二是开设总课时不同。初中思政课总计324课时，中职思政课总计162课时。三是开设对象及课程目标、内容不同。以中职职业道德与法律课程为例。初中道德与法治课程主要面向初中阶段的学生，旨在培养学生的道德品质和法治意识。它通常涵盖的主题包括道德理念、法律法规、公民权利和义务等。同时注重学生对道德问题的思考和判断，培养基本的法治意识，并通过案例分析和讨论等形式，激发学生的责任感和公民意识。中职职业道德与法治课程则面向中等职业学校的学生，旨在培养学生的职业道德和法治素养。它除了包含初中道德与法治课程的内容外，还着重培养学生的职业道德和职业道德规范。课程注重学生对职业伦理和职业规范的理解和应用，并通过模拟实践、案例分析等教学手段，培养学生解决职业道德问题的能力。

（四）中职与初中思政课教材的异同

表15-4　中职思政课教材

序号	课程	教材	ISBN	出版社
1	中国特色社会主义	《中国特色社会主义》	9787040609073	高等教育出版社
2	心理健康与职业生涯	《心理健康与职业生涯》	9787040609080	高等教育出版社
3	哲学与人生	《哲学与人生》	9787040609097	高等教育出版社
4	职业道德与法治	《职业道德与法治》	9787040609103	高等教育出版社
5	习近平新时代中国特色社会主义思想与工匠精神	《习近平新时代中国特色社会主义思想学说读本》	9787010235318	人民出版社

表 15-5　初中思政课教材

序号	课程	教材	ISBN	出版社
1	道德与法治	《道德与法治》七年级上册	9787107312458	人民教育出版社
2		《道德与法治》七年级下册	9787107314803	人民教育出版社
3		《道德与法治》八年级上册	9787107319570	人民教育出版社
4		《道德与法治》八年级下册	9787107331640	人民教育出版社
5		《道德与法治》九年级上册	9787107360268	人民教育出版社
6		《道德与法治》九年级下册	9787107331343	人民教育出版社

中职思政课程《中国特色社会主义》教材中的内容在初中思政课程道德与法治课八年级下册、九年级上册中有所体现；中职思政课程《职业道德与法治》教材中的内容在初中思政课程道德与法治课七至九年级教材中均有所体现。

（五）中职与初中评价方式的异同

中职思政课程和初中思政课程都采用过程考核 + 终结考核相结合的评价方式，通过学生学习过程监测、评价与反馈机制，引导学生自我管理、主动学习，提高学习效率。二者区别在于：一是评价主体不同。初中思政课评价主要由任课教师完成，中职思政课评价引入了社会和企业元素，比如对学生在假期进行社区服务的考核，由校企合作企业对学生职业素养的评价等，形成多元化考核评价体系。二是评价内容不同。初中思政课包含过程性评价与终结性评价，终结性评价包括期末考试和中考，职业道德与法治课程在中考中占 100 分，考核的主要内容主要为教材上所讲知识。中职思政课评价的内容不止书本上的知识，还涵盖了学生社会实践、顶岗实习等评价内容。

四、中职与高职思政课的联系与区别

（一）中职与高职教学目标的异同

中职思政课与高职思政课理论教学，在“为国育才、为党育人”总目标上高度一致，但在阶段性目标上具有各自特点。

例如，中职思政课中国特色社会主义课、职业道德与法治课、习近平新时代中国特色社会主义思想与工匠精神课、心理健康与职业生涯课、哲学与人生课5门必修课，主要分为心理健康、法律常识、国情教育3大板块，引导学生提高融入现代生活的能力，认知工业文化、技术文化，成为高素质劳动者。高职思政课是以政治、经济、产业等社科知识为基本内容，通过系统理论教育引导学生坚定社会主义信念，增强对党和政府的信任，成为坚定的、全面发展的新时代社会主义建设者。

（二）中职与高职教学方式的异同

中职思想政治与高职思想政治理论课都是以课堂教学为主，教师发挥主导作用，通过课堂教学引导学生进行系统学习。但高职院校思政课教学的教育对象学习能力、接受能力更强，且没有升学压力，可供选择的教学方式更灵活，可呈现的教学内容和方法更多元。高职思政课的课堂延伸性、知识结构优化性、人文社会素养丰富性相对中职思政课更全面。

例如，可采用“启发引导、双向互动”教学模式，将讨论教学法、情感教学法、案例教学法、启发教学法等多种教学方法融为一体。又如，组织网站自学、社会调研、参观走访、课题报告等。

（三）中职与高职课程设置的异同

中职思想政治课与高职思想政治课教学目标的一致性，决定了在课程内容上的连贯性，高职与中职思想政治课都涉及国家政治、经济、文化等内容，但侧重点和深度广度不同。高职思政课在课程设置上有整体性、连续性，统一对学生进行马克思主义理论教育、思想政治教育、社会科学教育，中职在内容上侧重于基础理论，高职在内容上侧重于基本原理。

（四）中职与高职学生评价的异同

中职与高职思想政治课都是以考试为主的评价方式。高职思想政治课一般坚持理论、实践考核相结合，课程考评方式一般都实行期末考试成绩与平时成绩相结合，将学生日常实践活动表现纳入考查，更注重过程性评价，同时社会调查、社会服务等也会成为评价教学效果的主要标准。

五、中职学校思政课教学在大中小学思政课一体化建设中的特殊作用

据不完全统计，截至 2024 年 1 月，全国有 1 万余所中职学校，约为高职院校数量的 9 倍。中职学校肩负着培养适应时代要求的创新型、复合型、应用型技能人才的教育使命。思政课作为育人主课，则起到助推学校“三全育人”、建立健全职业教育文化、引导学生树立正确价值观的重要作用。

中职学校思政课既要符合中等职业教育实际，又要对标普通高中和衔接义务教育，兼顾升学、就业双渠道任务。教学工作就不是简单贴标签，而要强化与职业能力密切相关的学科核心素养培养，满足学生未来职业发展的需要。深入剖析研究，面对中职学生这一特殊性群体，其思政课教学在大中小学思政课一体化建设中极具特殊性。主要体现在纵向各学段内容衔接和横向各相关教学内容相互协调两大方面。

（一）中职学校思政课在教学方面的纵向衔接

纵向衔接承上启下，构建思政课程的知识体系。中职学校的思政课教学内容与小学、初中、高中以及大学的思政课内容是相互衔接的，但又有其独特性和特殊作用。

1. 衔接义务教育——践行立德树人根本任务

中职学校在思政课教学中，需要与初中阶段的思政课进行有效衔接，确保学生在知识体系上的连贯性和系统性。目前，初中的教材是《道德与法治》，2020 年最新版《中等职业学校思想政治课程标准》提出将教材调整为《心理

健康与职业生涯》《中国特色社会主义》《道德与法治》《哲学与人生》。从名称上看,中职思政课教材与初中段的衔接更加紧密。从内容上看,中职思政课是在义务教育的基础上,进一步打好学生的文化基础,提升共同能力,培养学生的综合素质。

首先,在初中道德与法治课程中,通常会涉及基础的道德观念、法治意识以及社会责任等内容。例如,在初中阶段,学生们会学习到诸如诚实守信、尊重他人、维护公共秩序等基础道德原则,同时也会初步接触到宪法和法律的基本原则,了解到个人在社会中应承担的责任和义务。而在中职院校的思政课中,这些基础内容会得到进一步的深化和拓展,以及对初中阶段所学知识的巩固和应用。例如,在职业道德与法治课程的相关章节中,会结合具体职业的特点和要求,引导学生理解并践行职业道德规范,培养职业素养。同时,在法治教育方面,职业院校的思政课会更加注重法律在实际工作中的应用,帮助学生了解并遵守与职业相关的法律法规。

具体以现用教材为例,初中道德与法治课程中有一个章节专门讲述"保障宪法实施",而职业院校的思政课中一个章节是"坚持依宪治国"。这两个章节虽然名称不同,但主体内容是相互衔接的。前者为学生奠定了坚持宪法至上的意识,后者则在此基础上进一步强调了宪法的基本原则和实施的意义。这样的衔接,利于学生逐步建立完整的思政课程知识体系,为未来的学习和生活奠定坚实基础。

2. 满足升学需求

中职学校思政课教学还需注重与高校段内容紧密衔接。高校的教材是《思想道德与法治》《毛泽东思想与中国特色社会主义概论》《马克思主义基本原理》《中国近代史纲要》,从内容上看,同中有异,这就意味着中职学校的思政课不仅要关注本学段的教学内容,还要与后一学段(高职、大学)的教学内容相互呼应。不能以简单地删除解决问题,要通过合理定位教学目标,科学安排教学内容,确保不同学段相似教育内容的侧重点不同又上下衔接,以形成完整的思政课程知识链,从而满足学生未来升学发展的需要。

以现用教材为例，中职《中国特色社会主义》与大学《毛泽东思想与中国特色社会主义概论》具有高度的相似性。除了第一课与大学马克思主义基本原理等课程密切相关外，其余三课与大学“概论课”内容接近。

同时，中职教学目标与大学“概论课”等课程的教学目标相比，同样有相同之处。通过学习，学生能够通过学习认识到马克思主义、中国共产党、社会主义道路是近代中国历史发展的必然选择和全体人民的共同选择，认同只有社会主义才能救中国，只有中国特色社会主义才能发展中国，只有坚持和发展中国特色社会主义是实现中华民族伟大复兴的必由之路，从而树立为中国特色社会主义事业和民族复兴伟业奋斗的人生理想。

不同点在于中职教学仅要求学生认识和理解人类社会的一般进程和发展规律，初步掌握马克思主义中国化的历史进程和理论成果，并能初步运用这些原理和理论来解释历史和现实问题，亦即“重在开展常识性学习”。而大学思政课则在此基础上要求学生能够更加系统和深入地理解马克思主义基本原理和中国特色社会主义理论，能够进行比较、评价，并在实践中加以运用和创新，亦即“重在开展理论性学习”。由此可见，中高职思政衔接是一个由浅入深、由简单到复杂、由感性认识和形象思维逐渐上升到理性认识和抽象思维逐步递进的过程。

3. 对标社会需求

中职学校的学生正处于青春期和职业发展初期，他们面临着从学校到社会的过渡阶段。思政课要为学生进入社会、成为合格的职业人做好准备。因此，中职学校的思政课教学需要特别关注学生的心理特点和职业发展需求。重点强化与职业能力密切相关的学科核心素养培养，要以“思想政治 + 工业文化”“通识教育 + 职教特色”相结合，并将工匠精神教育循序渐进地融入思政课教学。

以某职业院校为例，[1] 为了贴近学生的心理特点和职业发展需求，推出了

① 葛振娣、陈煜、陈宝珍：《职业院校专业文化建设和工匠精神培育融合的现状及策略分析——以仪征技师学院（仪征工业学校）汽车专业为例》，《职业》2020 年第 36 期。

名为“工匠精神熔炉”的课程模块。在这个模块中，学生将通过一系列与实际工作场景相结合的课程和活动，学习到如何将思想政治教育与职业技能培养相结合。学校与当地一家制造企业合作，共同设计一个项目，让学生能够在企业的工作环境中直接学习和实践。在项目中，学生不仅学习企业的工作流程，还需要完成从原材料采购到成品加工的整个制造过程，包括精细的质量控制和成本管理训练。此外，企业的高级工程师和技术人员也给学生们开设特别讲座，讲解如何将工匠精神与企业文化结合起来，以及如何在实际工作中体现职业道德和责任感。学生们在完成项目后，须撰写反思报告，分析自己在实践中如何将思政课程内容、社会主义核心价值观更好地理解并应用到具体工作中。通过这种“思想政治＋工业文化”的结合，该中职学校的思政课不仅增加了教学的深度和广度，而且有效地帮助学生为即将到来的职业生涯做好准备，让他们能够在未来的工作中既展现专业能力，体现良好的职业素养。中职“思想政治＋工业文化”的特殊结合方式，既符合思政课内容结构的深度，又满足思政课程内容结构的广度，助推学生规划未来的职业发展道路。

（二）中职学校思政课在教学上的横向协调

横向协调左右联动——培养合格社会公民。中职学校思政课具有独特的定位和功能，能够在不同学科和领域之间发挥横向协调的作用。通过与其他课程的联动，可以形成教育合力，共同推动学生的全面发展。

1. 与专业课程相结合

积极开展课程思政建设，培养高素质能工巧匠，是中职学校立德树人工作的重要内容。教育部于 2020 年 5 月印发了《高等学校课程思政建设指导纲要》，对“高校课程思政建设干什么、怎么干、谁来干”进行了全面部署，为高校课程思政建设提供了清晰的行动指南和详细的“工程图”。但课程思政如何从高校走向中职学校，还有待进一步推进。

中职学校的专业课程具有实用性和职业性特点，与思政内容结合，可以使学生在学习专业知识的同时，增强思想政治素养和职业道德观念。这种结合有助于培养学生的综合素质和职业能力，提高他们在未来工作中的竞争力和适应力。具体而言，就是把政治认同、国家意识、文化自信、人格养成等思想政治教育导向与各类课程固有的知识、技能传授有机融合，实现显性与隐性教育的结合。

2. 与校园文化相结合

思政教育工作与校园文化建设均为中职院校学生培养素质教育的重要组成部分，二者的有效融合与创新实践，是学校实施人才培养德育目标的关键。一方面，立足于深化学生的思想内涵建设和传承，把价值引领渗透贯穿于学生管理、文体活动、课余生活等在校学习的各个维度，系统性地针对学生的爱国主义教育、行为养成教育、人文素养教育、传统文化教育等开展一系列的校园文化活动。

另一方面，新媒体时代，各种社会文化、信息、数据呈现多元化的发展，中职学生因为年龄、文化基础薄弱等独特性，容易随流从众，缺乏明辨是非的能力，中职学校就要通过“两微一端”给予学生正向引导。

3. 与社会实践相结合

思政课程包括基础模块和拓展模块两部分。拓展模块是必修课程的拓展和补充。而结合学校德育工作，开展学生社会实践、文明礼仪教育、民族团结进步教育等，成为中职学校的一大特色。例如企业一日体验，在学生明晰专业定位的同时，激发从业热情；参演建党百年音画党课，让学生了解中国共产党百年历史，激发爱国热情；志愿服务活动，让学生奉献爱心和体会劳动的快乐。这都是让学生将所学的理论知识应用于实际生活中；不仅可以加深学生对思政知识的理解和记忆，还可以培养学生的实践能力和社会责任感。同时，通过实践活动，还可以让学生更好地了解社会、了解职业，为未来发展打下坚实的基础。

第三篇　教学创新篇

第十六章

新时代劳动教育融入职业院校思政课的困境与出路

随着我国职业教育的不断发展和深化，劳动教育在职业院校思想政治课程中的地位日益凸显。然而，在新的历史时期下，劳动教育在职业院校思政课中的融入过程中还存在着很多不足。一方面，传统的教学观念和模式在一定程度上制约了劳动教育的深入实施；另一方面，新时代对劳动教育提出了新的要求和挑战，需要我们不断创新和完善教育方式和内容。探索出一条符合时代特征、具有职业院校特色的劳动教育之路，成为我们面临的重要课题。

一、劳动教育嵌入职业院校思政课的重要意义

（一）马克思主义理论视域中劳动教育的内涵

马克思、恩格斯等马克思主义经典作家认为，劳动创造了世界、劳动创造了历史、劳动创造了人本身、劳动实现了人的全面发展、教育和生产劳动相结合是社会主义教育的根本原则等。

首先，劳动揭示了人的木质。而人的本质不是单个人所固有的抽象物，在其现实性上，它是一切社会关系的总和。马克思主义理论认为，劳动是在不同社会历史形态下，通过使用一定的生产工具，达到满足人的基本生存需要的目的人类特殊运动方式。关于劳动的思想在马克思主义理论体系中占有重要地位，是马克思主义理论的核心之基。在马克思主义哲学中，劳动被视为人的实践活动的最基本、最普遍的表现形式，是满足人的基本生活需要，创造人类精

神文明的根源。

其次,马克思主义劳动观还强调劳动促进人和人类社会的发展,能实现人的个性的真正全面和自由的发展。通过劳动,人们能够不断锻炼自己的能力和技能,实现自我价值的同时也为社会作出贡献。

再次,劳动教育旨在引导学生树立正确的劳动观点和劳动态度,尊重劳动、热爱劳动、积极参与劳动,为推动人类社会历史的进步贡献自己的力量。这不仅是人德智体美劳全面发展的主要内容之一,也是新时代培养德智体美劳全面发展的社会主义建设者和合格接班人的内在要求。

通过劳动教育,可以引导学生深刻认识到劳动的价值和意义,形成对劳动的正确理解和尊重。职业院校开展劳动教育实践,着重培养学生的创造力和实践能力,使其具备社会责任感和使命感,在结合专业学习过程中,将其培养成社会有用之人。马克思主义理论视域中的劳动教育内涵丰富,通过劳动实践培养学生的劳动技能、劳动态度和劳动精神,让学生成为全面发展、具备社会责任感的新时代劳动者。

(二)劳动教育的政治意蕴

劳动教育是中国特色社会主义教育制度的重要内容。注重教育与生产劳动相结合,是马克思主义劳动观教育观的基本原理,也是党的教育方针的重要内容。新时代背景下的劳动教育直接决定社会主义建设者和接班人的劳动精神面貌、劳动价值取向和劳动技能水平,具有深厚的铸魂育人政治意蕴。

1. 劳动教育参与构建育人格局

劳动教育作为新时代高校落实中央要求的重要任务,致力于参与健全立德树人落实机制,形成更高水平的人才培养体系。它强调全员、全过程、全方位的育人理念,要将劳动教育贯穿学科体系、教学体系、教材体系和管理体系,与学生实际需要紧密结合,整合各类教育资源,完善各方面的体系建设。融入劳动教育构建职业院校的育人格局,使学生树立正确的劳动观念,培养勤奋、创新、奉献的劳动精神,掌握必要的劳动技能,形成良好的劳动习惯,实现人的全面发展。

2. 劳动教育与思政课实现内在耦合

劳动教育是上好“思政课”的关键一环。劳动教育与思政课在育人过程中展现出了深刻的内在耦合。这种耦合不仅体现在两者育人目标的一致性上，即都致力于学生的全面发展，更在于它们相互补充、相互促进的方式上。思政课的价值理念，不仅停留在理论层面，更需要通过劳动实践来让学生亲身体验、深入认同。劳动教育正是提供了这样的实践平台，让学生在劳动中感受劳动的艰辛与快乐，理解劳动对于个人成长和社会发展的重要性，从而深化对思政课价值理念的理解和认同。同时，劳动的价值也需要通过思政课的理论认识和理性分析来实现升华和转化。思政课能够帮助学生从更高的角度审视劳动，理解劳动背后的社会、历史和文化背景，以及劳动对于个人成长、社会进步和文明发展的深远意义。因此，劳动教育与思政课在育人过程中形成了相互依赖、相互促进的内在耦合关系。这种耦合关系使得劳动教育能够融入思政课的教学中，共同推进学生的全面发展。

3. 劳动教育强化学生的政治认同

近年来，在一些大学生中出现了不珍惜劳动成果、不想劳动、不会劳动，劳动观念淡薄、劳动技能缺失的现象，认为劳动教育对自我提升、社会进步乃至国家发展的作用不大。通过劳动教育，学生可以更加深入地了解社会、了解国情，认识到劳动对于国家和社会发展的重要性。而劳动教育可以培养学生的爱国情怀和社会责任感，增强对中国特色社会主义道路、理论、制度和文化的认同。同时，劳动教育还能够让学生体验到劳动的艰辛和快乐，从而更加珍惜生活、感恩社会，形成积极向上的生活态度和价值取向。

（三）职业院校开展劳育课程的意义

1. 提升教育教学质量

职业院校开展劳育课程有助于提升学校的教育教学质量。劳育课程是职业教育的重要组成部分，它与专业课程相互补充、相互促进。通过劳育课程的学习，学生能够更好地理解专业知识的实际应用，增强学习的针对性和实效性。同时，劳育课程还能激发学生的学习兴趣和积极性，提高学生的学习效果和满意度，让学生在劳动中感受获得感、价值感。此外，劳育课程还可以结合学校专业特色，形成学校独有的特色和品牌，提升学校的知名度和影响力。

2. 服务社会发展需求

职业院校开展劳育课程还能够服务社会发展需求。随着社会的快速发展和产业的不断升级，对于具备良好职业素养和劳动技能的人才需求越来越大。在对接一些“订单班”企业中，招聘人员普遍反映学生的实操能力和职场社交能力有待提高。职业院校作为培养高素质技术技能人才的重要基地，通过开展劳育课程，能够为社会输送更多具备实践能力和创新精神的劳动者，在劳动实践中促进学生之间的协作交流，提升职场适应能力和社交能力，故劳动课程还有助于推动社会的进步和发展。

3. 促进学生全面发展

职业院校学生对基础知识掌握较为薄弱，整体能力较本科生略有不足。但根据职业教育培养方案，对其专业技能和实操要求高、对理论知识掌握要求低。而在职业院校开展劳育课程，有助于职业院校学生在大学期间得到能力的提升，督促其养成良好的学习、生活习惯。劳育课程不仅能够培养职业院校学生的劳动技能和劳动习惯，还能提升学生的职业素养和综合能力。通过参与劳动实践，学生能够深入了解职业特点和工作环境，增强对本专业行情、职业岗位的认同感和责任感。同时，劳育课程还注重培养学生的团队协作、创新能力和解决问题的能力，这些能力对于这些理论功底薄弱的职业院校学生来说，可以使其在职业发展和社会适应中提升综合能力。

二、新时代职业院校思政课的劳动教育之困

（一）知识化的困境：疏离真实生活

在职业院校劳动教育中，由于劳动场地、课程时间的限制，以及教师对课程标准、人培方案把握得不够准确，还存在过于注重理论知识的传授，而忽视了与真实生活联系的情况。这导致学生难以将所学的劳动知识转化为实际行

动，无法实现劳动教育的真正价值，具体表现为：课程设计与岗位实际相脱离、实训设施与企业实操不匹配、教学内容与产业革新不同步三个方面。

1. 课程设计与岗位实际相脱离

高职院校劳动教育课程还存在一些人培方案制定偏重理论教学，较少考虑与行业、企业实际工作的紧密结合。一方面导致教师在备课中比较吃力，大量学生对劳动教育课程学习兴趣度下降，理论知识掌握并不到位；另一方面，虽部分同学认真学习了大量的理论知识，但在实际操作技能和解决问题能力上存在欠缺。由于劳动课程的整体设计与岗位实际未能有效结合，造成学生对劳动教育课程认为是“纸上谈兵”的形式课程。

2. 实训设施与企业实操不匹配

随着我国工业化的飞速发展，企业的技术和设备更新换代较快。而学校提供的实训设备、场所或模拟的工作环境未能及时更新，与现代产业发展的实际需求和技术标准有较大差距。学生在这样的环境下接受的劳动教育自然不能充分对接现实世界。职业院校学生到了实习阶段时，则面临着直接上岗的情况。一些学生由于缺少与真实工作岗位的接触，无法在实际劳动过程中锻炼和提升职业技能，在实习阶段初期缺乏对岗位的热情，在实习后期对就业前景信心不足。

3. 教学内容与产业革新不同步

不少职业院校的劳动教育因起步晚、规划短，在整体的内容设计上未能及时跟上时代的发展步伐而反映行业发展中对新技术、新工艺、新业态的要求，使得学生所学技能难以直接应用到快速变化的社会实践中。由于劳动教育类的课程多数由辅导员、思政教师、基础课教师承担，在备课中缺少对产业发展、专业建设的整体认知，融入生活常识内容多，融合产业专业内容少，教学内容与产业革新还不同步。

（二）实践化的困境：存在只劳不育

在劳动教育实践中，还存在过度强调劳动过程，而忽视了教育引导的功能，出现“只劳不育”的情况。要求学生按时完成劳动任务，但在思想道德、职业素养等方面的提升并不明显。部分职业院校的思政课过于强调劳动实践的形式，未能实现劳动教育的育人目标，这导致学生在劳动实践中缺乏深入思考，难以实现劳动教育的全面育人效果。主要体现在以下几个方面：

1. 教学目标落实不到位

劳动教育的核心目标不仅是让学生参与劳动，更重要的是通过劳动实践培养学生的劳动精神、劳动技能和劳动习惯，帮助他们形成正确的劳动价值观和劳动态度。然而，在实际操作中，往往存在教育目标与实践脱节的现象。因为教学班级人数、劳动实践场地等限制，一些学校或教师过于注重劳动的形式和数量，而忽视了劳动教育的育人本质。一些劳动实践课程只是简单地安排学生参与体力劳动，如：在“马克思主义劳动观与劳动教育”这门思政课程的实践中，选取以简单耕种、打扫宿舍、清洁校园等方式引导学生养成劳动习惯，而没有将劳动实践与理论教育相结合，缺乏对劳动意义、劳动价值的深入讲解和引导。这种脱节导致劳动教育课程变成了单纯的体力劳动，失去了其应有的育人功能。

2. 劳动情感推进不深入

劳动教育不仅仅是技能的传授，更是一个情感与体验的教育过程。学生在劳动中应该能够体验到劳动的快乐和成就感，从而激发对劳动的兴趣和热爱。然而，“只劳不育”现象却忽视了这一点。在思政课程中的劳动环节，学生往往只是机械地完成任务，缺乏情感上的投入和体验。如一些院校的劳育耕种实践中，学生满足于完成掰玉米、拔萝卜即可，未主动深入了解劳动的内涵和意义，也没有时间去感受劳动带来的心灵触动。这种缺乏情感与体验的教育方式无法真正触动学生的内心，也无法达到劳动教育的真正目的。

3. 教学方法采用不丰富

一些学校或思政教师在实施劳动教育时，往往采用传统的、机械的教学方法，缺乏创新和多样性。由于各种限制因素，教师只是简单地安排学生进行体力劳动，而没有结合学生的实际情况和兴趣特点，设计更加富有针对性和趣味性的教学活动。同时，忽视了现代化教学手段的运用，如多媒体教学、互联网教学等，使得劳动教育课程变得单调乏味，难以激发学生的学习兴趣和积极性。这种教学方法与手段的单一性，不仅影响了劳动教育的效果，也限制了劳动教育的发展和创新。

（三）封闭化的困境：回避时代挑战

职业院校思政课在劳动教育方面往往过于封闭，缺乏与时代发展的紧密结合。这导致学生难以适应新时代对劳动者提出的新要求，无法有效应对时代的挑战。

1. 未能及时融入现代科技元素

随着科技的飞速发展，智能化、自动化等现代科技手段在各行各业得到广泛应用，对劳动者的素质和能力提出了新的要求。然而，当前的劳动教育往往还停留在传统的体力劳动层面，缺乏对现代科技知识和技能的传授，未能利用好职业院专业技术和专业教师的优势。这导致学生在面对现代职业环境时感到陌生和不适应，无法充分利用现代科技手段提升劳动效率和质量。

2. 未能充分反映社会变革的需求

随着社会结构的不断调整和产业结构的转型升级，新的劳动岗位和职业类型层出不穷，如电子商务专业出现的直播带货相关岗位、机器人专业出现的无人机驾驶员等。这就要求劳动教育能够适应这些变化，为学生提供多样化的劳动体验和实践机会。然而，职业院校现行的劳动教育往往局限于学校内部，缺乏与社会各界的紧密联系和合作，难以提供真实、丰富的劳动场景和实践机会。这导致学生难以了解社会变革对劳动的新要求，也无法培养适应未来社会所需的新技能和高素养。

3. 未能有效提升学生的创新能力

在科技迅猛发展过程中，创新已经成为推动社会发展的重要动力。劳动者不仅需要具备扎实的专业技能，还需要具备创新意识和创新能力，以应对日益复杂多变的劳动环境。然而，当前的职业院校劳动教育往往过于注重规范和标准的传授，缺乏对学生创新精神和创新能力的培养。在整体的劳动教育中缺乏对学生独立思考和解决问题能力的提升，难以在劳动实践中激发学生的创新潜力，也无法为社会的进步和发展作出更大的贡献。

三、新时代职业院校劳动教育融入思政课的实施路径

在职业院校开展劳动教育，难以将劳动教育与实习实训教学区分开来，这需要在实践中不断探索和完善。本书这里只探索将劳动教育融入思政课教学的具体途径。

（一）整体规划，搭建一体化劳育教学平台

职业院校应制定思政课程中劳动教育的整体规划，将劳动教育融入思政课程体系，构建一体化思政劳育教学平台。如笔者所在学校，现对接十个校内外实践教育基地，包含乡村振兴、科技创新、生态文明、国防安全、农耕文化等主题，通过签订劳动实践共建协议，搭建了一批劳育教学场地，为开展劳动教育提供了强有力的平台支撑。笔者所在学校借助各类劳动教育平台，以毛泽东思想和中国特色社会主义理论体系概论课程为示范，带领80余个班级的学生走进劳动教育实践基地，开展“行走的思政课”教学体验。还通过课程实训、企业实习、校内耕种等多种方式，积极开展高职院校大学生的劳育课程，实现了劳动教育与思政课程的有机结合，提高劳动教育的针对性和实效性。因此，在新时代的背景下，教师要充分掌握职业教育的优势和特点，打破学科界限，构建包含思政教育、专业教育和劳动教育在内的有机整体，通过顶层设计，搭建起理论与实践相结合的一体化劳育教学平台，确保劳动教育贯穿于学生学习的全周期。

1. 搭建以实践砺技能平台

以实践磨砺学生技术技能，是职业院校劳育教学的基石。职业院校应重点打造并设立专门的思政课程劳育实践基地，为学生提供真实的劳动场景和丰富的实践机会。积极借助校内“五育中心”实践平台开展劳动活动，如园艺种植、手工制作、实训设备维护等，让学生在“做中学”“学中思”，引导职业类学生能够亲身体验劳动的艰辛与乐趣，培养良好的劳动习惯及提升劳动技能，特别是自律意识的养成。同时，学校还应加强对劳育实践的指导和监督，加强思政

教师与“五育中心”专业教师开展集中研讨，统一规划劳动教育实践，确保思政课程的劳动实践活动的专业性、安全性和丰富性。

2. 完善以实训强能力平台

以实训课程强化学生综合能力，是职业院校专业教学的关键环节，也是劳动教育融入思政课程的重要途径之一。目前各类职业院校已经根据不同专业的特点，设计具有针对性的实训课程。但通过与行业企业合作，引入先进的实训设备和技术，让学生在真实的工作环境中进行专业操作和实践比较少。职业院校应重点狠抓实训课程，让学生在实际操作中检验自身对理论知识的学习成效，同时提升自己的动手操作能力和专业技能水平，增强自身在未来就业市场的整体竞争力。此外，学校还应加强实训课程和思政课之间的互融关系。如：马克思主义劳动观与劳动教育课程的专题劳动实践板块，可积极对接实训部门，借助实训课程进行联合实践，在讲清如何构建正确的劳动观的时，让学生在实训中用亲身体验阐述好这一观点，从而达到“润物细无声”的育人效果。

3. 构建以实习促就业平台

以学生实习促进就业发展，是职业院校学生迈向职场的桥梁。学校应积极与学生眼中的大企业、好企业开展“订单”合作，建立稳定的实习基地和合作关系。在现有的一些“订单班”实习中，部分学生面对待遇低、住宿条件差、工作时间长等问题而不愿实习，缺乏对自身和市场的准确定位。如，在“大国工匠和职业理想”思政课程中，通过组织学生在进入职场之前，积极参加短期的实习活动，让他们在实践中了解职业要求和工作流程，积累丰厚的工作经验。同时，思政教师还应加强对实习学生的择业观、价值观等方面开展指导和支持，积极与企业沟通学生实习情况，帮助他们解决实习过程中遇到的问题和困难。以良好的实习模式，创新开展工匠精神教育，让学生培养正确的劳动观的同时，能够更好地适应职场环境，提高就业意向率。

（二）整合资源，创新实践教学融合模式

职业院校承担思政教育课程的部门应充分利用校内外资源，创新实践教学融合模式。通过与兄弟院校互享资源、与开展企业合作、与社会机构开展社会实践等方式，将思政课程中的劳动教育与课程实践教学紧密结合，使学生在实践中深化对劳动教育的理解和认识。充分发挥校企合作优势，引入企业导师，与专业课程部门共建实训基地，让学生在真实的工作环境中学习和锻炼，实现劳动教育与专业教育的深度融合。同时，借助现代信息技术手段，完善实践教学评价体系，充实思政课程中劳动教育的形式和内容。

1. 更新教学理念，构建多元化实践教学模式

首先，思政课教师要及时更新教学理念，从传统的以知识传授为主的教学模式转变为注重实践能力和创新精神的培养。在此基础上，思政课教师的角色从单一的知识传授者转变为引导者、辅导者，更加注重激发学生的学习兴趣和潜能。在构建多元化的实践教学模式上，尝试探索项目化教学、案例教学、模拟实训、任务驱动等多种形式。这些模式能够让学生在课程的劳动实践部分，学习将理论知识与实际操作相结合，提高学生的问题解决能力和创新能力。同时，注重劳动教学的个性化，针对不同学生的特点和需求，设计差异化的实践教学内容和方式。例如，对于兴趣浓厚、动手能力强的学生，可以引导他们参与创新性的实践项目；对于理论基础扎实、善于分析的学生，可以组织他们进行案例分析研讨、形成调研报告等。

2. 协同专业资源，采用现代化的教学手段

思政课程的劳动教育要注重整合其他学科资源，充分发挥各学科现有的基础优势。如数字媒体专业的思政课程中，可以与该专业负责教师协同开展劳动实践。通过创作劳动短视频、拍摄劳动系列图片等途径让学生提升专业技能的同时感悟劳动真谛。此外，职业院校还应积极推动各学科间的协同发展，打破传统学科壁垒，共享教育资源。通过引进和应用现代化的教学手段，如数字化教学工具、虚拟现实（VR）、增强现实（AR）等技术，打造数字劳动教育，为劳动教育注入新的活力。例如，运用数字化技术模拟生产流程，使学生在虚拟环境中进行模拟操作，既保障了实操安全，又提供了丰富的实践体验。同时，利用互联网平台，开展线上线下的混合式实践教学，让学生可以在任何时间、任何地点进行学习和实践，极大地拓宽了劳动教育的实施途径。

3. 强化产业对接，实现产学研一体化

思政课程中的劳动教育与产业的对接是创新实践教学融合模式的关键。通过与企业建立紧密的合作关系，共同开发劳动课程、建设劳动实践基地，实现资源共享和优势互补。这样不仅可以为学生提供真实的职业环境和劳动实践机会，还可以促进学校与企业的深度合作，推动科研成果的转化和应用。职业院校可积极对接与本校专业相关联的企业，如笔者所在院校全方位选拔一批优秀的学生组成“工匠班”，将在空中客车（天津）总装有限公司进行实习锻炼，该班级的思政课程劳动实践可对“空客”的企业文化、工匠精神等内容开展实地调研，实现了产学研一体化的教育模式。同时，还应注重劳动教育与学科建设的融合，将思政课程中的劳动教育作为学科建设的重要组成部分，推动学科发展与劳动教育的相互促进。在产学研一体化的实践教学模式下，有助于培养学生具备行业前沿知识和技能，提高他们的就业竞争力和社会适应能力。

（三）以评促融，完善劳育教学评价机制

建立科学的思政课程中的劳育教学评价机制，以合理的评价促进劳动教育与思政课程的有效融合。通过制定评价标准、开展评价活动等方式，全面评估劳动教育的实施效果，从而推动劳动教育的持续改进和发展。

1. 评价内容的全面性与针对性

劳育的教学评价机制应确保评价内容的全面性和针对性。全面性意味着评价应涵盖学生的劳动理论知识、劳动技能、劳动态度以及劳动习惯等多个方面，从而全面反映学生的劳动素养。针对性则要求评价内容应针对不同年龄段、不同专业的学生设定相应的评价指标，以确保评价的公正性和准确性。此外，在评价方式上，一方面要注重综合评价，将过程性评价与结果性评价充分结合，划分好劳动理论学习（卷面分）、劳动能力（平时分）、劳动成果（附加分）所占比例，根据劳动教育实施方案制定完善的学生劳动成绩构成；另一方面要加强标准化、定量化和公平性评价，避免过于主观化评价。制定详细的劳动教育整体课程评价标准和实施细则，将评价结果转化为劳动成绩。在实施过程中，还可以通过制定详细的评价标准，明确劳动各项评价指标在思政整体课程中的权重和评分标准，以便教师能够根据学生的实际情况进行客观、公正的评价。同时，还可以采用多种评价方式相结合，如观察记录、作品展示、口头报告等，以获取更全面的评价信息。

2. 评价方法的多样性与创新性

为了完善劳育教学环节的评价机制，还需要采用多样性和创新性的评价方法。由于传统的评价方式往往过于单一，难以全面反映学生的劳动素养。因此，应引入多种评价方式，如自我评价、同学互评、教师评价等，以形成多元化、综合性的评价模式；以及引入多元化评价主体，包括教师、企业导师、实践基地、学生自身等，形成多方参与、共同评价的局面。同时，为科学、合理反映实践结果，应注重对评价方式的创新。通过借助现代技术手段，如大数据、人工智能等，对评价数据进行深度挖掘和分析，从而更准确地评估实践内容是否能有效提升学生的劳动素养，及时改进和完善实践中各个环节。此外，还可以尝试开展创新性评价活动，如劳动技能竞赛、劳动成果展示等，以激发学生的劳动热情和创造力。

3. 评价结果的反馈与应用

完善思政课程的劳育教学评价机制还需要注重评价结果的反馈与应用。评价结果的反馈应及时、准确，能够帮助学生了解自己的劳动素养状况，发现自身的优点和不足，从而有针对性地改进和提高。同时，评价结果的反馈应当是一个动态、及时且具有指导性的过程，旨在确保每名学生都能获得关于其劳动实践过程中的整体表现、与他人的差距、薄弱环节等信息。而评价结果的应用也应得到充分重视。教师应当定期梳理和分析评价数据，根据学生的整体表现情况，适时调整课程内容设置、优化教学策略、创新教学方法，以期精准对接学生的需求，弥补教学短板，提升教学质量。学校还可以将评价结果作为评优评先、奖学金评定等方面的重要依据，以激励学生积极参与劳动教育活动。此外，还可以将评价结果作为调整和完善劳育教学内容和方法的重要参考，以不断提高思政课程中劳育教学的质量和效果。

第十七章

职业学校思政课教学中的美学教育

当前,职业学校思政课教师要转变观念,确立以美育育人的价值理念、深化资源整合,统合以美培元的教学内容、提升教学艺术、塑造学生的审美需要、立足长远发展,细化协同创新格局,积极探索美育融入高校思政课教学的实践路径,以建构新时代职业学校思政课教学的育人格局。

一、美育融入职业学校思政课的意义

美育是高校思想政治教育的重要载体,是落实立德树人根本任务和全面发展教育的重要组成部分,对培养学生的创新精神和实践能力、塑造学生的健全人格、提高学生的审美素养具有不可替代的价值。美育是提升国家文化软实力、增强国家核心竞争力的重要路径,是实现民族复兴、助力青年圆梦的应然选择,是实现文化自信、建设文化强国的现实需要,是时代风貌、育人成果的重要体现,有助于塑造“品格价值”、丰润“文化内涵”、激发“创造活力”。根据中办、国办 2020 年 10 月印发的《关于全面加强和改进新时代学校美育工作的意见》,应将学校美育作为立德树人的重要载体,以社会主义核心价值观为引领,弘扬中华美育精神,把美育纳入各类学校人才培养的全过程,贯穿学校教育各阶段。当前,全面推进新时代美育融入高校思政课教学改革发展,仍存在学科资源整合不深入、协同创新不全面、育人体系不协调、师资力量不均衡等问题,在一定程度上影响了美育与思政课教学作用的有效发挥。鉴于审美教育侧

重潜移默化地对人施加影响，内容的选择，强调以情感人，教育内容相对缺乏理论的深刻性与创造性。思政课的教学内容以马克思主义理论为支撑，所授内容具有极强的科学性、深刻性和现实指导性，这种理论深度和政治意蕴正是审美教育的教学内容所欠缺的。因此，马克思主义理论的深刻性和所具有的永恒持久力，将成为审美教育的点睛之笔，使审美教育与思政课相辅相成。

（一）弘扬中华优秀传统文化的需要

中华优秀传统文化蕴含着内涵丰富的人文精神，孕育了丰富多彩的美育资源，是新时代学校美育发展的文化沃土与根基。传承和弘扬中华优秀传统文化，深度挖掘其中蕴含的美育精髓，对厘清文化传承、思政课与美育之间的内在关系有着不可替代的价值。例如，春秋战国时期"六艺"表达的对学识和技能的要求，蕴含着丰富的美育和德育信息，符合高校开展融合育人的需要。美育根植于中华优秀传统文化之中，寓于教育教学的每个环节和层面之中。从多个维度推动中华优秀传统文化创造性转化、创新性发展，将其转化为适应当代审美要求的美育资源，可以激励受众的精神，温润受众的心灵，发挥美育的培根铸魂育人作用，对提升高校思政课教学质量，培养学生的健全人格、道德情操，帮助其树立正确的审美观具有重要的现实意义。因此，新时代充分挖掘蕴含于中华优秀传统文化的美育，不仅能够促进传统文化的传承与弘扬，而且能够促进学生思想道德理念的升华，同时能让高校在大学生美育建设方面发挥更大的价值。[①]

（二）培育时代新人的需要

美育视域下，职业学校学生的全面发展需要以马克思主义唯物史观为基础，以人的本质为切入点，将美育融入思政课教学，帮助学生增强审美能力、陶冶情操和塑造完美人格，从而培养时代发展需要的全面人才。席勒在《美育书简》中强调道德的人只能从审美的人发展而来，不能由自然状态中产生[②]。马克

① 李朕旭：《中华优秀传统文化融入思政教育的路径探析——以艺术类高校为例》，《时代报告》2023年第5期。

② [德]席勒：《美育书简》，徐恒醇译，中国文联出版社1984年版，第118页。

思认为,全面发展的人是精神和身体、个体性和社会性都得到普遍、充分而自由发展的人。王国维提出“完全之人物不可不备真善美之三德”,蔡元培提出“以美育代宗教”的观点,朱光潜提出美的主客观统一思想①,从不同视角系统地阐述了美育与其他要素间的内在联系。美育不仅是实现人的全面发展和立德树人根本任务的基础,而且是促进学生全面发展的有效途径。总之,美育视域下高校学生的全面发展,需要不断健全美育课程、制度、平台建设,畅通家、校、社美育协同育人,规范大学生全面发展思路,围绕以美育德、以美启智、向美而行的思政课教学发展理念,确保新时代学校美育与推进思想道德建设的要求同向同行。

(三)思政课吸引力的迫切需要

《关于全面加强和改进新时代学校美育工作的意见》明确指出:“美育是审美教育、情操教育、心灵教育,也是丰富想象力和培养创新意识的教育,能提升审美素养、陶冶情操、温润心灵、激发创新创造活力。”这一重要论述,为思政课教学融入美育元素指明了方向、打开了视野。思政课是落实立德树人根本任务的关键课程,是青少年成长成才的“关键一课”,具有不同于其他课程的独特属性,具体体现为意识形态性、综合育人性和不可替代性。思政课教学不同于一般的知识传授课,它的根本目标在于培育学生的思想政治素质,帮助学生形成正确的世界观、人生观、价值观,是社会主义精神文明建设的重要组成部分。由于部分教师授课缺乏艺术性,思政课教学出现学生注意力不集中或不感兴趣等问题,这就要求思政课教师改变“满堂灌”教学方法,适当融入一些美育元素,实现美育和思政教育的有机融合,这样既可以吸引学生注意力,提高学生听课积极性;又可以丰富学生精神世界、提高学生明辨是非美丑能力,提升学生思想境界。

① 尤西林主编《美学原理》编写组编:《美学原理》,高等教育出版社2015年版,第246页。

二、新时代职业院校思政课的美育之困

（一）思想认知观念缺失

随着全国高校思想政治理论课教学改革的推进，思想政治理论课教师队伍建设取得了明显的效果，但部分高校在发展过程中也存在以下问题：其一，师资力量不够强，年龄结构不够合理，教师性别比例失衡，部分院校人才引进力度不够，加上区域发展不平衡、办学模式参差不齐，导致师生比例不合理。其二，教师中存在职业倦怠危机，缺乏敬业精神。一些教师长期受繁重的工作压力影响，内在发展动力和责任感不足，学校的考核、科研、职称评定等体制机制影响了其事业感，导致他们敬业精神淡化，成就感提升受阻，教学目标难以实现。其三，知识结构不够合理，学生的审美素养参差不齐。部分教师主动补充和更新知识的意识不强，能力储备不足，难以满足学生全面发展的现实需求。部分院校教师不重视美育与思政课教学资源的开发力度，教学内容缺乏审美活力和吸引力，导致学生的审美素养参差不齐，难以提升学生追求真善美的能力。①

面对美育工作，思政课教师大多把它当作一项艺术类活动来开展，没有从教学的维度加以计划和设计。虽然大多数思想政治教育工作者已经认识到美育在提高大学生综合素质中的重要性，但在实际教学过程中仍然存在着狭隘的美育观念。许多思政课教师认为美育只能通过借助音乐、艺术、电影以及电视等工具来提高学生的审美能力，这种错误认识没有准确区分艺术教育与美育的关系。事实上，艺术教育是美育的一种必要形式和组成部分，而美育的内涵更加丰富，如社会之美、生活之美、科学之美等，狭隘的美育观会使师生逐渐失去美育的动力。

在职业学校思想政治教育的实践中，美育形式依旧十分简单。在审美知识教育层面，审美知识教育仍然局限于课堂教学层面。单一的课堂教学形式不仅不能调动大学生的审美兴趣，而且随着时间的推移，学生们对美育的兴趣将会

① 杨美丽：《新时代美育融入美术院校思政课探索》，《中学政治教学参考》2021 年第 10 期。

越来越低。同时，在美感培养方面，职业学校的不断扩张造成了美育资源的严重短缺。大多数职业学校实际上不开展美育实践活动，从而导致学生普遍缺乏审美能力与审美修养，审美实践的效果无法得到有效的保证，高校思想政治教育的功能在美育中难以体现。培养学生的审美情感是美育的最高形式，但由于美育只停留在课堂上，审美情感培养的不充分成为美育中最薄弱的环节。

（二）内容美的成分不足

将审美教育的教学内容有效地与思政课的教学内容融合，能够降低思政课教学内容在理解上的难度，引起学生的学习兴趣，达到育人效果。

受到各种渠道信息来源和多种思潮观点的影响，正处在世界观、人生观和价值观形成关键时期的大学生思想极度活跃。然而，部分职业学校思想政治理论课内容知识点相对固定，教学过程刻板，要求具体，教学基本程式化。具体表现为在语言表述上没有实现政治话语向学生接受的生活话语的转化；内容上逻辑思维、整体思维、协同配合思维不足，时常出现案例重复、缺乏逻辑性；教学手段单一，形式简单，互动不足，学生缺乏兴趣。高校思政课堂上，教师不仅是知识的传授者，也是党和政府政策的宣传者，更应是真理的代言人。这就要求高校思政课教师在美育上多下功夫，以增强教学效果。

（三）方法美的表现不足

目前，在高校思想政治理论课教学中，普遍存在教学效果不佳、难以入脑入心的问题，虽然也有很多专门针对高校思政课的教改研究和教改方案，但是没有完全到位。从教师的角度看，部分教师课堂上存在照本宣科的现象，对于社会民众普遍关注的敏感、热点及疑难问题缺乏批判意识和深度分析，理论话语的单一化难以激发课堂探索研究的积极性。

思政课在高校教育中承担着知识传授、启迪智慧、铸魂育人等多重使命，是新时代落实立德树人根本任务的关键课程。但是有些学校偏离了育人的根本目的，把思政课从对人的思想指引、精神感化和心灵沟通变成对学生的单纯说教。

（四）环境美的渲染不足

高校思政课内容偏重于政治理念和国家政策的教育，轻视道德品德、意志品质等方面的培养；偏重理论知识讲授，存在素质教育短板，导致人才培养中出现人生观、价值观、社会心理等一系列问题。

改革开放40多年来，中国社会发生了翻天覆地的变化。随着社会主义市场经济体制的确立，各种现代西方思潮涌入国门，产生不可忽视的作用和影响。支撑传统社会的价值观需要重新解读，新的价值体系尚在形成。这一时期如果简单地、僵化地以旧有的理论来认识今天的中国，不仅无法对现实做出合理的解释，甚至会造成对经典理论的曲解误读。比如认为马克思主义唯物史观重“社会”、轻“个体”，重人的“共性”、忽视个体“差异”，甚至以“规范性”取代“个体性”等观点，就是价值观上没有很好地处理个体和社会的辩证关系，从而导致思想缺乏诠释力、说服力，造成对中国现实认识的偏离。

近年来，美育融入高校思政课教学虽然取得显著成效，但依然面临一些发展瓶颈。其一，教育经费的配置不够科学合理，难以满足教育事业发展的需要。不同地区投入的教育经费存在差异，长此以往，将导致教育资源两极分化、区域发展不平衡的问题，教育一体化建设和教育均衡发展将难以实现。其二，全域性联动动力不足，教育资源缺乏正向引导。当前全国各地采取不同的形式将美育与思政课教学融合，但省域或校域间缺少有机联动，与其他地区资源共享、优势互补的融合动力不足，导致教育资源整合效率低下，模式单一，这阻碍了校外课程教育资源的有效开发和利用。其三，教学目标定位不够准确，难以凸显资源整合的特点。当前部分地区盲目追求“大而全”，为了资源整合而整合，忽视美育和思政课教学的教育合力，对其中蕴含的美育价值缺乏针对性引导，导致资源整合的优势难以凸显，制约了教育效果的有效发挥。

三、新时代职业学校美育融入思政课的实施路径

将美育融入高校思政课教学，对明确目标责任导向、深化学科资源整合、打破思维定式、优化思政育人体系、转变教师职业理念、促进教育均衡发展、立足教育长远发展、细化协同创新格局具有重要意义。

（一）转变教师观念，确立以美育育人的价值理念

审美教育融入思政课的关键是教师，在于教师将自身渊博的学科知识与审美素养结合起来，以高超的教学艺术在课堂中发挥出来。杜卫说过：“审美素养是个体在审美经验基础上积累起来的审美素质涵养。”[①] 教师的审美素养主要包括教师的审美理论水平和审美实践能力。教师只有不断提升自身的审美理论水平和审美实践能力，将自身精湛的专业素养与审美素养结合起来，才能在思政课中充分发挥审美教育的育人功效，为此，要从以下三个方面着手：

其一，在引进教师和培训教师时，要注重其美学素养和基本要求。要注重引才引智并重，持续加大招才引智力度，拓宽引才渠道，制定系列引才政策，保证人才工作各项制度的落地。优化思政教师队伍发展，提前谋划、合理规划师资队伍培养，抓好教师队伍梯次培养和梯队建设，为教师队伍不断充实新鲜血液，逐步配齐紧缺学科教师，促进教师资源配置逐步趋于均衡。其二，采取多种措施，激励教师成长发展，使其志存高远、乐于奉献。深入挖掘优秀典型，用优秀教师的先进事迹引领辐射，增强教师的职业获得感，打破以往教师评价的“五唯”现象，建立科学的、符合时代要求的量化考核、分类考核、双线晋升等职称评审模式，让教师有更高远的事业心和更强的责任感，把传授知识技能、塑造审美品格、践行理想信念作为最高追求。其三，完善教师的知识结构体系，促进审美素养提升。教师要提高自身的职业素质和职业能力，扩充知识能力储备，不断完善自己的知识结构，了解美育和德育相结合的育人架构，掌握前沿教育技术的发展势态，加强对知识的主动选择与吸收。这就给思政课教师提出了更高的要求，除了拥有专业基础知识，还要有扎实的文学功底和美学知识。[②]

（二）深化资源整合，统合以美培元的教学内容

实施美育融入思想政治教育，应结合时代发展，坚持在实践中丰富和发展思政课教学体系，在内容上创新教育理念，在方法上选择丰富、有益的审美素

① 杜卫：《论审美素养及其培养》，《教育研究》2014 年第 11 期。
② 蒋建辉、黄向阳：《以美育德：浅论高校思政教育中审美教育的改革与创新》，《教育教学论坛》2019 年第 9 期。

材，聚焦“四个课堂”教学协调发展，由一元课程主导转向多元课程拓展融合，营造思政课教学的氛围美，使思政课教学“活”起来。不断提升思政课教师的审美素养，遵循美育规律特点和有效教学方法，强化以美育人、立德树人的使命感，建设符合新时代学校美育要求的高素质思政教师队伍。增强学生的审美体验，使其树立正确的审美观念，同时激活美育驱动力，厚植美育理论根底，涵养时代审美品格，让美育与德育浸润学生的思想和心灵。总之，思想政治教育改革创新离不开美育，应推动思政课教学与美育融合发展，着力构建“美育+思政”深度融合，形成全员全过程全方位育人格局。

美育融入思政课教学是对现有课堂教学的改革和创新，是实现对学生审美素养的培养从单一向多元、从零散到密集的重要实践。为此，一要突破学科边界，完善区域联动导向。加强学校美育资源建设，充分挖掘不同课程中蕴含的美育价值，深化思政学科与其他学科资源的整合、渗透，打破单一学科的边界，多主体整合各方资源，深入开发和挖掘美育的当代价值，构建立体、多元、融合、开放的区域联动新样态。二要明确目标任务导向，助推学科融合发展。把“一切为了学生，为了一切学生，为了学生一切”作为美育工作的直接动力，促进学生全面协调发展。高校要站在社会需求和办学实际的角度，自主设置和调整教学内容，深入分析美育的时代特征，创新人才培养模式和研究范式，统筹规划学科布局，促进各学科协调发展，从而达到学以致用的效果。三要在教学内容上，充分融入美育的多元要素，结合教学内容和知识点，尽可能嵌入历史、文化、影视、音乐、诗歌、绘画等人文元素内容，使思政课堂不仅成为追求真理的阵地，还要让学生具备健全人格、美丽心灵，拥有内在的精神支撑，促进真善美的有机统一。打破以往的思政课只有理论灌输的抽象形式，注入情感动力之源和鲜活的人类生活。以个体化为标准，来诠释呈现思想的深刻力量。①

（三）提升教学艺术、塑造学生的审美需要

思政课教学实效的高低取决于教师的“教”和学生的“学”，教师的教学

① 张绍平、田华：《美学视野下的高校思想政治教育新探》，《天府新论》2008年第4期。

方法、教学内容以及教师个人的课堂感染力决定整堂课的质量，学生对课堂教学的认可度和接受度决定教学的效果。审美教育融入思政课能够使思政课教师的教学水平产生质的飞跃，增加学生对教师教学的认可度和接受度，以此提升教学实效。审美教育不仅是针对学生而言的，对思政课教师也极其重要。二者不同之处在于教师是自我审美教育，学生是接受教师的审美教育。思政课教师的自我审美教育是指教师通过个人努力和外界帮助积极主动地学习审美理论和参加审美实践活动，以此提升自己的审美理论水平和审美实践能力，从而达到较高的审美素养的过程。教师拥有较高的审美素养，能够将审美教育的特殊功能在思政课中发挥得淋漓尽致，以此提高教学的实效性。审美教育的特殊功能在于具有强烈的感染力，这种强烈的感染力是通过审美教育的形象感染和情感感染散发出来。形象感染通过一个个具体、生动、活泼的形象来感染学生、吸引学生，情感感染通过言语、形象、色彩、动作等传递情感来打动学生，引起教师、学生之间的共鸣。思政课教师发挥自身的审美素养，将形象感染与情感感染运用于教学之中，既能将理论知识的抽象高深变为生动具体，又能引起学生情感的共鸣，使学生的学习兴趣由低迷变为浓厚，从而提升教学实效。

从教学目标上看，“美育思政”更好地服务了立德树人的根本方向。本质上，思想政治教育与美育都是通过相应的教学载体实现对教育对象观念和人格的塑造，培养的是自由而全面发展的人，都是为了拥有更加健全的人格和更加幸福的人生。二者的不同点在于，美育的目标在于培养学生的情感和意志品质，思想政治教育在于培养学生的理论思维和知识水平。从时代发展的需求来看，仅具备知识水平，已经无法满足创造创新时代的个性化成长的需要。美育与高校思政课深度融合，进一步拓宽了对思政课的认知，不仅适应信息化时代培养人才的大方向，而且注重个性化、合作意识的培养，可以充分调动大学生的参与热情。

从教学内容上看，“美育思政”将会极大拓展高校思政课的教学内容。当前高校的思政课教学作为引导学生价值观形成的重要课程，教学内容的设置上与中学阶段的内容存在重复，不能完全满足大学生对新知识的渴求。美育元素的融入，不仅可以使不同历史时期、民族、国家、地域的人类优秀文化进入思政课堂，而且在价值观上可以通过对美的追求，提高审美能力，促进以真善美为根基的人生观、价值观的确立。美育不同于以传授具体知识为教育内容的科学教育，也不同于以抽象的范畴和概念为教育内容的道德教育，而是以人为对象，以感性材料为载体，主张以情感为主导达到理论与观念的统一，更利于大学生人文素质的培养。

从教学方式上看，“美育思政”是美育与高校思政课各取所长、相互补充、融会贯通的良好平台。美育更加侧重于感性的表达，通常是将美的意向、美的感悟融入丰富的情感传递给学生，引发共情，达到启蒙主体的目的。一般会采取一些形象性、艺术性以及情感性较强的载体形式，如经典的音乐、杰出的绘画、华美的建筑等对学生进行艺术形式的感染和教育，让受教育者在艺术的熏陶下逐渐学会认识美、欣赏美、创造美。而思想政治教育则侧重于理性与科学性的教导，往往通过理性地认知和分析历史、现实和社会生活中的故事将特定的价值观念融入其中，达到教化人的目的，在教学中更加注重理论性、科学性和严谨性。人作为一种情感与理性的统一体，美育与高校思政课的深度融合体现在教学方式上必然会突破陈规，更加灵活多样，允许以个体化的方式和个性化的理解来表达对某一现象、作品、情境的感受，利于课堂上学生敞开心扉，形成深度的思想交流。

第十八章

职业学校思政课教学中的法治教育

随着全面依法治国战略的深化，法治教育在职业学校思政课程中的地位愈发重要。法治教育不仅是培育学生法治意识、法治精神的重要途径，也是促进学生全面发展、为社会输送遵法守规人才的关键一环。然而，在实践中，职业学校在将法治教育与思政课有效融合方面面临多重挑战，全媒体影响、课程设置、教师能力及评价机制等多方面因素制约了职业学校思政课与法治教育融合。针对这些问题，可从教育目标、教学体系、教师培养、信息化利用及评价科学化五个方面加以改进。

一、职业学校思政课与法治教育融合的价值意蕴

法治意识、法治思维和法治观念的培养是目前思政课教育教学的重要内容，高校作为培养公民的摇篮，有义务正确地引导大学生树立法治意识，提升法治素养，培养出懂法、守法的社会主义建设者和接班人。将法治教育和高校思想政治教育深度融合，是当下办好中国特色社会主义高职院校的必然要求，有利于弘扬社会主义核心价值观、促进学生全面成长，并为全面依法治国提供人才支持。

（一）有利于深化全面依法治国

党的二十大报告指出："到二〇三五年，基本建成法治国家、法治政府、法治社会"。依法治国是党领导人民治理国家的基本方略，法治教育是依法治国

的基础性工程，而高校思政课作为高校法治教育的主阵地，肩负着厚植法治土壤、传播法治理念、培育法治人才的历史重任。大学生是国家宝贵的人才资源，是民族的希望，祖国的未来，肩负着人民的重托，历史的责任，是建设社会主义伟大事业和实现中华民族伟大复兴的生力军。同时大学生作为法治建设的重要参与者，大学生法治意识的培养和提高是关系依法治国成败的关键因素。依法治国需要依赖于全体公民法律意识的提高。职业学校作为人才培育的重要基地，加强法治教育，将法治思想融入思政课程，让青年学生学习理论知识，了解全面依法治国的深刻实践，能够为全面依法治国战略的实施提供坚实的人才和思想基础。

（二）有利于弘扬社会主义核心价值观

法律素养的培育对学生价值观的形成也具有非常大的作用，将会引领其一生的行为走向，价值观和世界观是引导人进行求学和工作的重要指导。法律在其中不仅起着约束个人行为的作用，同时也对个人的行为导向具有重要的推动性作用。学校法治教育的根本任务在于使学生崇尚社会主义法治，形成自由、平等、公正的社会主义法治精神，树立正确的世界观、人生观、价值观。在思政课中融入法治教育，使学生树立以规则意识、诚信意识、权利意识、民主意识等为主要内容的法治意识，不仅与民主、平等、公正、法治、诚信等价值观认同与践行直接相关，也与富强、文明、和谐、爱国、敬业、友善等价值观认同与践行具有紧密的内在联系性。[①] 通过对法律知识的学习，内化为遵纪守法的行为习惯，培养有理想、有道德、有文化、有纪律的社会主义合格公民，进一步弘扬社会主义核心价值观。

（三）有利于促进学生成长成才

成才先成人，只有成为一名具有较强道德政治素养的人才，才有可能学有所成，为社会和国家作出相应的贡献。思想政治教育囊括很多范围，其中法律素养的培育又是重中之重。法律是道德的基础，也是约束每一个公民日常行为

① 范凯轩：《思政教育中的法律素养培育思考》（新时代思想政治教育理论研究高峰论坛论论文）。

规范的重要准则，法律在我国宪法规定中是我国具有的最强的约束力的工具。近年来青少年的犯罪率不断提高，造成这个现象的原因在于他们对于法律相关方面知识的储备和了解不够，缺乏基本的法律意识，无法明辨是非，再加上自制力较弱，在外部环境的影响下，很容易走上歧路。法治教育不仅传授法律知识，更培养学生的批判性思维、独立判断和公民责任感，培养学生尊重法治、遵纪守法的理念，帮助他们树立正确法治观念，形成良好的法治道德意识，有利于学生形成正确的世界观、法律观，促进其全面成长，从而培养学生成为一名合格的守法守纪的社会主义建设者和接班人。

二、新时代职业学校思政课法治教育的困境

新时代职业学校思政课融入法治教育存在一定困境，全媒体影响、课程设置、教师能力及评价机制等多方面因素制约了新时代职业学校思政课法治教育的有效实施。

（一）全媒体时代对法治理念和法治信仰的挑战突出

互联网创造了一个信息无比丰富的网络空间，但这里却并不天然是一方“净土”。事实上，在传统的由主流媒体构建的传播格局中，新闻信息的采编发全过程普遍要经过规范的审校程序，但在全媒体传播时代，为社会筛选信息的媒体中介在流程机制上被削弱。而由于网络所具有的虚拟性、开放性、跨时空性，用户在网络上的言行更加随心所欲，容易逾越法律和道德的限度。任其发展，网络中存在的虚假、诈骗、攻击、谩骂、恐怖、色情、暴力内容势必对经济社会长远发展产生极负面的影响。①

此外，随着互联网媒体属性越来越强，网络已不仅是新闻、信息、思想、观点的集聚地和交汇处，更是一种话语交锋的空间和权力博弈的“场域”，其背后承载着各种类型的文化价值观念、意识形态与政治倾向等。在全媒体环境下，

① 钟超：《使全媒体传播在法治轨道上运行》，《光明日报》2019 年 1 月 31 日第 2 版。

多样化的信息来源对学生的法治理念形成挑战,错误的信息可能对学生产生误导,干扰法治教育的正常进行。

（二）课程结构设置不合理和内容空泛

高职院校内的大部分法治教育课程内容是思想政治教育基础理论知识,以法治理论部分为课程内容的主体。例如,在思想道德与法治课的授课过程中,涉及法律的部分是第六章,在融入教学的过程中,教师会在这一章节进行融入讲授,但是在其他章节没有融入。从历史逻辑而言,有中华优秀传统文化、马克思主义法治观;从理论逻辑来看,有"十一个坚持"内涵丰富;从实践逻辑看,有中外历史中的法治实践、新时代中国的法治建设等。但这些内容教师只在第六章讲授时进行简单融入,其他章节融入较少。同时,各高职院校甚少开设针对法律的选修课程,这样很难满足大学生日益增长的法治教育需求。

此外,教学形式单一,重理论、轻实践是思政课教学中普遍存在的问题。特别是部分高职院校虽然专设了实践教学课时,但由于实际教学以合班授课为主要形式,一个合班大约有八九十名学生,不便于开展集体性实践教学活动。且部分高职院校的思想政治实践教学以学生分小组自主学习为主,教师一般将调研报告、学习总结作为检验其学习效果的材料,针对法治教育开展的实践教学活动较少。加之在思政课上组织学生开展实践的程序复杂、工作量较大,学生一般还是以听和看为主,很少有机会能亲身体验、实地参观和操作实践,这就导致了一定程度上对于大学生法治教育的淡漠,阻碍了高职学生"法治观念法治意识"的深入人心。

（三）思政课教师的法律素养和教学能力薄弱

讲好思政课的关键是教师,教师的专业能力和授课经验决定了能否讲准、讲深、讲透理论内容,也决定了学生的学习效果。因此,教师的理论水平是基础所在。但是在当前的思政课教师队伍中,有法学专业背景的教师较少,对法治思想掌握得不深入,法律素养不高,缺乏相关的教学方法和技巧,在思政课教学中无法带领学生深入学习法理、分析案例,在授课过程中,教师更多的是单纯讲解理论知识,没有将法治理论进行深剖,也无法带领学生有效开展法治专题活动。部分教师缺乏法治实践教育经验，不能通过多种形式让学生参与到社会法治实践中，深入学习法律知识，领悟法治思想，提高运用法治思维分析问题、解决问题的能力。所以，部分教师法治素养不高直接影响到法治教育质量的提升。[①]

此外，高职学生的教育有其独有的特点，教师在授课时既要重视理论讲解，又要重视方式方法，并通过多样化的形式吸引学生的兴趣，引导学生在课堂实践中培养法治素养。但是在思政课教学中，部分教师的教学方式单一，让知识灌输的被动式教育代替了学生自我启发的主动式教育，不能达到预期的教学效果。并且单一的讲授式教学很枯燥，难以把内容讲深讲透，学生学习起来非常困难。

（四）思政课法治教育评价体系不完善

科学的教育评价机制不仅可以反馈学生的学习情况与发展情况，也能够为教师的教学设计与评估提供指导，但从当前职业学校思政课法治教育融合的情况来看，教育评价机制的建设情况并不尽如人意。职业学校在思政课中开展法治教育，需要立足于对大学生基础教育阶段的法治教育情况、现阶段法治基础知识掌握情况以及法治素养的发展情况进行综合评价，基于评价结果，再结合思政课的具体内容，科学规划思政课中法治教育的方案，力求各个阶段法治教育的前后衔接、整体评价；但是目前职业学校并没有形成系统完整的评价机制，导致在法治教育中教育内容的选择及教育方法的设置存在不合理的现象。[②] 同时，科学的学生考核评价机制在教育评价机制建设中必不可少，而现阶段职业学校思政课教育评价机制对学生学习情况的考核与评价模式较为传统，未能对学生的法治素养发展情况、知识运用能力、思维能力等进行全面考核与评价，无法充分发挥思政课法治教育融合的育人功能。

① 贾洪飞：《高职院校思想道德与法治教育现状与思考》，《德育与成才研究》2022 年第 9 期。
② 魏露：《时代高校思政课法治教育一体化问题研究》，《探索研究》2023 年第 1 期。

三、职业学校思政课开展法治教育的路径

随着社会的进步和发展,法治教育在职业学校思政课教学中变得愈发重要。职业学校作为培养技能人才的重要平台,必须注重学生的法治意识和法律素养的培养,以提高学生的法治素质和法治观念。在职业学校思政课教学中,法治教育应该贯穿始终,融入日常教学的方方面面。

(一)突出教育目标,夯实全员育人基础

明确法治教育的目标意义,加强全校范围内对法治教育重要性的认识,形成全员育人的良好氛围。

1. 深化教育教学改革

首先,职业学校应当积极开展法治教育教学改革。鉴于当前法治教育在思政课教学过程中的不足,职业学校应当积极为从事法治教育研究的教师提供政策支持,鼓励支持教师不断探索创新教育教学模式,提升教学效果。高校可以建立督导机制,针对法治教育建立刚性保障,如建立教学评估体系:将法治教学效果评估作为思政教学中的一项年度评估指标。其次,建立法治教育考核激励长效机制。结合激励机制将教学方法改革成果在教师考核和职务评聘中予以认可,在政策与物质上加强思政课教师法治教育教学改革的支持力度,倡导高校法治教育勇于加强法治教育教学创新、改革。最后,优化法治教育教师队伍建设,注重引进法学专业教师,充实学校法学专业教师队伍,同时从发挥思政课教师作用出发,给予政策支持;如可以通过针对思政课教师定期开展专门法治教育培训等;鼓励开展“双师型”教育模式,定期邀请法律专家进课堂,请法官、律师等法律工作者为学生开设专门的法治教育讲座,将理论教学与现实案例有机结合,让学生把学到的理论知识与司法案例有机衔接,将司法实践中遇到的一些社会热点、疑难案例给学生进行分析和讲解,打开学生的认识渠道,扩宽学生的视野,丰富学生的知识面,让学生更加关心热点法律案例,从而关注社会主义法治建设的进程。

2. 注重构建良好的法治教育氛围

一方面，职业学校应当发挥率先垂范的作用，即高校要做到带头守法，严格遵守各项法律法规，依照法定程序建立健全学校各项规章制度，营造依法治校的氛围。在各项制度的实施如评先评优等事项上，公平公正公开，坚持人人平等原则。这样，大学生通过自身最直观的感受树立自身的法律意识和规则意识。

另一方面，职业学校应积极构建校园法治文化，创造法治文化育人的环境。法治文化不仅潜移默化地提升大学生的法治素养，对于职业学校治理体系和治理能力现代化也具有重要作用。高职院校还可以利用“12・4”国家宪法日“4・15 国家安全日”等重要时间点，开展系列主题宣传活动，如普法讲座、主题观影、朗诵比赛、法治知识竞答等活动，为学生提供可听、可看、可讲的学习资源，丰富教育内容和形式，让法治教育辐射并覆盖更多的学生。高职院校之间可以加强联系，联合开展校际法治教育活动，互通有无、资源共享、促进学习。学校可以将传统模式和“互联网 +”相结合，通过校园网、学校公众号、微信、微博、微电影、微视频等途径激发学生和教师的热情，吸引师生共同参与学校的法治建设。学校还可以开辟专门的法律咨询室、法律调解室、法律事务听证室等场所，让大学生积极参与，切实帮助解决一些学校事务。高职院校把学习者、学习环境、学习内容、学习活动融合为一体，有助于让法治思想以“润物细无声”的方式影响学生言行，将法治文化融入校园文化，让大学生随时了解更多的法律知识，切实感觉到法律的作用，让法治教育达到润物细无声的效果。①

（二）把握教育教学的阶段性，搭建螺旋式上升的教学体系

根据学生认知能力的差异和阶段性特点，设计符合螺旋上升原则的教学内容和方法，确保学生能够循序渐进地掌握法律知识。职业学校思政课开展法治教育，需要职业学校首先在思想上高度重视，同时立足大学生的实际情况，科学规划思政课中法治教育的育人目标，为有效提升法治教育的育人效果提供

① 汪佳欣:《法治教育进一步融入高职思政课教学路径探索》,《淮南职业技术学院学报》2022年第 2 期。

保障。思政课教师在开展法治教育融合工作过程中，要贯彻依法治国为基础的教育理念，组织学生开展具有较强现实和实践意义的教育活动；结合前期所接受的法治教育基础，让高校思政课法治教育与高中阶段的法治教育有效衔接，满足大学生的发展需求，从而使思政课法治教育相关课程的设置更加科学、合理；还要注重法治思维与创新思维的培养，理论与实践相结合，使大学生真正理解法治知识、洞悉法治功能，学会从法治层面分析、解决问题，实现高校法治教育的拔高。

对高职学生的学情特点进行分析，会发现以下特点。一是学生喜欢案例教学。学生对单纯的理论讲解会觉得枯燥，但是教师结合案例，以事讲理，他们会更容易理解。二是学生喜欢形式多样的实践教学。在实践教学中，学生参与其中，会加深对知识的理解。因此在融入时，教师要创新课堂教学方式，丰富教学载体。在教学形式上，教师要以教学目标为基础进行设计。首先，在理论知识的教学上，教师要通过传统的讲授式教学，将理论知识完整准确地传授给学生。例如，教师可将理论知识通过更具有亲和性和生活化的语言讲授给学生，让其更好地学习。其次，在具体的开展形式上，教师要运用智能化的方式增强课堂教学效果。例如，教师可通过视频配音、影视教学、线上教学资源学习等方式，激发学生的学习兴趣。再次，拓展传统实践教学方式。思政课的传统实践教学形式主要有实地考察、参观展馆、旁听庭审等，这些传统的实践教学形式有助于学生直观感受我国法治建设取得的成就，真实了解法治建设的现况。为了更好地发挥实践教学的育人作用，教师在开展实践教学前，应选择能体现教学重点和符合学生实际的实践教学场所和实践教学形式，明确教学目标，明晰教学过程，精心组织学生学习。此外，高职院校应积极建设实践基地，丰富实践资源，立足社会实践、生活现实开展法治实践教育。最后，在法治思维的培养上，教师要创新形式。例如，教师可通过裁判文书解读分享、分组开展模拟法庭、排练法治情景剧、开展法律知识竞赛、运用互联网播放普法栏目剧、观看在线名师教学等形式，让学生切实参与其中，再通过教师的深度讲解，使学生学到更多的法律知识，形成法治思维。

(三)提升教师法律素养,增强法治教育的教学能力

培养高水平、高素质的教师队伍,是职业学校实现思政课法治教育融合的重要保障。教师能否将法治思想理论讲准、讲透关系到融入效果。因此,职业学校要加大对教师队伍建设的重视,结合思政课法治教育融合的相关要求明确教师应具备的理论素养和教学能力,通过系统化培训、制定激励机制等措施促使教师不断地学习与自我提升。教师需要在讲准、讲透上下功夫,一方面要夯实理论功底,另一方面要运用法治案例讲好法治故事。教师要讲准理论,就需要加强学习,如通过专业书籍、专题讲座、集体备课会等形式加强学习,精准掌握马克思主义法治思想、中国共产党的法治实践、中华优秀传统文化、习近平法治思想的时代性与指导新时代的法治实践等理论内容,不断提升理论素养和法治素养。教师要在讲透、讲好故事上下功夫,深入浅出地讲解纵向法治故事与横向法治故事,坚持阐释“法治道理”与讲好“法治故事”相结合,既借“事”说“理”,又以“理”剖“事”,以增强教学效果。[1]

另外,职业学校要加大对思政课教师的考核力度,了解其在理论基础上存在的不足,为开展教师培训工作提供参考;还可以通过听公开课等方式了解教师的教学水平,分析教师在思政课法治教育融合实践中存在的问题。为提升思政课教师的法律素养,高校可以定期组织教师参与不同法律问题的研讨活动,也可以在教学形式上创新和优化,组织教师针对大学生的特点和兴趣,共同探究思政课法治教育活动开展形式,为推进思政课法治教育融合提供保障。思政课教师需要尽可能关注法治经典案例,通过法制节目,以及关注中国裁判文书网、中国法院网等各类网站。这样不仅可以使自身法治思维更趋于理性化,并且在寻找案例与教材之间的联系过程中,将教材中的知识与实际案例相结合,在提高自身法治教学能力的同时也起到了坚定法治信仰、深化法治观念,提升法治素养的作用。最后,思政课教师要注重课堂教学效果。这就需要教师在拥有扎实的学识基础上还要有能力将理论价值清晰地传授给学生,这需要教师灵

① 郭晓月:《高校思政课加强法治教育的逻辑理路探究》,《德育与成才研究》2023 年第 1 期。

活把握教学内容，厘清重点突出重点，精练讲授，让大学生了解我国建设社会主义法治国家和社会主义市场经济发展中最亟待解决的法律问题是大学生在成长成才过程中息息相关的法律问题；同时，要学会从实际出发，提前了解各专业学生的特点以及其专业可能涉及到的、学生未来可能面临的法律问题，讲解讨论和学生息息相关的法律问题，将法律知识与专业实际知识相结合，不仅增进学生的法律知识，也能更好地促进学生对本专业知识的学习。

（四）运用信息化平台，延伸法治教育课堂

在信息技术的驱动下，新媒体技术得到快速发展和应用。习近平总书记指出："要运用新媒体新技术使工作活起来，推动思想政治工作传统优势同信息技术高度融合，增强时代感和吸引力。"当前，移动互联、大数据、区块链等新媒体技术使思政课教学生态发生革命性变革，新媒体技术使思政课焕发生机活力。利用网络平台和多媒体技术，扩大法治教育的覆盖面和影响力，使学生能在课堂之外继续学习和探究法律知识。要灵活搭配传统教学手段和互联网教学手段，特别是不能抛弃粉笔板书的好传统。既能够做到一支粉笔一堂思政课，也能适应互联网+思政教学的新变化，不断增强自身的线上教学和线下教学的综合素质。一是拓展教学资源。要利用大数据、云计算、物联网等新技术收集与网络强国思想相关的文字、视频、图集，从微信关注、时事沟通、到微博热点信息的搜索，打造多元化、立体式的思政课教学资源。二是创新教学方式。以互联网为依托，要把习近平总书记关于网络强国的重要思想与社会热点、时政要闻联系起来，创新知识讲解、视频播放、虚拟现实等多种教学方式，契合大学生的兴趣爱好，进行沉浸式、情景式、体验式教学，提升融入时效性。三是构建网络教育平台。要重点发挥校园网、微信公众号、QQ等网络平台的积极作用，结合时政热点和学生兴趣进行多渠道的信息沟通，激发学生参与教学的积极性，促进教学活动的整体成效。

但也要注重对青年网络素养的系统培育，特别是要增强青年学生在网络空间的民主意识、法治意识、规则意识。网络渠道拓宽了全过程人民民主的体验途径。比如人民网的"我给两会捎句话"，两高一部的"关于依法惩治网络暴力的征求意见”等。事实表明,有的青年学生倾向于用互联网“曝光”的手段来解决问题,而不是通过正规途径反映诉求;有的青年学生在言论自由和权利边界之间模糊不清,做不到审慎发言和评论。这是网络民主意识、法治意识、规则意识淡薄的表现。思政课教师要善于官方网站、权威媒体获取新闻资讯、图片、视频等资源。适当引入“五四宪法”历史资料陈列馆、伟大的变革——庆祝改革开放40周年大型展览网上展馆等增强教学的互动感和趣味性。公共秩序教学时,思政课教师可以引入网络公共秩序天朗气清的讨论。在网络交友新时空教学时,思政课教师可以渗透网络法治意识和规则意识,法治中国教学时,思政课教师可以设计反网络暴力、反电信诈骗等网络素养培育专题课程。

(五)健全法治教育的实效性评价体系

高校思政课法治教育融合的实施与开展,需要有健全的评价机制作为支撑。高校教师要充分了解科学合理的评价对于教学优化以及提升法治教育效果的重要性,不断完善评价机制的建设。构建包含学生自评、同伴评价和教师评价等多元化的评价体系,对法治教育效果进行全面评估,确保教育活动的实效性和针对性。评价最重要的意图不是为了证明,而是为了改进。法治教育评价能够指导法治教育教学,提升法治教育教学的实际效果。传统的法治教育考核强调法律知识的掌握,以卷面考核、结果考核为主,缺乏对法律能力的考核,甚至在面向广大群众的普法性教育中缺乏相应的考核反馈机制。

随着数字技术的普及,法治教育的考核评价机制应进一步优化。数字环境下法治教育的考核评价,一是以数字技术为依托,充分发挥其优势作用引导受教育者积极高效地参加法治教育学习,相关主体以网络数据后台跟踪评估受教育者法治学习的相关情况,倡导受教育者采用网络新形势学习法治教育内容,采用线上形式提交反馈。二是教师要尊重学生的差异化特征,设置分层评价标准,及时开展课后学习表现以及成果评价,鼓励大学生积极参与评价活动以促进其自我反思,通过总结与归纳了解自身在法治知识掌握上和法治素养发展上的不足。三是考核评价结果更加重视“法治性”,加强线下课堂与线上学习成果的转化,真正将法治教育的实用性作为考核评价的主要内容,而非仅是存在虚拟空间的“花瓶”，引导受教育者积极成长为法治社会中的法治人。“法治意识、法治尝试、法治思维”是针对法治教育成效检验的重要内容，根据评估结果，高校应及时调整方案和措施，有助于发现问题并采取措施解决，确保法治教育的质量和效果。高校可以与其他高校分享成功的经验和做法，以促进法治教育融入工作的不断改进和提高。

第十九章

职业学校思政课教学中的道德教育

随着社会的快速发展,对职业学校学生综合素质的要求日益提高,其中道德素养的培养尤为重要。在探讨职业学校思政课中道德教育的作用的基础上,分析当前德育功能缺失的原因,提出相应的改进措施。通过确定德育活动的定位与功能,提出实现德育实效性的具体策略,以使职业学校思政课教学中的德育取得更好的成效。

一、德育活动的定位与功能

(一)德育的含义与价值

广义的德育指所有有目的、有计划地对社会成员在政治、思想与道德等方面施加影响的活动,包括社会德育、社区德育、学校德育和家庭德育等方面。狭义的德育专指学校德育。学校德育是指教育者按照一定的社会或阶级要求,有目的、有计划、有系统地对受教育者施加思想、政治和道德等方面的影响,并通过受教育者积极地认识、体验与践行,以使其形成一定社会与阶级所需要的品德的教育活动,即教育者有目的地培养受教育者品德的活动。职业学校思政课教学中的德育教育就是对职业院校受教育者有目的地施以道德影响的活动。内容主要包括提高道德觉悟和认识,陶冶道德情感,磨炼道德意志,树立道德信念,培养道德品质,养成道德习惯。

学校是育人的主要场所、主要阵地。德育是学校教育工作的重要组成部分,与智育、体育、美育、劳育等其他教育形式相互联系、彼此渗透、密切协调。德育对于学生的思想成熟、政治立场的形成、道德规范的遵循、法律意识的增强以及心理健康的维护都起到了至关重要的作用。此外,德育还有助于传承和创新中华优秀传统文化,将传统美德赋予其新的时代内涵和现代表达形式,代代传承,从而在文化层面促进社会主义精神文明的建设。总的来说,德育不仅关乎个体品德修养的提升,也关系着社会文明进步的推进。一方面,德育教育能够帮助学生形成正确的价值观和道德观,培养他们的责任感、诚信、尊重他人等良好品质。作为素质教育的重要组成部分,它与智育、体育、美育、劳育等相互联系,共同促进学生的全面发展。另一方面,通过德育教育,学生能够学会遵守社会规范和法律法规,有助于维护社会的稳定和谐,同时,良好的德育教育还能够提升国民素质,增强国家的文化软实力和国际影响力。

综上所述,德育不仅是个体品德形成的基础,也是社会发展和谐的保障。它通过塑造良好的公民素养,为建设有文化底蕴、有道德追求的社会提供了坚实的基石。

(二)德育的目标、内容与思政课具有一致性

德育是一种旨在培养学生正确认识和遵循社会主义核心价值观,培养良好思想品德和健全人格的教育工作。思政课是学校德育的重要组成部分,也是学校课程体系中的关键课程,主要通过课堂教学,传授马克思主义基本理论、中国特色社会主义理论体系、社会主义核心价值观等内容,引导学生树立正确的世界观、人生观和价值观。思政课注重理论教育,使学生在思想上认同国家的发展道路、制度和价值观念。

习近平总书记在北京大学师生座谈会上说:“我先给出一个明确答案,就是我们的教育要培养德智体美全面发展的社会主义建设者和接班人。”他强调:“培养社会主义建设者和接班人,是我们党的教育方针,是我国各级各类学校的共同使命。”“坚持把立德树人作为根本任务”和“我们的教育必须把培养社会主义建设者和接班人作为根本任务”,两个重要论断是对同一个问题即

“我国教育的根本任务是什么”的回答[①]。这表明,我国教育法中规定的“教育应当坚持立德树人”,就是指坚持培养社会主义建设者和接班人。

在北京市海淀区民族小学考察时,习近平总书记提出,学校要把德育放在更加重要的位置,努力做到每一堂课不仅传播知识,而且传授美德,让社会主义核心价值观的种子在学生们心中生根发芽。

无论是德育还是思政课,都涉及将受教育者培养成为什么样的社会角色和具有什么样素质的根本性质问题,立德树人是德育和思政课的共同核心,都旨在培养学生的政治意识、社会责任感和良好的道德品质。从内容上看,德育和思政课同样包含社会主义核心价值观的教育,如爱国、公正、诚信、和谐、友善等,这些是构建社会主义和谐社会的基础;两者都重视中华优秀传统文化的传承,教育学生尊重和继承中国的历史文化,同时培养现代中国公民所需的道德和文化素养。从思政课在教育体系中的目标定位看,思政课的知识体系、思想体系和价值体系始终并且最大程度地服务于立德树人的根本目标。可以说,上好思政课是德育工作的主渠道。提高学生思想觉悟,转变学生思想,是思想政治课教学的核心内容之一,是对学生进行思想品德和政治教育的主要渠道和基本环节。

各级各类学校的共同使命、教育的根本任务、教育现代化的方向目标,无不在于培养一代又一代社会主义建设者和接班人。德育的实施是一个系统工程,需要通过创造合适的环境与条件,促进学生良好行为习惯的养成,并形成正确的价值取向和行为选择,思政课则旨在培养学生的政治觉悟和思想道德水平,促进学生的全面发展,显然德育的目标、内容与思政课具有一致性。

(三)德育活动与思政课的功能具有互补性

德育活动是指学校组织的一系列活动,旨在通过实践、体验和参与,培养学生的道德品质、行为习惯和社会责任感。德育活动通常包括志愿服务、社会实践、校园文化活动、心理健康教育等,帮助学生将道德观念融入日常生活,形

① 田心铭:《教育的“首要问题”和我国教育的“根本任务”》,《红旗文稿》2018 年第 19 期。

成良好的品行和习惯。

思政课注重理论传授，而德育活动更侧重于实践和体验，两者在相互渗透，相互支撑，共同作用于学生的道德成长，具有很强的互补性。具体表现在以下几个方面：从内容上讲，德育活动主要通过实践活动、社会实践、志愿服务等形式，使学生在实践中体验和践行这些观念和价值，培养学生的道德品质、社会责任感和公民素养。而思政课则通过课堂教学，传授政治理论知识、思想道德观念和法律法规等，为学生提供道德观念和价值取向的基础。两者在内容上相互补充，共同为学生提供全面的知识体系。从方法上讲，德育活动注重实践性和参与性，能为思政课提供实践平台，使学生能够将所学理论知识应用于实际生活中，让学生在实际操作中体验和感悟道德规范。而思政课则注重理论性和系统性，通过讲授、讨论、案例分析等方式，为德育活动提供理论指导，帮助学生理解和掌握相关知识，使学生在参与德育活动时有明确的目标和方向。两者在教育方法上互为补充，提高道德教育的实效性。从实施时间上讲，德育活动通常安排在课外时间，如课余活动、寒暑假等，让学生通过多样化的方式拓宽学生的视野，在不同的时间和场合接受德育教育。而思政课则安排在课堂上，作为正式的课程进行教学。两者在时间上相互补充，确保学生在不同时间段都能接受德育教育。

由此可见，德育活动与学校思政课在内容、方法、实施时间等方面均具有互补性，德育活动和思政课的共同目标是培养具有道德品质、思想觉悟和社会责任感的公民。为实现这一目标，两者需要紧密结合，相互支持，共同发挥作用，促进学生的道德成长和全面发展。

二、职业学校思政课德育功能的缺失及原因分析

（一）重视理论知识的传授理解，轻视思想观念的内化

在职业院校思政课教学实践中，有时会过分强调知识的灌输，忽视了学生思想观念的内化过程，导致德育效果不佳。师生对思政课存在认识偏差，学生

对思政课重要性的认识不足，学校在教学资源和精力的投入不够充分，教师满足于基本的课程理论灌输，此外，职业院校还普遍存在缺乏课程以外渠道足够的政策支持和实质性的资源配备的情况。种种原因叠加，呈现出重视理论知识的传授理解，轻视思想观念的内化的问题。

职业院校的学生有其自身的特点，动手实操能力较强，学习基础普遍薄弱，积极性自觉性不足，群体间存在较大差异，部分学生自律性差，学生对思政课的学习缺乏兴趣和动力，就会完全游离于课程之外，如果只关注理论知识的传授，把课程内容与学生的实际需求和兴趣点脱节，或者是教学方法单一，就无法激发学生的学习热情。加之职业院校因自身资源条件有限，存在简单化评价的问题，过于注重通过考试衡量学生的理论知识掌握情况，而忽视了或者没有条件和能力实现对学生思想观念内化的评估，这就会导致学生在学习过程中形成应试心态，而非真正的价值认同和行为改变，最终影响思政课的实效性。

（二）"知"与"行"脱节，德育内容与课程知识的融合不够

德育内容与课程知识融合不够是一个普遍存在的问题，其原因主要包含以下几点：一是课程内容设置过于刚性。在职业院校的课程体系中，内容设置比较固定，重视知识的传输而忽略了德育的融入，如机电气、焊接、新能源汽车等，德育元素通常分散于各个部分或者在课程中没有明显体现，需要进一步挖掘探索，这导致德育内容缺位。对部分专业课教师来说，德育往往被当作是品德教育或思想政治课的专属内容，因此并未有效地与学科课程融合。二是教师对德育内容的渗透不明确：由于德育内容在各专业中并没有明确的指导和要求，教师在教学过程中不确定应如何有效地融入德育教育，开展课程思政多为完成上级要求或者存在强行融入、硬融入的现象，导致德育与专业知识的结合不够紧密。尽管有些地区尝试提出"课程思政""课程育人"理念，并努力挖掘课程的育人功能，但在实际操作中，如何将德育内容与学科知识有效融合，仍然是一个挑战。三是教育资源和支持不足：学校可能缺乏足够的教育资源和支持来推动德育内容与课程知识的融合，包括专业培训、教学材料和时间安排等。四是评价体系的不完善：现有的评价体系可能过于侧重学科知识的掌握，而忽

视了德育成果的评估,这可能导致教师和学校在实施过程中缺乏动力。

在职业院校,思政课有时被视为独立的课程,与学生专业课程未能实现跨学科的整合与融合。思政课所用教材与本科院校是一样的,培养的标准和要求也趋同于本科院校,但是学生认知层次与本科存在差距,而教材过于偏重理论知识的传授,忽视了与职业技能、职业道德等内容的结合。导致德育教育的内容无法深入学生心灵。思政课程可能缺少足够的社会实践、志愿服务等环节,加上学校未能有效地引导学生将理论知识内化为个人的价值观念和道德行为,导致学生的道德认知与行为习惯不一致,使得学生无法将所学知识转化为实际行动。

(三)教师责任感不强,学生主体地位没有得到彰显

国以才立,教以师兴。教育的发展关键在于教师的发展,立德先立师,树人先正己,思政教师队伍素质高低对学生德育成效产生重要影响。然而,如今高职教师队伍中存在育人使命意识不强、立德责任意识不浓的现象。这既有社会和学校方面的原因,也有教师个人方面的原因。

高等职业学校的师资队伍建设存在着学历、年龄、职称不均衡现象,梯队建设不完善。近几年,高职院校按照国家要求的师生配比大量招入思政课教师,很多新入职教师是应届毕业生,从校门到校门缺乏教学经验和人生阅历,还需要一定的培养周期。在高强度的工作中,往往陷于被动适应学校课务安排,仅仅满足于基本工作的完成,对职业教育缺乏深入的了解和认同,理想和目标不明确,人生职业规划比较模糊。许多教师无法将专业知识深入浅出地传授给学生,只能照本宣科,纸上谈兵。毕业于高等院校甚至 985 院校的教师对自己所教的学生个体缺乏认真、深入、透彻的了解和认识,很难做到区别对待因材施教。多数教师的专业培训和自身强项通常集中于学科知识,对于如何将德育内容融入专业课程中缺乏足够的培训和实践经验,这导致在教学过程中难以有效地进行德育与学科知识的整合。因此,未能充分激发学生的主体性和创造性,必然会导致学生厌学,学生的不良反应又影响着教师的职业认知,最终影响了德育的实施效果。在快速变化的社会环境中,学生接触到的信息和价值观呈

现多样化特征，这对思政课的教学提出了更高的要求，一名合格的思政课教师既需要具备扎实的理论基础，还需要丰富的实践经验，但职业院校思政课教师力量相对薄弱，教师实践经验匮乏，思政课的教学内容和方法没有及时跟上这些变化，导致教学内容陈旧、方法落后，无法满足新时代学生的需求。

三、在思政课教学中发挥德育的实效性

（一）融入职业素养，提升教师的德育素养

思政课教师不仅需要向学生传授政治理论知识，还要引导学生树立正确的世界观、人生观和价值观，因此，他们需要具备较高的职业素养。思政课教师的职业素养直接关系到思政课的教育效果和学生的思想政治教育质量，因此，思政课教师需要不断提升自身的职业素养，以更好地履行其职责。

首先，学校应定期组织教师参与德育教学的培训，内容包括但不限于道德教育理论、道德教育方法、道德教育课程设计等。通过系统的培训，教师可以深入理解德育的重要性及其在教学中的实践方法。职业学校可以通过多种途径和形式帮助教师强化职业道德意识和专业能力，以社会主义核心价值观指导下的教师职业道德引领教师的成长，不断增强教师的责任感和使命感。

其次，邀请道德教育领域的专家学者举办讲座，分享先进的德育理念和实践经验，增强教师的德育教学能力。同时，鼓励教师之间进行经验交流，形成良好的德育教学环境。加强思政课教师与专业教师的合作与交流，共同探讨如何将职业素养融入专业教学中，提高教师的职业素养水平，使其能够更好地起到示范和引导作用。

最后，教师要做好学情分析，紧密结合职业院校学生专业特点，根据不同专业的实际需求和行业特点，设计相应的思政课程内容。将职业道德、职业法规等与专业知识相结合，使学生在学习专业技能的同时，也能够接受思想政治教育。优化思政课案例教学的应用，选取与专业相关的典型案例进行分析讨论，引导学生思考职业道德在实际操作中的应用，提高德育教育的实效性和互

动性。

（二）重视课程德育资源的开发和利用

重视课程德育资源的开发和利用是实现教育全人培养目标的重要途径。课程德育资源是指在课程内容、教学活动、教材以及校园文化等方面，能够用于培养学生道德素养和价值观念的各种要素和条件。职业院校要深化校企合作，与企业紧密合作，共同制订培养方案和课程体系，确保教育内容与实际需求相符合。企业可以参与课程设置、教材编写等工作，使思政教育更加贴近实际需求。思政课程应积极将理论知识与学生的实际操作和职业实践紧密结合，通过案例分析、角色扮演等教学方法，使学生在实践中学习和领悟道德规范。

有效地开发和利用课程德育资源的可实现路径包含以下几个方面：一是整合课程内容，在制定教学计划时，有意识地整合德育元素，使其与学科知识相互补充。二是创新教学方法，采用案例教学、角色扮演、讨论辩论等多样化的教学方法，激发学生对德育内容的学习和思考。三是优化教材编写，在教材编写时，融入丰富的德育资源，如经典文献、历史事例、现实问题等。四是活跃校园文化，学校应创建正面的校园文化氛围，通过举办主题活动、社会实践等方式，强调尊重、诚信、公正、友爱等价值观的重要性，使德育教育贯穿于学生的日常生活之中，通过日常的校园生活，让学生自然而然地接受德育的影响。五是利用社会资源，职业院校和思政课教师可充分利用社会资源如行业协会、专业人士等为学生提供丰富的教育资源和实践机会。这些资源可以为学生提供更广阔的视野和更多样化的学习方式。

通过上述措施，挖掘和整合校内外德育资源，丰富教学内容，提高学生的参与度和体验感。更好地将德育融入日常教学中，使之成为学生成长的重要营养，从而培养出德智体美劳全面发展的人才。

（三）加强对教师的责任感教育，树立学生为中心意识

思政课教师不仅是知识的传递者，更是价值观的引导者和行为规范的示范者。职业院校要加强教师的责任感教育，使其认识到自己的行为对他人和集体有相应的影响，并愿意为自己的行为承担后果。教师的工作质量直接关系到

学生身心发展的水平，进而影响到民族素质的提高和国家的兴衰。教师不仅要充当传授知识、技能和价值观的关键角色，帮助学生掌握必要的学科知识和解决问题的能力，还要通过自己的行为举止为学生树立榜样，影响学生的品德教育和行为规范。

思政课教师的日常行为具有示范效应，其一言一行都是对学生潜移默化地教育。他们在日常生活和教学过程中展现的高尚品德、严谨的治学态度和公正无私的处事原则，都是学生学习的榜样。尤其在面对学生问题时，思政课教师展现出的专业素养和道德操守，能够教会学生如何在复杂多变的社会环境中坚持是非判断、公平正义，这是非常直接且有效的德育示范。教师应努力与学生建立信任和尊重的关系，为学生提供一个安全、支持的学习环境，认真倾听学生的意见和需求，公正无私地处理学生间的问题。

职业院校师资力量的提升需要多方合作共同努力，一是要提供政策制度保障。依据《国务院关于加快发展现代职业教育的决定》精神，一方面，需要政府统筹规划，加大投入力度，激发高职学校办学活力，提高高职教师地位和待遇，引导社会尊重职业教育重视职业教育，增强高职教师职业认同感和自豪感。另一方面，学校要完善考核和激励机制，从职业道德到专业技能，从教学科研到课堂教学，从德育管理到自我规划，学校应制定和完善一整套适应职业教育师资队伍建设的制度体系，通过规则、制度、考核促进教师专业素质提升，生成教师的归属感和成就感。二是要加强教师培养力度。教师信念的培养和使命责任感的确立需要一个渐进的过程。选择教师职业的动机不一定简单，但是走上教师职业岗位的教育者必须专一。在准教师的岗前培训和今后职业生涯中，学校不仅要注重培育教师的专业知识、专业能力，更重要的是培育教师的专业精神和专业道德。总体上，要让教师深刻明晰自身使命责任，做到时时刻刻以学生成长成才健康人格养成为中心。

（四）加大过程考核，注重实践养成

过程考核是对学生在德育方面的成长和表现进行持续性的观察、记录和评价，而不仅仅依赖于最终的成果或表现。它关注学生的道德认知、情感态度、意志品质和行为习惯的发展过程，强调对学生日常行为的监督和指导。通过过程考核，教师可以及时发现学生在德育方面的不足，给予个性化的引导和帮助。这种考核方式通常采用多元化的评价方法，包括自我评价、同伴评价、师生互动评价等，以全面了解学生的德育表现。

要让学生实现德育实践养成需要通过具体的实践活动来培养学生的道德行为和习惯。将道德教育融入学生的日常行动中，让学生在实际生活中体验、实践并养成良好的道德行为。学校要加强思政课实践教学的支持力度，通过创造社会实践、社区服务、志愿活动、企业参观等方式，让学生在实际的工作环境中体验和理解职业道德的重要性，在实践中学习和体验社会责任、合作精神和公民意识。这种亲身体验可以加深学生对职业素养的理解，促进其内化为自身的行为准则，形成稳定的道德品质和习惯。

将德育的过程考核与实践养成结合起来，可以有效地促进学生德育素质的全面提升。学校和教师需要设计和实施系统的德育教育活动，同时建立科学的评价体系，以跟踪学生的成长进步，并通过实践活动让学生将所学的德育知识和价值观应用于现实生活中，从而培养出具有良好道德素养的学生。不仅考查学生的知识掌握情况，还要考查其职业素养的养成情况，注重对学生日常行为和实践表现的考核，引导学生形成良好的道德习惯。可以通过模拟职场情境、角色扮演等方式进行评价，以更全面地了解学生的职业素养水平。思政教育是一个长期的过程，需要持续地教育和引导。学校应该建立完善的教育体系，将思政教育贯穿于学生的整个学习过程中，确保其逐步养成。

（五）重视家校共育，营造良好环境

家校共育是指家庭和学校在教育孩子方面的紧密合作，共同为孩子的全面发展提供支持和帮助。这种合作模式认识到，家庭和学校是孩子成长过程中最重要的两个环境，只有两者协同一致，为孩子提供一个全面、协调和持续的育人环境。才能有效地促进孩子的身心健康、学业进步和良好品德的形成。学校和家庭应该共同关注学生的职业素养培养，共同为学生创造一个有利于道德发展的家庭和社会环境，形成合力。社会也应该为学生提供更多的支持和帮助，共同推动学生的全面发展。

家庭和学校在教育过程中的平等地位和互动作用，需要家校双方付出努力。畅通信息沟通，有效联动，才能更好地融合职业素养与思政教育，培养出具有较高职业素养的技能型人才。

第二十章

职业学校思政课教学中的心理健康教育

思政课教学过程具有着潜移默化的心理健康教育功能。针对职业学校学生现阶段普遍存在的心理问题，有必要从教育学和心理学角度出发，围绕如何营造和谐的课堂心理氛围，增强学生学习动机；聚集学生心理需求，创新课堂教学模式；合理运用心理效应，增强课堂教学效果；改进教学评价方式，促进学生健康成长四个方面进行对策分析。

一、高职生常见的心理问题和原因分析

根据现有研究条件，此处仅以高职院校为例开展研究。在我国，高职教育与发达国家相比还存在着一定的差距，而主要问题是社会认同感与个人成就感相对较差。作为我国高等教育改革和发展中的新生力量，高职生有大学生都有的普遍心理特点，同时也有着与普通大学生不同的心理特征，而不同的心理特点则导致了高职生在学习和生活中产生了一系列需要社会与学校引起重视的问题。[①]

（一）学业压力大导致紧张焦虑心理

高职生文化基础相对薄弱，随着学习内容的专业化、深度化和难度化，部分学生无法掌握合适的学习方法，学习效率低下，缺乏系统地分析问题和解决

---

① 陈洁：《影响高职生心理健康的因素分析及应对方式研究》，《长春教育学院学报》2014 年第 7 期。

问题的能力，因此导致紧张和焦虑的心理。有部分学生因缺乏学习动机，对所学的专业不感兴趣，学习目标不明确，进而产生厌学情绪。有的学生则是一味地“考证”，从而影响了自己本专业知识的学习，没有达到自己预期的学习成绩，内心很痛苦。

（二）自我认知偏差导致消极逆反心理

高职生心理日渐成熟，能够独立思考人生，发现自己，创造自己，面临着许多内心自我评价与自我认知之间的冲突与不解和理想与现实之间的产生差距等问题，导致高职生心理出现起伏。假如不能适时地引导，就会出现心理障碍。高职生中大部分学生是高考成绩不理想的学生，因此会产生较强的自尊心理，导致他们迫切想要充实自我、发展自我。很多学生在追求理想自我中无法达到自己设想的效果，从而出现了消极情绪心理和消极自卑的心理状态。

（三）因人际关系处理不当而产生自卑抑郁心理

高职生随着年龄的增长，人际关系也会更加广泛与复杂。高职生在人际交往方面经验少，缺乏技巧，对自己和他人的认知方面不能做出正确的判断，无法在短时间内建立一种良性互动的人际关系。尽管如此，内心深度的孤独和日常生活学生的孤单，他们依旧对良好的人际关系充满了极大的向往和渴望，然而这种理想化的关系，在现实生活中往往得不到回应与满足，有时甚至充满矛盾与冲突，不能达到自己预期的效果，继而造成对人际关系的不满与失望。[①]

（四）严峻的就业形势导致恐惧心理

近年来，高校毕业生的数量逐年增加，就业压力越来越大。高职生学历低，就业相对更加严峻。有许多的用人单位盲目提高学历门槛，导致高职生没有合适的工作。激烈的社会竞争及用人单位的偏见，使高职生承受着巨大的压力与矛盾，从而产生焦虑心理。此外，高职生处在后物质时代，面对社会全面深化改革，全行业转型优化升级，在优胜劣汰的竞争择业环境下，他们的着眼点不是如何提升自身的专业技能，而是走捷径，如利用信息差做起了第二副业（兼职中

① 陈洁：《影响高职生心理健康的因素分析及应对方式研究》，《长春教育学院学报》2014 年第 7 期。

介),或在朋友圈或者万能墙发布招工信息,自己从中抽取提成,在本该专注听讲的课上做了市侩的中介生意,来填补物质差距带来的心理失衡。

二、职业学校思政课的心理健康教育功能

面对以上状况,职业学校思想政治理论课教师可以重视大学生成长的内在需要、营造和谐的课堂心理氛围、深入社会实践、提升教师心理健康素质等路径,实现其心理健康教育功能,从而提升思想政治理论课整体教学效果。

(一)自我认知功能

自我认知是指一个人对自己的个性、能力、兴趣、价值观等方面的认识,自我认知水平是衡量心理健康的一项重要指标,思政课教学不仅提高了高职生本身的思想政治素质,同时自我认知水平也得到了一定提升。尤其是对自己人生观、价值观、道德观、法律观的认识,是他们精神世界的重要内容,也是自我认知的重要内容。通过思政课教师的专业指导,辅以课堂讨论和课后思考作业,帮助大学生辨析错误的思想观念并自觉更正,强化积极向上的思想观念。在社会实践和日常生活中,帮助大学生认识自己的思想道德修养、个性特征和能力特长等,从多维度深化大学生的自我认知水平。①

(二)社会适应功能

思政课帮助大学生认识当前社会的政治经济状况和国际国内形势,理解社会主义制度的优越性和中国特色社会主义共同理想,为社会主义建设做好准备,提高他们的认知判断能力,对未来社会发展方向进行预知,增强解决现实问题的能力,减少现实环境的压力和对未来的焦虑,减少心理问题的产生。思政课积极的价值导向帮助学生更好地适应社会,服务人民奉献社会的人生观教育并帮助大学生选择正确的人生方向,良好的道德修养和法律素养帮助大学生更好地协调人际关系,减少冲突和焦虑,拥有积极乐观、稳定的情绪,这些都增强

① 陈君、李莉:《论高校思政课的心理健康教育功能》,《学校党建与思想教育》2020 年第 24 期。

了大学生的社会适应能力。[1]

(三)精神动力功能

精神动力是人内在的精神方面的驱动力。对生活充满热情,对未来积极乐观,具有坚定的理想信念并愿意为之付出努力都是精神动力的表现,也是心理健康的重要标志之一。思政课作为铸魂育人的课程,以促进大学生自由全面发展为目标,必然具有精神动力的功能。思政课既关注大学生的现实生活,更关注大学生的精神生活,对大学生心理健康起到积极作用。理想信念教育帮助大学生逐步确立马克思主义信仰,树立共产主义远大理想和实现中华民族伟大复兴的社会理想,帮助大学生明确个人职业理想,积极进行职业规划,将个人理想和社会理想结合起来。

(四)人格塑造功能

思政课教学过程,既是对大学生进行思想价值引领的过程,也是对大学生人格不断塑造和完善的过程。思政课以培养大学生自由全面发展的社会主义建设者和接班人为目标,自由全面发展就是一种理想的人格。思政课通过道德教育,培养大学生的道德水平和境界,帮助大学生形成道德理想和道德人格;通过法治教育,帮助大学生形成对社会主义法律的信仰和尊重,完善法治人格;通过理想信念的教育,培养大学生对社会主义道路的认同,树立共产主义理想信念,培养大学生政治人格。

三、职业学校思政课教学中开展心理健康教育的实施路径

在职业学校思政课教学中,教师不能只是在课堂上进行理论宣讲,更要关注学生的心理诉求,了解学生已形成的思想观念和基本素质,并在此基础上对学生进行引导,基本做法有以下四个方面。

① 陈君、李莉:《论高校思政课的心理健康教育功能》,《学校党建与思想教育》2020年第24期。

（一）营造和谐的课堂心理氛围，增强学生学习动机

课堂教学是学校教育教学中的基本活动，也是一种独特的社会交往方式。在课堂教学中，师生关系、生生关系不是静态的，而是处于互动的状态，是一个由教与学双方活动构成的动态系统。教学过程也是师生双方认知情感的双向交流。因此，努力在课堂这个特定的活动环境中营造和谐的心理氛围，不仅是课堂教学成功的保证，也是学生形成积极的学习态度、正确的学习动机、愉悦的学习情绪和高度注意力的重要途径。

1. 寓教于乐，激发兴趣

研究发现，浓厚的学习兴趣不仅会给智能“锦上添花”，既发挥智能的积极作用，同时还会给智能“雪中送炭”，弥补智能不足。正如俄国教育家乌申斯基指出：“没有丝毫兴趣的强制性学习，将会扼杀学生探求真理的欲望。”我国明代学者王守仁将不顾学生兴趣的教学比喻成“鞭挞绳缚，若待扣囚”等。这些充分说明激发学生学习兴趣的重要性。不难看出，学生在兴趣指引下的学习过程，实质上就是一个自我心理健康教育的过程。兴趣是个体积极探究某种事物的认识倾向，具有维护和增进心理健康的价值。兴趣是最好的老师，当学生在认识感兴趣的事物或从事感兴趣的活动时，可以保持稳定集中的注意、进行清晰全面的感知、引起浮想联翩的想象和积极深入的思维，在愉快的情绪体验中，以坚强的毅力去克服困难，达到教学目的。

2. 正面强化，鼓励成功

对学生的欣赏、夸奖、鼓励往往表达一种积极的心理暗示——老师器重我。每个人都有成功完成某件事情的渴望和需求，反映在人们头脑中，便体现为成功需要。一定要找到欣赏、夸奖的理由，找到欣赏、夸奖的方向，找到欣赏、夸奖的那些“点”。因为每一次成功需要的满足，其实都是对成功行为的正强化。被认可、被赞扬对于学生来说满足他们成功的需要，不仅会产生快乐情绪，而且会产生自信心和胜任感，促进个体朝着成功的方向继续努力。在课堂教学中，学生对学习活动的成功体验所产生的快乐情绪，有助于增强其学习的热情和动力。

3. 教无定法，贵在得法

教师首先要把握好课堂教学的心理氛围的营造，注重教学内容、讲究方式方法。如何改变教学形式，一直是古今中外崇尚乐学教学的人所努力寻求解决的课题。当我们能将一些本来在学生看来是枯燥、乏味的教学内容，赋予某种为学生所喜闻乐见的形式时，便能使学生因教学活动适应他们娱乐需要而欢“心”，从而改变对学校教学活动的态度，提高学习的积极性。例如，组织情景对话、排练短剧、小品等游戏和活动形式来开展教学，学生在此愉快的课堂心理气氛中学习，必然是乐学不疲，事半功倍。

4. 师生和谐，树立威信

教师在课堂教学过程中，要善于创造一种生动活泼的师生共同合作完成学习任务的情境，让学生感受到自己是学习的主体，是教学活动的参与者与推动者。事实证明，建立一个良好和谐师生关系，是实施高质量教学的重要保障。同时，这种良好的师生合作关系的建立过程，实际上也是一种心理健康教育的过程。融洽的师生关系有助于师生积极有效地互动，提升学生的学习热情。在教学中教师要对学生以诚相待，打开自己的心扉，让学生看到的是有血有肉的教师，提升思政课教师亲和力。教师要尊重和信任学生，创造相互信任的氛围，鼓励学生分享自己内心的想法和情感，师生之间、生生之间进行有效的沟通和交流，有利于学生健康人格的培养。

（二）聚焦学生心理需求，创新课堂教学模式

教师在日常的教学工作中，必须转变观念，以学生为本，聚焦学生的心理诉求，满足他们现阶段的心理需求，改革课堂教学模式，创新教学方法，运用学生喜闻乐见的方式努力探索自主探究、合作交流的新型的课堂教学结构模式，从而培养出更多的适应新时代发展的创新型人才。

1. 教为主导，教师要勇于创新

思政课教师容易在课堂教学时有所顾虑，提到创新，一部分教师就会有一种心理压力，担心一旦创新了，课堂教学模式转变了，就会出现不利的因素。其实，连续几年的课堂教学方法不变，而学生却是变化的、人的思维方式也发生

了明显的变化。如果教师的教学方式方法陈旧，教学内容枯燥乏味，不顾及学生听课感受怎么能适应新时代素质教育的新要求呢?

2. 提倡“变式”，反对墨守成规

课堂本身就是生成的过程，教学的变量很多。课堂教学不可能像公式一样固定不变，它具有不确定性。每个教师都有不同的教学语言、教学风格、教学切入点，因此在教授同一课程时，教学效果也是不一样的。正是由于不确定性的因素很多，才使我们的课堂充满活力，这新的活力才能给教师和学生提供创新的空间、全新的体验感和思维火花的碰撞与冲击。这样教师只是做出引导，引导学生去想象、探究。教师在教学时，仅仅是点拨一下，留给学生更大的空间去再创造。这就会增强课堂学习的积极性与主动性，学生一旦喜欢探究，其教育意义是重大的。也许，学生的理解比教师讲的，或是书上说的更有新意。

3. 教学中的创新要多样化

聚焦学生心理需求，灵活运用多种教学方法，创新课堂教学模式。根据高职学生认知心理的发展一般规律，可采取以下创新方式：一是采用案例式情景式教学，动之以情，晓之以理，情理交融的方式，能促进三维教学目标中价值目标的实现；二是使用抛锚式教学模式，设置主题讨论，头脑风暴接龙式发言，通过自由分组辩论或者小组讨论的方式，对问题点的正反面进行价值澄清，培养学生的求知欲、探索欲和思辨力；三是同辈学习也是一种很好的教学方法，通过任务驱动式教学方法，组织同学们开展探究式互助式合作学习，也能收到很好的效果。

（三）合理运用心理效应，增强课堂教学效果

思想政治教育重在思想，在教学工作中受教育者思想上的认同才是对教学效果最大的肯定。在课堂教学时，善用以下几个心理效应，可以达到事半功倍的效果，对提升课堂教学效果有非常好的作用。

1. 善用“首因效应”，实现先入为主

首因效应也叫第一印象效应，是指信息呈现的先后顺序影响了人的看法，先呈现的信息比后呈现的信息有更大的影响作用。人们对第一次接触的人或

事物形成的印象对人们后来的认识起到了先入为主的作用，这种印象不易改变，甚至会左右对后来获得的新信息的认知。在课堂教学中善用“首因效应”，教师在第一堂课时应充分展现自身魅力，给学生留下深刻的第一印象，这不仅有利于教师建立威信，更有利于日后的课堂教学组织管理；而在每一堂课开始时，将教学重点内容首先呈现在学生面前，可以使学生在认知过程中因第一印象深刻而更有利于其记忆，更好地理解重点、掌握重点，提升课堂教学效果。

2. 善用“霍桑效应”，感受关心重视

霍桑效应就是当学生意识到自己正在被关心重视的时候，他将得到一种力量，这种感觉会让他更加积极努力地去听课、互动、反馈他的认知给教师。一个班级几十名同学，在课堂上每名同学的听课感受、兴趣度、注意力不尽相同，当教师需要对某名同学进行表扬、提示、提醒、批评时，利用“霍桑效应”，对学生进行注视、提问，既可以对认真听讲的学生加以鼓励，也可以对开小差的学生加以提醒；而课堂上让学生讲述、表演、展示作品等，会使学生意识到自己被关心重视，这种受重视的感觉会使得他们加倍努力，以证明自己是优秀的、是不负众望的，是值得被关注的，这将使整个课堂教学效果进入良性循环。

3. 善用“南风效应”，体验润物无声

南风效应也叫做温暖法则，它来自法国作家拉·封丹写的一则寓言。它的含义就是温暖胜于严寒，只有顺应了人们内在的需要，才能使其行为变得自觉。这种启发自我反省，满足自我需要而产生的心理效应，被称作南风效应。在课堂教学中，班级的部分学生如果是在被压迫的环境下，或者是在懈怠情绪和对抗情绪下进行学习，要想取得好的教学效果是不可能的。南风效应则非常适合于在课堂教学时，关注我们通常所说的“后进生”，即那些听课情绪懈怠、注意力不集中、表现消极、学习成绩不好的学生。这是由于认真听课的学生，课堂表现自然积极饱满，因而经常能得到教师的表扬和肯定；而学习不好的学生，由于思路、接受能力一时跟不上教师授课进度，继而会产生听不懂、懈怠、被冷落的感觉，严重的可能会产生孤独感和自卑心理，因此教师在课堂教学过程中，要感知他们的情绪，调整自己上课的节奏，用温暖的语言和行为给予这部分

“后进生”积极的暗示和适当的引导，就会使他们受到鼓舞，化消极情绪为积极情绪，变被动学习为主动学习，这种暖风频吹、和风细雨、润物无声的心理引导作用，将使课堂教学达到理想的效果。

4. 善用“同体效应”，找到情感共鸣

同体效应也称自己人效应，就是指一个人对另一个人高度的心理认同现象。如果师生之间产生了同体效应，就会缩短师生间的心理距离，引起师生情感上的共鸣。对于教师来说，你喜欢一个学生，学生就会喜欢你，如果学生把教师看作是自己人，是知心朋友，那么学生对教师的话就会更加信赖和易于接受，对教师讲授的课程，也会产生浓厚的兴趣。对于学生来说，如果教师的精彩课程能够吸引他，他喜欢这位老师，那么他就会越发觉得老师可亲可敬，产生认同感，从而对老师所教的学科和知识非常感兴趣。正所谓“亲其师，方能信其道”，当这种情感共鸣产生之后，学生上课的注意力将会非常集中，教师的课堂教学效果也将会非常好。

5. 善用“拉瓦赫效应”，发现智慧光芒

拉瓦赫效应是指每一个学生因其生理、心理、潜质的差异，成长环境的不同，他们的学习潜能也不同。在教学中我们会发现每一个学生的智能发展是不均衡的，都有各自的长处和短处，在其成长过程中，一旦找到他们智慧的强点、长处，并充分发挥其潜能，往往能取得优异的成绩。在课堂教学中，教师要正视学生的个体差异，仔细观察，善于发现学生的优点、学生的闪光点、学生智慧的强点，并及时鼓励强化，用心去点燃学生智慧的火花。当学生发挥出自己的潜能，找到了学习的兴趣点，获得了学习的自信，成功的喜悦将越来越靠近他。

（四）改进教学评价方式，促进学生健康成长

1. 注重评价对教学的诊断和促进作用，弱化评价的选拔与甄别功能

在利用信息技术开展教学条件下，可通过多元化的评价方式激励和引导学生学习。不要将评价单纯作为测量学生的学习情况或者给学生排名的工具，切忌利用评价作为惩罚学生的手段。评价结果的呈现要尽量避免给学生贴标签或排名次，弱化评价对学生的选拔与甄别功能，减轻评价对学生造成的压力。

教师在了解学生的学习和发展状况的同时,也要利用评价结果反思和改善自己的教学过程,发挥评价与教学的相互促进作用。

2. 发挥教师在评价中的主导作用,创造条件实现评价主体多元化

教师应注意发挥自己在信息技术评价中的主导作用,同时充分利用学生的评价能力,适时引导学生通过自我反思和自我评价而了解自己的优势与不足,以评价促进学习,在互评中共同提高。如在实践课中,教师可精心设计一些带有启发性问题的表格,学生填写后的反馈表明,这些问题起到了引导作用。在实践中,由于学生水平不同,小组讨论问题的深度也不同,讨论和资料填写过程的时间较难控制,这会影响评价课的效果。为了减少各评价主体的主观因素对评价结果的干扰,教师在评价之前应设计统一的评价标准,并与各评价主体充分交流,达到评价主体之间的一致性,保证评价的客观和公正。评价结束后,教师要及时收集评价信息,统计、归纳评价结果,并尽快反馈给学生和参与评价的有关人员。

3. 评价时应关注学生的个别差异,鼓励学生创造实践

由于地区差异和学生自身的能力水平、学习风格与发展需求等方面的差异较大,教师评价时要正视这种个别差异,对不同层次的学生应采用不同的评价标准来衡量。对后进生采用表扬评价,寻找其闪光点,及时肯定他们的点滴进步,调动他们学习的积极性;对中等生采用激励性评价,既揭示不足又指明努力的方向,促使他们积极向上;对优等生采用竞争性评价,坚持高标准,严要求,促使他们更加严谨、谦虚,不断超越自己。

第二十一章

职业生涯规划教育融入中学思政课教学的意义、问题及路径

从本书将思政教育与职业教育相统一的大思路看，在中学思政课教学中融入职业生涯规划教育是一个有意义的实践活动。当前的高中阶段开展的职业生涯规划教育存在诸多问题，可以从课程设计、教学实施等多个途径逐步实验和推进，会收到良好成效。

一、职业生涯规划教育融入中学思政课教学的意义

（一）中学职业生涯规划教育的发展历程

职业生涯规划教育，是指普通中学通过课程、实践、体验等方式，对在校未成年学生针对新高考背景下的模式进行的职业探索教育活动，使学生更加清楚自己的职业目标，增强自我职业效能感，实现自我价值和职业理想。

我国职业生涯规划起步较于西方发达国家较晚，和我国经济发展紧密相连，经历了大起大落。近年来随着教育的不断发展，我国职业生涯规划教育也随着新高考的推进而大步向前。

1. 新中国成立后至上世纪 80 年代

1949 年新中国成立后，国家实行计划经济，毕业就可以立即就业。那个时候的大学毕业生还比较稀缺，基本上所有学生在学校是国家储备干部，而一旦毕业就按照国家政策分配工作岗位。虽然在 1995 年成立了职业指导中心，但

是职业生涯规划教育却在国家的“统包分配”制度下失去了自己的价值。学生没有选择职业的权利，教师也无须指导。

随着我国改革开放的历史进程，市场经济掀开帷幕，特别是随着国家的扩招政策及大学毕业生的日趋增多，原先的“统包分配”就业政策已经不能满足更多大学毕业生的就业问题，毕业生对职业的双向选择理念进入大家的视野之中。职业生涯规划教育开始走进历史舞台。

职业生涯规划教育的前身是职业指导。黄炎培曾经说过，职业指导是社会分工的需要，是人类与生俱来不齐之才的，其实职业教育的目标也恰恰在如此。1949年，中华人民共和国成立，在计划经济的指导下，分配就业的情况导致职业指导基本停滞，然而在改革开放之后，人们意识到了职业指导的必要性，国家教育委员会把《职业指导的研究与实践》正式纳入“七五”科研重点课题。在我国特大城市，如“北上广”等经济发展迅速的地区进行试行工作，可以说职业生涯规划教育重新登上历史舞台。20世纪80年代末期，国家教委发出《关于上海市卢湾区教育局在中等学校开展职业指导的通知》，并且提出要求全国各个省、市、自治区直辖市同时要积极响应国家号召，探索职业生涯的路子，认真做好地区的试点工作。

2. 改革开放以后

1992年，国家教委主编的《普通中学职业指导教育实验纲要（草案）》详细阐述了我国发展职业生涯规划教育的目标和任务、方式方法、途径，要求普通中学教育委开展职业指导，使学生毕业后能够正确选择适合自己的职业方向。1994年《普通中学职业指导纲要（试行）》由国家教委基础教育司正式颁发，在我国六个省市开始执行，各大教育类的期刊等专门为此设专题进行交流并针对此进行研讨。同年，《关于印发“普通中学职业指导纲要”（试行）的通知》正式颁布，但是这期间也同时存在着很多问题，尤其是在师资方面，由于缺少专业教师，学生在这方面并不能得到有效的指导。1996年又在此基础上颁布了著名的《中华人民共和国职业教育法》，其中第十六条规定：“普通中学可以因地制宜地开设职业教育的课程，或者根据实际需要适当增加职业教育的教学内容。”这就在国家法律层面对职业生涯规划教育进行阐述，说明其重要地位。

2001年教育部又颁发《基础教育课程改革纲要（试行）》将综合实践课设为必修课，《普通中学职业指导教育实验纲要（草案）》《普通中学职业指导纲要（试行）》等相继出台，在《国家中长期教育改革和发展规划纲要（2010—2020年）》提出普通高中要建立学生发展指导制度，《关于普通高中学业水平考试的实施意见》中规定高中学校“要加强学生生涯规划指导”。在本世纪初，教育部颁发《教育部关于推进中等和高等职业教育协调发展的指导意见》鼓励在普通高中开展职业生涯规划教育相关课程。

（二）职业生涯规划教育融入中学思政课教学的意义

当前，高中生职业生涯发展教育的重要性并没有被广泛认知。从学校层面重视得较少，虽然北京、上海的情况好一些，但在大部分省市，由于还没有感受到高考对这个工作的需求，许多校领导对这项工作重视不够。高中职业生涯规划发展教育有其他课程不能替代的特点和优势，对于学生的成长而言，它的重要性不应忽视。

1. 有利于增强高中生自主发展能力

根据舒伯的职业生涯发展理论，高中生处于职业生涯探索的关键期（15至24岁），开始基于自己的性格、兴趣和志向逐步进行学业和职业规划。职业生涯教育有效融入高中思政课，有助于增强高中生的自主规划能力，改变当前部分学生“选科无意识、考试无意识、升学无意识”的盲目状态。首先，思政教师需为学生介绍思政学科相关的专业和职业信息，将政治学习与未来人生规划相关联，激发学生的学习动力。其次，教师在课堂内外创设工作和生活的模拟场景，能增进学生对未来职业环境的认识，并引导学生有意识地将自身生涯目标与社会发展需求相结合，增强学业和职业规划的能力。

2. 有利于优化高中思政课育人效果

职业生涯教育适当融入高中思政课，有助于进一步凸显思政课引领学生成长的德育价值，提高学科地位，同时也助推教学方法创新，优化育人效果。首先，有利于丰富思政课的教学内容。为帮助学生进行生涯自我探索和外部职业认知，教师需开发教材中的职业生涯教育元素，适当补充拓展政治学科的专业与职业信息，增强授课内容与学生生活、社会发展的密切关联。其次，应用职业生涯教育的理论与方法，能够活化思政课教学方法体系，丰富课程资源，增强思政课的趣味性和吸引力。

3. 有利于提升职业生涯教育的有效性

当前，中学职业生涯教育师资力量匮乏、教育经验不足。推动各学科课程与职业生涯教育融合成为提高高中职业生涯教育有效性的必然要求。多个省、市发布的关于高中职业生涯教育的指导性文件中均强调，构建“全员生涯导师”体系，要求各科教师结合课程特点，发挥各自优势，加强职业生涯指导在课堂教学中的渗透。将职业生涯指导有效融入思政课，能深化学生对政治、经济、文化等方面职业环境的了解，拓展职业生涯教育的覆盖面。思政教师也将成为重要教育主体，在学生生涯规划和成长过程中扮演向导，为学校了解学生的兴趣、能力、理想提供恰当反馈与建议，提高职业生涯教育的整体质量。

4. 有利于适应新高考改革发展的要求

新高考“3+3”模式扩大了学生的自主选择权，也带来诸多挑战：学生选课存在盲目性、功利性；选考科目组合不确定性加大了教学管理难度等。在思政课教学中适当融合职业与专业信息，为学生提供个人发展规划的有效指导，有助于避免学生出于对思政课的刻板印象、盲目跟风、唯分数等原因而做出随意选择，提升学生选科决策和生涯规划的科学性，同时也有助于激励思政教师从关注知识传授向关注学科素养培育转变，进一步落实新高考育人理念。

二、新高考背景下普通高中思政课职业生涯规划教育存在的问题

（一）课程体系不完善

课程的建设对于教学有至关重要的作用，近年来我国一直致力于课新课改的意义也在于此。在此次调查中发现，在最后一题学生写到给学校的职业生涯课程建议的时候，很多同学写道“不要总是对着书念”“不要总是讲那么多的重要性”“很无聊，没兴趣”“希望课程能够实际一些”“不要敷衍了事”“天

天讲目标很没意思”“来点实际的东西”等。其中不难看出，我们授课的内容存在表面化甚至于应付的情况，也从侧面反应出学生的眼里的课程不能把课堂中学到的东西切实应用到自己身上。在高中三年什么样的阶段，课程的内容怎样制定，怎样更加严谨，更加有效地为学生传达职业生涯课程理念非常重要。

（二）课程形式单一随意，缺乏多样性

在对学生问卷进行分析的过程中发现，高中学校在实施职业生涯规划教育课程时，大多都是以专门的课程教学或是其他学科的课程渗透为主，虽然有些学校会有一些专题讲座或主题班会，但实施的次数是屈指可数、少之又少的。而经过对一些实施较好的学校的职业生涯规划课程的调研得知，开设该课程的形式可以是多种多样，从整体来看，会有必修课，也会有各式各样的选修课；有理论课，也会有实践课；有专题讲座，也会有主题班会、职业倾向测验，实施的具体形式可以根据学校的具体情况而进行相应的组合搭配。虽然高中职业生涯规划教育课程并不一定需要像其他学科那样，需要教师和学生坐在教室里讲解职业生涯规划教育的相关理论、知识、技巧与方法，但是有些基础性的知识是进行下一步学习的基石，只有地基打稳了，接下来的学习才会顺利。需要注意的就是，职业生涯规划教育课程是一门与社会实践联系极为紧密的课程，脱离了一些实践活动，学生的学习过程会像“纸上谈兵”，实施效果会大打折扣。

（三）课程内容枯燥乏味，重理论而轻实践

当前高中职业生涯规划教育课程内容更加注重的是间接经验的传授，而与职业生涯规划联系极为紧密的社会实践、参观体验类活动在职业生涯规划教育中却很少出现。首先，职业生涯规划实践类课程开展有一定的难度，例如，社会实践及参观考察类课程需要与一些事业单位、企业工厂及高校取得联系，进行沟通洽谈，还有就是学生数量众多，学生们外出时的安全不好保证；其次，职业生涯规划教育活动没有被列入高考考核，而且在开展实践活动时比课堂教学需要占用更多的时间、精力及人力，学校在高考严峻的形势下，更愿意让学生把时间花费在高考考试科目上。以上分析的这些情况都导致了职业生涯规划教育课程的内容多间接经验的传授而非直接经验的获得，重视理论教育而轻视实践活动。

（四）课程评价缺乏规范，随意性强

课程评价是依据一定的课程标准，运用科学有效的方法对课程产生的实施效果作出价值判断。一般情况下，课程评价主要集中于两方面内容：一是学生学业的评价；二是课程本身的评价。现阶段高中课程评价体系中，很少涉及或是根本就没有涉及关于职业生涯规划课程方面的内容，涉及职业生涯规划教育的相关文件也并未明确具体责任主体。在《国家中长期教育改革和发展纲要（2010—2020 年）》及《关于普通高中学业水平考试的实施意见》等文件中都可以看到职业生涯规划教育的要求，然而该教育课程并没有正式纳入我国高中的课程体系之中，在这种情形下，该课程得不到应有的重视，课程评价也极不规范，甚至是直接缺失。

三、新高考背景下普通高中职业生涯规划融入思政课的实施途径及方法

（一）准确把握新高考政策与职业生涯教育的基本理念

新高考推行自主选科、综合评价，旨在破除“唯分数论”，关注学生的生涯发展和综合素质的全面提高。职业生涯教育融入高中思政课需从育人、升学、就业角度准确把握新高考与职业生涯教育的基本理念要求，避免陷入应试误区。

从育人维度来看，新高考的核心功能之一在于“立德树人”。将职业生涯教育与思政课有机结合，须着力培养德智体美劳全面发展的人才。“德”是要让学生拥有高尚的思想品德和远大的人生理想，具备自主管理意识并确立提升自我、奉献社会的人生规划，为选科和升学决策树立正确价值标准。“智”是要让学生掌握思政学科的科学思维与学习方法，既积累学业知识，又通过课内外社会实践了解社会大环境、行业环境和职场小环境。“体”是要让学生认识到全面发展的重要性，重视身心协调发展。“美”是要让学生感受到政治知识的哲理美、政治制度的科学美和政治人物的品德美，形成对美的崇尚与向往，为养成

较高的综合素养奠定基础。“劳”是要培养学生的劳动精神，让学生树立劳动光荣的价值观，形成良好职业道德修养基础。

从升学维度来看，新高考的核心功能之一是“服务选才”，要围绕科学选才、提高质量、促进公平的目标，建立科学的人才选拔方式。高考虽是书面考试，但其根本理念是打破“唯分数论”的单一评价模式，力求全面客观地测评学生的综合素质。由于升学导向的要求，高中职业生涯教育尤为注重高中生学业规划的指导，与大学职业生涯教育偏重就业指导有着明显的区别。高中思政教师的教学和育人要服务于学生选课、考试、志愿填报的实际需求，同时也要契合新高考和职业生涯教育的育人理念。要关注现行考试制度下学生的学业发展和升学需求，鼓励学生孜孜以求地吸取系统化的思政学科知识，掌握有效的认知手段，不断锻炼思政学科素养，提升自主学习能力。

从就业维度来看，新高考的考查要求之一在于具有应用性，理论知识要适用于工作实践中的真实情境。教师要指导学生打开视界，正确认识当前政治学习与个人未来大学、职场生活的关系；探索政府工作人员、法律从业者、金融从业者等行业的素养要求并体悟不同职业的社会价值；培养学生的社会责任感和创新精神，指导学生从国家发展的未来趋势出发思考自身学习与就业方向，将个人理想与社会就业市场需求相衔接。

（二）挖掘思政课教材资源，夯实职业生涯教育内容基础

1. 思政课教师和教研员是高中思政课教学研究的主体力量

思政课教师和教研员应深耕新教材，把握新教材内容与职业生涯教育的“显性渗透点”与“隐性渗透点”。既要充分利用好教材中现有的生涯教育元素，也要适当补充和拓展教材外的有关元素，夯实内容基础。在平时，教师可注重积累与思政相关的职业生涯教育素材，以便在教学设计时灵活恰当地使用。

2. 关注职业生涯教育，挖掘思政学科新深度

教师还可在长期教研活动中关注职业生涯教育，更好地把握思想政治教育教学内容，以思政学科为视点强化职业生涯教育新深度。在教学研究时，可围绕以下问题展开研究：思政课现行教材与学校生涯课程体系有何关联？思

政学科核心素养对高中生的生涯规划与发展有何意义？如何结合新教材适当融入思政学科相关的职业生涯规划信息？思政教师怎样指导学生进行选科选专业的决策？思政教师在学校职业生涯教育中扮演怎样的角色，等等。在进行听课评课活动时，教师可将是否关注学生的终身发展作为评课的标准之一，在教研活动中提高自己的职业生涯辅导能力。思政教研员亦可在教辅资料的编写与统测、统考的试题开发工作中适当渗透学业规划和职业规划相关信息，为开展职业生涯教育提供支持。

3. 创新思政课教学方法，强化职业生涯教育融合实效

应充分利用学科优势，扩展思政课教学方法体系，在课堂教学的具体实施过程中加强与职业生涯教育的关联性，以思想政治教育引领生涯发展，以生涯规划落实价值导向，强化融合实效。

首先，教师可应用活动教学法。以情景为载体和活动为形式，通过模拟学生生涯发展中的重要情境，为学生未来职业发展奠定思政相关知识与能力、情感态度价值观的基础。活动形式包括实验探究、角色扮演、辩论、演讲、问卷调查等。如教学必修二经济与社会课中的综合探究，可开展模拟求职应聘、就业创业信息博览会以及阅读思政学科名人传记等活动，增进学生对社会各行业从业要求、发展前景、职业特性、职业道德规范方面的了解。

其次，教师可运用议题教学法。创设具有“重大与重要（有价值）”“争议与思辨（有必要）”“生活与困惑（有可能）”三大特点的议题，引发学生的思考、合作与师生互动，指引学生在论证、思辨、争鸣中澄明职业价值观念，提升生涯规划意识。

再次，教师可运用案例教学法。案例可以是与思政课有关的某一位生涯人物、某一件生涯故事，也可以是社会发展中与学生未来人生息息相关的某一项政策、某一则新闻，等等。通过对案例的解读，学生能更形象地理解思政学科知识，获取直观的职业生涯发展信息。

最后，教师可适当运用气质类型测试、职业兴趣测试、职业价值观测试等量表，结合生涯彩虹图、生涯家谱、生命角色图、生涯幻游、终身生涯评估

（LCA）等生涯辅导技术，辅助思政课教学。要发挥思政课立德树人的关键作用，引领学生在进行生涯规划时紧扣我国社会发展需求，突出“利他主义”这一职业价值因子，鼓励学生在谋划个人前途时考虑大众的幸福和社会的进步，形成正确的生涯价值观念。如在《实现中华民族伟大复兴的中国梦》这一框中，涉及我国 2035 年和 2050 年的发展战略目标，辨析了中国梦与新时代青年的关系。教师可运用生涯幻游技术，引导学生构想未来中国，畅想十年、十五年后自己的职业状态、人生目标，鼓励学生将人生梦想与中国梦相结合。

4. 落实全过程培训，提升思政教师职业生涯教育素养

《教育部关于实施卓越教师培养计划 2.0 的意见》指出，培养造就一批教育情怀深厚、专业基础扎实、勇于创新教学、善于综合育人和具有终身学习发展能力的高素质、专业化、创新型中小学教师。教育部门和学校应从职前职后各环节着力提升思政教师的职业生涯教育素养。

在职前环节，各类高校需对学生做好职业生涯教育与就业指导，使将来从事政治教职的师范生们不仅能规划自身的教师职业生涯，更善于为中学生提供生涯发展指导。首先，在对应的基础教育类课程中体现思政生涯指导的理念。在思想政治学科教学论课、教育心理学课程中，高校教师可通过案例、模拟咨询等方式，适当设计职业生涯教育融入课程教学的要点，讲解辅导中学生进行思政学业规划的方法。其次，开设相关选修课程，培养学生的职业规划能力。最后，在教育实习中，鼓励在职教师和师范生之间就思政学科职业生涯教育进行交流，为发展学生职业生涯教育能力提供更多机会和平台。

在职后环节，教育部门和学校可定期邀请职业生涯教育专家，为学科教师组织职业生涯教育培训、观摩学科生涯教育公开课等。针对思政教师开展的培训活动，应紧扣思政课实际，明确职业生涯教育如何辅助高中思政课教学，如何辅助应对新高考变化。通过培训活动帮助教师领会职业生涯教育的经典理论，掌握生涯测评工具，了解思政学科相关的信息资源和获取方式，帮助教师开展思政学科生涯育人。还应培养思政教师的职业规划意识，以化解教学实际与教育理想之间的矛盾，促进自身职业生涯健康发展。

5. 共建多主体保障机制，拓展职业生涯教育实践场域

党的二十大报告明确指出："用社会主义核心价值观铸魂育人，完善思想政治工作体系，推进中小学思想政治教育一体化建设。"完善思想政治工作体系，推进中小学思想政治教育一体化建设，就需要构建推动思想政治教育的多元主体保障机制。思政教师要为学生提供有效的职业生涯教育指导，需要政府政策规划、学校管理支持、家校合作共建、社会协同参与等多方保障，共同拓展职业生涯教育的实践场域。

教育行政部门应完善高中职业生涯教育的规划部署，为各学科融合职业生涯教育提供政策、经费等各方面的支持。具体措施包括：要快速出台高中职业生涯教育的政策规划，并对学科融合这一重要途径予以经费保障；组建学科融入式职业生涯教育的研究机构，为学科教师实施职业生涯教育提供专业指导和信息资源支持等。

学校应落实全科育人的行动方案，建立全员育人导师制。具体措施应包括：以班主任和学科教师为主体，建立师生导育关系；组织各学科教师与生涯导师、与学生之间的交流互动，促使其实施的职业生涯教育互相协调；加强保障思政教师参与职业生涯教育的工作制度建设等。与此同时，"不同地域的高校、中学、教研机构之间的交流合作，能够打破学科融入式生涯教育路径同质化的'窠臼'，进而增强实践经验的可推广性"。

家长应参与构建家校协同联动的补充机制。教师应主要向家长介绍思政课相关的考试、升学、就业等信息，形成家校合力。也可邀请从事相关职业的家长走进课堂，介绍在政府部门、企业等单位中的任职要求、工作环境和发展前景，以激励学生做好自身学业和职业规划。

社会应切实营造多元力量支持的育人氛围。首先，发挥社会上职业生涯教育专业机构的作用，为学校提供指导。其次，发挥高校对中学职业生涯教育的支持作用，帮助师生了解院校专业信息。再次，在政府引导下激活企事业单位的社会责任感，为学生社会实践提供保障。最后，发挥新闻媒体的宣传引导作用，为高中生选科选专业等生涯决策提供科学的信息参考和积极的价值导向。

第二十二章

基于职业教育视角的小学思政课渗透劳动教育教学策略

道德与法治课程是义务教育阶段的思政课，是落实立德树人根本任务的关键课程。该课程渗透劳动教育对培养学生具有重要意义，不仅可以让学生树立科学的劳动观念、养成良好的劳动习惯，还能磨炼学生坚强的意志，促进学生全面发展。

一、劳动教育融入小学思政课教学的意义

2022 年，教育部颁布《义务教育道德与法治课程标准（2022 年版）》（以下简称“新课标”），在课程目标部分，有机融入劳动教育的相关主题。新课标中指出，小学生要树立劳动意识，积极参加劳动实践，懂得劳动光荣、劳动不分贵贱观念。因此，道德与法治课程作为小学思政课，融入劳动教育，对学生的全面发展、实现立德树人根本任务有重要的作用。

（一）树立科学劳动观念

由于人民的物质生活水平不断得到提高，消费主义、享乐主义、拜金主义等不良价值观也有所表现。部分家长给学生传达“万般皆下品，唯有读书高”的错误认知观，见到环卫工人，有的家长就会以此威胁孩子“如果不好好学习就去扫大街”，从而导致学生形成劳动不光荣的观念。还有一些优越家庭的学生深受家庭的宠爱，从小衣食无忧，更没有“粒粒皆辛苦”的切身体会，安逸舒

适的生活使得很多学生劳动意识薄弱、劳动参与度低，对劳动产生抵触心理，不愿吃苦，怕脏怕累，甚至做出不尊重劳动、不尊重劳动者等行为表现。因此，在小学阶段道德与法治课程中开展劳动教育，给学生传达劳动教育的重要性，有利于增强学生的劳动意识，端正对劳动以及劳动者的态度，培养学生形成正确的劳动价值观，能够让学生辨别不良的劳动行为，鼓励学生们依靠自身的劳动去开创美好未来，实现自身价值。

（二）养成良好劳动习惯

劳动教育是一种务实教育类型。通过劳动教育，能够引导学生在劳动中获得学习能力、生活技能以及积极向上地劳动与学习的态度，养成自主劳动的习惯。现在有些小学生习惯“衣来伸手，饭来张口”的生活，很少能够积极主动参与劳动。劳动教育渗透到道德与法治课程中，也有德育教育的成分。学生通过学习，不但能参与简单的劳动生产或锻炼，还能从学习中感受劳动带来的创造性与满足感，激发和调动学生的主观能动性，促使学生养成良好的劳动习惯。

（三）磨炼学生坚强意志

一些小学生由于生活条件优越，需要自己动手做的事情较少，尤其是受家庭因素的影响，大部分父母关注孩子的学习和课外特长的发展，忽略孩子在家庭中的责任，导致孩子在面对生活中的现实问题时，判断出现偏差。将劳动教育有机融入到道德与法治课程中，结合家庭教育，给孩子安排适当的劳动机会，让孩子学会面对不同的生活问题并去解决，这样能够锻炼孩子的动手能力，磨炼孩子的意志力，促进其能力提升。

（四）促进学生全面发展

现在，大部分学生因为家庭的溺爱、自身的不成熟、社会不良因素的影响，劳动意识薄弱甚至歧视普通劳动者，形成不正确的价值观念，影响其全面发展。因此，在小学阶段就应该帮助其树立正确的劳动价值观，掌握必要的劳动技能，为今后的个体全面发展、未来幸福生活奠基。

二、劳动教育融入小学思政课面临的问题

(一)师生普遍缺乏劳动教育实践体验

劳动教育的核心目的是塑造学生良好的劳动观念和思维认知,但受教学条件的限制,大部分学校没有给学生提供充分且真实的劳动实践的机会。

由于大多数的学校将劳动教育简化为体力劳动,学校内很少开展专门的劳动课程,道德与法治学科中的劳动教育也被简化为简单的德育教育,小学生的劳动意识差,劳动行动能力差。在生活中家长也很少让孩子参加劳动,孩子非常缺乏劳动教育的时间体验。此外,一部分小学生不认同劳动平等的概念,对劳动致富的概念表示怀疑,没有形成正确的劳动价值观。

一些教师也存在缺乏劳动教育实践的体验。现在的教师多数为 80 后和 90 后,生活条件富足,除了以工作的形式参加劳动,其他形式的劳动体验较少。在师生共同缺乏劳动教育实践体验的情况下,共同完成教学中的劳动教育就会面临很大的问题。

(二)教师的育人融合能力不足

将劳动教育融入小学思政课中,是实现劳动教育目标的关键途径。在道德与法治教材和生活中,包含大量的与劳动相关的内容,都可以作为资源融入课程。实际上,相关教师对劳动教育内容的挖掘不到位,教师的育人融合能力不足。

教师缺乏专业的分析,对教材中内容挖掘不足。道德与法治教材中包含关于劳动教育的内容有很多,一部分教师一味依赖教材讲教材,欠缺教材内容整合意识,对教材内容理解不是很透彻,对新课程标准对劳动教育提出的要求没有吃透,自然无法挖掘教材中关于劳动教育的内容。

生活中的劳动教育资源与契机随处可见,这些资源可以成为道德与法治教学中劳动教育的良好支撑。但从实际教学情况来看,大部分教师很少将课外的内容有机融入课内,更不善于将实际与理论相结合。教师资源整合的能力不足,影响劳动教育在思政课中的融入效果。

（三）对劳动教育的效果缺乏科学评价体系

评价是课程的重要组成部分，贯穿学习的全过程和教学的各个环节。常规的小学道德与法治的课堂评价以教师评价为主，学业质量评价则以终结性评价为主（传统的纸笔测验为主要形式）。评价的方式倾向于理论知识的考核，忽略能力的评价。这样的评价形式过于单一，虽然能客观反映学生对知识的掌握程度，但是劳动教育的内容不局限于知识，更注重劳动能力、情感和价值的体现。因此，单一的评价不能反映学生的真实情况。

另外，对于学生劳动知识、能力、情感、价值的评价，主要的评价主体是教师，学生作为客体，在评价中处于被动的地位，不利于调动学生学习和劳动的积极性。当下的小学思政课堂关于对学生劳动情况的评价，并没有充分发挥学校、教师、学生、家长等不同评价主体或角色的作用，没有形成多方共同激励的评价机制。

三、小学思政课与劳动教育融合的有效路径

（一）立足主阵地：劳动教育融入课堂教学

1. 立足课堂开展活动，正确认识劳动

小学生天生质朴，特别是低年级的学生，他们对生活充满了好奇心和探索欲。但现在的家长重视孩子学业、课外特长，对孩子生活干预过多，过分溺爱，也就导致部分学生没有劳动意识，也不会劳动。一些学生甚至受到“不念书就只能干重活”这样错误观念的引导，表现出不想劳动，不会劳动，不珍惜劳动成果等行为，劳动教育因此被淡化和弱化。课堂，是育人的主阵地，是育人理念、育人机制、育人方式的第一实践场。所以，在道德与法治课堂中，教师要立足学情，引导学生学会观察生活，正确认识劳动。

例如，教师在教学小学部编版一年级下册第十一课“让我自己来整理”这一课时，可以围绕“整理”来设置课堂活动。依据低年级学生的认知特点和本课的教学目标，教师首先在课堂上引导学生认识这些用品并了解这些用品给自己

的生活和学习带来的帮助；接着可以创设情境：某某同学的文具总是“不翼而飞”，用的时候总也找不到。这是怎么回事呢？孩子们寻找原因后会发现问题在于乱丢乱放导致物品不知所终。解决方法在于要学会物归原位还有定期整理。那么接下来的课堂活动就可以让学生整理自己的书包、文具和课本，最后同学间对比劳动成果，让他们感受到劳动带来的成就感。在活动过程中，教师要及时进行引导和鼓励，激励他们主动劳动，积极劳动，劳动能够给自己带来成就感。

2. 抓住教材拓展创新，激发劳动热情

小学阶段，学生劳动意识尚未完善。道德与法治新课程标准要求，培养学生爱劳动的良好品行，树立劳动意识，积极参加劳动，尊重各行各业的劳动者。因此，教师要充分发挥主导作用，重视思政课程的德育功能，将劳动教育渗透进思政课堂，引导学生树立正确的劳动观，感悟劳动价值，激发劳动热情。因此，教师要立足于教材内容，深入挖掘探索，开展创新化劳动教育。

例如小学部编版一年级下册第 12 课“干点家务活”这一课，本课的目标是让学生初步学习做好一些简单的家务，在家能积极主动地帮助家人做力所能及的家务活。在本课中教师可以设置课前任务，提前一周让学生填写自己的家务劳动记录卡，记录这一周自己和父母做家务的情况。在课堂上同学们拿出记录卡分享交流。这个环节中可能会有学生羞愧地低下头，记录卡上写的家务都是家人完成的，自己什么都没做。因为现在部分家长都比较疼爱孩子，特别是如果和老人生活在一起的话他们更是得到长辈们的溺爱，可以劳动的机会少之又少。接下来，教师可以提问做家务比较多的同学，让他们分享自己在家是如何劳动的，劳动过程中遇到过哪些困难，困难是怎么解决的，劳动之后有什么收获。通过交流活动引导学生懂得劳动成果的来之不易。教师适时点评和表扬，发挥同龄人之间的榜样作用，激发同学们的劳动热情。

例如，小学部编版四年级下册“我们的衣食之源”这一课的第一个话题“白白的大米哪里来”。本课目标是让学生了解水稻种植和生产的过程，体会食物的来之不易和农民伯伯的辛苦，从而懂得尊重农民，养成节约粮食、珍惜劳动成果的好习惯。大米是我们每天必不可少的主食，但由于我们的生活水平越来越高，生活环境越来越好，大部分的学生根本接触不到粮食的生长和生产过程，他们不知道水稻是怎么生长出来又是怎么加工的，所以本课光借助图片视频等教学资源很难让学生切实体会到农民的辛劳。那么教师就可以巧妙地利用学生活动，达到教育目的。例如在讲解“插秧”这一过程时，教师可以亲身示范插秧的姿势，学生模仿，学会后分小组进行模拟插秧。开始学生们觉得很新奇有意思，一个个跃跃欲试，但是活动持续四五分钟就会有学生坚持不住。因为一直保持弯腰低头的姿势很快就会头晕眼花、腰酸背疼，假设在艳阳高照的室外，更是坚持不了多长时间。通过模拟插秧的活动可以让学生体会到最常见最普通的大米来之不易，是农民的汗水浇灌而成的，教育学生学会尊重劳动成果。

3. 积极创设多元情境，增强劳动体验

丰富的课堂体验可以使学生在学习道德与法治知识的同时，强化劳动技能水平，增强劳动意识。所以教师要积极创设多元情境，增强学生劳动体验，让学生切身体会劳动带来的成就感和喜悦感。

例如小学部编版四年级上册少让父母为我操心这一课，教学目标是了解父母的辛苦，感恩父母的付出，帮助父母做力所能及的家务事。教师可以把课前搜集到的班内学生父母工作或做家务的照片在课堂上展示。因为许多孩子并不知道他们上学的时候父母在干什么。通过这个活动让学生了解到原来他们上课时父母也在不停地忙碌着、劳动着，体会父母的辛苦与不易。教师也可鼓励学生到父母工作的地方看看，亲身体会，借此激发学生的情感，让他们回到家中后可以多帮父母做家务。

例如小学部编版五年级下册建立良好的公共秩序这一课，教学目标是让学生树立公共意识，培养秩序观念并学会自觉遵守公共秩序。公共生活需要有良好的秩序来维护。放眼整个校园，学生的上下学出行，中午食堂就餐，上下午课间操，课间活动等都离不开良好的秩序。那这如何增强学生的劳动体验呢？教师可以招募志愿者来监管不文明行为。小志愿者们各司其职，“文明监督岗”站在教室门口负责监管不文明的课间行为，“食堂监管员”负责监管食堂就餐秩序。一段时间下来学生就能体会到志愿者工作的辛劳，劳动经验得到了丰富。对于部分原本不太遵守纪律的同学，也让他们有了纪律意识，懂得了秩序的重要性。

4. 注重课下生活延伸，养成劳动习惯

除课堂之外，教师还需重视家庭、社会中的劳动教育，注重将劳动教育延伸到课下生活，帮助学生养成良好的劳动习惯。

家庭层面，教师要和家长做好沟通，共同协作，互相配合做好育人工作。例如，小学部编版四年级上册“家务擂台赛”这一话题，“家务擂台赛”这一活动包括：买菜做饭、擦桌洗碗、洗衣叠被、买日用品……在学校很难完成。因此教师可以把竞赛内容提前布置下去，让学生在家里完成自己的参赛项目，让父母帮学生记录下劳动过程，再把视频发送给老师。在这一课中学生可以学到许多家务活，借此契机，教师也可以制订“二十一天打卡计划”：家长给学生拍下照片，张贴在打卡记录表中，学生写下自己的劳动过程和心得，最后坚持打卡的同学可以得到老师的积分奖励。这样的活动有助于学生形成良好的生活习惯和劳动态度，提高学生的生活技能。

社会层面，教师可以结合学校所开展的劳动教育活动，鼓励学生积极参加课外的劳动教育实践课程，假期的“劳动志愿者”等活动。例如，天津市津南区的一所小学将课堂搬到了稻田。在实践活动中，学生干劲十足，体会到了劳动的快乐和丰收的喜悦，收获满满。

好习惯的养成并不是一蹴而就的事情，而是需要日积月累。在“校家社”协同育人视域下，实现“以劳修德”的育人成效，促进学生身心全面发展。

（二）拓展新渠道：开展多种形式主题活动

在小学道德与法治课程中融合劳动教育，相对高效的教学策略与手段措施就是丰富学生的劳动形式与参与机会。现阶段的教学中，通过教师本身开发的劳动形式较少，这就需要结合学校以及校外活动，拓展新渠道，开展多样的活动，丰富劳动的内容与机会。

1. 创设特色活动，提升劳动能力

为了让劳动真实发生，教师结合教学内容，要在班级内或者结合学校活动，主动给学生创造劳动的机会。比如，在劳动节期间，可以开展“热爱劳动，创造美好生活”的主题教育活动，让学生利用假期，进行有意义的劳动，并且及时反馈给教师。教师也要及时对学生进行评价，尤其是将劳动落实、落地的学生，进行榜样的树立。

再如，教师结合学校的劳动技能大赛，在班级内进行筛选，组织开展“我是劳动小达人”的活动。教师可以通过线上、线下相结合的形式，组织学生参加活动。比如包饺子比赛，可以让学生在家录视频，记录劳动过程；钉纽扣比赛，教师可以让学生带参赛工具和材料，在班级内进行比赛，增加劳动氛围；搭黄瓜架比赛，可以结合学校的劳动基地，带领学生在户外比赛，其他学生观赛。

通过这些班级内开展的特色活动，可以提升学生的劳动能力，增加学生的劳动感悟。让学生在课上、课下、校内、校外，感受到劳动的不易，树立劳动意识。

2. 结合课外活动，强化劳动情感

学校教育的主体优势，在劳动教育融入思政教育的过程中不容忽视，可以给学生搭建更多的平台。教师可以利用学校搭建的大平台，对学生进行劳动教育，强化学生的劳动情感。

比如，津南区北闸口第一小学为学生专门开辟了果园，进行果蔬承包制度，为学生劳动教育创造了良好的机会。学校把果树承包给各班平时进行浇水养护，每年秋季果树成熟期间的一周定为学校丰收节。在丰收节期间，每班派代表参加集体采摘，并且把采摘的各种水果分发到各班，让学生们品尝自己的劳动果实。起先几年这个形式深受师生喜爱。随着时间的推移，丰收节的形式也在发生着改进，今年的丰收节，有几个班级把自己班级分到的水果摆成了果盘、在老师的带领下熬糖做成了糖葫芦、熬成了水果粥在班内分享，还送给了学校里的老师们、每天为打扫卫生的保洁阿姨们和保安叔叔品尝。

这样的劳动教育是真实的、落地的劳动教育，锻炼学生劳动能力的同时，培养学生劳动意识的同时，学生学会分享劳动成果、尊重劳动者，强化学生的劳动情怀。

3. 进行活动体验，传承劳动精神

劳动技能需要传承，传承的理论枯燥乏味，久而久之容易让学生产生抵触心理。因此，在实施劳动教育的过程中，教师要精准把握小学生的性格特点，巧妙设计体验活动，让学生在活动中感悟劳动精神，进而传承劳动精神。

比如三年级下册第 5 课“我的家在这里”，最后一个话题是“我能做点什么”，教师设计体验活动导学单：

表 22-1　体验活动导学单

我发现社区有待改进的地方	我能做的事情	我打算这样做

教师利用导学单，组织学生开展劳动，首先让学生发现问题，提出想法，然后让学生分析哪些事情是我们能单独做的，哪些事情是需要家长辅助做的。通过分析，然后采用抽取任务的形式，将自己的想法落实到位，并及时进行反馈。

活动结束后，学生展示自己的劳动成果，交流心得，感受劳动的意义和价值，使学生在真正的劳动中发挥自己的价值，形成正确的劳动观念，自觉传承劳动精神。

（三）用好指挥棒：构建劳动教育评价体系

在小学思政课中开展劳动教育，可以根据教学内容、学生实际情况等，设计劳动评价方案，注重评价方式，完善评价机制，促进劳动教育目标达成。

1. 设计合理的劳动评价方案

设计科学合理的劳动评价方案，有利于教师教学目标的达成，掌握学生的学习情况，促进下一步教学的有效实施。在小学阶段，教师可以采用容易操作的、趣味性强的评价方案。

（1）打卡式评价方案

打卡式评价方案一般是劳动教育后，教师为了学生养成良好的劳动习惯，给学生制定了阶段性的劳动任务清单。教师可以根据不同的劳动教育内容，结合学生实际和家庭需要，设置不同的劳动内容。

例如一年级下册第 12 课干点家务活一课，教师通过课上对学生进行劳动教育，为了养成学生在家的劳动习惯，给学生列出 21 天劳动任务打卡清单。内容如下：

做家务很不错

同学们，在家做点家务，既能锻炼我们自己的能力，也能减轻家人的负担。打卡 21 天，养成好习惯！

天数	扫地	擦桌子	扔垃圾	洗碗	叠衣服	择菜
第 1 天						
第 2 天						
第 3 天						
第 4 天						
……						
第 21 天						

每天你都在家作那些家务活呢？在做过的下面画一个  。

一年级学生通过每天完成劳动任务并填写劳动清单，逐步养成良好的劳动习惯。教师根据学生的劳动过程和完成情况进行反馈评价，表扬激励学生，激发学生的劳动积极性。

（2）展示性评价方案

展示性评价是指学校或者教师开展劳动教育，比如劳动技能大赛、手工制作、厨艺展示等，教师通过图片、视频、实物等方式，将学生的劳动成果集中展示，以此来评价学生的方式。

展示性评价通过展示学生劳动成果，激发学生的信心，满足学生的劳动获得感，鼓励学生积极参与劳动，从而体验劳动之美，认同劳动的价值，树立正确的劳动价值观。

（3）目标达成式评价方案

目标达成式评价方案是指学校或者教师组织学生开展劳动，对学生劳动过程中的表现以及行为态度加以考核，必要的时候家校联合评价。劳动过程记录表应包含学生劳动的基本情况、劳动心得、学生自评、家长评价、教师评价等。下图是津南区某小学的寒假劳动体验岗。

某小学三至六年级寒假劳动体验岗

班级：　　　　姓名：

劳动岗	学生评价			家长评价			总评
1. 每天家务劳动不少于半小时。收拾房间、擦地、包饺子等	全部做到	部分做到	未能做到	全部做到	部分做到	未能做到	
2. 每天按时完成作业，收拾书桌，主动为家人服务	自觉做到	基本做到	未能做到	自觉做到	基本做到	未能做到	
家长签字：	学生劳动心得：						

图 22-1　寒假劳动体验岗记录表

目标达成式评价不同于打卡式评价方案，更侧重于多方面的评价。通过家长、学校以及学生自身的努力，完成劳动内容，逐步养成劳动习惯，形成正确的劳动价值观。

2. 注重评价的方式

新课程标准指出，评价是检验、提升教学质量的重要方式和手段。在评价的过程中，要重视表现性评价，坚持多主体评价，评价方式多元化。

（1）重视表现性评价

道德与法治课程的学习重视实践性、体验性，注重观察、记录学生在学习、实践、创作等活动中的典型行为和态度特征，强调运用成果展示、观点交流等形式，分析学生的学习情况。劳动教育融入道德与法治教学中，其评价方式契合度很高。因此，在评价道德与法治课程中学生的劳动表现，要注重引导学生对自己学习情况进行记录，丰富评价内容，提高评价的全面性和准确性。

例如二年级上册第 7 课“我是班级值日生”“今天我值日”这个话题，给学生赋予的角色是“班级值日生”，学生作为值日生，需要给班级服务。怎样来评价今天该学生是否达到要求呢？在这里可以鼓励学生以清单的形式记录自己一天的内容：我今天 7 点到学校开门；我今天打扫卫生，把教室扫得很干净；我今天收了 37 本语文作业……此外，可以结合其他学生对其工作成果的评价，对该生进行更全面、准确的评价。

（2）坚持多元主体评价

评价主体多元化能够确立学生在学习、劳动过程中的主体地位。新课标指出，在道德与法治课程中，要坚持多主体评价。哪些人能够作为评价的主体呢？学校、教师、学生、家长等，这些主体评价，可以形成多方共同激励的机制，更为全面、准确地评价学生的日常行为、课堂表现等。

（3）兼顾多方面评价内容

劳动教育融入道德与法治课堂，评价的内容不能局限于劳动成果的本身，要兼顾多方面的评价内容，比如学生的知识、能力、态度价值观以及核心素养等。比如四年级下册第 9 课生活离不开他们课，教师在课堂中可以让学生进行模拟体验快递小哥的劳动内容，随后进行评价。教师在评价学生的时候，不仅要看学生有没有达成送快递的任务，还要看学生是否感受到劳动者的辛苦以及他们为我们服务，深层次的还要看学生是否达成共识——劳动不分贵贱。所以，在对学生劳动内容进行评价的过程中，避免针对单一内容的评价，注重评价的多维性，提高评价的准确性和全面性。

(4)注重多样化评价方法

道德与法治课程开展劳动教育,最主要的目的是让学生形成正确的劳动价值观,增强学生的劳动意识,养成良好的劳动习惯。教师在评价学生劳动时,避免单一地采用学业测试的形式,要多关注学生的日常表现。因此评价的方式除了纸笔测试,还应该有口头表扬、奖励、记录考核、作业评价、交谈等多种形式相结合。

(四)共建联动桥:家校共育提高劳动实效

1. 关注家校合作,发挥学校主导作用

在对家庭劳动教育的开展上,学校也要发挥主导的作用。《关于加强中小学劳动教育的意见》提出,学校应该有针对性地根据学生的年龄、个性特点为他们安排适当的家庭劳动作业,例如洗碗、扫地等学生能够力所能及的家务劳动。

家庭劳动作业成为小学生必不可少的一项假期德育作业。学校根据学生年龄特点,下发《小学生家庭劳动作业指导清单》,指导学生进行相应的劳动,掌握劳动技能,养成劳动习惯,培养正确的价值观。假期过后,学校回收指导清单,查看学生反馈情况。

2. 细化家庭劳动指导,发挥家庭基础作用

在劳动教育上,家校合作,家庭应该是监督孩子劳动的主阵地,父母有责任让孩子正确认识新时代的劳动教育的价值与意义,转变不让子女参加劳动的传统观念,明白参加劳动对于促进孩子学习、生活和未来发展中的重要意义。家庭劳动是学生劳动价值观形成和培育的重要阵地,要让学生付出劳动、贡献力量,明白应为家庭贡献出自己一份力,更是让学生明白劳动是一个人成长发展的基本途径。家长一定要鼓励孩子参与劳动,不能包办、替代孩子劳动,更不能剥夺孩子劳动的机会。最重要的是,家长要知道怎样对孩子进行劳动教育,细化对孩子的劳动指导。例如,父母在家给孩子布置劳动任务时,不能只是简单发号施令"收拾干净房间""收拾干净书桌",低年龄的学生的心理发展水平和理解领悟能力还比较薄弱,需要家长耐心引导、细致安排。

下图是津南区某小学的劳动指导清单,将中高年级的劳动内容进行细化,下发到学生手中,这样的清单不仅是学生作业的参考,更是家长细化孩子家庭

劳动内容的一个参考。家长可以根据清单指导或教给孩子劳动技能，让孩子积极主动参与到劳动中来。

劳动小能手

坚持以家庭日常生活劳动为主，以生产劳动和服务性劳动为辅。指导学生帮助家长完成大扫除、换季整理衣物等家务劳动，小学低年级每周不少于 2 个小时，其他年级每周不低于 3 个小时。可以从以下内容中选择相应的劳动项目。

劳动小能手（小学中高年级）	自我评价	
	劳动参与	劳动技能
大扫除：扫地拖地，整理房间		
整理衣柜：分类不同季衣物，并悬挂、叠放常用衣物		
整理床铺：叠被子，整理床单，摆放整齐		
收拾自己的房间、文具、书本等		
学会简单种植、养护花草，如多肉植物等		
正确分类投放垃圾		
刷碗：将碗盘清洗干净		
煮粥或者煮鸡蛋		
给水果或者蔬菜削皮		
包饺子或者包馄饨		
做凉拌菜或者水果沙拉		
使用洗衣机：放衣服，放洗衣液，启动机器晾晒		
清洗马桶		
制作手工作品：布艺、陶艺、木工、金工等		
劳动收获：		

图 22-2　某小学的劳动指导清单

第二十三章

职业学校思政课教学中教辅素材建设的意义、困境及优化策略

思政课辅助素材是课堂教材资源延伸的核心，其建设情况直接影响思政课的教学成果。职业学校要在推动国家教材委员会统编统审通用的重点教材的使用基础上，强化思政课辅助教材的编写工作。近年来，随着智能化信息技术和多元化社会思潮的兴起，思政课各类传统教材的变革发展遇到新的挑战。面对复杂多变的新形势新要求，职业学校必须强化思政课辅助教材建设，立足“大思政”工作格局，在思政课辅助教材建设的意义、困境及优化策略等方面开展探讨。

一、职业学校思政课教辅素材建设的重要意义

（一）信息化、网络化时代发展的必然要求

信息化、网络化时代的到来，催生了人们运用互联网思维重新定位传统教材的价值，以技术赋能推动传统教材的升级换代，构建融合发展下新形态教材的研发模式和创新模式。从一般意义上讲，新形态教材是纸质教材和数字资源一体化设计的新型教材，具有纸质教材体系完整、数字资源呈现多样等特点，并通过数字平台和二维码等网络技术、新颖的版式设计和内容编排，建立纸质教材和数字资源的有机联系。职业学校思政课教材一直以来主要出版的是传统的纸质教材，尽管其修订频率已经相对较高，但是它所涉及的理论知识、学

科知识以及信息的承载量等毕竟有限并难免滞后，对于马克思主义中国化理论创新成果的反映不能做到及时充分跟进和更新，这就有必要在原有教材体系的基础上借助技术手段，拓展数字资源，打造符合新时代要求的新形态思政课教学辅助材料，以此作为思政课教学的补充。

（二）适应大学生学习认知特点的必然要求

新一代大学生学习的自主性和个性化不断增强，他们获取信息的方式呈现出新的特点，移动化、碎片化、互动化、共享化的知识获取方式以及视觉上的读图要求和短视频需求等都对传统的教材编写形式形成了冲击与挑战。思政课教学辅助教材作为新形态教材与网络资源或数字课程等深度融合、互为促进而形成的与网络资源“关联、融合、嵌入”的鲜明特征，一定程度上增强了教材对学生的吸引力，能够满足学生多样化、自主化、个性化的学习需求。

（三）增强理论魅力、提高思想政治教育教学有效性的必然要求

马克思主义理论具有自身的理论魅力，蕴藏着深刻的理论内涵、文化底蕴、学术韵味和实践价值。通过优化编写内容、改进编写形式、创新表达方式，形成内容丰富、形式多样、有色彩有温度的思政课教辅素材，无疑有助于增强大学生理论学习的积极性和主动性，推进马克思主义中国化的最新理论成果更好地入耳、入脑、入心，在耳濡目染、润物无声的情境中内在提升思想政治教育的针对性、有效性、吸引力和感染力。

二、“大思政课”格局下职业学校思政课教辅素材建设的现状及问题

（一）职业学校思政课教学中教辅素材建设的基本要求

通过编制课程标准，可以对思政课教学的目标体系进行操作化的界定，可以对各个阶段之间以及阶段内部思政课教学目标、教材内容、教学方法、教学评价等教学要素进行通盘考虑与整体设计，进而在一体化视域下确定各阶段思政课教学目标、教材内容、组织方式等教材编写核心要素，为职业学校思政课教辅素材建设提供重要依据与编写准绳。因此，需要深入研究教材，发挥中央

马工程统编教材优势，设立教学研究专项经费，鼓励教师在吃透教材的基础上，将教材语言转换为教学语言，不断增强理论说服力；在课程标准的要求下，积极开发教辅材料，着力解决高校思政课与中学政治课在教学内容上的衔接，帮助教师把教学重点难点讲深讲透。

（二）职业学校思政课教学中教辅素材建设的特殊要求

1.“个性化探索”是职业学校思政课辅助教材建设应该关注的重点

近年来，为满足我国社会主义现代化建设对各类优秀人才的需求，国内高校纷纷提倡个性化教育、注重个性化发展。思政课是筑牢思想根基、助力人才培养不可替代的课程，其教材建设思路也要与时俱进、同步发展。身处信息化时代，新一代大学生获取知识的方式呈现移动化、碎片化、交叉化、多渠道等特点。因此，思政课辅助教材建设需要进一步融合网络空间和数字信息等资源，进而呈现“关联、融合、嵌入”的特点。同时，职业学校学生自身特点要求，要在思政课传统辅助教材的基础上更大程度适应学生认知偏好，以增强对学生的吸引力、感染力，更好地满足学生多样化、个性化的学习需求。

2.“理论性提升”是职业学校思政课辅助教材建设的主导方向

职业学校思政课发展具有其独特的规律与属性，同样也承担着知识武装人、理论掌握人、价值引领人的使命。思政课的理论基础，具体从马克思主义经典理论的阐述到习近平总书记重要论述都蕴藏着深刻的精神内涵、文化底蕴、教化魅力，都是催生教学有效性、情感吸引性的关键要素。因此，职业学校思政课建设中的教辅建设同样只有在夯实经典理论根基的前提下，改进与完善辅助教材的编写内容、编写形式，形成内容丰富、鲜活生动、具有时代温度的新形态教辅教材，才能更好地保证思想政治课的针对性、有效性、亲和力和感染力。

3.“信息化升级”是职业学校思政课辅助教材建设的必然要求

传统的思政课辅助教材主要以纸质文本为主，尽管具有一定的修订频率，但其所涉及的理论知识、政策思想等难免滞后于大数据时代的实时动态更新。此外，传统辅助教材的信息承载量明显少于网络空间的容纳量，势必影响马克思主义中国化理论创新成果的有效传播。职业学校学生的思维更加活跃,其思想独立性更加强烈,互联网思维更加明显。信息化、网络化、智能化时代带来的互联网思维使人们重新定位传统教材的使用价值同时,必将以新兴技术赋能形式推动传统教材的更新、升级、换代。面向未来,职业学校的思政课辅助教材建设势必要在现有教材基础上嵌入现代化信息技术。

(三)职业学校思政课教辅素材建设存在的问题及困境

1. 教学资源日渐丰富但精品较少

在加快构建“大思政课”的格局下,教学资源在具体表现方式和数量上日益丰富是必然趋势,但资源的价值取向也更加复杂,需要我们在正确价值引领下做好资源的拓展、辨别、甄选、整合和利用等工作。

2. 思政课教辅素材建设师资队伍力量不强

首先,教师结构存在不合理的现象比较严重,教师资源的分布不均衡;其次,教师队伍的素质有待提高,部分教师能胜任自身的工作,但是对于教辅素材建设缺少经验,以致难以取得良好的效果。

3. 组织保障不足

思政课教辅素材建设工作是一个系统工程,因此需要学校各部门的积极配合和相互协调。各部门在为思想政治理论课教师提供良好的教学科研环境方面的保障机制不完善,各部门之间仍存在多头指挥现象,难以让思政课教师专心投入教学、做好研究。

三、职业学校思政课教辅素材建设的内在逻辑

(一)系列化的教学目标设计是职业学校思政课教辅素材建设的起点

在思政课教材一体化建设历程中,我国一直非常重视根据各阶段学生的身心发展特点对思政课教学目标进行整体化、系列化设计。2019 年 8 月中共中央办公厅、国务院办公厅印发《关于深化新时代学校思想政治理论课改革创新的若干意见》,明确将“整体规划思政课课程目标”作为“完善思政课课程教

材体系”的首要举措，并且对各阶段思政课目标进行了系统设计，大学阶段重在增强使命担当，高中阶段重在提升政治素养，初中阶段重在打牢思想基础，小学阶段重在启蒙道德情感。因此，思政课教辅素材建设同样需要遵循系列化的教学目标设计的七点要求，教辅系列素材都应该具备一体化、系统化特征。

（二）目标导向的内容选择是职业学校思政课教辅素材建设的核心

教材内容是实现教学目标的重要载体。系列化教学目标的设计必然要求与之相适应的教材内容来支撑。因此，目标导向的教材内容选择是职业学校思政课教辅素材建设的核心。新中国成立以来，党和政府极为重视围绕思政课教学目标来设计教材内容。比如，1985 年，中共中央颁布的《关于改革学校思想品德和政治理论课程教学的通知》，就在明确了各阶段教育目标的基础上，规定小学以“五讲四美”、初中以道德与法制、高中以经济与社会、大学以中国革命史和马克思主义理论等为主要教学内容。教育部在 2005 年发布的《关于整体规划大中小学德育体系的意见》中也在各阶段德育目标规范的基础上，构建了相应的教育内容，即小学阶段开展做人做事基本道理和文明行为习惯养成教育，开展尊重国旗、国徽，热爱祖国文化的爱国主义教育、社会基本生活常识和安全教育；中学阶段开展爱国主义、集体主义、社会主义教育，基本国情和时事教育，民族团结和心理健康教育，社会公德和劳动技能教育等；大学阶段加强马克思列宁主义、毛泽东思想、邓小平理论和“三个代表”重要思想教育，加强党的基本理论、基本路线、基本纲领、基本经验教训，加强中国革命、建设和改革开放的历史教育等。党的十八大以后，中共中央办公厅、国务院办公厅在《关于深化新时代学校思想政治理论课改革创新的若干意见》中，不仅提出了“加强以习近平新时代中国特色社会主义思想为核心内容的思政课课程群建设，在保持思政课必修课程设置相对稳定基础上，结合大中小学各学段特点构建形成必修课加选修课的课程体系”。而且强调“以政治认同、家国情怀、道德修养、法治意识、文化素养为重点，以爱党、爱国、爱社会主义、爱人民、爱集体为主线”，“系统开展马克思主义理论教育，系统进行中国特色社会主义和中国梦教育、社会主义核心价值观教育、法治教育、劳动教育、心理健康教育、中华优秀传统文化教育”。因此，职业学校思政课教辅素材建设同样需要根据各学段特点和国家统一要求围绕目标导向的教材内容选择进行建设。

（三）逻辑化的内容组织是职业学校思政课教辅素材建设的要求

按课程论要求，有效的教材内容组织是思政课教材一体化建设的关键。《关于深化新时代学校思想政治理论课改革创新的若干意见》提出："遵循学生认知规律设计课程内容，体现不同学段特点，研究生阶段重在开展探究性学习，本专科阶段重在开展理论性学习，高中阶段重在开展常识性学习，初中阶段重在开展体验性学习，小学阶段重在开展启蒙性学习”。也就是说，可以从有利于促进各阶段有效教学，即遵循学生各年龄阶段特点的教学逻辑的角度去考虑各阶段思政课教材内容的组织方式。由此，教学逻辑化的教材内容组织是职业学校思政课教辅素材建设的关键。根据职业学校培养学生的方式方法和目标，可以推出“大国方略”“大国工匠”等一批中国系列课程。开设思政选修课同样需要开展集体备课，将党的创新理论融入课堂教学。在课程内容设计上，注重贴近学生的思想和生活实际，在讲授知识的过程中传递正确价值导向。制度化推进集体备课会，哲学社会科学其他专业教师共同讨论，“备理论”“备学生”“备热点”“备教学方法运用”，遵循教学规律，贴近学生特点，将党的创新理论有计划、分专题地进入课堂，根植于大学生思想深处。

（四）高素质的师资队伍是职业院校思政课教辅素材建设的保障

首先，根据素材建设相关要求，组建跨学科、跨院校、跨地域的教研一体化师资团队。吸引职业学校专业课教师参与思政教辅素材建设，让思政教育和专业教育实现深度融合，实现多学科师资协同育人。其次，职业学校思想政治教师需要提高自身教学水平与专业知识，拓宽途径学习更多的理论知识，调整自身的知识结构，更新知识技能，并将一些先进的教学方法与手段应用到课堂教学过程中，从而提高思想政治课堂教学质量与教学效率。职业学校思政教师还需要多关注社会信息，多参加社会实践，为教学活动积累素材，要能够将书本理论知识与社会热点问题相结合，帮助学生更好地理解书本知识，提高思想政治课堂教学实效性。最后，改进职业学校思政课教师评价标准，让其聚精会神搞好思政课教学和科研；加强教育引导，进一步增强职业学校思政课教师的职业认同感、荣誉感、责任感；把职业学校思政课教师纳入各类高层次人才评聘项目，不断健全激发其积极性的有效机制。

四、职业学校思政课教学中教辅素材建设的优化策略

（一）加强内容建设，不断提高思政课辅助教材的科学性

在内容设计上提升结构化。思政课教材在确保政治立场和政治观点清晰准确，逻辑结构环环相扣、层层推进的基础上，有必要优化全篇文字铺陈的传统方式，更加注重知识条理的梳理以及各知识点之间的相互关联、照应、引用的逻辑化展示。总体上可以采用主辅文形式，同时设计各章的思维导图和框架结构图，对每章内容从整体上进行知识结构的把握和预览；在具体知识点讲授的主要行文中，穿插知识结构图来梳理展示某一理论产生的时代背景、发展过程、主要内涵、重大意义、时代价值等，从而使得理论讲授内容在整体中见局部，在宏观中现细节，体现内容取舍的张弛有度。

在体例设计上注重模块化。考虑辅导用书的整体风格，可以在体例设计上主要分为三大块：教学指南、专题讲义、拓展资源。根据每门课程教材的不同特点，细化体例设计。比如，《〈马克思主义基本原理概论〉辅导用书》主要设计经典论述、延伸阅读、视频推荐、知识图示、学习思考等模块；《〈毛泽东思想和中国特色社会主义理论体系概论〉辅导用书》着重设计名言警句、重点解析、结构图示、相关链接等模块；《〈中国近现代史纲要〉辅导用书》重点设计授课导入、观点辨析、延伸阅读、本章小结等模块；《〈思想道德修养与法律基础〉辅导用书》突出设计名言、案例、释义、明辨、图说等模块。此外，还有教学目标、要点提示、思维导图、学时建议等模块，基本涵盖教学环节的全要素。编写体例的模块化设计既丰富了编写内容，又改进了呈现形式，增加了阅读学习的深度和厚度。

在版式设计上追求多样化。辅导用书打破传统的排版模式，在版面布置、

结构体例、图片图表、字体颜色、视频链接等方面进行创新，以穿插正文或设置边栏的方式，将模块化的知识内容以及数字资源的标题设置在相关知识点前后，实现以知识点为单元的纸质教材内容与数字资源的紧密关联和有效衔接。版式、字体、颜色的多样变化从视觉感官上增强阅读的趣味性，媒体资源的链接，形成立体化、可视化、动态化的学习空间，从而延展知识点内容的广度和深度。

在语言风格上实现通俗化。辅导用书抓住授课中的重点和难点问题进行教学设计，以专题讲义的形式，探索从案例、故事、事例、问题入手，娓娓道来，循序渐进，语言力求准确、生动、接地气，讲授基本理论，讲好中国故事，在生动性、针对性、吸引力和感染力上下功夫。

（二）加强组织保障，成立职业学校特色思政课辅助教材建设中心

随着职业学校教育教学模式改革的不断深化，教材建设与管理划归于图书馆，并设立独立的图书馆教材中心，已经在国内部分职业学校有了初步实践。职业学校图书馆要抓住教材建设中心的发展契机，学习现有科学管理和实践经验，并将其应用于思政课辅助教材建设中心的实践当中。思政课教辅建设中内容审核是关键。高校思政课教材具有很强的意识形态属性，这一特点决定了教材内容必须经过严格的审核把关。对于思政课新形态教材来说，内容的审核除了包括纸质教材内容之外，各项配套的数字资源也要经过严格的审核，要对内容的政治性、理论性、学术性、准确性、适切性等进行审核把关。如前所述，涉及领导人的图片、视频等内容，需要经过中央有关领导机构及相关研究部门进行审核认定，批准后方可使用。教材无小事。严格的审核程序和层层把关对于确保思政课教材的政治性、严肃性、规范性、准确性起到了至关重要的作用。具体开展步骤为：成立思政课辅助教材建设中心，综合运用图书馆信息管理技术、资源建设经验以及学科教材资源，全面统筹思政课辅助教材编写的前期调研、相关资料采购等工作；在中心下设思政课辅助教材编写委员会，汇集校内具有影响力的马克思主义理论专家学者、热衷教材编写研究的一线名师代表，协同校内马克思主义学院、教务处等部门负责人共同开展辅助教材编写的相

关工作。①

（三）加强数字化建设，搭建思政选修课电子辅助教材服务平台

教学平台是支撑。思政课新形态教材建设，在纸质教材与多媒体资源的融合过程中，作为连接媒介的二维码能够很好实现对传统优质内容资源的智能化重构，使纸质教材在体验不变的前提下实现价值的新突破。二维码服务平台基于云服务，为内容资源的生产管理和移动端功能的实现提供支持，平台支撑是实现教材形态转化升级的重要载体。通过扫描二维码，教师和学生可以有选择地获取相关的音频、视频、文档、图片、试题等数字教育资源，实现线上、线下阅读学习的切换，获得不同的学习体验，适应学生移动学习的需求，从而实现把教材读薄，把知识学厚。高校思政课教材的特殊性就在于要能及时反映马克思主义中国化的最新理论，要与党的理论创新成果与时俱进。这样，在纸质教材暂时无法及时修订的情况下，通过二维码服务平台提供的数字资源进行及时更新，一定程度上能保证思政课教材内容的前沿性、动态性、新颖性，从而紧跟时代步伐，及时吸纳新时代新思想的主题精华，与创新理论同频共振。专项服务平台可以借力思政课辅助教材全文数据库、全科电子教材教参平台开展工作，包括但不限于：与马克思主义学院、教务处等部门广泛对接学术理论成果与学生精神思想提升实时需求等信息；为思政教师提供更主动的线上教参资源服务；加速电子教参平台与思政课在线课堂的功能衔接等。搭建过程中，还要注意充分汇集本校思政必修课与选修课的各种版本教材、典藏珍贵教材等，并在此基础上拓展收集省内、国内乃至国外的辅助教材材料，包括教材解读、教学资料、教案范例、教案手稿等，整合打造教材样本实体文库，将文库塑造成为学生思政课实践的重要基地，鼓励师生前来观摩、了解并赠予自身珍藏图书，拓宽经典红色文本辐射范围。另一方面，将思政课辅助教材纸质材料转化为数据形式，进一步整合相关网络数据资源，形成思政课线上线下辅助教材一体化数据资料库，推动现有资源的快速流通与高效利用。同时，要结合全媒体时代特

① 张祎、余敏杰：《"大思政课"视域下高校图书馆服务思政课辅助教材建设的思考》，《图书馆工作与研究》2021年第A1期。

征，利用图书馆官网、微信公众号等媒介对思政课辅助教材全文数据库进行宣传推广，吸引兄弟高校关注以及学生群体使用该项红色资源，逐步扩大影响力，并适时实现个体院校与全省乃至全国院校全文数据库的对接。①

（四）加强队伍建设，培育职业学校思政课辅助教材建设服务队伍

编写团队是基础。一支政治立场坚定、理论水平深厚、学术功底扎实、文字表达精练、几经教材编写历练的作者队伍是打造思政课精品教材的重要前提。编写队伍的组成事先要综合考虑各种因素。其中，牵头人是重中之重。一个有立场明方向、有思路善决断、有权威能服人、有热情肯践行的牵头人“坐镇中军帐”，身体力行亲力亲为，有条不紊调度指挥，带领有着共同追求的团队协同推进，是保证教材编写任务顺利进行的人才基础。新形势下，运用互联网思维打造思政课新形态教材，还需要编写团队中具有熟知媒体资源、了解技术运用、善于内容转换、传递教学经验的一线教师亲身参与。可以说，高水平编写团队的组成是保证教材编写成功的一半。在思政课辅助教材建设的过程中，服务队伍的能力建设是关键因素。一方面，要提升职业学校思政教师在思政课辅助教材建设方面的理论水平。制订思政教师思政理论提升行动计划，并形成评价激励机制，将思政理论水平转化成果纳入思政教师的日常考核中；启动思政教师思政课教材建设业务培训计划，鼓励其在思政课相关学科的情报分析实践，开展党史、新中国史等与思政课辅助教材内容相关的业务培训，创造参与思政课备课、讲课机会，使其更全面、准确、及时地捕捉搜集相关信息。另一方面，要打造专职思政教师与兼职思政教师并存的思政课教辅建设服务队伍。在校内思政课教师、辅导员或已退休的政治素养强的老同志中，兼职聘用一批政治强、情怀深、思维新、视野广、自律严、人格正的后备人才，推动专兼职思政教师、辅导员将对思政课辅助教材建设的思考结合到日常工作中，提升思政人员队伍思想政治层面的敏锐程度，助力思政课辅助教材更好建设。

---

① 谢孝红、王景、何鑫、胡艳红：《高职院校思想政治理论课网络教学资源库建设研究》，《科教导刊》2021 年第 31 期。

第二十四章

基于团队建设视角的职业学校思政课教师教学能力提升路径

职业学校思政课教师是马克思主义理论的“宣讲者”“传播者”,更是职教学子成长成才的“指导者和引路人”。从团队建设的视角看,在明确职业学校思政课教师教学能力内涵的基础上,分析新时代背景下职业学校思政课教师团队建设面临的困境,从加强队伍建设、融通理实双向培养路径、推进制度建设、建立健全评价考核体系多个维度,着力提升职业学校思政课教师教学能力。

一、基于团队建设视角职业学校思政课教师教学能力的概述

(一)教师教学能力、教学团队的内涵

教师教学能力是教师职业能力的主要方面、是教师有效完成教学活动的本领,是教师对整个教学过程的驾驭能力。教师教学能力是一种动态发展能力,是影响教学质量的重要因素。教学能力是一种自我建构能力,教学能力提升是教师个人一种自觉自主发展过程,具有鲜明的个体性、主动性和发展性特征。教师终身学习、自我反思、自我更新、自我超越是其教学能力提升的重要途径。因此,要激发青年教师教学能力提升的内生动力,确立终身学习理念,提升自我成长能力;适应教育环境变化,提升教学创新能力;增强育人意识,提升课程思政能力,使其教学能力提升从外部行政规约走向内在主动自觉。

教学是一个内涵丰富、复杂多变、充满不确定性的实践活动,是动态变化

的。由此可见，教师开展教学活动需要具备的教学能力是一种动态发展能力，是一个内涵十分丰富、不断发展变化的概念。进入 21 世纪以来，随着社会进步和信息技术的迅猛发展，教学环境、教学方式和学习方式发生了深刻变化，对教师教学能力提出新要求，导致教师教学能力的内涵与构成不断延伸和扩展。

新时代思政课教师增强教学认知能力既需要提高问题意识，提升教学研究能力，以深厚学术造诣和理论功底诠解中国之问、世界之问、人民之问、时代之问，做到课程教学言之有物、言之有据、言之有理；也需要围绕教学任务提升教学设计能力，将教学内容以美的情境、灵活的方式呈现，使学生易于学习、内化于心。①为适应新时代学习与教学形式发生巨大变化对教师教学能力的新要求，教师教学能力内涵构成应超越传统的“三笔一话”基本能力和教学基本方法运用等教学技能的范畴，应将教师面对复杂教学情境时运用科学的教育理论和适当的教学方法创造性地开展教学活动的教学创新能力纳入教学能力的内涵与构成之中。教育数字化转型发展对教师数字化教学能力提出更高要求。因而，应将数字化教学能力纳入教师教学能力的内涵与构成之中。

新时代教师教学能力主要由教学设计能力、教学实施能力、数字化教学能力、教学创新能力等多个维度共同构成。教学设计能力是教师依据学生的认知水平和课程特点进行教学设计的能力。教学实施能力指教师在教学中采取适切的教学方式方法促进学生主动学习、积极思考的能力。数字化教学能力是教师获取、分析、管理和应用数字化教学资源，革新教学方式，优化课堂教学，精准评价学生成长，精准高效、直观动态、生动形象呈现教学内容的能力。教学创新能力是教师在遵循教育规律的基础上，主动更新观念，利用先进教学方法，优化教学环节，创造性地开展教学活动，高质量完成教学任务的一种综合能力。

团队是指具有共同的目标并为实现该目标而共同负责的成员之间相互分工协作而形成的正式群体，具有目标明确、相互依存、分工合作、责任共担等

① 熊晓琳、李国庆：《新时代思想政治理论课教师教学能力探究》，《思想理论教育导刊》2023 年第 4 期。

特征。[1] 当今社会包括教育教学在内的任何领域取得的重大发展和突破，都不是仅靠个人的力量所能成就的，而是得益于集体和团队在分工基础上的合作，以及蕴含在合作过程中的智慧和力量。就职业学校特点和发展要求而言，教学团队是以教书育人为共同的远景目标，为完成某个教学任务而明确分工协作、相互承担责任的少数知识技能互补的个体所组成的团队。教师通过合作互动以及资源共享，在团体目标的引导下，明确各自的责任分工，促进知识、经验的共享，从而实现共同发展的教师组织。教师团队具备目标一致性、合作互动性、共同建构性、互惠互利性等基本特点。

（二）职业学校思政课教师团队建设中教学能力特殊要求

职业学校思政课教师要将开拓进取的工匠精神和学生职业素养的培育教学工作进行紧密的结合，引领学生深刻了解新时代背景下职业技能人才的使命和担当，在学生中树立发展工匠精神的学习意识。工匠精神，本指手艺工人对产品精雕细琢、追求极致的理念，即对生产的每道工序和产品的每个细节，都精益求精，力求完美。职业教育学校的学生正处于充满想象力和创造力的阶段，是素质教育落实教学创新和改革的主要服务对象，教师要在融合工匠精神的思政课堂中引导学生主动实现自身的价值。教师要借助有效的教学设计引导学生深刻认识到工匠精神与个人职业品质的内在联系。正如上文所述，工匠精神是一种职业精神，它强调的是从业人员不仅要有高超的职业技能，还要具备良好的道德情操和职业素养。因此，在融合工匠精神的思政教学设计中，培育学生工匠精神的同时也要和学生职业素养、法治意识的教学举措进行紧密地融合，确保学生职业技能和职业素养可以得到同步的提高与发展。作为社会新时代青年，在参与社会生活和工作的各个环节都必须具备良好的规则意识和法律意识，这也是传承和发展工匠精神的应有之义。

职业学校思政课教师团队建设必须具备团队精神。团队精神是团队成员共同认可的一种集体意识，是团队成员工作心理状态、共同价值观和理想信念

① 薛海：《教师专业发展视野下的高校思政课教学团队建设路径选择》，《阜阳职业技术学院学报》2015 年第 1 期。

的体现。较强的凝聚力来自团队成员自觉的内心动力,来自共识的价值观,而有着良好精神文化的团队精神能够不断地激发团队成员潜在的才能和技巧,能够让成员深感被尊重和被重视,鼓励坦诚交流,避免恶性竞争,使之找到最佳的协作方式,自觉地认同必须担负的责任并愿意为此而共同奉献。总之,思政课教师团队良好的精神文化应该具有四方面功能:一是导向功能,促使团队成员形成一个共同目标;二是凝聚功能,引导成员产生共同的使命感和归属感;三是激励功能,让团队成员获得认同感和尊重感;四是控制功能,通过观念和氛围的影响软性约束成员的各种行为。

二、职业学校思政课教师团队建设的必要性解构

(一)职业学校思政课教师团队建设的重要性

职业学校思政课教师教学团队的组建,有助于激发思政课教师专业发展的自主意识。树立自主意识是教师专业发展的基础和前提,教师自己才是促进自身专业发展的真正主体。外部的环境和支持条件只有激发起教师的动机和兴趣,并内化为教师的自觉行为时,才能促进教师不断地学习、研究、反思和实践,进而促进教师的专业发展。因此,要促进教师的专业发展就必须充分调动教师自身的积极性和主动性。思政课教学团队创造了一种相互支持、相互鼓励的和谐发展环境,这种环境所提供的心理和技术支持,有利于激发思政课教师进行教育教学创新的信心、热情与勇气。此外,教学团队还可以使思政课教师摆脱孤军奋战带来的孤独感,通过教师之间积极的、富有建设性的、开放的、相互支持的合作,能使教师个人体验到被他人接纳、肯定的团队归属感、社会支持感以及交流沟通的畅快感,从而为教师的专业发展提供情感动力。

职业学校思政课教师教学团队的组建,有助于拓展思政课教师专业的发展。教师不是孤立存在的,教师个体的成长与发展离不开教师群体组织的影响和推动,教师的自我反思需要有良好的对话环境。教学团队作为一种教学基本组织的创新形式,团队中的每个人需要为了完成共同的教学任务而相互学习和

借鉴，容易形成相互影响、相互促进的人际关系，这种和谐氛围的营造恰恰是教师个体或群体获得良好发展的必要前提。在教学实践中，思政课教学团队以思政课课程建设为载体，通过开展课堂教学观摩、集体备课、教学研讨、相互评价等形式来交流思想、切磋经验，因而为教师的专业发展提供了一个良好的沟通平台和合作机制。

教师的成长经历是不同的，教学实践过程千变万化，形成了教师鲜明个性特征的知识结构、信念体系、思维方式，即使是同一课程的任课教师在教学内容的处理、教学活动的安排、教学方法的选择等方面的差异也是明显的，这种差异本身就是一种宝贵的资源。每个教师的教学经历又是有限的，从而获得教育资源也是稀缺的，借助思政课教学团队的协作机制，教师之间教学经历的交流与共享，构成彼此信任、平等开放的互动关系，互为学习资源。

（二）职业学校思政课教师团队建设的困境

当前，职业学校思政课教师教学团队组建面临众多困境，其中人才问题最为突出。一是带头人匮乏。由于带头人的匮乏直接导致学科教学、研究的迟滞，严重影响团队的生命力。二是育人手段单一。当前思政培养大多以课本课堂教育为主，以考试的形式进行考核，而只有丰富讲授形式，切实提升团队的教学教育能力，开阔视野，深入厂矿社区乡村，感受丰富生动的新时代中国特色社会主义伟大实践，才能提升团队成员春风化雨润物育人的手段和效能。三是引人留人机制不足。高校马克思主义学院的人才引进难度大、成效不足。

传统考评观念对思政课教师团队建设的束缚。普遍存在的指标化考核让“重科研，轻教学”的顽瘴痼疾难以拔除。目前，唯论文帽子职称学历奖项论英雄而忽略教学质量提升、教学管理科学化，导致思政课团队积极性下降等。传统考核评比奖惩观念导致团队相关机制匮乏。一是考评机制。一方面，由于考评要求的存在，思政课教师更愿意将时间和精力放于科研而忽略教学，教学精力投入不足影响立德树人根本任务的落实，另一方面，评价系统只看重教师的工作结果，忽略了教师的综合素质与实际能力。简而言之，人事管理看外在、看数量，甚至只看科研，学术运行是看内在、看水平，更多关注学术内涵。然而，单纯的行政化的人事管理在评价教师学术与日常工作时，只盲目地追求量的大小，忽视了质的优劣，难以提升思政课教学团队整体实力。二是激励机制。首先，某些学校保持对人的多头管理，很少关心在意教师激励的真正作用，导致教师教学科研双松弛，工作懈怠。其次，管理者对教师缺少具体分析，激励机制停留于简单的思想文化教育和单纯的名利表面，脱离了"以人为本"。最后，缺乏民主以及付出与奖励相符的激励机制。目前教师地位的提高取决于政策导向，学生对教师的了解、理解不足，使得教师的成就感难以获取，进步动力被无形削弱，一定程度上制约了思政课教师工作的积极性。

三、基于团队建设视角职业学校思政课教师教学能力提升路径

（一）加强队伍建设：切实强化育人能力

教师是课程思政教学的一线实施者，制定完善的教师管理制度是充分发挥教师作用的重要保障，是推动思政课程教学队伍能够真正发挥实效的基础。职业学校思政课教师是马克思主义理论的"宣讲者""传播者"，更是职教学子成长成才的"指导者和引路人"。思政课教师需不断加强自我提升，同时也需有提供教师练就"真功夫"的平台资源等。

组建跨界学习共同体，畅通教师发展多元平台。"讲好思政课不容易，因为这个课要求高"，思政课教师需要广泛涉猎综合多学科知识。"独学而无友，则孤陋而寡闻"，可组建跨界学习共同体引导学、帮助学、促进学。2022 年教育部发布的《关于开展职业教育教师队伍能力提升行动》指出，"支持地方整合综合（理工科）院校、师范类院校和行业企业优势资源，多主体协同参与职业院校教师培养模式。鼓励高水平学校具有深厚产教融合基础的专业二级学院与职业技术师范教育学院资源互补、协同育人。"因此，可组建"校企学习共同体""校际学习共同体""校内学习共同体"，共同学习。

"校企学习共同体"主要是寻找行业企业界的领头人、劳动模范、道德模范等引导学。职业学校思政课教师向他们学习行业企业发展趋势以及对职业

学校教育人才培养的相关要求。“校际学习共同体”主要是聘请本科院校马克思主义理论学者、学术带头人等帮助学。职业学校思政课教师在他们的带领下深化学习马克思主义原理、原著,学会做学问、学会做研究。“校内学习共同体”主要是依靠本校马克思主义学院学科带头人、骨干教师“以老带新”,帮助青年教师学习成长。

激发育人动能。思政课教师队伍的发展离不开个体内生动能的释放,只有充分唤醒并调动其投身教育教学的主体意识和创新思维,才能使队伍建设形成最大合力,达到最佳效果。习近平总书记指出,办好思想政治理论课关键在教师,关键在发挥教师的积极性、主动性、创造性。这一目标的实现当然离不开思政课教师自我锤炼品格、厚植情怀、拓宽视野、自律察己、修炼品行,也离不开从外在制度框架上给思政课教师“减负”“增能”“赋权”,进而更好地激发其向上发展的内在动力。具体而言,一是优化职称评审评价标准,为职业学校思政课教师“减负”。根据学科和岗位特点,单独设职务职称评审标准,突出政治思想素质、师德师风,加大教学育人实效占比,推进成果代表作制度,畅通晋升渠道,把教师从教学、科研、培训等多重压力下解放出来。二是健全教师发展支持制度,为思政课教师“增能”。在各类荣誉表彰、培训研修、人才工程、项目申报中单独为思政课教师设置比例,切实让其感受到尊重和认可,进而释放创新发展的内生动能。三是提高绩效待遇,最大程度认可思政课教师的劳动付出,调动其职业发展的热情,真正发挥思想政治教育的作用,为党和国家培养有理想、有本领、有担当的新时代技能人才。

(二)科学团队架构:融通理实双向培养路径

第一,合理设置团队目标和任务。科学合理的目标具有明确方向、凝聚力量、规范行为、提供动力的作用。确立教学团队建设目标旨在提升教师整体教学水平、锻炼和培养高水平教师队伍、整合教学资源,促进教师合作。以此为前提,高校师资管理部门和思政课教学团队自身要从学校人才培养要求和教师专业能力实际状况出发,灵活机动地设置长远发展规划和近期建设目标。团队的主要任务应紧扣思政课课程建设这一主线,围绕团队目标的实现,不断更新教育理念，深化教学研究，创新教学模式，推进教学改革，提高教师素质，开发教学资源，开展教材建设。

第二，科学设计团队的组成结构。搭建教学团队的组成结构要重点解决好三个问题。一要遴选合适的团队带头人。教学团队带头人是团队的灵魂和核心，是高效团队建设的前提和关键。要引入竞争机制，切实把长期坚持在思政课教学第一线，具有很深的马克思主义理论学术造诣，品德高尚，治学严谨，具有合作精神和较强组织管理能力，善于同团队成员沟通，能够营造和谐愉快的工作氛围的人选拔到这一岗位上来。二要配置好团队成员。配置好团队成员是培育高素质教学团队的基础。团队成员必须热爱思政课教学事业、具有较强的教学和科研能力、乐于奉献、能够发现问题并提出解决问题的建议，善于聆听、反馈、调节冲突。同时，还要注意团队成员的学院结构、职称结构、年龄结构、性别结构。三要落实好各成员分工和发展方向。落实好各成员分工和发展方向是实现团队共同目标的重要保证。要对团队建设和教学目标进行合理分解，依据各成员的教学特长、个性特征和个人偏好，科学地进行分工，充分发挥各成员的优势，积极引导各成员规划未来的主攻方向，搞好职业生涯设计，在此基础上，通过坦诚交流，化解冲突，形成共识，密切合作，实现团队和成员的共同成长。

第三，建立团队内部有效的运行机制。作为一种教学研究自治型组织，思政课教学团队内部必须建立完善的内部管理和运行机制。要制定明确的活动章程或条例，如明确的活动时间、活动地点、活动内容，以及团队协作的方式、沟通途径和处理矛盾的原则等。完善团队的运作机制，如带头人责任制，内部的目标激励和竞争激励制度，教学和教改问题的定期学习、研讨制度，重大问题的民主协商制度，青年教师的培养制度，团队自我评价制度等一系列制度。要使团队的运行做到有章可循，在团队内部形成凝聚力和向心力。

第四，形成团队外部良好的支持环境。教学团队建设是一项系统的工程，良好的外部支持环境是团队有效运行的保障。学校管理部门和教学单位需要协同配合，共同创造有利于思政课教学团队发展的良好外部环境。一是抓好舆论环境建设，在校园内形成尊重劳动、尊重知识、尊重人才、尊重创造的良好风气；二是要给团队提供完成工作所必需的人、财、物资源，如全面落实思政课建设生均标准、设立思政课教学团队专项建设经费、加大人才引进力度、教学仪器优先购置等；三是要从实际出发，综合考虑团队的性质和任务，制定合理的规章制度，保证发挥每个队员的主观能动性，以实现团队的目标。

第五，建设团队互信和谐文化。教学团队能否产生强大的凝聚力、向心力和协同力，在很大程度上取决于该团队是否拥有互信和谐的文化氛围。要树立协同合作、共同发展的和谐理念，培养成员合作精神，大力加强团队成员间的交流与沟通，在团队内部建立畅通的沟通渠道，加强成员之间的学术交流和感情交流，增进彼此之间的理解、尊重和信任。要树立严谨治学、积极向上的学风，克服学术浮躁、急功近利等不良倾向。要营造平等、宽松、开放的文化氛围，强调团队成员在学术地位上的平等性，在团队内部开展民主自由讨论，鼓励各种不同学术思想的碰撞与交流，重视成员的个性发展，充分发挥全体成员的智慧和创造力。

（三）推进制度建设：建立健全评价考核体系

完善职业学校思政课教师激励评价考核制度，坚持个人绩效评价与团队导向的评价相结合。首先，认真贯彻落实党和国家关于思想政治理论课建设的意见和要求。把思政课教师队伍建设纳入教育事业发展和干部人才队伍建设总体规划，在师资建设上优先考虑，在资金投入上优先保障，在资源配置上优先满足。规定从资金和资源方面为完善激励机制、提升教师教学能力作出了重要指示。其次，完善评价制度，强化教学要求，提高教学业绩、教学研究、教学获奖等指标的评价作用，把认真履行教育教学工作职责作为教学质量的主要考核要素之一，加强对教学质量的考核。同时强化对教学团队及其负责人实施过程管理和目标考核。考核应分层次进行，将团队整体工作绩效纳入到团队负责人考核指标体系之中，以强化教学团队负责人的领导与责任意识。另外，完善奖励机制。科学设定评价指标，建立公平的奖励评价机制，确保过程的公正和客观，多维度评价教师教学效果和质量，多样化的激励方式不仅包括奖金，还可以采取荣誉称号、科研项目资助、职称晋升等方式，以满足教师的多元化需求。健全激励机制，贯通内外双向发展动力。

第二十五章

职业学校思政课教学质量标准、监控和评价

当前职业学校在思政课教学质量评价上存在评价方法简单、评价结果失真、评价目的逐利等问题。有必要从直接影响教学质量的三个方面设立学生学习、教师教学和教学环境条件三大维度，对教学进行全方位的成效考察体系建设，并通过决策指挥系统、教学质量监控系统、评价系统、信息反馈系统和督导系统构成，实施对教学质量的监控与评价。

一、关于思政课教学质量评价的政策文件依据及其基本原则

党的十八大以来，以习近平同志为核心的党中央把高校思想政治工作摆在突出位置，先后制定出台一系列政策文件，做出一系列重大决策部署，直指思政课教学质量提升。2016 年中共中央、国务院印发了《关于加强和改进新形势下高校思想政治工作的意见》，明确提出"要健全高校思想政治工作评价体系，研究制定内容全面、指标合理、方法科学的评价体系，推动高校思想政治工作制度化"。此后，教育部制定出台了《新时代高校思想政治理论课教学工作基本要求》，提出要建立健全多元评价机制，对思政课教学质量进行综合评价；中共中央办公厅、国务院办公厅印发的《关于深化新时代学校思想政治理论课改革创新的若干意见》中明确指出，要把思政课建设情况纳入学校学科建设评估标准体系；中共中央宣传部和教育部联合印发的《新时代学校思想政治理论课改革创新实施方案》中也强调，在思政课教学中要注重多样化评价方式。尤

其是2022年8月，教育部等十部门联合印发的《全面推进"大思政课"建设的工作方案》，聚焦于思政课课堂"主渠道"理念、内容和方法的守正创新，指出："高校思想政治理论课教学质量的提高，根本在教学内容，关键在教学理念。"为思政课教学质量提升指明评价方向。上述由国家及有关部门制定的政策，从不同的角度对高校思政课教学评价指标体系构建提出了具体要求，总的来看，教学质量评价明显突出以下基本原则：

（一）育人成效是根本要求

党的二十大报告提出，"育人的根本在于立德。全面贯彻党的教育方针，落实立德树人根本任务，培养德智体美劳全面发展的社会主义建设者和接班人"。立德树人是教育的根本任务，思政课是落实立德树人根本任务的关键课程，开展大学生思想政治教育的主渠道和主阵地，其育人效果是检验立德树人根本任务落实情况的重要依据。当前无论是以中国式现代化全面推进强国建设和民族复兴，还是文化强国、教育强国、人才强国、体育强国的发展战略，无论是落实立德树人根本任务、还是实现"为党育人、为国育才"的教育目的，都对高校思政课高质量发展都提出了前所未有的新要求，迫切需要通过深化思政课教学改革创新以实现高质量发展，以充分发挥其关键课程、核心课程和灵魂课程的作用。善用"大思政课"是习近平总书记针对思政课教学存在的问题提出来的破解之道，《全面推进"大思政课"建设的工作方案》是教育部等十部门落实习近平总书记关于思政课建设重要论述和指示精神的重大举措，指明在思政课教学中须以育人为目标，在深刻把握好"大思政课"建设规律的基础上形成育人合力，以课程核心素养培育为载体，抓好学校小课堂需要社会大课堂的有机统一，有效选择育人路径，打造课堂教学全价值链，引导学生深化对马克思主义理论的理解，认同与坚信社会主义核心价值观，更好地提升"大思政课"铸魂育人成效。[①]

---

① 李庆华、樊志鑫：《立德树人价值导向下高校思政课教学质量提升路径》，《黑龙江高教研究》2023年第6期。

（二）课堂教学讲道理与讲故事相统一

思政课教学不是“传教士”式的照本宣科、更不是“填鸭式”的知识灌输，而是讲故事与讲道理的统一。讲道理就是要讲人类社会发展的道理，厚植道路自信；讲中国共产党治国理政的道理，坚定制度自信；讲为人处世的道理，塑造健全的人格。要将道理“讲深”就是要以马克思主义理论和党的创新理论展现思政课教学内容的严肃性、政治性、规范性。将道理“讲透”就是要建立思政课的知识体系、学术体系、话语体系等，呈现思政课的系统性、全面性、一致性。要把道理“讲活”，就是要以讲故事的方式讲道理，展示思政课方法的鲜活性、生动性、灵活性。“做好高校思想政治工作，要因事而化、因时而进、因势而新”既要故事伴着道理讲凸显教学内容的严肃性和学理性，又要道理伴着故事讲彰显教学方法的创新性和鲜活性，避免形式大于内容的“一边倒”。面对思政课作为落实“立德树人”根本任务关键课程的时代大任，必须从教学内容和教学方法的小处着手达成善用之道。既要以科学的理论、明确的立场、严密的逻辑和严谨的表达“讲道理”说服人，又要“讲好中华民族的故事、中国共产党的故事、中华人民共和国的故事、中国特色社会主义的故事、改革开放的故事，特别是要讲好新时代的故事”以“讲故事”感染人，实现思想政治理论课教学“配方”先进、“工艺”精湛、使理论教育与情感渗透同频共振。

（三）教学改革与教学管理相一致

教学管理工作直接关系到高校的整体教学质量，是确保教育工作顺利开展、维持良好教学秩序的基础保障。传统职业教育一直强调职业教育以专业教育为主，重视专门人才的培养。然而，随着教育形势的不断改变，传统的教学管理模式已经不能满足教学发展需要，现代职业教育也对人才的综合素质提出了更新、更高的要求，一个人不仅要有精深广博的专业知识，还要具有精湛娴熟的操作技能，更要具备可持续发展的能力，改革教学管理模式、创新教学管理手段能够更好地指导教学管理工作的开展、提高教学管理质量，为更好落实教育教学工作提供坚实的保障。在思政课高质量发展的时代背景下，职业学校教学管理工作应当充分融入思政的教学课程，职业学校的党委、党支部，以及党员教师，需要发挥各自的主体作用，共同参与到这项工作中来，形成协同效应，在高校营造出良好的思想政治教育氛围，让学生树立起正确的道德观，这一改变能够有效激发大学生的学习主动性，除了完成好课堂学习外，还能够充分参加校内外的各项实践活动，既丰富了高校的教学活动，又能够促进学生的全方位发展，进而在步入社会后，正确地运用所学到的专业知识，成为一个真正对社会有用的人才。

（四）过程评价与结果评价相结合

思想政治理论课教学评价的角度应该侧重于教学的过程和学生思想政治品德的发展，而不是侧重于终结性评价。教学评价指标体系的建构必须结合时代的发展和学生思想的新动态，挖掘和开发学生思想政治品德的潜能，不断更新评价指标，加强对教学过程的评价也是尊重学生学习个性和认知方式，评价学生的认知过程。高职院校思想政治理论课教学可以通过教学测试和教学论文给予学生结论性的评价，但是就教学效果而言，绝不仅限于课堂教育，而是贯穿在高职学生教育教学和日常管理的全过程，从而做到终结性评价和过程性评价的高度统一。过程性评价要求高职院校学生的思想政治工作更具针对性、更有实效性，抓过程管理离不开高职院校的两支关键队伍：一支是辅导员队伍。不少高职学子远离家乡和父母，他们渴望关怀、需要引导，因此，大量的过程性的思想政治教育工作都是通过辅导员队伍来完成，辅导员队伍的综合素养、价值追求和良好修养就显得至关重要。高职院校可以利用高职学生对辅导员的依赖性，因势利导、有的放矢地加强师生共同的思想政治教育。另一支是学生会干部队伍。我们可以通过重视学生干部队伍的建设，充分发挥学生自我教育、自我管理、自我服务的作用，在实践中提升学生干部的管理能力和水平，通过学生群体思想政治工作的开展，增强高职学生的社会责任感。通过学生社团的组织引领，搭建一个高职学生成长的空间平台，共享学习资源、共建社会和谐；建立歌舞社团、书友社、羽毛球俱乐部、笑坛和手工社团等学生社团，开展学生社团、文化艺术节及辐射区域的、有影响力的各类公益活动，形成健康活泼的校园文化，打造高职教育品牌；建立由学员组成的学生会和学习者联盟，提倡学生班级自主管理，学习联盟作为学习型团队的联盟加强学习小组之间横向联系和交流，有力地促进了学生学习成长。

二、职业学校思政课教学质量评价存在的问题

（一）评价方法简单

考察思想政治理论课教学质量评价过程，存在过分突出量化评价而导致评价简单化的倾向。比如对教师的课堂授课质量普遍采取统一的“评价量表”进行，忽视了教师教学育人的复杂性及其教学评价的特殊性，教育教学是一个动态的、师生交互作用的创造性劳动，用简单化的物化或数量化的指标人为地把教学过程分割成条块、方框既违背了教育的本质，也束缚了教师教学的创造性。无数的教学实践表明，那些教学效果好、质量高的教学名师授课都具有独特的教学风格和自己的个性，这些是无法用“评价量表”做出实事求是的客观评价。同时，思想政治理论课教学具有鲜明的国家意识形态性，学生在多大的程度上内化、吸收、认同、接受社会主义核心价值观是衡量教学质量标准之一，这既不是通过考试“考”出来的，也无法用简单的数字精确量化的。现实的评价形式与方法的简单化造成评价导向发生方向性的错误，导致了学生理论与实践、知与行的分离，高分低能，高分低德现象也屡有发生，这样简单化的评价背离了教学质量评价的本质。

（二）评价结果失真

思想政治理论课教学质量是教师的“教”与“学”的辩证统一，因此，思想政治理论课教学质量评价主要也是以教师课堂授课质量与学生学习效果作为评价的重点。目前，教师的授课质量评价结果是以督导评价、同行评价与学生的网上评教三种形式为主。督导评价是由思想政治理论课教育教学专家组成的，他们的评价水平与能力毋庸置疑，但督导组的评价专家们由于时间和精力的有限性，对教师授课督导的时间和空间是有限的，这种“一课定乾坤”的评价结果只能反映教师的这堂课的授课质量，况且督导专家们对不同专业学生采

取的评价标准也是“一刀切”,学生素质的差异性被无视,这样的评价结果作为教师授课质量的终结性评价显然是有失公允的。同行评价主要是教学示范课和公开课,由于参与评价的人员是同行或同事,碍于情面,普遍存在走过场、人情分的现象,评价者的主观性、随意性较强,评价的客观性和真实性大打折扣。众所周知,现行的评价机制的功利性使得学生的网上评教结果与教师的奖惩相挂钩,教师为了自己的利益不受损害,甚至为了迎合学生需求,出现教学内容的低俗化、庸俗化、娱乐化现象,那些教学严格的教师网上评教的分数或等级反而会出现低于一味迎合学生需要的不正常现象不乏其例。

(三)评价目的逐利

现行的评价模式把评价结果和教学管理挂钩,与师生的奖惩相联系,教学评价的实用主义、功利主义管理价值超越了教学评价的教育价值,这种异化现象造成教师为了自身的利益,寻求和评价主体的妥协,与他们形成利益互惠的默契;学生为了获得排名、综合测评、入党、奖助学金、评优评先等各种直接或间接的现实利益,追求高分数,成为考试的机器,而忽视了教学的根本宗旨;教学主管部门作为评价主体和客体,既是裁判员,又是运动员,为了追求“政绩”,做出显示度高的成绩,利用自己手中评价资源,决定教学评价的范围、方式、方法、对象等。这种功利性的教学评价使得被评价者处于被动地位,失去评价活动中的话语权,自身利益得不到维护,参与评价的积极性和主动性明显不足,教学评价的民主性不够,互动性缺乏,单向性明显等缺陷导致评价利益相关者之间出现消极抵触情绪,甚至出现对立与矛盾,教学质量评价的结果与效率低下。

三、职业学校思政课教学质量标准体系的构建

思想政治理论课作为职业学校必须开设的公共必修课,与其他课程相比,思想政治理论课的课程特性尤其鲜明,该课程不但体现出政治性,还具有意识形态方面的特征,同时,在其学科中还体现出了社会实践性的特点,鉴于思政课的课程性质与其他自然科学课程和社会科学课程有所差别,这就决定了思政

课的教学评价体系中不能仅考查学生对知识的掌握及其运用方面，而且综合考察了对知识技能的掌握程度，还体现为通过学习理论，如何在实践中塑造和培养科学高尚的价值观等方面的综合内容，思政课更能体现出知行合一，即不仅要学会课本的理论知识，更注重在实际中自身德行的培养。[①] 而应该根据思政课程的在教学内容、教学体系等方面的特殊性，建立一套适合思想政治理论课的教学质量评价体系。科学有效的教学评价对思政课教学活动发挥着导向、管理、诊断、激励等作用，是提升职业学校思政课教学效果不可或缺的重要方式，关系着立德树人根本任务的实现。如何科学地进行教学质量评价，对于更好地激发学生学习的热情和教师教学的积极性、增强学生的获得感和教师的成就感至关重要。职业学校思政课课堂教学质量评价体系构建是一项全面的系统的过程，要确定研究方法和评价框架和研究理路，应综合考虑各种影响因素，保证评价的科学合理。

在广泛调研的基础上，结合职业学校实际，从教育评价一般规律出发，立足职业学校思想政治理论课课程的基本特征，将课程教学效果不仅定位于知识、教学方法的习得与掌握，更注重对大学生情感、态度、价值观的转变与培育，围绕教师、学生和教学管理者，通过对教学实施过程中各项因素的把握和考察，结合教育评估应遵循的科学性、客观性、可比性、独立性和可测性原则，提出了一套由一级指标、二级指标和三级指标构成的思政课程教学质量评价指标体系。该指标体系采用质性研究和量化研究相结合的方法，从直接影响教学质量的三个方面设立学生学习、教师教学和教学环境条件三大维度，对教学进行全方位的成效考察。

评价指标体系由 3 个一级指标、15 个二级指标、59 个三级指标组成，具体指标体系如下：

① 安红霞：《高校思政课教学质量评价体系构建研究》，《学校党建与思想教育》2024 年第 2 期。

表 25–1　职业学校思想政治理论课教学质量评价体系

一级指标	二级指标	三级指标
1. 学生思想政治理论素养	1.1 理论基础	1.1.1 思想政治理论基础知识掌握情况
		1.1.2 理论知识的运用能力
	1.2 理论认识	1.1.3 对基本理论问题的识记情况
		1.1.4 对重大理论问题实质的把握程度
	1.3 理论情感	1.2.1 对课程开设必要性和重要性的认识
		1.2.2 是否积极参与课程学习
		1.2.3 对重大理论问题的基本态度
	1.4 理论品质	1.2.4 对中国共产党的信任程度
		1.2.5 对中国特色社会主义的坚定程度
		1.2.6 对社会主义制度的自信程度
	1.5 理论运用	1.3.1 对事物的判断和评估能力
		1.3.2 对事物的领导能力
		1.3.3 对事物的参与能力
		1.3.4 对问题的修正能力
		1.3.5 新事物的创建能力
2. 教师教学实施	2.1 课程安排	2.1.1 课程结构
		2.1.2 课程学时数
		2.1.3 课程教学时段
		2.1.4 课堂规模（课程人数）
	2.2 教材使用	2.2.1 教材购买情况
		2.2.2 教材应用情况
		2.2.3 教材内容体系转换、落实情况

续表

一级指标	二级指标	三级指标
2. 教师教学实施	2.3 教学准备	2.3.1 集体备课情况
		2.3.2 教案及质量
		2.3.3 有无多媒体课件
		2.3.4 有无教学案例收集
		2.3.5 有无对基础知识的拓展
	2.4 教学目标	2.4.1 教师对教学目标的定位是否准确
		2.4.2 教师对教学目标的理解是否准确
		2.4.3 教学目标是否得到落实
	2.5 教学内容	2.5.1 教学内容是否依托教材
		2.5.2 教学内容是按教材要求贯彻完整
		2.5.3 教学内容是否讲解准确
		2.5.4 教学重点是否突出
		2.5.5 疑难问题是否能够讲清
	2.6 教学方法	2.6.1 课堂组织程度的强弱
		2.6.2 是否灵活运用多种教学方法
		2.6.3 方法与内容是否匹配
		2.6.4 方法是否能有效达成目标
		2.6.5 开展社会实践情况
	2.7 教师态度	2.7.1 性别、年龄、学历、职称等基础信息
		2.7.2 知识水平
		2.7.3 政治立场与信仰
		2.7.4 思想品德与理论修养

续表

一级指标	二级指标	三级指标
2. 教师教学实施	2.7 教师态度	2.7.5 语言运用能力
		2.7.6 逻辑思维能力
		2.7.7 组织教学能力
		2.7.8 改革创新能力
3. 外部环境和条件	3.1 制度设置	3.1.1 教育教学管理制度
		3.1.2 教师资格准入制度
		3.1.3 教师培训和培养制度
		3.1.4 教学检查和评价制度
	3.2 物质支持	3.2.1 教学经费落实情况
		3.2.2 办公场地,办公设备落实情况
		3.2.3 教学场地落实情况
	3.3 环境影响	3.3.1 来自家庭的影响
		3.3.2 来自社会的影响
		3.3.3 来自哲学社会科学其他课程的影响
		3.3.4 校园文化氛围

（一）评价主体组成

新时代课堂应该关注不同的评价主体，通过多元评价，全面了解教学质量。评价应从自我评价、同行评价、学校专家（督导）评价和学生评价四个方面开展。从教师的教学态度、教学内容、教学方法和教学效果等方面入手，调查了解思想政治理论课课堂教学质量评价的现实情况，分析存在的问题。同时，关注学生个体的差异，在学生样本选择上，从不同类型、不同生源、不同性别、成绩排名、政治面貌等多个维度进行，要关注到不同层次的学生，确保评价的准确性和有效性。

（二）评价指标系统

第一，自我评价、同行评价和督导（专家）评价使用的指标体系。根据职业教育的一般规律，自我评价、同行评价和专家（督导）评价内容主要从课程安排、教材使用、教学准备、教学目标、教学内容、教学方法、教师素质等七个方面进行评价。师德师风是考核评价的重点，贯穿考核评价全过程，可实施“一票否决”。教学准备包括教师的课前准备和学生的课前准备，重点考查教学准备是否充分，是否有利于教学开展。教学目标重点评价目标设置是否明确，是否可测可评，是否凸显思想政治理论课的课程属性。教学内容重点评价内容选取是否符合大纲要求，是否新颖准确，是否关注当下热点问题、学生关切的话题，案例选择是否恰当，是否注重理论与实际相结合。教学方法的选用是否基于学情分析，注重学生思维的启发，能够调动学生学习的积极性、主动性，重视能力培养和价值观塑造。教学态度重点评价教师对待教学的态度、教师的教态、教学热情、师生互动等内容。教学过程环节清晰、紧凑，教学策略得当；

第二，学生评价指标体系。按照学生成长的一般规律，学生评价主要从理论基础、理论认识、理论情感、理论品质、理论运用等五个方面进行。理论基础评价主要看学生思想政治理论基础知识掌握情况和理论知识的运用能力。理论认识主要评价学生对基本理论问题的识记情况和对重大理论问题实质的把握程度。理论情感主要从学生对课程开设必要性和重要性的认识、是否积极参与课程学习和对重大理论问题的基本态度考查。理论品质主要从对中国共产党的信任程度、对中国特色社会主义的坚定程度和对社会主义制度的自信程度。理论运用主要考查学生对事物的判断和评估能力、对事物的领导能力、对事物的参与能力、对问题的修正能力、新事物的创建能力等方面综合来看课堂教学质量。

（三）评价权重系统

课堂教学质量评价既注重教师的“教”，还要注重学生的“学”，而学生“学”的效果才是课堂教学质量评价的主要因素。另外，只有学生跟教师接触时间最长，感受最为深刻，对教师的评价最中肯，具有说服力，因此，自我评价、同行和专家（督导）层面评价占40%，学生层面评价占60%，凸显学生为主体的教学理念。评价结果采用“优秀、良好、一般、及格、不及格”五级制。

（四）评价标准系统

评价标准是评价实施的依据，评价标准的制定应突出人才培养，注重教学目标的实现，教学计划的落实和教学效果的呈现。应根据学校实际、学生实际、教师实际制定评价标准，由教务部、督导和马克思主义学院联合制定，作为评价的依据，以保证评价的顺利实施。

四、职业学校思政课教学质量的监控与评价

（一）加强思想政治教育组织机构建设和制度建设

思想政治教育不仅仅是指政治理论课教学，它还包括学生日常行为管理和教育，因此，它是一个系统工程，要求全院共同参与。学院成立专门组织机构，由党委书记挂帅，思想政治教育部负责全院学生思想政治理论课教学、时事教育及三生教育的统筹安排；团委、学生处、各专业教学系部负责学生日常行为管理和教育，实施教养工程。做到上下联动，步调一致，提高人才培养质量。通过引入ISO9000质量认证体系，制定教育教学全过程质量标准和管理制度（包含思想政治教育质量标准和管理制度）。①

（二）决策指挥系统

该系统在教学质量监控体系中具有统领作用和组织作用，是教学质量监控体系得以有效运行的基本保证。决策指挥系统是在学校党委的统一领导下，按照学校的人才培养质量总体发展目标，指挥整个教育教学系统的工作，协调系统内部各子系统的关系以及学校各部门的关系，统一调配校内各种资源为教育教学服务，切实保障各项措施得以落实。

① 杨彩凤、祖文明、孙玉兰：《高职院校思想政治理论课教学之来那个监控与评价体系构建》，《机械职业教育》2024年第7期。

（三）教学质量监控系统

思想政治理论课教学质量监控系统有四个部分组成：

1. 学院教学质量监控系统。此系统由学院领导、教学系教师、企业人员构成教育教学质量建设委员。在教育教学质量建设委员会领导下，教务处及其下设督导办公室在教学质量监控体系中起主导作用，主要负责全院思想政治理论课教学质量的总体监控。

2. 思想政治教学部质量监控系统。负责对全院思想政治理论课教学计划、课程标准、教学设计制定的审核，对授课环节的安排、日常教学检查实施监控。

3. 思想政治教研室教学质量监控系统。负责制定思想政治理论课各门课程的教学计划、课程标准、教学设计，对各个教学环节的质量进行组织管理。组织教学听课、评课，实施集体备课、集体析课，开展教研室活动，对教师上课提出具体要求，对学生学习活动、作业批改、辅导答疑进行具体量化。制定科学的考试、考核方法。

4. 系部教学质量监控系统。负责各系学生日常管理工作，学生行为习惯养成，德育操行、教养工程的总体监控。

（四）建立“多元化”质量评价体系

1. 校内教学质量评价。实施督导室、系（部）、教务处（学生评教）三方独立测评。各方的测评重点不同，三个评价主体从不同的角度衡量教师的教学质量和教学效果。督导室组织专家听课，对思想政治理论课课件质量、教学设计（讲稿和教案）、课堂教学质量进行评价并反馈给被评价者；系（部）组织教师之间的相互评教，即同行评价。侧重于课程建设、教研教改方面的评价：教务处组织学生学期末网上评教。综合测评由教务处汇总三方数据，确定三方评价比例。此体系以学生评价为主体，通过评估导向，让每一位教师把学生的受益和成长放在教学的中心位置。

2. 强化校外教学质量的评价。建立“第三方非政府专业机构评价”机制，委托“第三方非政府专业机构”——麦可思进行毕业生跟踪调查，获取相关调查数据和指标计算，并撰写《人才培养质量年度报告》。把毕业生就业情况的评价与能力、素质要求（职业技能、职业精神、职业道德、理想信念等）的监控、评价相结合，进一步加强思想政治理论课实践教学的监控与评价，完善学校外部社会监控和评价机制，形成学校、合作企业、学生及家长等多方参与的质量监督评价体系。

3. 搭建“多元化”质量评价网络平台。借助学院的网络平台建设，利用信息技术搭建“多元化”质量评价网络平台。通过各关键环节的信息采集，综合分析评价人才培养质量，完善多元化人才培养质量社会评价机制。

（五）信息反馈系统

建立健全及时有效的教学质量信息反馈系统，能有效增强整个教学质量监控体系的自我纠错能力，使其不断完善。反馈系统由以下 5 个部分组成：

1. 学生信息反馈。此系统主要通过班级信息员、学生座谈会、问卷调查、网络评教等方式进行教学相关信息反馈。

2. 教师信息反馈。通过教师教学信息反馈，可直接获取学生学习质量、学习效果的相关信息。同时，同行听课评价信息反馈能提升教师本学科专业研究能力。

3. 教学管理职能部门信息反馈。由教务处、教学系（部）实施对学期教学的期初、期中、期末检查，反馈相关信息。

4. 教学督导信息反馈。教学督导深入教学第一线，获取的信息客观、真实、全面，应及时将信息反馈给教学实施的参与者、教学管理部门和教学管理的决策者。

5. 社会对教学质量的信息反馈。可通过实施用人单位学生满意度调查、委托“第三方非政府专业机构”进行毕业生跟踪调查、建立校友网络平台信息、市场需求调研等方式构建社会对教学质量的信息反馈系统。通过以上渠道的信息反馈，保证了教学质量信息的上下贯通、及时反馈。对信息中提供的教学不合格项进行跟踪改进，杜绝了教学环节中出现的漏洞，从而实现了教学质量监控体系的正常运转。

（六）督导系统

教学督导系统是教学管理、教学质量监控的重要组成部分，建立以督导为主体的全方位、全过程和多层次的教学质量监控与评价体系是高职院校提高教学质量的有效保证。督导运行机制可采取以下方式：监督考察—发现问题—反馈教师—提出建议—指导解决。通过督导对教学活动及其管理运行全方位、全过程和多层次的监查、督促，及时发现问题并进行分析、指导解决，保证了教学质量的不断提高。

第四篇　教案优选篇

第二十六章

以人民为中心

以习近平新时代中国特色社会主义思想概论课程第四章教学为例

以人民为中心是中国共产党的根本执政理念，是新时代坚持和发展中国特色社会主义的基本方略。将以人民为中心这部分内容讲深、讲透、讲活，是把握习近平新时代中国特色社会主义思想的内在要求，是理解新时代我国各方面伟大成就的重要基础，是引导青年学生参与建设社会主义强国的有效环节。

一、"坚持以人民为中心"的内容逻辑

党的十九大报告指出："坚持以人民为中心。人民是历史的创造者，是决定党和国家前途命运的根本力量。必须坚持人民主体地位，坚持立党为公、执政为民，践行全心全意为人民服务的根本宗旨，把党的群众路线贯彻到治国理政全部活动之中，把人民对美好生活的向往作为奋斗目标，依靠人民创造历史伟业。"[①] 党的二十大报告进一步指出："江山就是人民，人民就是江山。中国共产党领导人民打江山、守江山，守的是人民的心。治国有常，利民为本。为民造福是立党为公、执政为民的本质要求。必须坚持在发展中保障和改善民生，鼓励

①《习近平在中国共产党第十九次全国代表大会上的报告》，新华网，www.xinhuanet.com/politics/2017-10/27/c_1121868728.htm。

共同奋斗创造美好生活，不断实现人民对美好生活的向往。”[①]《概论》教材第四章以党的十九大、党的二十大精神和习近平总书记关于坚持以人民为中心的一系列重要论述为指导，围绕坚持以人民为中心这个重大命题，重点阐述坚持以人民为中心的必要性和重要性、坚持人民至上的内涵及其评判标准、全面落实以人民为中心的发展思想等问题。具体而言，本章主要是从人民群众的历史地位和作用、中国共产党和人民的关系、中国共产党的根本政治立场、人的全面发展和共同富裕的内涵、全面落实以人民为中心的发展思想等方面，来论述新时代为什么必须坚持以人民为中心、如何理解不断实现人民对美好生活的向往、怎样推动人的全面发展和全体人民共同富裕等重大问题的。

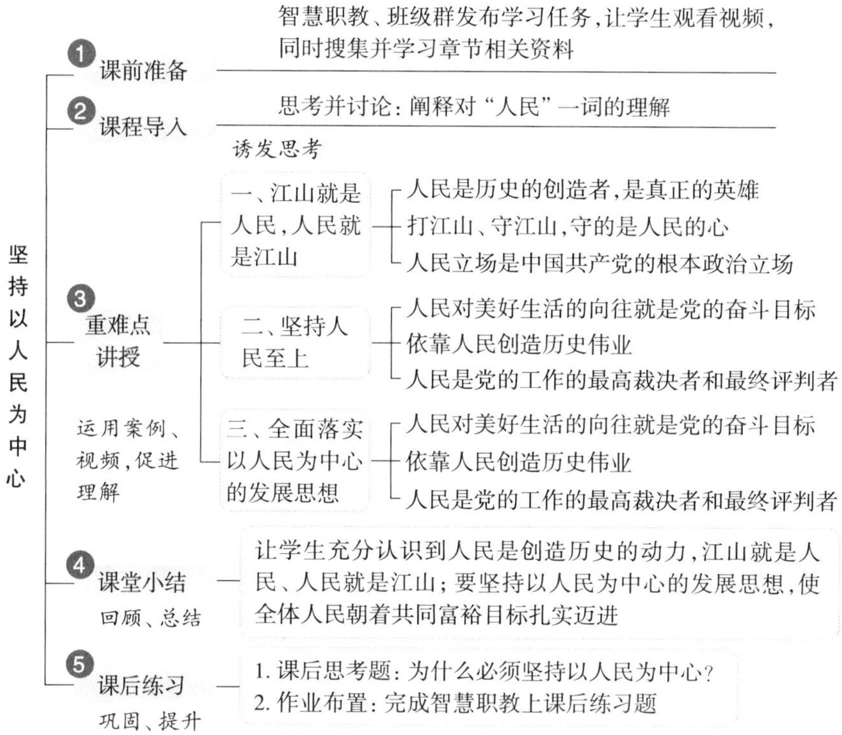

图 26-1 “坚持以人民为中心”相关内容

① 习近平：《高举中国特色社会主义伟大旗帜　为全面建设社会主义现代化国家而团结奋斗——在中国共产党第二十次全国代表大会上的报告》，新华网，www.xinhuanet.com/politics/2022-10/25/c_1129079429.htm。

第四章“坚持以人民为中心”为《概论》教材第一板块的第二层次，承接前几章对重大时代课题根本内容和核心论题的阐释，从“中心”的高度，从根本立场和发展“红线”两个方面，对《概论》教材体系作出“承上启下”的进一步展开。一方面，坚持以人民为中心，是新时代坚持和发展中国特色社会主义的根本立场，起到“承上”的作用，凸显解决好为了谁、依靠谁、由谁来评价的根本问题，凸显坚持人民至上的根本立场和宗旨问题；另一方面，坚持以人民为中心，是贯穿党治国理政全部活动的一条“红线”，对《概论》教材以下各章的展开，起到学理上“启下”的作用。

二、“坚持以人民为中心”的教学设计

（一）第四章第一节“江山就是人民，人民就是江山”的内容逻辑

《概论》教材主要从人民群众的历史地位和作用、夺取政权和巩固政权之要旨、中国共产党的根本政治立场这三个方面，来论述江山就是人民、人民就是江山，分别论述了人民是历史的创造者，是真正的英雄；打江山、守江山，守的是人民的心；人民立场是中国共产党的根本政治立场。

关于第一节第一目“人民是历史的创造者，是真正的英雄”。《概论》教材从历史唯物主义群众史观、党的百年奋斗历史经验中紧紧依靠人民创造历史伟业的实践等多个维度，阐述人民群众的历史地位和作用，即人民是创造历史的真正动力，是历史发展和社会进步的主体力量，着重回答“为什么必须坚持以人民为中心”，指出人民群众是历史的创造者，是社会物质财富和精神财富的创造者，是社会变革的决定力量，尊重人民历史地位、充分发挥人民主体作用是我们党总结历史经验、把握历史规律得出的重要结论，始终同人民在一起、为人民利益而奋斗，是我们党立于不败之地、从胜利走向胜利的根本原因，从而为引导学生增强对人民群众的历史地位和作用的思想认同、理论认同、情感认同提供有一定深度的学理支撑。

关于第一节第二目“打江山、守江山，守的是人民的心”，不仅要指出中国

共产党是为人民而生、因人民而兴的党，既为人民夺取政权打江山，又为人民巩固政权守江山，而且要重点讲清楚人民何以是江山，我党何以实现长期执政。《概论》教材主要从以下两个方面来阐述“打江山、守江山，守的是人民的心”：第一，人民在一个国家的地位是由这个国家的政权性质决定的，讲明我国国家性质是工人阶级领导的、以工农联盟为基础的人民民主专政的社会主义国家，国家一切权力属于人民；第二，“江山就是人民，人民就是江山”，这是由我们党的性质和宗旨决定的，党的执政地位不是一劳永逸的，要做到长期执政就必须牢记党的根基在人民、血脉在人民、力量在人民。

关于第一节第三目“人民立场是中国共产党的根本政治立场”。在阐述这个问题时，要重点讲清楚政治立场是一个政党的世界观、方法论和执政理念的反映，体现了这个政党的根本属性，人民立场是我们党作为马克思主义政党区别于其他政党的显著标志。党的十八大以来，以习近平同志为核心的党中央，坚持这一根本立场，将坚持以人民为中心的执政理念贯穿于党和国家事业发展各方面，党与人民风雨同舟、生死与共，始终保持血肉联系，为党战胜一切困难和风险提供了根本保证。

（二）第四章第一节“江山就是人民，人民就是江山”的教学设计

1. 整章课前导入

以习近平总书记在党的十九大、党的二十大中的讲话节选内容为引：“坚持以人民为中心。人民是历史的创造者，是决定党和国家前途命运的根本力量。必须坚持人民主体地位，坚持立党为公、执政为民，践行全心全意为人民服务的根本宗旨。把党的群众路线贯彻到治国理政全部活动之中，把人民对美好生活的向往作为奋斗目标，依靠人民创造历史伟业”，“江山就是人民，人民就是江山。中国共产党领导人民打江山、守江山，守的是人民的心。治国有常，利民为本。为民造福是立党为公、执政为民的本质要求。必须坚持在发展中保障和改善民生，鼓励共同奋斗创造美好生活，不断实现人民对美好生活的向往”，引发学生思考对“人民”一词的理解，从而导入本课。

2. 第一节教学过程

关于第一节第一目“人民是历史的创造者,是真正的英雄”,主要阐述两点内容,一是人民的历史地位和作用,二是要尊重人民历史地位、充分发挥人民主体作用以创造历史伟业。首先,运用多媒体呈现习近平在纪念周恩来同志诞辰 120 周年座谈会上的讲话内容:“人民是历史的创造者,是决定党和国家前途命运的根本力量。我们党来自人民、植根人民、服务人民,一旦脱离群众,就会失去生命力。”① 以此为引,指出如何认识人民群众在历史上的作用,是社会历史观的重大问题。同历史唯心主义英雄史观相对立,历史唯物主义群众史观第一次彻底解决了这个重大问题,提出人民是历史的创造者。

第一,在人民的历史地位和作用的阐述上,通过呈现马克思、恩格斯、列宁和毛泽东等马克思主义经典作家的理论观点,讲述人民是历史的创造者,人民是真正的英雄。毛泽东:人民,只有人民,才是创造世界历史的动力。进而以习近平在第十三届全国人民代表大会第一次会议上的讲话作简单总结:“人民是历史的创造者,人民是真正的英雄。波澜壮阔的中华民族发展史是中国人民书写的!博大精深的中华文明是中国人民创造的!历久弥新的中华民族精神是中国人民培育的!中华民族迎来了从站起来、富起来到强起来的伟大飞跃是中国人民奋斗出来的!”②

第二,在尊重人民历史地位、充分发挥人民主体作用以创造历史伟业的阐述上,通过图片故事案例来呈现党的历史伟业是人民创造的。延安红色政权是陕北人民用小米哺育出来的,淮海战役的胜利是人民用小车推出来的,农村改革是小岗村村民“冒死”摁红手印开启的,乡镇企业是苏南群众在改革大潮中摸索出来的,新时代数字经济、共享经济、网购经济的新业态新模式是亿万网民推动兴起的。由此,着重强调,实践证明,始终同人民在一起,为人民利益而奋斗,紧紧依靠人民创造历史伟业,是我们党立于不败之地、从胜利走向胜利

① 习近平:《在纪念周恩来同志诞辰 120 周年座谈会上的讲话》,《人民日报》2018 年 3 月 2 日,第 2 版。

② 习近平:《在第十三届全国人民代表大会第一次会议上的讲话》,《求是》2020 年第 10 期。

的根本原因。因而，不论过去、现在和将来，我们都要坚持一切为了群众，一切依靠群众，从群众中来，到群众中去，把党的正确主张变为群众的自觉行动。坚持以人民为中心的根本立场，必须把群众路线贯彻到治国理政全部活动之中。

关于第一节第二目“打江山、守江山，守的是人民的心”，主要阐述两点内容，一是国家的政权性质决定人民在一个国家的地位，二是人民就是江山是由我党的性质和宗旨决定的。运用多媒体呈现习近平在庆祝中国共产党成立100周年大会上的讲话内容：“江山就是人民、人民就是江山，打江山、守江山，守的是人民的心。中国共产党根基在人民、血脉在人民、力量在人民。”①

第一，在对国家的政权性质决定人民在一个国家的地位的阐述上，重点强调我国的政权是人民的政权。通过视频辅助：江山就是人民、人民就是江山，帮助学生加深理解。从而进一步引导学生理解人民在我国的主人翁地位，决定了党和国家的一切工作都必须把人民放在最高位置。

第二，在人民就是江山是由我党的性质和宗旨决定的阐述上，主要讲授我们党要做到长期执政，就必须紧紧依靠人民群众，为人民执好政、掌好权。首先，历史是最好的教科书，也是最好的清醒剂。通过带领学生回顾厚重的革命历史，从而加深理解，党领导人民取得革命胜利，是赢得了民心，是亿万人民群众坚定选择站在我们这一边。赢得人民信任、得到人民支持，党就能够克服任何困难。反之，我们将一事无成，甚至走向衰败。其次，辅以视频：党的性质和宗旨，让学生进一步感悟“打江山、守江山，守的是人民的心”。老百姓是地，老百姓是天，老百姓是共产党永远的挂念。对我们这样一个长期执政的政党而言，没有比忘记初心使命、脱离群众更大的危险。只要我们始终同人民生死相依、休戚与共，人民就会铁心跟党走，党就能长盛不衰。最后，尊重人民群众的首创精神。我们党发展壮大的一条重要经验，就是始终把群众作为智慧和力量的源泉，始终把政治智慧的增长、执政本领的增强深深扎根于人民的创造性实践中。

---

① 习近平：《在庆祝中国共产党成立100周年大会上的讲话》，新华网，www.xinhuanet.com/politics/leaders/2021-07/01/c_1127615334.htm。

关于第一节第三目“人民立场是中国共产党的根本政治立场”，主要阐述如何坚持人民立场这一根本政治立场。运用多媒体呈现习近平在庆祝中国共产党成立95周年大会上的讲话内容：“人民立场是中国共产党的根本政治立场，是马克思主义政党区别于其他政党的显著标志。党与人民风雨同舟、生死与共，始终保持血肉联系，是党战胜一切困难和风险的根本保证，正所谓“得众则得国，失众则失国。”以此引导学生思考区别在哪里。首先，设置对比，通过呈现马克思主义政党与资产阶级政党的明显对比，帮助学生深刻理解人民立场是马克思主义政党区别于资产阶级政党的显著标志。其次，全心全意为人民服务是党的根本宗旨。我们党讲宗旨，讲了很多话，但说到底还是为人民服务这句话。以人民为中心是我们党立党为公、执政为民的生动体现，是全心全意为人民服务的时代彰显。其三，党性和人民性是高度一致的，在中国共产党领导的社会主义中国，党性和人民性是一致的、统一的。引导学生进一步理解和掌握，坚持人民立场，就要始终牢记党的初心使命，就要始终保持党同人民群众的血肉联系，就要热爱人民、尊重人民、敬畏人民。

（三）第四章第二节“坚持人民至上”的内容逻辑

《概论》教材主要从党的奋斗目标、如何创造历史伟业、谁才是党的工作的裁决者和评判者这三个方面，来论述如何坚持人民至上，分别论述了人民对美好生活的向往就是党的奋斗目标；依靠人民创造历史伟业；人民是党的工作的最高裁决者和最高评判者。

关于第二节第一目“人民对美好生活的向往就是党的奋斗目标”。《概论》教材从党的初心使命、社会主要矛盾转化等维度，阐述为人民谋幸福是党始终坚守的初心，让人民过上好日子是党一贯的追求，我国社会主要矛盾转化对党和国家工作提出了新要求，必须将人民对美好生活的向往作为党的奋斗目标，着重回答“为什么必须坚持人民至上”，指出人民对美好生活的向往就是党的奋斗目标，从而引导学生增强对这一奋斗目标的理解和把握。

关于第二节第二目“依靠人民创造历史伟业”。阐述如何“依靠人民创造历史伟业”，不仅要指出一路走来党紧紧依靠人民赢得胜利、取得成功，而且要重点讲清楚面向未来党如何依靠人民创造新的历史伟业。《概论》教材主要从以下两个方面来阐述如何“依靠人民创造历史伟业”：第一，必须尊重人民主体地位，中国共产党之所以能够发展壮大，中国特色社会主义之所以能够不断前进，正是因为依靠了人民；第二，必须尊重人民首创精神，我们党始终把人民群众作为智慧和力量的源泉，始终把政治智慧的增长、执政本领的增强深深扎根于人民的创造性实践之中。

关于第二节第三目“人民是党的工作的最高裁决者和最高评判者”。在阐述这个问题时，要重点讲清楚党的执政水平和执政成效必须且只能由人民来评判。习近平指出：“时代是出卷人，我们是答卷人，人民是阅卷人。”要始终把人民放在心中最高位置，以人民满意与否作为检验工作的最终评判标准。《概论》教材主要从以下两个方面来阐述“人民是党的工作的最高裁决者和最高评判者”：第一，让群众满意是我们党做好一切工作的价值取向和根本标准；第二，必须牢固树立和践行正确的政绩观。

（四）第四章第二节“坚持人民至上”的教学设计

关于第二节第一目“人民对美好生活的向往就是党的奋斗目标”，主要阐述两点内容，一是为人民谋幸福是党始终坚守的初心，让人民过上好日子是党一贯的追求；二是人民对美好生活的向往就是党的奋斗目标，这体现了我国社会主要矛盾转化对党和国家工作的新要求。首先，运用多媒体呈现习近平在主持中共中央政治局“不忘初心、牢记使命”专题民主生活会时的讲话内容：“不忘初心、牢记使命，说到底是为什么人、靠什么人的问题。以百姓心为心，与人民同呼吸、共命运、心连心，是党的初心，也是党的恒心。”以此为引，指出人民对美好生活的向往就是党的奋斗目标。

关于第二节第二目“依靠人民创造历史伟业”，主要阐述两点内容：一是依靠人民创造历史伟业，必须尊重人民主体地位；二是依靠人民创造历史伟业，必须尊重人民首创精神。运用多媒体呈现习近平在参观《复兴之路》展览时的讲话内容：“我们这一代共产党人一定要承前启后、继往开来，把我们的党建设好，团结全体中华儿女把我们国家建设好，把我们民族发展好，继续朝着中华民族伟大复兴的目标奋勇前进。”以此展开讲授。

关于第二节第三目“人民是党的工作的最高裁决者和最高评判者”，主要阐述党的执政水平和执政成效必须且只能由人民来评判。运用多媒体呈现习近平在纪念毛泽东同志诞辰120周年座谈会上的讲话内容：“党的一切工作，必须以最广大人民根本利益为最高标准。检验我们一切工作的成效，最终都要看人民是否真正得到了实惠，人民生活是否真正得到了改善，人民权益是否真正得到了保障。”以此展开讲授。首先，让群众满意是我们党做好一切工作的价值取向和根本标准。通过展示视频：“中国共产党一百年：一切为了人民。”以助力学生进一步理解，党的执政水平和执政成效都不是由自己说了算，必须而且只能由人民来评判，最终都要看人民是否真正得到了实惠，人民生活是否真正得到了改善，人民权益是否真正得到了保障。其次，必须牢固树立和践行正确的政绩观。政绩为谁而树、树什么样的政绩、靠什么树政绩，是一个必须认真回答的重大问题。坚持把好事实事做到群众心坎上，真正做到对历史和人民负责，这是党员干部应当始终坚守的态度。由上，引导学生进一步理解和掌握，人民才真正是党的工作的最高裁决者和最高评判者。

（五）第四章第三节“全面落实以人民为中心的发展思想”的内容逻辑

《概论》教材主要从党的根本工作路线、理论和实践相统一、如何推进全体人民共同富裕这三个方面，来论述如何全面落实以人民为中心的发展思想，分别论述了要坚持和贯彻党的群众路线这一根本工作路线；把为人民造福的事情真正办好办实；推动全体人民共同富裕取得更为明显的实质性进展。

关于第三节第一目“坚持和贯彻党的群众路线”。《概论》教材从党始终坚持的根本工作方法、贯彻工作路线的有效途径等维度，阐述群众路线是我们党始终坚持的根本工作方法，调查研究是获得真知灼见的源头活水，着重回答“如何坚持和贯彻党的群众路线”，指出调查研究是贯彻群众路线的有效途径，从而引导学生增强对党的根本工作路线的理解和把握。

关于第三节第二目“把为人民造福的事情真正办好办实”。阐述如何“为人民造福的事情真正办好办实”，不仅要指出坚持以人民为中心的发展思想不能只停留在口头上、止步于思想环节，而要落实到党和国家各项事业中，而且要重点讲清楚为人民造福要着力解决好人民群众最关心最直接最现实的利益问题，且要一件事接着一件办，一年接着一年干。

关于第三节第三目“推动全体人民共同富裕取得更为明显的实质性进展”。在阐述这个问题时，要重点讲清楚共同富裕是中国特色社会主义的本质要求，是中国式现代化的重要特征。《概论》教材主要从以下四个方面来阐述“推动全体人民共同富裕取得更为明显的实质性进展”。

（六）第四章第三节“全面落实以人民为中心的发展思想”的教学设计

关于第三节第一目“坚持和贯彻党的群众路线”，主要阐述两点内容，一是群众路线是我们党始终坚持的根本工作方法，二是调查研究是贯彻群众路线的有效途径。“群众路线始终是党的生命线和根本工作路线，是我们党永葆青春活力和战斗力的重要传家宝。”

关于第三节第二目“把为人民造福的事情真正办好办实”，要落实到新时代中国特色社会主义的各项事业、全部工作之中，着力解决好人民群众最关心最直接最现实的利益问题，要一件事情接着一件事情办，一年接着一年干。

关于第三节第三目“推动全体人民共同富裕取得更为明显的实质性进展”，主要阐述四点内容，一是，实现共同富裕不仅是经济问题，而且是关系党的执政基础的重大政治问题；二是，要从全局角度来把握共同富裕；三是，扎实推进共同富裕，必须坚持正确的原则和科学的思路；四是，推动全体人民共同富裕与促进人的全面的发展是高度统一的。运用多媒体呈现党的二十大报告中的内容：“共同富裕是中国特色社会主义的本质要求，也是一个长期的历史过程。我们坚持把实现人民对美好生活的向往作为现代化建设的出发点和落脚点，着力维护和促进社会公平正义，着力促进全体人民共同富裕，坚决防止两极分化。”以此展开讲授。

三、教学特点与成效

（一）呈现了职业教育的技能成才理念

在第四章教学内容中，在充分掌握学情的基础上，结合学生实际，融入职业教育技能成才的教育理念，有力彰显了职业教育的鲜明特色。教育家黄炎培曾提出职业教育的目的是："一为谋个性之发展，二为个人谋生之准备，三为个人服务社会之准备，为国家及世界发展之准备，最终使"无业者有业，有业者乐业。"主张学校与社会、求学与服务联系起来，大力提倡"手脑并用""做学合一""理论与实践并行""知识与技能并重"，把职业教育和经济建设与发展社会生产力紧密结合起来。

（二）凸显了职业教育的技能报国情怀

本章教学充分融入工匠精神和学校特色项目，凸显了职业教育的技能报国情怀。习近平总书记高度重视劳动精神的弘扬和劳动价值的彰显，对工匠精神给予了高度评价和全面阐释，指出在长期实践中，我们培育形成了"执着专注、精益求精、一丝不苟、追求卓越的工匠精神"，而青年学生作为祖国未来的建设者，更要以主人翁的姿态积极投身于中国特色社会主义事业的伟大实践中，由此，在第四章的具体教学中，结合办校理念和学校专业特色，着重凸显职业教育的技能报国情怀。

（三）学生的课堂专注度和学习自主性显著提高

通过学情分析，高职学生对于开设的非专业课程的重视程度普遍不足，思政课更是一度被贴上"水课""无聊课"的标签，而"概论"课由于其本身的思想性、政治性和理论性都很强，所以上好"概论"课并非易事，既需要深度也需要温度。本章教学中通过创新教学方式方法，力求"把自己对中国特色社会主义的理论认同、政治认同、情感认同，转变成当代大学生的理论认同、政治认同、情感认同"，扎实开展具体的课堂教学，学生的学习面貌焕然一新。

针对本章特点，教学中要秉持守正创新的原则，以学情为基础，在课前做充足的准备工作，备教材、备热点、备案例、备教法、备问题、备情感，在课堂上要多维度地调动学生的学习积极性和主动性,构建起讲授—倾听—思考—对话的课堂教学模式。对一些教材理论内容与现实生活中的社会现象存在反差的问题,通过转换角色从学生的视角去看待问题,循循善诱地引导学生理性看待问题、科学思考问题;运用灵活的授课方法,因材施教,注重将学生日常生活中蕴藏的思想政治教育资源和贴近学生思想、学习和生活实际的热点事件融入教学中。

(四)信息技术与思政课教育教学深度融合

当前,充分利用互联网、人工智能、信息技术、5G技术等改革思政课教学模式已是大势所趋。在本章的具体教学实际中,将信息技术与思政课教育教学深度融合,有效贯通课上课下与课内课外,多渠道地增加学生的课程学习参与度,这是使课堂活起来的关键。在具体的教学实践中,可以借助全国高校思想政治理论课教师网络集体备课平台,向学生推介精品的视频公开课与精品的资源共享课,并依托超星尔雅、智慧思政教学、雨课堂等教学平台进行线上线下教学。围绕课程内容,线上教学可设置学生感兴趣的可言可研可验的论题,以点带面,注重培养学生独立思考、自主学习的能力,增强"概论"课的吸引力和感召力。同时,教师还要善于挖掘和培养大学生自主学习的能力,鼓励他们在线上分享学习体会,利用网络媒体展示学习成果。线下教学则着重凸显释疑解惑和师生互动。

第二十七章

社会主义现代化建设的教育、科技、人才战略

以习近平新时代中国特色社会主义思想概论课程第七章教学为例

习近平新时代中国特色社会主义思想概论课程第七章专题讲述教育、科技、人才在全面建设社会主义现代化国家的基础性、战略性支撑作用。在教学中应从国内国际“两个大局”把握这一部署的重大现实意义、从中国式现代化的全局高度把握这一部署的战略价值、讲清楚教育、科技、人才之间的内在关系，讲好教育强国的科学内涵，讲好高水平科技自立自强的现实必然性，讲好建设世界人才中心和创新高地的深远意义。

一、教学内容简介

党的二十大报告把教育、科技、人才整体擘画、一体推进，突出强调了教育、科技、人才在全面建设社会主义现代化国家的基础性、战略性支撑作用，凸显了建设教育强国、科技强国、人才强国具有内在一致和相互支撑。教育是国之大计、党之大计，在现代化建设中具有基础性先导性全局性地位。必须坚持教育优先发展，把立德树人作为教育的根本任务，办好人民满意的教育，建设教育强国。科技是国之利器，是现代化建设中最活跃、最具革命性的因素。加快实现高水平科技自立自强，必须实施创新驱动发展战略，发挥新型举国体制优势，打赢关键核心技术攻坚战，不断增强自主创新能力，建设科技强国。人才是实现民族振兴、赢得国际竞争主动的战略资源，培养人才是国家和民族长远

发展大计。必须坚持党管人才原则，大力实施人才强国战略，培养造就大批德才兼备的高素质人才，把各方面优秀人才聚到党和国家事业中来，加快建设世界重要人才中心和创新高地，聚天下英才而用之。

习近平总书记在 2023 年 5 月 29 日中共中央政治局第五次集体学习时进一步强调，“建设教育强国、科技强国、人才强国具有内在一致性和相互支持性，要把三者有机结合起来、一体统筹推进，形成高质量发展的倍增效应”，深刻揭示了教育、科技、人才一体部署的内在机理。作为一种不可替代的教育类型，职业教育前景广阔、大有可为。伴随着经济社会的高质量发展，职业教育也进入了新的历史发展阶段。在全面建设社会主义现代化国家的新时期，职业教育必须深度融入教育、科技、人才“三位一体”战略，提升自身对高质量发展的支撑力、贡献力，为全面建设社会主义现代化国家提供新动能、集聚新优势、作出新贡献。以下是本专题主要内容逻辑思维导图。

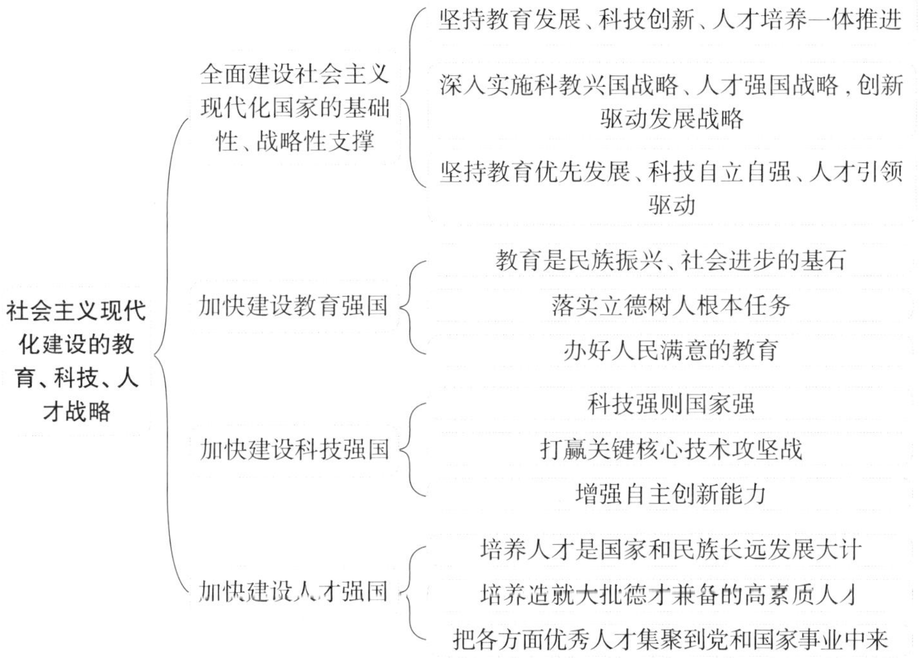

图 27-1　本专题主要内容逻辑思维导图

二、教学设计介绍

立足学生的学习基础和学习特点，本专题主要采用案例分析、视频讲解以及提问讨论的方式对新时代科教兴国战略的重大意义、加快建设教育强国、加快建设科技强国、深入实施新时代人才强国战略进行讲解。课程在设计的过程中，以“美国《华尔街日报》报道”为话题，提问在全面建设社会主义现代化国家、推动高质量发展、建设世界科技强国的征程上，我们应如何聚天下英才而用之？进而导入本专题的主要内容，引发学生的思考。本专题主要是通过案例、视频或者数据的方式直接反映解释理论本身的特质，化抽象为具体，使学生更加容易掌握。另外在授课过程中设置了两个互动思考题——怎样建设教育强国？中国教育是能够培养出大师来的自信从何来？何时能实现？培养学生独立分析问题和思考问题的能力。

本次专题主要从四个方面来展开，一是为什么要坚持教育、科技、人才一体推进；二是怎样加快建设教育强国；三是怎样加快建设科技强国；四是如何深入实施新时代人才强国战略。旨在使学生掌握新时代科教兴国战略、教育强国战略、科技强国以及人才强国战略相关知识，基于此增强对职业教育发展道路的信心，强化勤学勤练意识，夯实自身素养，走技能成才之路。

以下是本专题详细设计思路：

课前预习：安排学生搜集有关教育、科技、人才方面的案例；阅读习近平总书记关于教育、科技、人才方面的重要论述，使学生了解本专题主题和学习背景，为上课做铺垫。

课中：导入案例分析：2022 年 9 月 23 日，美国《华尔街日报》报道称，在过去 20 年，随着中国变得更加富裕，并获得科学研究中心的地位，越来越多在美国接受培训的中国科学家选择回国。2021 年中国回国创新创业的留学人员首次超过 100 万，约 1400 名在美国接受培训的中国科学家放弃了在美国学术单位或企业的工作，回到中国，这一数据比 2020 年增加了 22%。这意味着，中国在员工待遇、企业文化、科研投入、市场水平等多方面，获得了高度认可，越来越成为各类人才向往的热土。

在全面建设社会主义现代化国家、推动高质量发展、建设世界科技强国的征程上,我们应如何聚天下英才而用之?

教师点评:新一轮科技革命和产业变革正在加速演进,科技和人才成为国际战略博弈主战场。教育强国、科技强国、人才强国具有共生性。科技强国要求高水平科技自立自强,成为世界主要科学中心;人才强国要求提高自主培养质量,成为世界重要人才中心。科技和人才离不开高质量教育体系。教育、科技、人才是一个有机联系的整体,共同支撑社会主义现代化强国建设。

(一)全面建设社会主义现代化国家的基础性、战略性支撑

1. 坚持教育发展、科技创新、人才培养的一体推进

习近平在中国共产党第二十次全国代表大会上的报告中指出加快建设教育强国、科技强国、人才强国,坚持为党育人、为国育才,全面提高人才自主培养质量,着力造就拔尖创新人才,聚天下英才而用之。

建设教育强国、科技强国、人才强国具有内在一致性和相互支撑性。我国已进入全面建设社会主义现代化国家新征程,比以往任何时候都更加需要加快推进教育现代化,需要大幅提升科技整体水平,需要建设世界重要人才中心和创新高地。在全面建设社会主义现代化国家进程中,必须坚持教育、科技、人才的基础性、战略性地位,一体推进教育强国、科技强国、人才强国建设,把我国建设成为教育发达、科技进步、人才济济的现代化国家。

(1)高度重视教育、科技、人才是历史的经验

我们必须站在这样的战略高度上看问题,真正把教育摆在先行官的位置,努力实现教育、科技、经济相互支持、相互促进的良性循环。案例选取:

①中国共产党历来重视科教事业发展。延安时期,数万青年为何冒着风险奔赴延安?

②教育、科技、人才协同发力。教育、科技、人才协同发力,为全面建成小康社会、实现第一个百年奋斗目标作出了历史性贡献,为迈上全面建设社会主义现代化国家新征程、实现第二个百年奋斗目标奠定了坚实基础。

（2）教育、科技、人才一体推进的时代背景与现实需要

目前，我国已建成世界最大规模教育体系，已进入创新型国家行列，已成为全球规模最宏大、门类最齐全的人力资源大国。

伴随着科技水平的快速发展，我国在一些前沿领域同美国展开实质性竞争，美国则开始在诸多关键性前沿领域针对我国设置壁垒，对我国采取战略打压、人才战、贸易战和科技战等遏制手段。

①建设创新型国家的必然要求。纵观人类发展历史，创新始终是一个国家、一个民族发展的重要力量，也始终是推动人类社会进步的重要力量。不创新不行，创新慢了也不行。如果我们不识变、不应变、不求变，就可能陷入战略被动，错失发展机遇，甚至错过整整一个时代。在此引入案例分析：反对核武器，自己就应该先拥有核武器。建国以后，当我们还在医治战争创伤的时候，世界上一些大国已经实现了现代化，进入了所谓“原子时代”和“喷气时代”。

②顺应时代转型的迫切需要。习近平在中国科学院第十九次院士大会、中国工程院第十四次院士大会上的讲话中提到：我们迎来了世界新一轮科技革命和产业变革同我国转变发展方式的历史性交汇期，既面临着千载难逢的历史机遇，又面临着差距拉大的严峻挑战。我们必须清醒认识到，有的历史性交汇期可能产生同频共振，有的历史性交汇期也可能擦肩而过。

③应对国际竞争的有力举措。当今世界百年未有之大变局加速演进，我国发展进入战略机遇和风险挑战并存、不确定难预料因素增多的时期，“黑天鹅”“灰犀牛”事件随时可能发生，来自外部的打压遏制随时可能升级。深入实施科教兴国战略，有助于提升我国在重大科学问题和关键核心技术上的攻关能力，把握好人才这一战略资源，在全球竞争中掌握主动权。在此引入案例分析：创新的光芒闪耀太空——新时代北斗（导入视频资源），展示我国最新北斗技术，强调创新在国家发展过程中的重要作用。

2. 深入实施科教兴国战略、人才强国战略、创新驱动发展战略

教育、科技、人才是全面建设社会主义现代化国家的基础性、战略性支撑。必须坚持科技是第一生产力、人才是第一资源、创新是第一动力，深入实

施科教兴国战略、人才强国战略、创新驱动发展战略，开辟发展新领域新赛道，不断塑造发展新动能新优势。

（1）科教兴国战略

科教兴国是我国的基本国策。科教兴国战略，就是要全面落实科学技术是第一生产力的思想，坚持教育优先发展，把科技和教育作为经济社会发展的重中之重，促进教育同经济、科技的密切结合，把经济建设转到依靠科技进步和提高劳动者素质的轨道上来，为实现经济发展提供科技支撑和人才保障。

（2）人才强国战略

人才强国战略，就是牢固树立人才资源是第一资源的理念，把人才队伍建设提升到国家战略高度，营造良好人才创新生态环境，充分发挥各类人才的积极性、主动性和创造性。开创人才辈出、人尽其才的新局面，把我国由人口大国转化为人才资源强国。

（3）创新驱动发展战略

创新驱动发展战略，就是坚持创新是第一生产力，把创新驱动落实到现代化建设的整个过程和各个方面，以创新推动经济转型发展，把创新发展主动权牢牢掌握在自己手中。创新在国家发展全局中居于核心位置。

（二）加快建设教育强国——教育兴则国家兴，教育强则国家强

（1）教育是民族振兴、社会进步的基石

教育是关乎社会发展全局的事业，教育是实现中华民族伟大复兴的基础工程，教育肩负着培养社会主义建设者和接班人的重任，教育是全面建设社会主义现代化国家的基础性、先导性力量。在此引入视频资源：建设教育强国。教师引导学生，要坚持党对教育事业的全面领导，坚持社会主义办学方向，坚持把立德树人作为根本任务，坚持扎根中国大地办教育。教育是国家经济社会发展的支撑力量，在国家发展中始终具有基础性先导性全局性地位。任何一个国家、任何一个社会，教育发展水平都是衡量其发展水平和发展潜力的重要标尺。教育兴则国家兴，教育强则国家强，只有把教育搞上去，才能培养高素质人才，才能从根本上增强国家的综合国力，才能使一个国家、一个民族在激烈的

国际竞争中取得战略主动。

(2)落实立德树人根本任务

引入习近平总书记党的二十大报告中的论述:“全面贯彻党的教育方针,落实立德树人根本任务,培养德智体美劳全面发展的社会主义建设者和接班人。”强调育人的根本在于立德。落实立德树人根本任务,必须着力解决好培养什么人、怎样培养人、为谁培养人的问题。这是教育的根本问题,也是建设教育强国的核心课题。建设教育强国的目的,就是要培养一代一代德智体美劳全面发展的社会主义建设者和接班人,培养一代又一代在社会主义现代化建设中可堪大用、能担重任的栋梁之材,确保党的事业和社会主义现代化强国建设后继有人。

(3)办好人民满意的教育

引入习近平总书记在党的二十大报告中的论述:加快建设高质量教育体系,发展素质教育,促进教育公平。”引导学生理解教育是一国发展之根本,辅以案例分析:中国教育是能够培养出大师来的自信从何来?何时能实现?与学生积极互动:如何办好人民满意的教育?教师从以下几个方面回答:

①必须促进教育公平。坚持教育公益性原则,把教育公平作为国家基本教育政策——习近平在全国教育大会上的讲话(2018 年 9 月 10 日)。在此可引用山河大学火爆全网的案例,特别是山河四省的同学可以感同身受。

②必须建设高质量教育体系。加快建设中国特色、世界一流的大学和优势学科,全面提高人才自主培养质量。

③提高教育服务经济社会发展能力。服务高质量发展是建设教育强国的重要任务,要以教育高质量发展赋能经济社会可持续发展,进一步加强科学教育、工程教育、加强拔尖创新人才自主培养,为解决我国关键核心技术攻关提供人才支撑。

④坚持深化教育改革创新。破解深层次体制机制障碍,健全推动教育改革的法定程序;以内涵式的发展统领各项改革,促进各级各类教育更符合教育规律。

⑤坚持把教师队伍建设作为基础工作。引入习近平总书记致信全国优秀教师代表讲话内容："以教育家为榜样，大力弘扬教育家精神，牢记为党育人、为国育才的初心使命，树立'躬耕教坛、强国有我'的志向和抱负，自信自强、踔厉奋发，为强国建设、民族复兴伟业作出新的更大贡献。"

（三）加快建设科技强国——国家强盛和民族复兴的战略基石

习近平总书记在中共第二十届中央政治局第二次集体学习时的讲话："要加快科技自立自强步伐，解决外国'卡脖子'问题。健全新型举国体制，强化国家战略科技力量，优化配置创新资源，使我国在重要科技领域成为全球领跑者，在前沿交叉领域成为开拓者，力争尽早成为世界主要科学中心和创新高地。"

（1）科技强则国强

科技兴则民族兴，科技强则国家强。中国要强盛、民族要复兴，就一定要大力发展科学技术，加快实现高水平科技自立自强，努力成为世界主要科学中心和创新高地。在此引入视频资源"非凡十年"，带领学生感悟祖国十年取得的伟大成绩，感悟中国速度。可以从以下几个方面解释：

①战略高技术领域取得新跨越。在深海、深空、深地、深蓝等领域积极抢占科技制高点。"海斗一号"完成万米海试，"奋斗者"号成功坐底，北斗卫星导航系统全面开通，中国空间站天和核心舱成功发射，"长征五号"遥三运载火箭成功发射，世界最强流深地核天体物理加速器成功出束，"神威·太湖之光"超级计算机首次实现千万核心并行第一性原理计算模拟，"墨子号"实现无中继千公里级量子密钥分发。"天鲲号"首次试航成功。"国和一号"和"华龙一号"三代核电技术取得新突破。

②高端产业取得新突破。C919 大飞机准备运营，时速 600 公里高速磁浮试验样车成功试跑，最大直径盾构机顺利始发。北京大兴国际机场正式投运，港珠澳大桥开通运营。智能制造取得长足进步，人工智能、数字经济蓬勃发展，图像识别、语音识别走在全球前列，5G 移动通信技术率先实现规模化应用。新能源汽车加快发展。消费级无人机占据一半以上的全球市场。甲醇制烯烃技术持续创新带动了我国煤制烯烃产业快速发展。

③民生科技领域取得显著成效。医用重离子加速器、磁共振、彩超、CT 等高端医疗装备国产化替代取得重大进展。运用科技手段构建精准扶贫新模式，为贫困地区培育科技产业、培养科技人才，科技在打赢脱贫攻坚战中发挥了重要作用。煤炭清洁高效燃烧、钢铁多污染物超低排放控制等多项关键技术推广应用，促进了空气质量提高。

④国防科技创新取得重大成就。国防科技有力支撑重大武器装备研制发展，首艘国产航母下水，第五代战机歼 20 正式服役。东风 –17 弹道导弹研制成功，我国在高超音速武器方面走在前列。

选择性讲解完毕后，与学生积极互动：为什么要科技自立自强？教师回答是国家强盛和民族复兴的战略基石。全面建成社会主义现代化强国关键看科技自立自强，这是促进发展大局的根本支撑。必须把科技的命脉牢牢掌握在自己手中，赢得国际竞争新优势。是应对风险挑战和维护国家利益的必然选择。我国科技发展正处在将强未强、不进则退的关键阶段，只有加快实现高水平科技自立自强，牢牢掌握发展主动权，我国的现代化进程才不会被迟滞甚至打断。是构建新发展格局、推动高质量发展、满足人民美好生活需要的内在要求。新时代新征程，我们比过去任何时候都更需要科学技术解决方案，都更需要增强创新这个第一动力。

（2）打赢关键核心技术攻坚战

历史经验表明，那些抓住科技革命机遇走向现代化的国家，都是科学基础雄厚的国家；那些抓住科技革命机遇成为世界强国的国家，都是在重要科技领域处于领先行列的国家。在此引入案例分析：抓住科技革命机遇成为世界强国的国家，比如美国在二战时期，吸纳了一大批世界顶尖的科学家，加速了世界科学中心向美国转移。比如，美国曼哈顿工程历时 3 年，工作人员超过 15 万人，总投资 25 亿美元，最终使原子弹由假象变为现实。教师总结：

①只有把关键核心技术掌握在自己手中，才能从根本上保障国家经济安全、国防安全和其他安全。

②只有把关键核心技术掌握在自己手中，才能真正掌握竞争和发展的主

动权。

③打赢关键核心技术攻坚战，首要任务是加快实现“卡脖子”关键核心技术突破。

④打赢关键核心技术，必须深入推进科技体制改革。

⑤发挥新型举国体制优势，开展科技攻关。党的十八大以来，在以习近平同志为核心的党中央的坚强领导下，我国把科技自立自强作为国家发展的战略支撑，持续深入实施创新驱动发展战略，大力建设创新型国家和科技强国，我国已成功进入创新型国家行列。

（四）加快人才强国建设

习近平总书记在党的二十大报告中指出，深入实施人才强国战略。培养造就大批德才兼备的高素质人才，是国家和民族长远发展大计。功以才成，业由才广。

（1）培养人才是国家和民族长远发展大计

习近平在中央人才工作会议上的讲话，我们坚持发展是第一要务、创新是第一动力、人才是第一资源，确立人才引领发展的战略地位，发挥重大人才工程牵引作用，深化人才发展体制机制改革，激发各类人才创新活力，各地区各部门抓人才工作的积极性和主动性前所未有，事业发展和政策创新为人才营造的条件前所未有，人才对我国发展的支撑作用前所未有，中华大地正在成为各类人才大有可为、大有作为的热土。

教师从以下两个方面拓展，一是人才是创新的根基是创新的核心要素，在此引入视频资源：人才是第一资源。我国是一个人力资源大国，也是一个智力资源大国。但是，我国在人才队伍上也面对着严峻挑战，高水平创新人才结构性不足矛盾突出，世界级科技大师缺乏，领军人才、尖子人才不足，工程技术人才培养同生产和创新实践脱节，人才政策精准化程度不高，人才评价制度不合理，唯论文、唯职称、唯学历、唯奖项“四唯”等现象仍然严重，人才管理制度还不适应科技创新要求、不符合科技创新规律，人才发展体制机制改革还存在“最后一公里”不畅通的问题。二是国家发展靠人才，民族振兴靠人才。我们要尊重人才成长规律，把人才资源开发放在创新最优先的位置，加快形成有利于人才成长的培养机制、有利于人尽其才的使用机制、有利于竞相成长各展其能的激励机制、有利于各类人才脱颖而出的竞争机制，努力培养出更多更好能够满足党、国家、人民、时代需要的人才。

（2）培养造就大批德才兼备的高素质人才

中国发展需要世界人才的参与，中国发展也为世界人才提供机遇。必须实行更加积极、更加开放、更加有效的人才引进政策，用好全球创新资源，精准引进急需紧缺人才，形成具有吸引力和国际竞争力的人才制度体系，加快建设世界重要人才中心和创新高地。世界主要国家的人才竞争力指数旗鼓相当。

（3）把各方面优秀人才聚集到党和国家事业中来

引用习近平总书记在党的二十大报告中论述："坚持党管人才原则，坚持尊重劳动、尊重知识、尊重人才、尊重创造，实施更加积极、更加开放、更加有效的人才政策，引导广大人才爱党报国、敬业奉献、服务人民。"使学生理解教育、科技、人才是全面建设社会主义现代化国家的基础性、战略性支撑，在新时代的今天，需要当代大学生积极拥护、参与践行国家关于科技兴国、人才强国等战略实施的各项方针政策，实现强国梦离不开每个青年人的努力。

课后，在理解本专题内容的基础上，布置课后思考题：①如何理解新时代科教兴国战略的重大意义？②怎样加快建设教育强国？③怎样加快建设科技强国？④怎样深入实施新时代人才强国战略？

三、教学特点与成效

（一）体现职业教育特色

习近平总书记指出，在全面建设社会主义现代化国家新征程中，职业教育前途广阔、大有可为。党的十八大以来，我国积极推进职业教育高质量发展，支持中外职业教育交流合作。十年来，通过提质培优、产教深度融合，我国已建成世界上规模最大、质量较高的职业教育体系，为促进经济社会发展和提高国家竞争力提供了有力支撑。

目前，我国已建成世界上规模最大的职业教育体系，每年培养的高素质技术技能人才超过 1000 万。在先进制造业、战略性新兴产业和现代服务业等领域，一线新增从业人员 70% 以上是职业院校的毕业生。我国职业学校开设专业基本覆盖了国民经济各领域，有力支撑了我国成为全世界唯一拥有全部工业门类的国家和世界第二大经济体，为全面建设社会主义现代化国家提供有力人才和技术技能保障。

党的二十大报告指出，“坚持科技是第一生产力、人才是第一资源、创新是第一动力”，并进一步强调“发展是党执政兴国的第一要务”，“高质量发展是全面建设社会主义现代化国家的首要任务”。科技、人才、创新这三个“第一”为发展这个总的“第一”提供了支撑。三个“第一”也有着深刻的内在联系，实现科技与创新的两个“第一”，本质上要依赖人才的“第一”，而人才的“第一资源”的实现归根结底有赖于教育因素。总而言之，三个“第一”的落脚点，归根为教育的基础性地位。职业教育要牢牢把握这一深刻命题，把深化职业教育改革与发展作为第一要务，厘清职业教育、科技、人才三者的关系，在改革发展实践中努力践行。

要准确理解职业教育与科技的关系。科技创新是推动经济社会发展的根本动力。历史发展已经证明，科学技术模式与产业形态变革是职业教育发展形态的重要影响因素，即不同时期的经济和产业形态决定了不同时期职业教育的具体形态，因此，职业教育的办学形态会根据经济和产业的发展变化呈现多样化并存、协同化发展的繁荣景象，其样态并非一成不变，也不是一种形态完全替代另一种形态的发展过程，而是交织交替进行。职业教育要把握科技变革重塑职业教育具体形态这一历史规律，抓住科技变革时机，促进职业教育繁荣发展。

要准确理解科技与人才的关系。科技创新与进步对于优化职业教育人才培养质量、推动职业教育深化改革具有强大的促进作用。现代科学技术的进步促进了社会生产关系和生产力的变革与发展，使社会劳动和生产过程更加自动化、精细化、智能化，生产能力和产量大大提高。其在工业生产领域的表现形式为产业结构转型升级、迭代更新的速度不断加快，现代化产业的精细化、智能化发展对从业者的“技术”水平和质量提出了更高的要求。随着信息化、智能化被广泛引入现代化的工作场域特别是产业人才需求层次高移对技术技能人才的素质要求发生了根本性改变，职业教育要主动应对科学技术的演进带来的产业结构变革，专业设置、人才培养要紧密对接科技发展趋势和市场需求，实现同频共振、动态更迭。

体现本校特点：

在专题讲授过程中，引入本校鲁班工坊建设取得的成绩作为案例分析，引导学生增强职业自豪感，感悟国家对于职业教育的重视。

2018 年 12 月 6 日，葡萄牙鲁班工坊正式揭牌。由天津机电职业技术学院承建的葡萄牙鲁班工坊，在塞图巴尔理工学院揭牌成立，我市在欧洲建设的第二个鲁班工坊。鲁班工坊是我市深入贯彻习近平外交思想，服务“一带一路”建设，主动谋开放、求开放，加快“走出去”步伐的具体举措和务实成果。此次鲁班工坊成功登陆葡萄牙，是欧洲对中国技术的认可，对天津职业教育的高度认可，不仅将为葡萄牙在培养更多高素质技术技能人才方面发挥积极作用，还将成为“一带一路”上的技术驿站，为走出去的中国企业提供本土化技术支撑。

在对葡交流过程中，中国的教学模式——工程实践创新项目（EPIP）深深吸引了鲁班工坊葡方负责人卢卡斯教授。“EPIP 与欧洲的项目制学习很类似，但它具有更强的实用性、创新性和创意性，其应用更接近并存在于工业行业中。”卢卡斯说。为了让 EPIP 更接地气，中葡双方教学团队开发了 9 套双语教材及教学资源，制定 2 套专业人才培养方案，既符合葡萄牙的教学实际，又体现了中国职业教育的优势和特色，使中葡在先进技术的教育合作上更为互补。

所取得的成效：

通过本专题的学习，学生能够深入理解习近平新时代中国特色社会主义思想对社会主义现代化建设的指导意义，提升学生的综合素质和创新能力，为未来的社会主义现代化建设贡献智慧和力量。

1. 深入理解习近平新时代中国特色社会主义思想。通过本专题的学习，学生能够深入理解习近平新时代中国特色社会主义思想的核心内容和指导意义，认识到其在社会主义现代化建设中的重要地位和作用。

2. 提升综合素质和创新能力。通过理论与实践相结合的教学模式，学生不仅能够掌握相关理论知识，还能够培养综合素质和创新能力，如分析问题的能力、解决问题的能力、团队合作能力等。

3. 为未来社会主义现代化建设贡献智慧和力量。本专题旨在培养学生成为具有社会责任感和创新精神的人才，通过学习和实践，使他们能够为未来社会主义现代化建设贡献智慧和力量，成为建设现代化强国的中坚力量。

（四）运用教学方法

1. 问题导向教学法。引导学生通过提出问题、解决问题的方式来学习知识，培养学生的批判性思维和解决问题的能力。

2. 项目式学习。设计具有实践性和探究性的项目，让学生在实际操作中学习知识和技能，培养学生的实践能力和团队合作精神。

3. 信息技术辅助教学。利用信息技术手段，如多媒体教学、网络教学等，提升教学效果，激发学生的学习兴趣。

4. 个性化教学。根据学生的不同特点和学习需求，采用个性化的教学方法，帮助学生充分发挥自己的潜能。

5. 合作学习。组织学生进行小组合作学习，促进学生之间的互动和交流，培养学生的团队合作精神和沟通能力。

第二十八章

文化自信是实现中华民族伟大复兴的强大精神力量

以习近平新时代中国特色社会主义思想概论课程第十章教学为例

习近平新时代中国特色社会主义思想概论课程第十章专题讲述“建设社会主义文化强国”，主要讲授建设社会主义文化强国是党百余年辉煌的基本经验，是应对世界百年未有之大变局，战胜西方“颜色革命”挑战的战略举措；习近平文化思想是十八大以来中国特色社会主义理论的重大创新成果，反映了中国共产党对中国特色社会主义认识的重大突破；新时代新征程全力推进中国式现代化建设，必须践行习近平文化思想，推动新时代中国特色社会主义现代化文化强国建设。

一、教学设计思路及新课导入

立足学生的学生基础和该部分知识的学习要求，本节课主要采用案例分析、视频讲解以及讨论交流的方式对课程内容进行讲授，提升课堂的参与率和互动性。课程在设计过程中，首先，立足对一些基本概念的介绍，使学生能够在掌握基本知识基础上，再学习习近平总书记关于文化建设的基本理论，扫清知识障碍。其次，因本讲知识点多、理论内容丰富，因此必须注重理论内容的层次性，知识结构的内在联系，帮助学生对学习内容的系统了解和把握。再次，增加相关教学案例，弥补理论性过强、学生难理解的不足。

导入案例：文化自信是实现中华民族伟大复兴的强大精神力量。同学们，请结合自己的生活实际谈谈你对“文化”二字的理解。

案例一：学校图文信息中心一进门呈现的影壁墙：上面雕刻了各行各业的大国工匠，最显眼处写着“实事求是，崇尚科学”的校训，我们职业院校的学生要以他们为榜样，在以后的专业学习和工作中要恪守敬业、专注、精益、创新的精神。

2018 年 12 月 5 日，由天津机电职业技术学院和塞图巴尔理工学院共同建立的鲁班工坊正式揭牌。在葡萄牙鲁班工坊，首期开设了工业机器人技术和电气自动化技术两个专业，中方学校为当地配置了现代电气控制系统、自动化生产线安装与调试装备、工业机器人与智能视觉系统、药品灌装生产线等 16 台套装备。鲁班工坊成为外界了解中国技术发展、中国职业教育的一个入口。鲁班工坊培养的学生越来越受到葡方企业的欢迎，他们一边积极招录鲁班工坊培养的学生，一边与鲁班工坊开展技术开发、项目研究等深度合作。

案例二：在学校刚刚闭幕的校园文化艺术节中由我们学生主演的“生僻字”和“京剧串烧”，给同学们留下深刻印象。

京剧，中国国粹之一，是中国传统文化的重要组成部分，具有深厚的文化内涵和艺术价值。其文化内涵主要体现在以下几个方面：一是历史性与传承性。京剧拥有超过二百年的历史，它不仅见证了中国传统文化的历史积淀，而且作为中国传统文化的载体，继续传承和发展着这些文化元素。二是艺术形式的融合。京剧集音乐、舞蹈、戏剧、美术等多种艺术形式于一体，这些元素的融合不仅创造了京剧独特的表演风格，也体现了中华传统文化的丰富性和独特性。三是体现中国传统文化核心价值。京剧不仅是一种表演艺术形式，也是一种文化符号，代表了中国传统文化的基本特征和核心价值。

生僻字，在中国文化中占有重要地位，它们是汉字文化的一部分，体现了中华文明的深厚历史和文化传承。生僻字反映了不同时代的政治、经济和社会文化，提供了研究古代文化和历史的线索；生僻字激发常用字的生命力，显示了文化演进的轨迹并丰富了世界文化。生僻字是中华文化的重要载体，它们不仅记录了历史，还活跃在现代社会的各个领域，成为文化和语言多样性的体现。

案例三：杭州亚运会中的中国文化。

杭州亚运会的吉祥物是一组名为“江南忆”的机器人：三个吉祥物分别叫“琮琮”“宸宸”“莲莲”，分别代表世界遗产良渚古城遗址、京杭大运河、西湖，融合了杭州的历史人文、自然生态和创新基因。三者聚合在一起，让杭州亚运会成为展现中国文化的绝佳舞台。

总结：通过以上三个案例，我们感受到文化无处不在，无时不有。文化是一个国家、一个民族的灵魂。文化兴则国运兴，文化强则民族强。文化自信是更基础、更广泛、更深厚的自信，是一个国家、一个民族发展中最基本、最深沉、最持久的力量。习近平总书记指出，没有高度的文化自信，没有文化的繁荣兴盛，就没有中华民族伟大复兴。中华优秀传统文化是中华文明的智慧结晶和精华所在，是中华民族的根和魂，是我们在世界文化激荡中站稳脚跟的根基。中国特色社会主义是全面发展、全面进步的伟大事业。新时代新征程，必须坚持把马克思主义基本原理同中国具体实际、同中华优秀传统文化相结合，坚定中国特色社会主义文化自信，奋力谱写新时代中国特色社会主义新篇章。

二、新课讲授

（一）习近平文化思想首次提出

全国宣传思想文化工作会议 2023 年 10 月 7 日至 8 日在京召开。与以往相比，这次会议的名称增加了“文化”二字。会议最重要的成果就是首次提出了习近平文化思想。

1. 习近平文化思想提出的过程

2013 年 8 月，在党的十八大后首次全国宣传思想工作会议上，习近平总书记强调“意识形态工作是党的一项极端重要的工作”；

2017 年 10 月，党的十九大报告中首次提出“新的文化使命”这一重大命题，要求“推动社会主义文化繁荣兴盛”；

2018 年 8 月，全国宣传思想工作会议以“九个坚持”概括宣传思想工作的规律性认识，习近平总书记在讲话中强调“必须把统一思想、凝聚力量作为宣传思想工作的中心环节”；

2021年7月，庆祝中国共产党成立100周年大会上，“两个结合”重大论断首次正式提出，即“坚持把马克思主义基本原理同中国具体实际相结合、同中华优秀传统文化相结合”；

2022年10月，党的二十大从五个方面重点部署文化建设工作，要求“必须坚持中国特色社会主义文化发展道路”；

2023年6月，习近平总书记在文化传承发展座谈会上深刻总结中华文明的五个突出特性，对于“两个结合”特别是“第二个结合”进行了深刻阐述；

2023年10月，在这次对宣传思想文化工作的重要指示中，习近平总书记提出了“七个着力”的重要要求，为新时代文化建设明确了路线图和任务书。

2. 坚定不移地锚定“七个着力”

新形势下，深入学习贯彻习近平文化思想，主流思想舆论工作要坚定不移地锚定“七个着力”，不断开创新局面。

（1）着力加强党对宣传思想文化工作的领导——办好中国的事情，关键在党。思想舆论建设是一项系统工程，必须在党的领导下依靠各级管理部门共同推进。要以先进理论武装全党，用党的创新理论教育人民，凝聚民心、统一意志。不断增进对党的创新理论的政治认同、思想认同、理论认同、情感认同。

（2）着力建设具有强大凝聚力和引领力的社会主义意识形态——牢牢掌握意识形态工作领导权、话语权，主动回应社会关切，加强热点问题舆论引导，坚决有效防范化解意识形态风险。要不断提高本领，科学把握规律，敢于亮剑、善于亮剑。以高度的思想自觉、政治自觉、行动自觉，担负起守土尽责的重要使命。

（3）着力培育和践行社会主义核心价值观——社会主义核心价值观是当代中国精神的集中体现，是凝聚中国力量的思想道德基础，是社会主义的本质体现。培育和践行社会主义核心价值观，要在全面提高社会文明程度上实现新进展。要持续深化宣传教育，增进认知认同、强化示范带动，把社会主义核心价值观融入教育的全过程，融入日常生活，使之成为“看得见、摸得着、认同强、体会深”的思想观念、道德规范和行为准则。

（4）着力提升新闻舆论传播力、引导力、影响力、公信力——主流媒体是宣传思想文化工作的重要阵地，也是推动文明交流互鉴、文化传承发展的载体平台，更是推动文化繁荣、建设文化强国、建设中华民族现代文明的支撑力量。面对新的文化使命，主流媒体要勇担重任，巩固壮大奋进新时代的主流思想舆论，以强信心为重点加强正面宣传。

（5）着力赓续中华文脉、推动中华优秀传统文化创造性转化和创新性发展——中华民族创造了绵延五千多年的灿烂文明，为人类文明进步作出了不可磨灭的贡献。在推进中国式现代化进程中，要立足时代，更好地传承和发展中华优秀传统文化，彰显中国传统哲学对人类的独特价值和魅力，打造融通中外的新概念新范畴新表述。在中华优秀传统文化土壤中坚固根脉，以科学理论作为根本指导，不断推进理论创新、推动文明发展。

（6）着力推动文化事业和文化产业繁荣发展——当前，我国文化建设和发展所面临的复杂环境前所未有。一方面，一些西方国家竭力推进西方文化的扩张、渗透和倾销，争夺我国的文化资源和文化市场。另一方面，随着物质生活的日益改善和精神生活的日益丰富，人民群众对精神文化消费提出更高的要求。这不仅是数量上的增加，更是质量上的提高。目前，我国文化市场的消费潜力巨大，迫切需要优化经济结构，提高优质文化产品的供给力度。在这一背景下，我们必须促进文化事业和文化产业的共同繁荣，既发挥政府的关键作用，也发挥市场的积极效应，不断解放和发展文化生产力，保障人民群众的基本文化权益，推动精神文明的进步和经济社会的健康发展。

（7）着力加强国际传播能力建设、促进文明交流互鉴——创新话语体系，下大气力加强国际传播能力建设，形成同我国综合国力和国际地位相匹配的国际话语权，是加强国际传播能力建设的重要任务。讲好中国故事，传播好中国声音，展示真实、立体、全面的中国，不断创新报道形式，多语种、全平台联动呈现，增强国际传播的亲和力和实效性。

（二）文化繁荣兴盛是实现中华民族伟大复兴的必然要求

1. 文化繁荣兴盛是实现中华民族伟大复兴的精神支撑

一个国家、一个民族的强盛，总是以文化兴盛为支撑的，中华民族伟大复兴需要以中华文化发展繁荣为条件。

诸子论辩、百家争鸣的春秋战国时代，文化的兴盛极大地提升了中华民族的文明水平，塑造了中华民族独特的精神品格，奠定了中华民族立于世界民族之林的显著地位。“五四”新文化运动更是一场伟大的民族复兴运动，文化的繁荣和发展更新扬弃了中华民族2000多年的封建文化，使中华民族迈入了一个新的历史纪元。

人类历史的发展表明，任何一个大国的崛起，不仅伴随经济的强盛，而且伴随文化的兴盛。任何一个民族的发展如果没有文化的支撑都不可能持久。中国一脉相承、独领风骚的古代文明是与博大精深、特色鲜明的中华文化相表里的。中国特色社会主义植根于中华文化沃土，独特的文化传统、独特的历史命运、独特的基本国情，注定了我们必然要走适合自己特点的发展道路。

新中国成立以来70多年特别是改革开放40多年的实践表明，离开了中国优秀文化之根，中国奇迹就不会产生，中国道路就难以为继。中华文化的发展繁荣构成了中华民族伟大复兴的重要前提条件，也必将有力地引领和推进中华民族的伟大复兴。

2. 文化繁荣兴盛是建设社会主义现代化强国的应有之义

2020年党的十九届五中全会站在党和国家事业发展全局高度，明确提出到2035年建成文化强国。这是党的十七届六中全会提出建设社会主义文化强国以来，党中央首次明确了建成文化强国的具体时间表。

统筹推进“五位一体”总体布局、协调推进“四个全面”战略布局，文化是重要内容；推动高质量发展，文化是重要支点；满足人民日益增长的美好生活需要，文化是重要因素；战胜前进道路上各种风险挑战，文化是重要力量源泉。

3. 文化繁荣兴盛是满足人民日益增长的美好生活需要的内在要求

《中共中央关于党的百年奋斗重大成就和历史经验的决议》中指出：党坚

持把社会效益放在首位、社会效益和经济效益相统一，推进文化事业和文化产业全面发展，繁荣文艺创作，完善公共文化服务体系，为人民提供了更多更好的精神食粮。

（1）为人民提供更多优秀精神文化产品，善莫大焉

我们要通过文艺作品，传递真善美；传递向上向善的价值观；引导人们增强道德判断力和道德荣誉感；向往和追求讲道德、尊道德、守道德的生活。

资料：党的十八大以来，人民群众文化的需求得到更好满足。

据国家统计局发布的《中华人民共和国 2021 年国民经济和社会发展统计公报》显示，2021 年末，全国共有公共图书馆 3217 个、博物馆 3671 家、文化馆 3317 个；出版各类图书 110 亿册（张），人均图书拥有量 7.76 册（张）；广播节目综合人口覆盖率为 99.5%，电视节目综合人口覆盖率为 99.7%。

据文化和旅游部发布的《中华人民共和国文化和旅游部 2021 年文化和旅游发展统计公报》显示，2021 年末，全国共有乡镇综合文化站 32524 个、艺术表演场馆 3093 个、美术馆 682 个。

资料：文化资源更多向城乡基层倾斜，基本公共文化服务标准化、均等化水平进一步提升。我国所有的公共图书馆、文化馆、文化站、美术馆实行免费开放，实现了“无障碍、零门槛”。

视野拓展：

2021 年我国电影总票房达 472.58 亿元，其中国产电影票房为 399.27 亿元，占总票房的 84.49%。全年总票房继续保持全球第一，全年票房前 10 名影片中有 8 部为国产影片，其中《长津湖》以 57.72 亿元票房，成为我国票房冠军。

（2）促进人民精神生活共同富裕

共同富裕是全体人民共同富裕，是人民群众物质生活和精神生活都富裕。要强化社会主义核心价值观引领，加强爱国主义、集体主义、社会主义教育，发展公共文化事业，完善公共文化服务体系，不断满足人民群众多样化、多层次、多方面的精神文化需求。

4. 文化繁荣兴盛是在世界文化激荡中站稳脚跟的前提基础

调查显示：中国软实力排名大幅上升。在英国的品牌金融公司发布的2022年度“全球软实力指数”中，排名世界第四的中国，位列亚洲第一，比2021年的排名跃升4位，中国在熟悉度、影响力、声誉以及商业和贸易等项目上都表现不俗。（资料来源：中华人民共和国国家发展和改革委员会网站。）

概念解读：文化软实力集中体现了一个国家基于文化而具有的凝聚力和生命力，以及由此产生的吸引力和影响力。古往今来，任何一个大国的发展进程，既是经济总量、军事力量等硬实力提高的进程，也是价值观念、思想文化等软实力提高的进程。

（三）坚定中国特色社会主义文化自信

文化自信是更基础、更广泛、更深厚的自信，是一个国家、一个民族发展中最基本、最深沉、最持久的力量。没有高度文化自信、没有文化繁荣兴盛就没有中华民族伟大复兴。

文化自信的最大特质，是具有极强的渗透性，思维力、先导力、潜移力、吸引力、影响力、竞争力、创造力、孵化力、和谐力、和合力、感染力，像空气一样无时不在、无处不在，能够以无形的意识、无形的观念，深深影响着有形的存在、有形的现实，是激励我们攻坚克难、克敌制胜的精神动力和精神支撑。国家、民族、群体、个人失去了文化自信的根基、灵魂，必将无所适从。

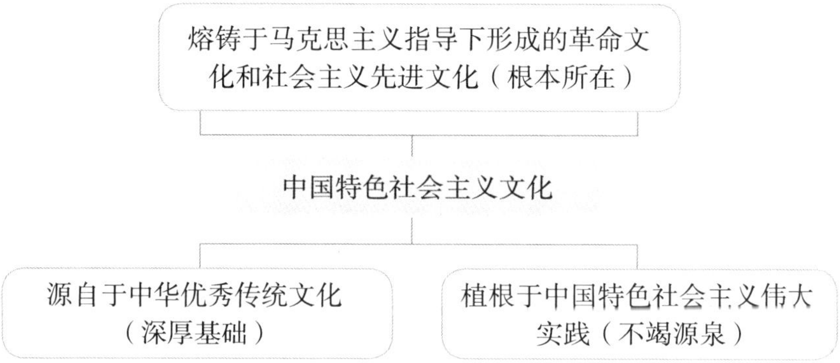

图 28–1　中国特色社会主义文化

1. 中华优秀传统文化是我们坚定文化自信的深厚基础

中华民族创造的优秀传统文化是民族的根脉，根植在中国人内心，形成了中国人看待世界、看待社会、看待人生的独特价值体系、文化内涵和精神品质，这是我们区别于其他国家和民族的根本特征，也铸就了中华民族一以贯之的文化自信。

中国是有着悠久文明的国家，在世界几大古代文明中，中华文明是没有中断、延续发展至今的文明，已经有五千多年的历史，为人类作出了卓越贡献。在波澜壮阔的历史进程中，中华民族不仅创造了丰富的物质文明，历史上曾长期位居于世界经济大国之列，经济总量一度占到世界的三分之一左右。同时，中华民族还创造了独树一帜的灿烂文化。古代先贤主张的民惟邦本、政得其民、礼法合治、德主刑辅等丰富的治国理政经验，至今仍然能给人重要启示。这一份份沉甸甸的文化遗产，既赢得了世人的尊重，也是今天中国具有很强民族自信心的重要根基。

视频：《唐宫夜宴》《只此青绿》等国风舞蹈，“文物的时空漫游”“遇见敦煌”等数字展览。

数字科技赋能文化自信。信息时代，数字技术极大地推动了文化的发展，文化也成为数字技术最重要的应用领域之一。文化数字化是数字技术在文化领域的体现，即以文化创意为核心，依托计算机、互联网、数字处理等信息技术进行存储、创作、生产、传播、交易和消费等。科技赋能，将让数字时代的文化插上腾飞的翅膀，激发文化创新发展及其产业实践，并带给人们全新的文化体验。正如习近平总书记指出：“当今世界，要说哪个政党、哪个国家、哪个民族能够自信的话，那中国共产党、中华人民共和国、中华民族是最有理由自信的。”

案例：

中国文化历史悠久，源远流长，底蕴深厚，博大精邃；中国文化内容海涵，文化瑰宝，琳琅满目，瑰宝璀璨，经典丰盛。

儒家　代表人物：孔子、孟子、荀子；代表作《论语》《孟子》《荀子》。

道家　代表人物：老子、庄子；代表作：《道德经》《庄子》。

法家　代表人物：韩非、李斯；代表作《墨子》。

阴阳家　代表人物：邹衍；代表作《邹子》。

纵横家　代表人物：苏秦、张仪；主要言论传于《战国策》。

名家　代表人物：惠施、公孙龙；代表作《公孙龙子》。

兵家　代表人物：孙武、孙膑；代表作《孙子兵法》。

杂家　代表人物：吕不韦；代表作《吕氏春秋》。

农家　《吕氏春秋》中的《上农》《任地》《辩土》《审时》等篇。

中华优秀传统文化中蕴含着几千年来中国人民自强不息、绵绵不已的民族精神、民族品格和发展动力，蕴含着丰富厚重的积极进取、健康向善的传统美德。

2. 党带领人民在伟大斗争中孕育的革命文化和社会主义先进文化是我们坚定文化自信的坚强基石

革命文化、社会主义先进文化是中国共产党价值追求和中华民族精神内涵最生动的象征，共同垒筑了中国人民精神上的万里长城，支撑起中国人文化自信的雄伟大厦。

3. 中国特色社会主义伟大实践是我们坚定文化自信的现实基础

党的十八大以来取得的历史性成就和发生的历史性变革，使中国人民的历史主动精神、历史创造精神极大焕发，文化主体性得到有力体现。

党团结带领全国各族人民坚定不移推进中国特色社会主义伟大实践，我国经济实力、科技实力、国防实力、综合国力进入世界前列，科学社会主义在21世纪显示出生命力，中华民族以崭新姿态屹立于世界的东方。中国特色社会主义伟大实践正在波澜壮阔地推进，为文化的繁荣发展提供了更加广阔的舞台，也提供了重大历史机遇。只要我们立足中国实践，在人民群众的伟大创造中进行文化创造，在历史的进步中实现文化进步，就一定能够创造出无愧于历史、无愧于时代的灿烂文化。

案例链接：设立烈士纪念日、中国人民抗日战争胜利纪念日、南京大屠杀死难者国家公祭日

2014年8月31日，十二届全国人大常委会第十次会议通过的《全国人民代表大会常务委员会关于设立烈士纪念日的决定》规定，将9月30日设立为烈士纪念日。每年9月30日国家举行纪念烈士活动。

2014年2月27日，十二届全国人大常委会第七次会议通过，将9月3日确定为中国人民抗日战争胜利纪念。12月13日设立为南京大屠杀死难者国家公祭日。

要利用各种时机和场合，形成有利于培育和弘扬革命文化的生活情景和社会氛围。充分利用重大纪念日、重要传统节日开展主题实践活动，开展有庄严感的仪式活动，提高人民思想觉悟、道德水准和文明素养，促进全社会文明程度大幅提升。

总结：中华优秀传统文化积淀着中华民族最深层的精神追求，包含着中华民族最根本的精神基因；革命文化和社会主义先进文化是中华优秀传统文化的凝聚升华，是中国共产党人和中国人民伟大创造精神的生动体现。

三、教学特点与成效

（一）本专题教学中体现的职业教育特色

高职学生作为中国未来发展和建设的重要力量，肩负着国家的期待，是实现强国伟业的中坚力量。培养高职学生的文化自信，优秀传统文化的传承、社会主义先进文化的发扬、红色革命文化的学习，对于高职学生的成长、社会的和谐发展、国家的繁荣发展都具有重要价值。工匠精神、古诗词文化等作为中华优秀传统文化，作为中国人民的生活智慧，是国家发展软实力的重要体现。在历史发展中，革命精神一直指引着中国人“向前”“向上”，从长征精神、延安精神，到抗疫精神、奥运精神等，都激励着中华民族不断奋进、砥砺前行。

培育高职学生的文化自信对于高职院校的高水平高质量发展具有重要意义，优秀文化作为国家软实力的体现，对于高职学生价值观的形成影响深远。目前，高职院校对于学生文化自信的培育仍存在一些不足，展开方式较为单一，多元文化也具有冲击性。因此，通过本专题的学习，有助于全方位、多角度地开展教育工作，增强学生的民族自豪感。

（二）本专题教学中体现的学校教育特色

鲁班工坊是中国职业教育的一个响亮的国际品牌，体现的是中华优秀传统文化自信、自强、精益求精的工匠精神，是“一带一路”建设从谋篇布局的“大写意”进入精谨细腻“工笔画”新阶段的一个重要创新。“鲁班工坊”已经从“天津实践”上升为“国家名片”。学院“实事求是，崇尚科学”的校训正是中华优秀传统文化自信、自强、精益求精的工匠精神的继承和发扬。

鲁班工坊的建设承载着天津职业教育的新理念、新成果，探索出各具特色的发展模式，为当地学生带去具有中国特色的教学模式、专业标准和教学资源。随着鲁班工坊建设联盟的成立，中国职业教育的理念、标准也正在形成一套可供借鉴的模式和路径，向世界介绍中国职教推动减贫脱贫、夯实经济高速发展基础的实践样本。

（三）本专题教学中体现的教育成效

高校思想政治教育与文化自信之间具有高度共通相融。文化自信是高校学生树立社会主义核心价值观的基础，通过思政教育这一具体实践活动，发挥二者在功能方面的互补性。

深度融合文化自信教育与思想政治教育。文化自信教育的开展既要重视中华优秀传统文化的弘扬，也要强调马克思主义理论的阐述。应注重将革命文化、红色文化引入教学内容，以大众化、日常化的教学内容提升思政课堂吸引力；深入挖掘中华优秀传统文化与马克思主义理论的共通点，对中华优秀传统文化进行时代新解，推动思政教育内容创新，为高校思政教育注入新活力。

（四）本专题教学中体现的新的教学方法

随着数字技术的不断发展，传统文化的时代化表达方式日益多元，中华文化传播更加广泛深入。应用情境教学，主要通过教师的视频设计、语言应用等手段，使学生身临其境，感受中国文化魅力，中华文化的传播力、吸引力，从而激发学生的情感。

第二十九章

让人民生活幸福是“国之大者”

以习近平新时代中国特色社会主义思想概论课程第十一章教学为例

习近平新时代中国特色社会主义思想概论课第四章专题讲述“坚持以人民为中心”,主要讲清楚人民是历史的创造者,是我们的力量源泉;以人民为中心是中国共产党人永恒的价值底色;一切为了人民,一切依靠人民,是中国共产党人永远不变的信念追求。新征程上,只要我们同人民群众想在一起、干在一起,风雨同舟同甘共苦,我们就一定能战胜前进道路上的一切艰难险阻,实现中华民族伟大复兴的中国梦。

一、教学内容

（一）内容概要

本节主要围绕“让人民生活幸福是‘国之大者’”,从“民生是人民幸福之基”“人民获得感幸福感安全感更加充实、更有保障、更可持续”“坚持在发展中增进民生福祉”三方面展开,依照先理论后实践的逻辑进行阐述。首先强调民生问题的重要性,明确“民生是人民幸福之基”其次强调民生问题的急迫性,明确“人民获得感幸福感安全感更加充实、更有保障、更可持续”,最后系统讲解发展和民生的关系问题,让学生明白坚持在发展中增进民生福祉,需要依靠所有劳动者共同努力,在推动发展中分享发展成果。

（二）知识框架

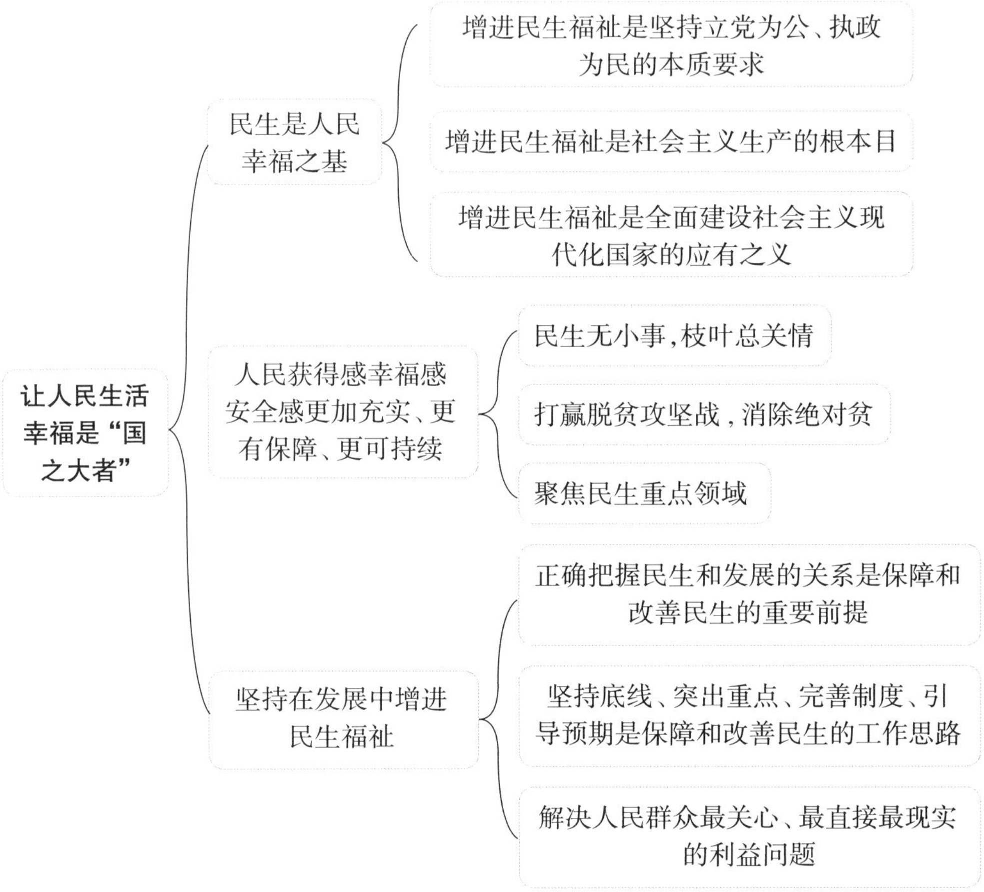

图 29-1　让人民生活幸福是“国之大者”知识框架

二、教学要点

（一）设计思路

通过向学生分享案例“背篓专线”里，有一座城市的温暖及播放视频《“慢火车”见证快时代下的中国温度》，引导学生进入本节的教学。结合各种数据、案例和视频资料，讲清楚为什么说民生是人民幸福之基，如何让人民获得感幸福感安全感更加充实、更有保障、更可持续，以及怎样正确把握民生与发展的关系。明确保障和改善民生的重大意义，决定党的事业成败和国家命运兴衰。

知识点 1：民生是人民幸福之基。此部分教学，主要讲清楚民生的内涵和重大意义，事关人民的生存生活生计，是老百姓最关心的问题，决定着党的事业成败和国家命运兴衰。进而阐明增进民生福祉是坚持立党为公、执政为民的本质要求。接下来，从理论层面揭示，增进民生福祉是社会主义生产的根本目的。最后，结合中国式现代化的定义，讲述增进民生福祉是全面建设社会主义现代化国家的应有之义，必须始终坚持把实现人民对美好生活的向往作为现代化建设的出发点和落脚点，不断增进民生福祉，努力使人民生活更加幸福美好。

知识点 2：人民获得感幸福感安全感更加充实、更有保障、更可持续。首先，阐明民生问题的急迫性，接下来从脱贫攻坚的伟大成就来讲述打赢脱贫攻坚战、消除绝对贫困对于贫困地区的民众产生的巨大影响，结合案例《“悬崖村”贫困群众走下“天梯”搬新居》，通过图片展示悬崖村脱贫前后的生动对比来呈现精准脱贫对于保障和改善民生的意义。最后教师引导学生聚焦民生重点领域，从收入分配、就业、教育、社会保障、医疗卫生、住房保障等方面系统讲述改善民生的具体方面，重点与学生交流“云端”的孩子不再发愁“上学路”的案例，让学生感受教育中的民生。

知识点 3：坚持在发展中增进民生福祉。首先提出问题，有人认为改善民生与经济发展互相矛盾，鱼与熊掌不可兼得，对此你怎么看？引发学生思考发展和民生之间的关系问题，进而强调知识点“正确把握民生和发展的关系，是保障和改善民生的重要前提”。接着，系统介绍保障和改善民生的工作思路，即坚守底线、突出重点、完善制度、引导预期，并进行详细阐述。然后讲授保障和改善民生的重中之重就是解决人民群众最关心最直接最现实的利益问题，最后介绍保障和改善民生的重要方针和重要原则，就是要坚持尽力而为、量力而行，坚持人人尽责、人人享有，让所有劳动者在推动发展中分享发展成果。

图 29–2　从习近平 2014—2024 年新年贺词看“民生”

（二）内容讲解

1. 导入新课

人民对美好生活的向往就是我们的奋斗目标，增进民生福祉是我们立党为公、执政为民的本质要求，让老百姓过上好日子是我们一切工作的出发点和落脚点，补齐民生短板、解决好人民群众急难愁盼问题是社会建设的紧迫任务。必须以保障和改善民生为重点加强社会建设，尽力而为、量力而行，一件事情接着一件事情办，一年接着一年干。在幼有所育、学有所教、劳有所得、病有所医、老有所养、住有所居、弱有所扶上持续用力，加强和创新社会治理，使人民获得感、幸福感、安全感更加充实、更有保障、更可持续。

——《中共中央关于党的百年奋斗重大成就和历史经验的决议》

为什么说“悠悠万事，民生为大”？怎样增强人民获得感、幸福感、安全感？怎样推进社会治理现代化？带着这些问题，我们一起来学习本章节的内容。

（1）民生是人民幸福之基

案例分享：“背篓专线”里，有一座城市的温暖。

重庆轨道交通4号线，又被称为“背篓专线”。每天首班车时，在石船、保税港两个站，都有一群老人背着背篓、挑着扁担，搭乘地铁去市区卖菜。“背篓专线”成为这座城市一道独特的风景线。此前有网友建议“背篓专线”在早高峰禁止乘客携带菜筐，因为背篓“会占用过多空间，给其他乘客的出行带来困扰”。对此重庆轨道交通做出回应称：只要物品和行为合规，就不会干涉。而这也正是重庆这座城市的魅力。

视频播放：《“慢火车”见证快时代下的中国温度》。

为什么中国有了高铁后还要开行“慢火车”？为了解决当地人出行不易的困难，也为他们追寻更加美好的生活点亮希望，这就是为民而慢的便民情怀，也是兜底民生的体现。

“治国有常，而利民为本”是《淮南子》中颇富民本色彩的政治命题。其中的“常”，指的是基本方略；“本”，指的是根本和要害。意思是说，治理国家有一定的方略，就是以对人民有利为根本。民生是老百姓最关心的问题，涉及分配、就业、教育、医疗、住房、社会保障等方面。随着经济社会的发展进步，人民生活品质的不断提高，民生内涵也在不断丰富。民生事关人民的生存生活生计，事关民心所向、民情所系、民意所指，决定党的事业成败和国家命运兴衰。

第一，增进民生福祉是坚持立党为公、执政为民的本质要求。

习近平总书记2020年5月22日参加十三届全国人大三次会议内蒙古代表团审议时的讲话指出马克思主义政党是人民的政党，任何时候都把群众利益放在第一位。自成立以来，我们党团结带领人民进行革命、建设、改革，根本目的就是为了让人民过上好日子，无论面临多大挑战和压力，无论付出多大牺牲和代价，这一点都始终不渝、毫不动摇。

一百多年来，中国共产党团结带领中国人民经过顽强奋斗，浴血奋战，迎来了从站起来、富起来到强起来的伟大飞跃，在一百多年的奋斗历程中，始终不渝为实现人民利益而奋斗，始终致力于实现好、维护好、发展好最广大人民根本利益，不断实现人民对美好生活的向往。

第二，增进民生福祉是社会主义生产的根本目的。

社会主义是人民当家作主的社会，必须以增进民生福祉为根本目的。2020年10月29日习近平参加党的十九届五中全会第二次全体会议时的讲话时指出适应人民群众需求变化，努力办好各项民生事业，让老百姓的日子越过越好，是社会主义生产的根本目的。人民性是马克思主义最鲜明的品格，人民立场是马克思主义政党的根本政治立场。

第三，增进民生福祉是全面建设社会主义现代化国家的应有之义。

中国式现代化是中国共产党领导的社会主义现代化，要求把不断增进民生福祉放在更加突出的位置。党的二十大报告指出，“中国式现代化，是中国共产党领导的社会主义现代化，既有各国现代化的共同特征，更有基于自己国情的中国特色”。在中国式现代化的诸多特征中，“人民性”是最为显著的特征之一。中国式现代化克服西方现代化“资本至上”的逻辑，将人民群众作为现代化的主体与动力，中国式现代化是在中国共产党领导下紧紧依靠人民的伟大实践不断推进和持续拓展的。

随着我国社会主要矛盾的变化，人民美好生活需要日益广泛，期盼有更好的教育、更稳定的工作、更满意的收入、更可靠的社会保障、更高水平的医疗卫生服务、更舒适的居住条件、更优美的环境，对增进民生福祉、提高生活品质提出了新的更高要求。必须始终坚持把实现人民对美好生活的向往作为现代化建设的出发点和落脚点，不断增进民生福祉，努力使人民生活更加幸福美好。

同学们讲到这里，我们应该能理解了为什么说民生是人民的幸福之基，接下来我们来看看第二个内容。

（2）人民获得感幸福感安全感更加充实、更有保障、更可持续

第一，民生无小事，枝叶总关情。

案例分享：《总书记新春到我家》。

“老百姓的事情是最重要的事情”。农历腊月二十二，习近平总书记带着这份时时放心不下的牵挂，来到天津市西青区辛口镇第六埠村，看望这里的受灾群众。2023 年，一场突如其来的洪水，让这座被称为“京津蔬菜第一村”的村庄遭了灾。如今，数月时间，美好家园再次重建。村里，总书记走进四世同堂的杜洪刚家，紧紧握住家里老人的手，拉家常、问冷暖，细算“生活账”。“国泰民安，民安才能国泰”，总书记的关怀温暖了一家人，也让他们对未来更加充满信心。

第二，打赢脱贫攻坚战，消除绝对贫困。

打赢脱贫攻坚战，消除绝对贫困，是全面建成小康社会的底线任务，是必须抓紧抓好的第一民生工程。习近平指出，“小康不小康，关键看老乡，关键在贫困的老乡能不能脱贫”。我们党以坚定的决心、精准的思路、有力的措施，组织实施人类历史上规模最大、力度最强的脱贫攻坚战。

播放视频：大地情深——习近平总书记的扶贫足迹。

党的十八大以来，习近平总书记先后 7 次主持召开中央扶贫工作座谈会，顶风雪、冒酷暑、踏泥泞，翻山越岭、跋山涉水，50 多次调研扶贫工作，走遍全国 14 个集中连片特困地区，先后深入 24 个贫困村考察调研，推动脱贫攻坚战如火如荼地开展起来。

案例分享：“悬崖村”贫困群众走下“天梯”搬新居。

“悬崖村”实际上叫阿土列尔村，位于四川省大凉山腹地，海拔 1400 多米，要进村就要攀爬一面大概 800 米高的悬崖。整个上山路其实只有 4 公里，但有 13 处几乎直上直下的峭壁，乡亲们用木头和藤条编成梯子搭在上面，就成了悬崖天梯。

经过上百年的风雨洗礼，让藤梯显得越发苍老和脆弱。记忆里，在这条路

上摔死的人就有七八个，摔伤的人更多。

央视记者李琳走完这条藤梯后，感叹道："从来没想过不是战地记者的我们也会离死亡那么近，好像近得只有半个脚掌的距离。脚下是深渊，而脚能放下的地方只有半个脚掌宽。脚掌踩到的地方是生，脚后跟悬空的地方是死，生死悬于一线也就是这样的时刻了吧！只要你走错了半步，只要你滑落了半步，可能一切都会休止。"

可是如此危险的藤梯却成了村民日常出行、孩子上学唯一的路。2016 年春天，15 个村里的孩子在 3 位家长的护送下，从山下的勒尔小学出发，走崖壁、爬藤梯，踏上回家的路。

2015 年，县上派来第一书记帕查有格，他泡在村里，整天跟着翻山越岭，琢磨脱贫新招。第一件大事，就是修路。请了 3 位云南来的技术师傅做指导，村里人背钢管、打钻、焊接，120 多吨钢管，大伙一步步背上山。冬去春来，几个月后，钢梯修好了。钢管用了差不多 6000 根，刷上防锈漆，银光闪闪，老藤梯，就这样告别了悬崖村。

2019 年 4 月，又有好消息传到"悬崖村"——贫困户将通过易地扶贫搬迁，迁入县城的集中安置点，开始全新的生活。

如果说大凉山脱贫攻坚是一条长征路的话，"悬崖村"就好比是"腊子口"，声名远播，又极难攻下，唯有众志成城，方能攻城拔寨。

习近平总书记参加四川代表团审议时提到对四川的脱贫攻坚，中央应该加大支持力度，这主要看哪里的贫困程度更深、更重。脱贫攻坚到村、到户、到人的工作，扶持谁、谁来扶、怎么扶、如何退，全过程都要精准，有的需要下一番"绣花"功夫。曾经的"悬崖村"村民们，在党和政府的关怀、带领下，在社会各界的大力支持下，在基层党员干部的切实帮扶下，包括"悬崖村"在内的大凉山各族群众艰苦奋斗、不懈努力，终于告别贫困过上了幸福的小康生活。

互动讨论：你还知道哪些脱贫攻坚的成效？

党的十八大以来，现行标准下 9899 万农村贫困人口全部脱贫，832 个贫困县全部摘帽，12.8 万个贫困村全部出列，区域性整体贫困得到解决，完成了消除绝对贫困的艰巨任务。

平均每年 1000 多万人脱贫，相当于一个中等国家的人口脱贫，2000 多万贫困患者得到分类救治，近 2000 万贫困群众享受低保和特困救助供养，2400 多万困难和重度残疾人拿到了生活和护理补贴。

新改建农村公路 110 万公里，新增铁路里程 3.5 万公里。贫困地区农网供电可靠率达到 99%，大电网覆盖范围内贫困村通动力电比例达到 100%，贫困村通光纤和 4G 比例均超过 98%。790 万户、2568 万贫困群众的危房得到改造，累计建成集中安置区 3.5 万个、安置住房 266 万套，960 多万人“挪穷窝”，摆脱了闭塞和落后，搬入了新家园。改革开放以来，按照现行贫困标准计算，我国 7.7 亿农村贫困人口摆脱贫困；按照世界银行国际贫困标准，我国减贫人口占同期全球减贫人口 70% 以上。

第三，聚焦民生重点领域。

在收入分配、就业、教育、社会保障、医疗卫生、住房保障等方面推出一系列重大举措，推动人民生活全方位改善。党的十八大以来，以习近平同志为核心的党中央高度重视社会建设，以保障和改善民生为重点加强社会建设，尽力而为、量力而行，一件事情接着一件事情办，一年接着一年干，在幼有所育、学有所教、劳有所得、病有所医、老有所养、住有所居、弱有所扶上持续用力，加强和创新社会治理，使人民获得感、幸福感、安全感更加充实、更有保障、更可持续。

幼有所育：成就：“十三五”时期，我国学前教育毛入园率从 75.0% 提高到 85.2%，普惠性幼儿园覆盖率达到 84.7%

问题：入园难、入园贵仍是群众反映强烈的突出问题。

举措：“十四五”时期，通过推进学前教育资源扩容、新建改扩建 2 万所幼儿园、增加普惠性学位 400 万个以上等措施，2025 年学前教育毛入园率可达 90% 以上，普惠性幼儿园覆盖率达到 85% 以上，公办园在园幼儿占比达到 50% 以上。

学有所教：2021 年，全国共有各级各类学校 52.93 万所。

全国共有义务教育阶段学校 20.72 万所，全国小学学龄儿童净入学率超过 99.9%，初中毛入学率超过 100%，已相当于世界高收入国家平均水平。全国共有特殊教育学校 2288 所、全国共有普通高中 1.46 万所、全国共有中等职业教育学校 7294 所、全国共有高等学校 3012 所、全国共有各级各类民办学校 18.57 万所。

案例分享："云端"的孩子不再发愁"上学路"。

刚才给大家分享的悬崖村属于大凉山腹地，现在我想给大家分享又一个大凉山腹地学校坐落在海拔 2700 米的高山上，四川省昭觉县的瓦吾小学，由于终年云雾缭绕，被称作"云端小学"。在这片土地上，曾有数以百计不通公路、几乎与世隔绝的"悬崖村"，孩子们的求学之路异常艰辛。2015 年，从昭觉县城通往瓦吾小学的水泥路修通，上学时间缩短一半；2017 年，新校舍落成；瓦吾小学现在有了 247 名学生，开齐了所有小学课程，孩子们还组建起校园足球队……曾经被层层山峦阻挡的教育之光，照耀着幼小的心灵，孕育着无边的梦想。

党的十八大以来，在以习近平同志为核心的党中央关怀下，国家财政性教育经费占 GDP 比例连年保持在 4% 以上，全面改善贫困地区义务教育薄弱学校基本办学条件，农村义务教育学生营养改善计划已覆盖所有国家级贫困县。

劳有所得：2012 年至 2021 年，城镇新增就业年均近 1300 万人，8000 多万高校毕业生总体就业水平保持稳定，农民工总量增至 2.9 亿人。

案例分析：不少职校生在就业市场上找到自己的坐标系。

"如果所有人都去考公考编，那谁来……？"这是最近社交媒体上很火的一个话题。不少网友在评论区说，"谁来给你们盖房子呢？""谁来守护大西北电力呢？""谁来确保你们的快递春节不打烊呢？"

随后，一名中职学生把这段话发到了社交媒体上："就算这份工作在父母、社会大众眼里不值一提，但正是他们的存在让某个人得到了很大的幸福。"很快引发了网友两极化的评论，有人对此观点表示赞同，也有人觉得推动社会发展更需要精英人群。

这些讨论反映出当前社会对职业教育和职业选择的复杂态度，以及职业教育一直背负的争议。

2023 年 6 月 13 日，在国家发展改革委举行的专题新闻发布会上，国家发展改革委社会发展司司长刘明表示，当前，我国有 1 万多所职业院校、3000 多万名在校生，职业教育人才培养规模上已占我国高等教育的“半壁江山”。

教育部公布的数据显示，2012 年至 2022 年的 10 年间，职业教育累计为各行各业培养输送了 6100 万名高素质劳动者和技术技能人才，在现代制造业、战略性新兴产业和现代服务业等领域，一线新增从业人员有 70% 以上来自职校毕业生。不少从职业教育中走出来的学生在就业市场中找到了属于自己的坐标系。

病有所医：党的十八大以来，中国特色基本医疗卫生制度框架基本建立，84% 的县级医院达到二级及以上医院水平。远程医疗协作网覆盖所有地级市和所有贫困县，基本实现村有卫生室、乡乡有卫生院，近 95% 的家庭 15 分钟内能够到达最近医疗点。医疗卫生服务质量和可及性不断提高健康扶贫成效显著，近 1000 万因病致贫返贫户成功脱贫，初步建立起防止因病致贫返贫的长效机制。我国人均预期寿命提高到 78.2 岁。孕产妇死亡率、婴儿死亡率分别降至 2021 年的 16.1/10 万、5.0‰，主要健康指标居于中高收入国家前列。

案例分享：与基本医保衔接互补，天津超 100 万人投保“天津惠民保”。

人民网客户端报道：“天津惠民保”，一年保费仅需 150 元 / 人，最高 300 万元保障额度，保障方案紧密衔接医保，在天津市民享受医保待遇的基础上，再进行补充赔付，保险责任可覆盖医保报销后仍需要个人负担的费用，二者互为补充，双重保障更全面，进一步减轻百姓医疗费用的负担。让生活的幸福感、安全感大大加分。

“十四五”时期天津市基本公共服务项目清单包括：全方位提升人民健康水平、构建高效的公共卫生体系、保障全周期健康服务、加强卫生监督、加强食品药品安全监督管理。

老有所养：截至 2021 年末，全国共有各类养老服务机构和设施 35.8 万个，养老服务床位815.9万张。截至2021年末，全国共有3994.7万老年人享受老年人补贴，其中享受高龄补贴3246.6万人，享受护理补贴90.3万人，享受养老服务补贴573.6万人，享受综合补贴84.2万人。

截至2021年末，全国基本养老保险参保人数102871万人，比上年增加3007万人。截至2021年末，全国基本医疗保险参保人数136297万人，参保率稳定在95%以上。

截至2021年末，全国城市最低生活保障对象737.8万人，全国农村最低生活保障对象3474.5万人，全国城市特困人员救助供养32.8万人，全国农村特困人员救助供养437.3万人。

播放视频：构建完善养老服务体系，确保“老有所养”。

住有所居：城乡居民住房水平明显提高。2021年城镇和农村居民人均住房面积达41.0平方米、50.2平方米，分别比2012年增加8.1平方米、13.1平方米。

建成世界最大住房保障体系。“十三五”期间，全国棚改累计开工超过2300万套，帮助5000多万居民搬出棚户区住进楼房。十年来，全国棚户区改造累计开工4300多万套，帮助上亿棚户区居民改善了居住条件。到2021年底，3800多万困难群众住进了公租房。

全国累计开工改造老旧小区16.3万个，惠及居民超过2800万户。在脱贫攻坚战中，全国2341.6万户建档立卡贫困户实现住房安全有保障，历史性解决了农村贫困群众的住房安全问题。

2020年8月20日，习近平在扎实推进长三角一体化发展座谈会上的讲话指出：要坚决防止借机炒作房地产，毫不动摇坚持房子是用来住的、不是用来炒的定位，落实长效机制，确保房地产市场平稳健康发展。

弱有所扶：党的十八大以来，以习近平同志为核心的党中央对残疾人事业格外关注。在国家层面建立起覆盖数千万残疾人口，包含生活补贴、护理补贴、儿童康复补贴等内容的残疾人专项福利制度，残疾人事业整体发展水平迈上新台阶。

视频播放："喜憨儿"洗车行：让每朵生命之花自由绽放。

弱有所扶："十三五"时期，残疾人事业取得重大成就

·710 万农村建档立卡贫困残疾人脱贫。

·城乡新增 180.8 万残疾人就业。

·1076.8 万困难残疾人被纳入最低生活保障范围。

·1212.6 万困难残疾人得到生活补贴。

·1473.8 万重度残疾人得到护理补贴。

·残疾人基本康复服务覆盖率达到 80%。

·辅助器具适配率达到 80%。

·残疾儿童少年接受义务教育的比例达到 95%。

·5 万多残疾学生进入高等院校学习。

这一系列的成就体现了政府通过一系列措施加强和创新社会治理，使人民获得感、幸福感、安全感更加充实、更有保障、更可持续。

（3）坚持在发展中增进民生福祉

互动思考：同学们，有人认为改善民生与经济发展互相矛盾，鱼与熊掌不可兼得，对此你怎么看？

教师总结：首先这个观点是片面的。从改革开放以来的实践看，经济发展与改善民生并非不可兼得，而是可以相互促进的。这个问题需要我们厘清发展和民生之间的关系，经济发展与改善民生并非不可兼得，而是可以相互促进的。发展是解决民生问题的"总钥匙"，民生是发展的"指南针"。坚持在发展中保障和改善民生，是习近平经济思想的重要内容，既是开展经济建设的重要立场，也是开展社会建设的重要原则。要在发展过程中始终注重民生、保障民生、改善民生，根据经济发展和财力状况，逐步提高人民生活水平，让群众得到更多看得见、摸得着的实惠，不断厚植民生福祉。分析到这里，同学们应该可以正确理解发展和民生的关系了，那我们一起来看一下如何正确把握民生和发展的关系。

第一,正确把握民生和发展的关系,是保障和改善民生的重要前提。

正确把握民生和发展的关系,是保障和改善民生的重要前提。发展与保障和改善民生是辩证统一的关系。习近平总书记指出,“人民幸福安康是推动高质量发展的最终目的”“要坚持以人民为中心,在发展中更加注重保障和改善民生,补齐民生短板,增进民生福祉,让各族人民实实在在感受到推进共同富裕在行动、在身边”。

发展是保障和改善民生的前提,保障和改善民生是发展的最终目的。发展是改善民生的物质基础,离开发展谈改善民生是无源之水、无本之木。如果发展不能回应人民的期待,不能让群众得到实际利益,这样的发展就失去意义,也不可能持续。

坚持在发展中保障和改善民生,必须坚持保障和改善民生的发展导向。民生连着内需、连着发展。抓民生也是抓发展,持续不断改善民生,能够有效解决群众后顾之忧,调动人们发展生产的积极性,增进社会消费预期,有利于扩大内需,催生新的增长点。要全面把握民生和发展相互牵动、互为条件的关系,使民生改善和经济发展有效对接、相得益彰,形成改善民生与促进发展有机统一的长效机制。

播放视频:从工业锈带到生活秀带——在城市更新中彰显为民情怀(此视频为2023年全国高校思政公开课比赛高职组一等奖获奖作品)。

该作品沿着“擦亮人民至上底色—焕发多元业态特色—提升品质生活成色”的线索依次展开,将天津市河东区第一热电厂、棉三纺织厂及正在改造的第一机床总厂作为案例进行切入,带领学生进行实地调研,深刻体会天津在城市更新中阐述为民情怀的生动实践。感受到求学的城市在发展过程中也是坚持人民城市人民建,人民城市为人民的深刻道理。也在告诉同学们我们坚持在发展中增进民生福祉。

第二,坚持底线、突出重点、完善制度、引导预期、是保障和改善民生的工作思路。

坚守底线,就是形成以保障基本生活为主的社会公平保障体系,织牢民生安全网的“网底”，对困难群众实行应保尽保。突出重点，就是对重点群体和重点地区进行倾斜，特别是加大对革命老区、民族地区、边疆地区、相对贫困地区基本公共服务的支持力度。完善制度，就是形成系统全面的制度保障，使制度更加公平、普惠和可持续。引导预期，就是促进形成良好舆论氛围和社会预期，形成民生保障水平要与经济社会，发展水平相适应的合理认识。

第三，解决人民群众最关心、最直接最现实的利益问题。

互动讨论：第一：你最关心的民生问题是什么？第二：请结合实际谈一谈你对民生问题的认识。

把人民群众的小事当作自己的大事，从人民群众关心的事情做起，从让人民满意的事情做起，带领人民不断创造美好生活；一个时间节点一个时间节点往前推进，以钉钉子精神落实好党中央关于民生工作的战略部署。

2015 年 4 月 28 日，习近平在庆祝“五一”国际劳动节暨表彰全国劳动模范和先进工作者大会上发表重要讲话中指出：要面对面、心贴心、实打实做好群众工作，把人民群众安危冷暖放在心上，雪中送炭，纾难解困，扎扎实实解决好群众最关心最直接最现实的利益问题、最困难最忧虑最急迫的实际问题。

也就是说，要及时准确地了解群众所思所忧所急所盼，把为人民排忧解难摆在党和政府工作的优先位置，理清思路、强化责任、明确要求，增强民生工作的针对性、实效性、可持续性。坚持把完善制度机制同解决群众急难愁盼问题相结合，既立足眼前解决好具体问题，又着眼长远完善体制机制，实现工作常态化、长效化。

同学们还要注意，民生改善有一个从低层次到高层次、从不均衡到均衡的过程，既要坚持从实际出发，根据经济发展和财力状况逐步提高人民生活水平，做那些现实条件下可以做到的事情，又要吸取一些国家过度福利化和过度承诺导致影响民生的教训。

播放视频：《劳动创造幸福》。

人人尽责、人人享有，让所有劳动者在推动发展中分享发展成果，是保障和改善民生的重要原则。同学们，我们要树立勤劳致富理念，通过辛勤劳动、诚实劳动、创造性劳动，实现自身发展、共创美好未来。

党的二十大报告中指出：江山就是人民，人民就是江山。中国共产党领导人民打江山、守江山，守的是人民的心。治国有常，利民为本。为民造福是立党为公、执政为民的本质要求。必须坚持在发展中保障和改善民生，鼓励共同奋斗创造美好生活，不断实现人民对美好生活的向往。

同学们，本小节我们主要回答一个主要的大问题就是如何理解人民生活幸福是“国之大者”？让老百姓过上好日子是我们党一切工作的出发点和落脚点。正是秉持这样的信念，我们党自成立开始，就是为广大人民谋幸福的党，把为人民服务写在了党的旗帜上。时间写就了答案：人民对美好生活的向往，始终是我们的奋斗目标，让人民生活幸福始终是“国之大者”。围绕这一主题，我们解答了三个小问题：1. 为什么民生是人民的幸福之基；2. 十八大以来，党中央高度重视民生问题，主要从哪几方面出发，取得了什么样的成绩？3. 怎样坚持在发展中增进民生福祉。

三、教学特点与成效

（一）本小节教学中体现的职业教育特色

实践是最好的老师。在本节内容的教学中设计中，通过案例分析，不少职校生在就业市场上找到自己的坐标系，让学生们坚定做职业人的信心和决心，通过对广大职校学生实现毕业就业的“无缝对接”让同学们认识到职业教育前景广阔，大有可为。

（二）本小节教学中体现的学校教育特色

本节内容讲授过程中所采用的视频案例，《“慢火车”见证快时代下的中国温度》《从工业锈带到生活锈带——在城市更新中彰显为民情怀》均为本校教师和学生所制作，而且在参加的赛项里取得较好成绩，这类视频资源的使用使学生更容易接受，也可以激发学生参加思政课实践活动的兴趣，提高学生对思政课的接受度。

（三）本小节教学中体现的教育成效

本小节内容回答了三个问题：1. 为什么民生是人民的幸福之基；2. 十八大以来，党中央高度重视民生问题，主要从哪几方面出发，取得了什么样的成绩？3. 怎样坚持在发展中增进民生福祉？让学生了解民生建设的概念和重要性，掌握当前民生建设的进展和成果，唤醒学生对于民生问题的社会责任感和参与精神，理论分析能力和独立思考能力以及团队合作能力。

（四）本专题教学中体现的新的教学方法

1. 任务驱动法。通过课前布置任务，课堂互动、图片展示、思考讨论等翻转教学模式，实现知识点自学为主、教师讲解为辅的点睛式教学过程。例如，在课前布置制作手抄报的任务，让学生选取自己生活中亲历的民生小故事制作手抄报，并在课堂上进行展示传阅。通过发布讨论话题：为什么说让人民生活幸福是“国之大者”？让学生在查阅资料后在线上分享自己的观点，为课上学习打好基础。如果学生对课前预习的内容有疑问，教师要给予讲解指导。

2. 案例教学法。结合具有代表性的案例《“悬崖村”贫困群众走下“天梯”搬新居》《不少职校生在就业市场上找到自己的坐标系》等进行知识点的讲解，锻炼学生的知识迁移能力，实现对理论知识更深刻的理解和认识。

3. 讨论法。通过对问题“有人认为改善民生与经济发展互相矛盾，鱼与熊掌不可兼得，对此你怎么看？”充分调动学生的积极性和主动性，提高学生课堂的参与度，培养学生独立思考和分析问题的能力，让学生从被动回答发展为主动提出，从中体会到学习的乐趣。

第三十章

总体国家安全观融入高职思政课的思考

以习近平新时代中国特色社会主义思想概论课程第十三章教学为例

习近平新时代中国特色社会主义思想概论课程第十三章专题讲述“维护和塑造国家安全”，突出新时代国家安全工作的理论创新和实践特色。在教学重难点方面，本章应着重讲清楚总体国家安全观提出的现实依据与核心要义，讲清楚统筹发展和安全的辩证关系及其对构建新安全格局的重要意义，讲清楚推进国家安全体系和能力现代化的科学内涵及实践要求。

一、本章的主要教学内容

第一节为坚持总体国家安全观，阐明总体国家安全观的依据、科学内涵与实践成就。其中第一目为国家安全是民族复兴的根基，主要阐述了国家安全概念内涵及其对于中华民族伟大复兴的重大意义。第二目为总体国家安全观是新时代国家安全工作的基本遵循，主要阐述了总体国家安全观的主要内容、价值宗旨和理念遵循。第三目为新时代国家安全得到全面加强，从国家安全体系和能力建设、国家主权安全发展利益以及平安中国建设等方面，阐述了新时代国家安全的重大成就。

第二节从统筹发展和安全重大原则的高度，揭示维护国家安全的首要任务和重点领域工作，提出构建统筹各领域安全的新安全格局。第一目为统筹发展和安全，从发展和安全的内在关系，阐释统筹发展和安全，构建新安全格局的重要意义。第二目为把维护政治安全放在首位。阐明政治安全是国家安全的根本，并从政权安全、制度安全和意识形态安全等方面，阐释维护政治安全的基本要求。第三目为维护重点领域国家安全。从国土安全、经济安全、社会安全、外部安全等方面，阐述了维护重点领域国家安全的迫切要求。

第三节为开创新时代国家安全工作新局面，从新时代国家安全工作全局的高度，以重大国家安全问题为导向，着力塑造总体有利的国家安全战略态势。第一目为推进国家安全体系和能力现代化，阐述了推进国家安全体系和能力现代化的重大意义与内在要求。第二目为建设更高水平的平安中国。从治理效能、安全稳定、人民满意等方面，阐述建设平安中国的实践要求。第三目为提高防范化解重大风险能力，坚持底线思维，力争把风险化解在源头等方面，阐明提高防范化解重大风险能力的具体要求。

该章的三节内容逻辑严密，层次分明。第一节阐明坚持总体国家安全观是新时代维护和塑造国家安全的基本遵循。第二节阐明构建统筹各领域安全的新安全格局是新时代维护和塑造国家安全的主要任务。第三节阐明开创新时代国家安全工作新局面是维护和塑造国家安全的新部署、新要求、新举措，也是全面贯彻落实总体国家安全观的实践要求。

二、本章的主要教学要点

本章课程以"'翻墙'上网大学生，不慎加入境外反华政党"案例进行导入：宋某是某高校在校学生，一次在浏览国外网站时，网页给他推送了一个广告链接，引导他跳转到某反华政党官方网站。出于好奇和猎奇的心态，宋某按照网站提示，申请加入该政党，并填写了姓名、电话号码以及邮箱等个人信息。注册后，宋某陆续收到来自该反华政党发送的电子邮件，内容大多为介绍该政党的政治纲领以及近期反华活动的情况，并且邀请宋某以志愿者身份帮助该政党进行拉票、筹款等活动。除了加入该反华政党，宋某还关注多个境外反华账号，对相关反华内容进行浏览、转发和评论。国家安全机关依法对宋某进行行政询问，并根据《中华人民共和国反间谍法》相关规定，给予宋某警告的行政处罚决定，并出具行政处罚决定书。经过教育转化，宋某对自己的行为表达了悔过态度，停止关注境外反华网站，删除相关负面言论，承诺今后不再从事类似活动。

从此案例可以看出：新时代我国国家安全面临的形势异常严峻，一方面在对外开放日益深化的大背景下，影响国家安全的国内外因素相互交织、相互渗透、相互作用、相互加强，外部挑战和风险对国家安全和社会稳定影响日益上升；另一方面我国维护国家安全能力不足、应对各种重大风险能力不强、维护国家安全协调机制不健全等问题仍然突出。鉴于当前国内外的情况，我们该如何应对，如何来维护国家安全？引出本章节的主题，让学生带着问题来进行本次课程的学习。

（一）坚持总体国家安全观

1. 国家安全是民族复兴的根基

引用党的二十大报告中的关于国家安全的重要论述，来阐释国家安全的重要性。坚持总体国家安全观，是维护国家安全的科学指南和强大武器。本节的教学重难点问题，是要讲清楚总体国家安全观提出的现实依据，讲清楚总体国家安全观的核心要义及其实践成就。首先要阐明国家安全的定义，让学生了解国家安全的含义。介绍我们党诞生于国家内忧外患、民族危难之时，对国家安全的重要性有着刻骨铭心的认识。党中央始终把维护国家安全工作紧紧抓在手上，新中国成立后，以毛泽东同志为主要代表的中国共产党人，将保卫新生的人民民主政权，维护国家独立、主权和领土完整作为国家安全工作的首要任务，并以“抗美援朝战争、中印自卫反击战、对越自卫反击战”，独立研制“两弹一星”，恢复了我国在联合国的一切合法权利，提出和平共处五项原则等案例进行阐释。改革开放以来，我们党毫不动摇坚持四项基本原则，坚决排除各种干扰，有力应剧变、平风波、稳边疆、战洪水、防疫情、抗地震、化危机，实现中国香港、中国澳门顺利回归，推动海峡两岸关系打开新局面，保持了社会大局长期稳定，为改革开放和社会主义现代化建设创造了良好安全环境。进入新时代,我国面临更为严峻复杂的国家安全形势,特别是各种威胁和挑战联动效应凸显,传统和非传统安全威胁相互交织。从外部环境来看,世界战略格局、全球治理体系、综合国力竞争进入深度变迁的历史进程,气候变化、生态环境破坏、粮食安全、能源安全等全球性问题日趋尖锐复杂,地区热点和局部冲突此起彼伏,国际局势变得更加复杂动荡,和平与发展的时代主题面临严峻挑战。给学生播放"巴以冲突"的视频,介绍当前国家和地区之间的军事冲突和战争带来的政治安全、国土安全和军事安全威胁并没有消除。从内部环境来看,我国自身发展不平衡不充分问题仍然突出,推动高质量发展还有很多卡点和瓶颈,科技创新能力还不强;确保粮食、能源、产业链供应链安全和防范金融风险还存在许多亟待解决的重大问题,意识形态领域存在不少挑战,重点领域风险敞口加大。播放关于"清朗·2024 年春节网络环境整治"专项行动的视频,分析国家为以推动形成良好网络生态,维护网络安全的工作。

当前,我国正处于中华民族伟大复兴的关键时期,也处于从发展中大国迈向社会主义现代化强国的关键阶段。由大向强、将强未强之际往往是国家安全的高风险期,距离实现中华民族伟大复兴的目标越近,我们越不能懈怠,越要准备经受风高浪急甚至惊涛骇浪的重大考验,为党和国家兴旺发达、长治久安提供有力保证

2. 总体国家安全观是新时代国家安全工作的基本遵循

总体国家安全观的提出立足于新时代国家安全形势的新变化新特点,最鲜明的特点在于"总体"二字,主要表现在三个相互联系的方面。一是国家安全所面临的内涵和外延比历史上任何时候都要丰富。进入新时代,国家安全的内涵和外延呈现出鲜明的时代特征。一方面,从国家安全本身面临的形势来看,我们既要关注传统领域的安全问题,也要关注非传统等新兴领域的安全。另一方面,从人民群众对于安全的需要来看,"中国特色社会主义新时代,安全在人民对美好生活的追求中分量越来越重、越来越多样化多层次,从生命财产安全上升到安业、安居、安康、安心等各方面,内涵外延不断拓展,标准要求更

新更高”。[1] 是时空领域比历史上任何时候都要宽广。随着科学技术的发展，网络安全、信息安全问题凸显。从 2024 年的全球风险报告中可以看出，极端天气、经济衰退、环境污染等安全问题已成为全球面临的重大风险挑战。由此可见，安全问题早已跨越空间界限。三是内外因素比历史上任何时候都要复杂。今天我们讲的总体国家安全观的国家安全，是一个大安全的概念，它是指国家的政权、主权、统一和领土完整、人民福祉、经济社会可持续发展和国家其他重大利益相对处于没有危险和不被内外威胁的状态，以及保障持续安全状态的能力。

总体国家安全观是一个内涵丰富并不断发展的思想体系，那么，总体国家安全观的内涵是什么？2014 年 4 月 15 日，习近平总书记在中央国家安全委员会第一次会议时创造性提出坚持总体国家安全观。在《中共中央关于党的百年奋斗重大成就和历史经验的决议》中，明确指出“习近平同志强调保证国家安全是头等大事，提出总体国家安全观”。总体国家安全观系统回答了中国特色社会主义进入新时代，如何既解决好大国发展进程中面临的共性安全问题，同时又处理好中华民族伟大复兴关键阶段面临的特殊安全问题这个重大时代课题，是我们党历史上第一个被确立为国家安全工作指导思想的重大战略思想。总体国家安全观的核心要义可以概括为“五大要素”和“五对关系”。“五大要素”：以人民安全为宗旨；以政治安全为根本；以经济安全为基础，以军事、科技、文化、社会安全为保障；以促进国际安全为依托。“五对关系”：既重视发展问题，又重视安全问题；既重视外部安全，又重视内部安全；既重视国土安全，又重视国民安全；既重视传统安全，又重视非传统安全；既重视自身安全，又重视共同安全。中共中央政治局在 2020 年 12 月 11 日下午就切实做好国家安全工作举行第二十六次集体学习时，习近平总书记就贯彻总体国家安全观提出十点要求：坚持党对国家安全工作的绝对领导；坚持中国特色国家安全道路；坚持以人民安全为宗旨；坚持统筹发展和安全；坚持把政治安全放在首要

① 李国泉：《新时代国家安全工作的理论创新和实践特色——〈习近平新时代中国特色社会主义思想概论〉第十三章重难点问题探析》，《思想理论教育导刊》2024 年第 1 期。

位置；坚持统筹推进各领域安全；坚持把防范化解国家安全风险摆在突出位置；坚持推进国际共同安全；坚持推进国家安全体系和能力现代化；坚持加强国家安全干部队伍建设。“五大因素”“五对关系”和“十个坚持”，集中概括了总体国家安全观的核心内涵。

总体国家安全观的关键是“总体”，一是强调大安全理念，涵盖有二十个领域，并随着经济社会的发展不断动态更新。二是强调科学统筹，做好国家安全工作的系统思维和方法，要做到“五个统筹”：统筹外部安全和内部安全；统筹国土安全和国民安全；统筹传统安全和非传统安全；统筹自身安全和共同安全；统筹维护国家安全和塑造国家安全。三是强调打总体战，强调国家安全要贯穿党和国家工作各方面全过程，形成汇聚党政军民学各战线各方面各层级的强大合力，全社会全体系全手段应对重大国家安全风险挑战。总体国家安全观，既回答了如何解决好大国发展进程中面临的共性安全问题，同时又回答了如何解决好中华民族伟大复兴关键时期面临的特殊安全问题，系统提出了一系列具有原创性、时代性的重要观点，为破解我国国家安全面临的难题、推进新时代国家安全工作提供了基本遵循。

3. 总体国家安全观的实践成就：新时代国家安全得到全面加强

贯彻总体国家安全观，国家安全领导体制和法治体系、战略体系、政策体系不断完善，在原则问题上寸步不让，以坚定的意志品质维护国家主权、安全、发展利益，国家安全得到全面加强。共建共治共享的社会治理制度进一步健全，民族分裂势力、宗教极端势力、暴力恐怖势力得到有效遏制，扫黑除恶专项斗争取得阶段性成果，有力应对一系列重大自然灾害，平安中国建设迈向更高水平。[①]

一是党对国家安全工作的领导更加有力。党中央成立中央国家安全委员会，建立集中统一、高效权威的国家安全领导体制；制定实施《中国共产党领导国家安全工作条例》，进一步从制度上强化党对国家安全工作的绝对领导。

① 习近平：《2022党的二十大报告高举中国特色社会主义伟大旗帜为全面建设社会主义现代化国家而团结奋斗》人民出版社，2023年版。

全面落实党委（党组）国家安全责任制，明确各级党委（党组）维护国家安全的主体责任，推动地方党委国家安全系统全国基本覆盖。二是国家安全体系和能力建设取得突破性进展。三是国家主权、安全、发展利益得到全面维护。举例：统筹疫情防控；开展涉台、涉海、涉藏斗争；2019 年的香港暴乱等，同时让学生小组讨论并回答自己所了解的关于国家安全的建设成果，加强学生对内容的理解。四是平安中国建设迈向更高水平，以 2021 年美国权威民调机构盖洛普发布了一年一度的全球法律和秩序指数排名为案例，显示出中国民众具有很高的安全感。五是维护国家安全的民心基础更加巩固。十年来，大力推进国家安全教育，持续深入开展国家安全教育进机关、进学校、进企业、进乡村、进社区、进军营、进网络活动，加强国家安全公益宣传，增强全民国家安全意识和素养。播放关于每年 4 月 15 日被确定为“全民国家安全教育日”的视频。

（二）构建统筹各领域安全的新安全格局

1. 统筹发展和安全

统筹维护和塑造国家安全，必须坚持统筹发展和安全，这是党和国家的一项基础性工作，是我们党治国理政的一个重大原则。

发展和安全，是一个国家、一个民族生存与进步必须处理好的首要问题，发展是解决安全问题的总钥匙，是推动国家和民族赓续绵延的根本支撑；安全是发展的基础，是确保国家和民族行稳致远的坚强柱石；发展和安全是一体之两翼、驱动之双轮，必须同步推进。

以新安全格局保障新发展格局。新安全格局的内涵和特征，是教学的重点与难点。国家安全涉及的领域、要素和方面十分广泛，因而看待新安全格局也要有系统思维和“大安全”理念。因此，牢牢守住安全发展这条底线是构建新发展格局的重要前提和保障，必须统筹维护国家安全各类要素、各个领域、各方资源、各种手段，推动发展和安全深度融合，实现高质量发展和高水平安全的良性互动。播放视频——透过芯片之争看发展与安全的关系，加深学生对统筹发展和安全的辩证逻辑关系的理解。

2. 把维护政治安全放在首要位置

政治安全是国家安全的根本。政治安全涉及国家主权、政权、制度和意识形态的稳固，是一个国家最根本的需求，是一切国家生存和发展的基础条件。没有政治安全的保障，其他领域的安全就无从谈起，其他领域的安全问题最终也会反映到维护政治安全上来。播放视频——"'颜色革命'的本质"，阐明离开了政治安全，国家安全就无从谈起。维护政权安全，就是要毫不动摇坚持和巩固党的领导和长期执政地位。维护制度安全，就是要毫不动摇坚持和完善中国特色社会主义制度。维护意识形态安全，就是要毫不动摇坚持和巩固马克思主义在意识形态领域的指导地位，不断巩固全党全国人民团结奋斗的共同思想基础。

3. 维护重点领域国家安全

当前和今后一个时期，要着重抓好政治安全、国土安全、经济安全、社会安全、外部安全、生物安全和公共卫生安全、网络、人工智能、数据安全等重点领域的国家安全工作。

维护国土安全。国土安全是立国之基。国土的安全状态与国家能否繁荣息息相关。当前，我国国土安全面临复杂严峻挑战，维护国土安全是维护国家安全重大而紧迫的战略任务。要提升维护国土安全能力，加强边防、海防、空防建设，周密组织边境管控和海上维权行动，坚决捍卫领土主权和海洋权益，有效遏制侵害我国国土安全的各种图谋和行为，筑牢国土安全的铜墙铁壁。坚决反对一切分裂祖国的活动，深入打击民族分裂势力、宗教极端势力、暴力恐怖势力"三股势力"，坚决防范"藏独""疆独"，坚决挫败任何形式的"台独"分裂图谋，全力维护中国香港、中国澳门繁荣稳定。播放视频——维护国土安全，国土安全是国家安全基础中的基础，是国家生存和发展的基本条件，是人民幸福生活的基础。维护国土安全是维护国家安全的重要组成部分，确保国土不受外来侵略和威胁，资源不因战争或预防战争过分消耗，国家才能稳定发展，人民才能安居乐业。

维护经济安全。经济安全是国家安全的基础。维护国家安全，根本上是为了发展经济，更好地满足人民对美好生活的需要。没有经济安全，文化、教育、社会等领域安全也就无从谈起。要坚持中国特色社会主义基本经济制度不动摇，不断完善社会主义市场经济体制，建设现代化经济体系。打好防范化解金融风险这场攻坚战，坚决守住不发生系统性金融风险的底线。把发展实体经济作为重中之重，切实解决核心技术受制于人的问题，增强资源安全保障能力。

维护社会安全。社会安全与人民群众切身利益关系最密切，是人民群众安全感的晴雨表，是社会安定的风向标。随着经济发展、社会进步，人民群众对过上美好生活有更高的期待，对社会安全有更高的标准。要大力推进平安中国建设，完善立体化社会治安防控体系，提高社会治理整体水平，注意从源头上排查化解矛盾纠纷。坚决打击恐怖主义，坚决把暴力恐怖分子的嚣张气焰打下去，坚决挤压暴力恐怖活动空间。加强公共安全工作，妥善应对重大自然灾害和突发事件，加强交通运输、消防、危险化学品等重点领域安全生产治理，坚决遏制重特大安全事故发生，确保人民生命财产安全。讲解案例：我国群众安全感十年来始终保持高位。只有自觉把群众对社会安全的需求作为努力方向，让群众过上更平安的生活，才能不断提升群众的安全感。

维护网络、人工智能、数据安全。当今世界，网络、人工智能、数据安全已经成为我国面临的最复杂、最现实、最严峻的非传统安全问题之一。习近平总书记指出，没有网络安全就没有国家安全，就没有经济社会稳定运行，广大人民群众利益也难以得到保障。互联网的核心技术是国之重器，是我们最大的“命门”，核心技术受制于人是我们最大的隐患。讲解案例：网络安全：妙招巧破 AI 换脸骗局。让学生谈谈自己对网络安全的认识。我们要加强关键信息基础设施网络安全防护，加强网络安全信息统筹机制、手段、平台建设，不断增强网络安全防御能力和威慑能力。加强网络安全预警监测，确保大数据安全，实现全天候全方位感知和有效防护。依法加强网络空间治理，净化网络环境，使网络空间清朗起来。

维护生物安全和公共卫生安全。重大传染病和生物安全风险是事关国家安全和发展、事关社会大局稳定的重大风险挑战。习近平总书记强调：“必须从保护人民健康、保障国家安全、维护国家长治久安的高度,把生物安全纳入国家安全体系”。对此,一要加强国家生物安全风险防控和治理体系建设,织牢织密生物安全风险监测预警网络,提高国家生物安全治理能力。二要健全国家重大疫情监控网络,加快提高疫病防控和公共卫生领域的战略科技力量和战略储备能力

维护外部安全。和平稳定的国际环境和国际秩序是国家安全的重要保障。要坚定奉行独立自主的和平外交政策,坚持走和平发展道路,同世界各国一道,推动构建人类命运共同体。切实维护我国海外利益安全,保护海外中国公民、组织和机构的安全和正当权益,努力形成强有力的海外利益安全保障体系。加强安全领域国际合作,坚决支持国际反恐怖斗争,坚定支持和积极参与联合国维和行动,引导国际社会共同维护国际安全,为全球安全治理不断贡献智慧和力量。

(三)开创新时代国家安全工作新局面

党的二十大首次在党的全国代表大会报告中设专章论述国家安全问题,对推进国家安全体系和能力现代化作出战略部署,这充分体现了新时代新征程国家安全工作在党和国家事业全局中的极端重要性,是我们党与时俱进深化对国家安全工作认识、全面加强国家安全工作的重要标志。

1. 推进国家安全体系和能力现代化

统筹维护和塑造国家安全,必须把推进国家安全体系和能力现代化作为实践要求。一方面,要健全国家安全体系。完善高效权威的国家安全领导体制,完善国家安全法治体系、战略体系、政策体系、风险监测预警体系、国家应急管理体系,完善重点领域安全保障体系和重要专项协调指挥体系。强化经济、重大基础设施、金融、网络、数据、生物、资源、核、太空、海洋等安全保障体系建设。健全反制裁、反干涉、反“长臂管辖”机制,构建全域联动、立体高效的国家安全防护体系。

另一方面,要增强维护国家安全能力。要从实现中华民族伟大复兴的战略高度,全面分析我国国家安全能力的需求所在。着眼维护和塑造国家安全的战

略需要，突出实战实用鲜明导向，更加注重协同高效、法治思维、科技赋能、基层基础，推动各方面建设有机衔接、联动集成。加强重点领域安全能力和海外安全保障能力建设，严密防范系统性安全风险。全面加强国家安全教育，提高各级领导干部统筹发展和安全能力，增强全民国家安全意识和素养，筑牢国家安全人民防线。

讲解案例：日本核污染水排海。针对日本核污水正式排海，中国将如何应对？中方发声：中国政府将采取必要措施，坚定维护海洋环境、食品安全和公众健康。

2. 建设更高水平的平安中国

首先，建设平安中国，是全面建设社会主义现代化国家的重要内容和重要保障。要准确把握平安中国建设面临的新形势新任务，全面提升平安中国建设科学化、社会化、法治化、智能化水平，努力建设治理效能更强、安全稳定局面更巩固、人民更满意的平安中国。首先，要努力建设治理效能更强的平安中国。坚持安全第一、预防为主，建立大安全大应急框架，完善公共安全体系，推动公共安全治理模式由以事后处置为主向以事前预防为主转型。其次，要努力建设安全稳定局面更巩固的平安中国。社会更加安全稳定有序，是检验更高水平的平安中国建设成效的重要标志。最后，要努力建设人民更满意的平安中国。主动顺应人民群众对美好生活的向往，以更优的平安"供给"解决好老百姓急难愁盼问题，全方位提升守护群众平安、保障群众权益的层次和水平。坚持以群众期盼为导向，更快破大案、更多破小案、更准办好案、更好控发案，切实保护人民群众人身权、财产权、人格权。

讲解案例：《2022 中国青年反诈报告》，让学生了解面对日益多样的诈骗形式，反诈宣传教育也在不断升级，进一步提高学生的反诈意识。

3. 提高防范和化解重大风险能力

当前和今后一个时期是我国各类矛盾和风险易发期，各种风险挑战不断积累甚至集中显露。我们面临的风险是多方面的，各种矛盾风险挑战源、各类矛盾风险挑战点相互交织、相互作用。因此，我们要下好防范风险挑战的"先手棋”，否则会危及党的执政地位、危及国家安全。

首先要坚持底线思维和极限思维。要坚持全面分析国际国内形势，既要看到成绩和机遇，更要看到短板和不足、困难和挑战，看到形势发展变化给我们带来的新的风险挑战。其次，要下好先手棋、打好主动仗。播放视频：《中华人民共和国香港特别行政区维护国家安全法》维护香港稳定。2019 年发生的“修例风波”，严重冲击了香港经济社会发展，对我国政治安全构成了威胁隐患。“港版国安法”生效后，有效惩治和防范了危害国家安全的罪行，迅速恢复了社会稳定，显现拨乱反正的强大威力。最后，运用制度威力应对风险挑战的冲击。坚定不移

深化改革，健全各方面制度，完善治理体系，促进制度建设和治理效能更好转化融合；要提高风险化解能力，善于引导群众、组织群众，善于整合各方力量、科学排兵布阵，有效予以处理；完善风险防控机制，建立健全风险研判机制、决策风险评估机制、风险防控协同机制和风险防控责任机制，把防范化解重大风险工作做实做细做好。

三、教学特点与成效

加强国家安全教育是每一位公民的义务，高职院校开展国家安全教育能够培养学生的社会责任感，激发学生的爱国热情；同时，学生在未来走向工作岗位后，只有具备国家安全意识，才能更深层次地思考国家安全与个人利益的关系，才能更好地了解并坚守职业底线。一方面，职业教育非常注重学生的实践操作和实际应用，在具体的讲授过程中，要结合各专业安全工作要求，引导学生主动思考和分享自己专业领域中可能涉及的安全新形势、新变化、新特点，把总体国家安全观融入到学习不同学科的学生中，使学生听得懂、记得住、用得好，培养学生安全意识，提升学生安全素养，实现总体国家安全观在学生心中落地生根。另一方面，2024 年是习近平总书记提出总体国家安全观的十周年，今年的 4 月 15 日也是第九个国家安全教育日。在授课过程中，要善于利用这

一教育契机，结合学校举办的各式各样的“国家安全教育日”类知识答题、主题班会等活动，引导学生牢固树立国家安全观念，增强国家安全意识。此外，天津美术馆正举办“新时代大学生国家安全主题艺术作品展”，可以利用这一外出实践参观的时机，加深学生对当前国家安全形势的了解，培养自觉维护国家安全的责任感、使命感。

在本章内容的学习后，通过布置课后习题的测验，发现学生基本了解了总体国家安全观的提出背景与内容，以及维护重点领域国家安全的内容，能分清或者辨别一些影响国家安全方面的行为，能清楚地认识到国家安全对我们的重要性。同时，在开展主题班会时，通过学生们的发言、谈论自己对国家安全的理解，分享在日常生活中遇到的安全问题及应对措施，基本可以得出，通过该章的学习，学生提升了维护国家安全的意识，深刻理解了国家利益和国家安全高于一切，能做到自觉抵制危害国家安全的行为并积极与其做斗争。

在该章的授课过程中，针对重难点问题，结合学生学习基础，采用了多媒体教学方式，通过案例分析和视频讲解等形式进行授课，并将班级学生分小组进行讨论互动，引导学生分享在日常生活中遇到的安全问题及应对措施，进一步加深学生对国家安全知识的理解和运用，一方面增加课堂的互动性和参与率，另一方面提升学生的分析概括能力。此外，学校还组织学生参观天津市大学生国家安全主题艺术作品展，有利于进一步增强大学生维护国家安全的责任感与使命感，激发学生的爱国主义情感。

第三十一章

建设巩固国防和强大人民军队

以习近平新时代中国特色社会主义思想概论课程第十四章教学为例

习近平新时代中国特色社会主义思想概论课程第十四章专题讲述“建设巩固国防和强大人民军队”，主要向学生讲清楚强军梦承载的是使命，映照的是时代，追求的是和平，体现的是自觉、自信、自强。强军梦深刻体现着中国军人的崇高理想，深刻反映着人民军队的光荣传统；强军梦的战略任务，就是要建设与我国国际地位相称、与国家安全和发展利益相适应的巩固国防和强大军队；强军梦的根本目的，就是要保障中华民族的伟大复兴，支撑和平发展，维护世界和平。

一、设计原则

本课程设计的原则为问题导向，按照“分—总”结构三部分进行设计：第一部分介绍为什么要建设巩固国防和强大人民军队（难点）？重点回答社会中对国防和军队建设在新时代的重要性，突出国防和军队建设的“压舱石”作用。第二部分介绍怎样建设巩固国防和强大人民军队（重点），结合习近平强军思想的“十一个明确”，按照强军之魂、强军之要、强军之基三个板块进行归类，方便广大青年学生深化理解，针对广大青年大学生中存在的错误认知，诸如军队“非党化”“非政治化”“军队国家化”等观点进行驳斥。第三部分介绍新时代国防和军队建设取得的重大成就，人民军队实现整体性革命性重塑，遂行使命任务的能力有了极大提高，特别要结合学习主体是高职院校学生的身份，发出投身强军事业的呼吁，并给出具体路径。结语部分运用习近平总书记的重要论述进行课程总结，起到画龙点睛的作用。

“十一个明确”按类型可划分为三个板块：一是强军之魂板块：关于强国必须强军，关于实现党在新时代的强军目标，关于坚持党对人民军队的绝对领导；二是强军之要板块：关于全面提高新时代备战打仗能力，关于推动我军高质量发展，关于深化国防和军队改革，关于加快国防科技创新，关于锻造高素质专业化新型军事人才，关于构建一体化国家战略体系和能力；三是强军之基板块：关于弘扬我党我军光荣传统和优良作风，关于提高国防和军队建设法治化水平。

二、教法选择

在具体教法上，采用讲授法为主，案例分析法、讨论法为辅的方式进行，在每一部分的起始抛出问题，吸引学生对问题的关注，随后转入讲授法进行理论精讲，案例分析穿插其中，作为讲授内容的补充与印证，增加说服力。在每一部分内容结束前，连结起始抛出的问题，让学习主体能够在深入理解后得到不一样的启示。不仅在整体设计上有总结，在每一部分内部也要前后呼应，形成逻辑闭环。授课过程中充分考虑职校生的特点，“小切口”阐释“大道理”，选择高职院校学生投身国防的正面案例增强高职学子的主人翁意识和社会责任感。

在具体章节设置上，参考2022年教育部高教司统一下发推荐使用的《习近平新时代中国特色社会主义思想概论》课件，在保留原有主干的前提下，调整个别表述，更新案例，特别是充分考虑高职院校学生的理论水平、认知特点，将原高教司推荐课件中的第三部分“人民军队怎样捍卫国家主权、安全、发展利益”改为“新时代国防和军队建设取得的重大成果”。具体如下：

(一)课程导入

(二)为什么要建设一支强大人民军队(难点)

1. 国际战略形势发生深刻变化。

2. 我国处于由大向强发展的关键阶段。

3. 国际军事竞争日趋激烈。

4. 我军需要一场革命性变革。

(三)怎样建设巩固国防和强大人民军队(重点)

1. 确立党在新时代的强军目标。

2. 贯彻政治建军方略。

3. 深化国防和军队改革。

4. 聚焦能打胜仗练兵备战。

(四)新时代国防和军队建设取得的重大成果

1. 人民军队实现整体性革命性重塑。

2. 新时代人民军队使命任务。

3. 坚定灵活开展军事斗争。

4. 积极遂行重大任务。

(五)课堂练习

(六)课堂小结

三、教学导入设计要点

思政课程如何针对高职学生的特点进行有效导入,一直以来是业界同仁研究的热点领域。本研究根据文献记录,发现前人总结了不下 10 种课堂导入方法,[①] 所谓“教无定法”,在参考前人留下的经验之时,思政课导入方法也应该随着时代前进而有所创新,此种创新除了不断探索新方法外,也应包括对于

① 刘利娜:《高职思政课导入设计浅议》,《吕梁教育学院学报》2021 年第 4 期。

原有方法内涵和外延的不断发掘。根据笔者的思路，本次课堂导入可以参考以下方式——以政策解读为导入，但选取政策解读的角度一定要巧妙，具体如下：

（教师讲授）

专科生当兵，在部队有 3 次机会成为"军官"。

最近几年大学生参军入伍是越来越普遍，其中就包括专科生、普通本科生和重点大学学生。大学生参军入伍是社会发展的趋势，这不仅是军队现代化的需要，也是国家对大学生参军相关政策优厚的表现。

但是，我想一定有同学对下面这个问题感兴趣——我能否通过自己的努力成为一名军官？根据目前政策，有下列 3 次机会：

第一次，在校大学生参军入伍，义务兵第二年的时候考军校；

第二次，义务兵转士官之后，下士第一年还有机会考军校；

第三次，在校大专生在部队被保送入学（提干）。

之所以采取这种导入方式，是因为看到广大高职学生群体中有着保家卫国、建功立业的思想动机，也有着对军官这一为社会高度认可身份的向往。作为教师，如果能为学生进行政策解读，势必会引起学生的高度关注。同时也应该注意因势利导，在解读完政策后，还应引导广大青年学生党和国家一系列优惠政策的背后，离不开习近平强军思想的正确指引，继而转入课程。

四、难点教学内容设计要点

关于为什么要建设一支强大人民军队，在教学内容设计中要本着让学生充分理解国防与军队建设与人民群众幸福生活之间的关系，让学生充分理解国防建设与经济建设二者相辅相成的关系，让学生充分理解抓住军事斗争领域主动权与实现中华民族伟大复兴的关系，最终要实现的目的是把学生自己"摆进来"，让网民们认识到——国防和军队建设与"我"有关，这样才能激发起学生对于新时代强军目标的认同。下面选择第一节第 3 目示范讲义，展示如下：

（教师讲授）

同学们，接下来我们了解第三点——国际军事竞争日趋激烈。世界新军事革命加速发展，军事技术和战争形态发生革命性变化，军事竞争战略主动权的争夺更加激烈。

这场世界新军事革命给我军提供了难得的历史机遇，同时也提出了严峻挑战。机遇稍纵即逝，抓住了就能乘势而上，抓不住就可能错过整整一个时代。

世界新军事革命正加速推进。这场军事领域的变革以信息化为核心，以军事战略、军事技术、作战思想、作战力量、组织体制和军事管理创新为基本内容，以重塑军事体系为主要目标，其速度之快、范围之广、程度之深、影响之大，为第二次世界大战结束以来所罕见。

武器装备远程精确化、智能化、隐身化、无人化趋势更加明显，战争形态加速向信息化战争演变，智能化战争初现端倪。我军必须加快推进中国特色军事变革，缩小同世界强国在军事实力上的差距，掌握军事竞争战略主动权。接下来给大家介绍一下这场开启智能化战争之门的军事冲突：

“纳卡（纳戈尔诺－卡拉巴赫）冲突”打开了智能化战争的大门。2020年，阿塞拜疆与亚美尼亚发生“纳卡冲突”，双方大范围使用无人机和反无人机作战，为打击对方提供高精度的目标位置信息和战斗毁伤评估信息。

这场军事冲突给我们勾画了未来智能化战争的场景：1. 智能化作战体系成为主要力量形态。人的智能移植到了武器上。人与武器实现高度一体化，智能化作战体系的核心要义在于“人类指挥、机器自主、网络支撑”。2. 自主作战成为主要作战方式。智能化作战系统广泛应用于装备部队，并逐渐成为战场的主要作战力量，自主作战上升为主要作战方式，从自主、规模、弹性、认知等方面深刻改变着作战样式。3.“制智权”成为战争核心制权。“制智权”成为战争制权争夺的核心，智能主导、自主驭能、以智谋胜将成为智能化战争的基本法则。那么，我军是否抓住了战争形态新的变化态势了呢？

《解放军报》在2022年10月7日头版刊文介绍了空军航空兵某无人机团事迹。作为全军首支察打一体无人机部队，在某次重大任务中，他们操控无人

机连续高强度飞行，刷新了最长在空和最高强度的历史纪录，并侦察拍摄到高价值影像。（插入图片：我军首支察打一体无人机部队）

这段新闻虽然不长，但蕴含的信息量很大，说明了我军已经拥有属于自己的无人机部队，且形成了战斗力。就此我们可以吃下一颗“定心丸”，我们在紧跟世界军事发展的潮流。

不仅是我国，各主要国家纷纷加快军事变革。美国、俄罗斯、英国、法国、德国、日本、印度等国家纷纷采取新的重大军事举措，加紧推进军事转型。在这里我们以美国的“三次抵消”战略为例，了解一下美方的战略意图。

美国“三次抵消”战略：第三次“抵消战略”是在美国加速推进亚太“再平衡”战略背景下提出的，旨在通过发展新的军事技术和作战概念以“改变游戏规则和未来战局”，使美军在未来几十年内与主要对手的新一轮军事竞争中保持绝对优势，主要针对中俄等国日益提升的军事能力特别是所谓的我军“反介入／区域拒止”能力。此轮“抵消战略”的五个关键技术领域包括：具有自主学习能力的机器、人机协作、人类作战行动辅助系统、先进有人／无人作战编组、针对网络（攻击）和电子战环境进行加固的网络赋能自主武器等。以上的军事术语比较专业，大家听起来比较陌生，但我们要看到对方的战略意图——一旦我们对台湾实施“武统”，美军是极有可能干涉的。

通过上述示范讲义，让学生深刻理解每一次军事科技的进步，每一次战争形态的演进，抓住战略主动权的国家能够在接下来的一段历史时期有效捍卫自身的主权、安全、发展利益，而没有抓住战略主动权的国家则反之。

五、重点教学内容设计要点

第二节是本次课的重点，设计教学时间为 40 分钟，约占整个教学进程的一半，之所以选择第二节作为重点，是因为第二节的题目即为巩固国防和强大人民军队的方法论，提示学生我们正在做什么，而非不断呼吁国防和军队的重要性现实却“纸上谈兵”。

在这一节的内容中，必须从理论上将听党指挥的道理讲清楚，专门针对个别学生尽管能够认同建设巩固国防和强大人民军队的重要性，但否定党指挥枪的原则。要把党对人民军队的绝对领导这一军魂讲明白，这里就要涉及一个经典问题——对一段时间网络上流行的军队“非党化”“非政治化”“军队国家化”谬论进行驳斥，驳斥的方法为——指出上述“三化”的虚伪性，具体展示如下：

（教师讲授）

刚才我们讲完了党缔造人民军队的历史，明白了党绝对领导人民军队的历史逻辑和现实逻辑。可能个别同学在内心深处还无法完全认同，甚至认为军队应该实行“非党化”“非政治化”“军队国家化”，但老师在这里告诉大家，我们必须旗帜鲜明地反对以上错误观点。

进入 21 世纪，随着我国互联网的普及，一些打着军队应该“非党化”“非政治化”“军队国家化”的观点甚嚣尘上，蒙蔽了相当一部分青年网民，其中包括部分青年大学生。更有甚者，个别高校教师在课堂上公然支持此类错误言论，产生了极其恶劣的影响！那么此类言论的错误究竟在哪里？又该如何反击这类言论呢？接下来咱们进行详细分析。

表面上看，“非党化”“非政治化”“军队国家化”是三个议题，但实质上这三个议题是一致的，共同的目的是否定党对人民军队的绝对领导——这一我军不变的军魂，离间人民军队和人民之间的鱼水情。这样的议题具有极大的迷惑性，他们可以援引西方发达国家的军队的例子，来鼓吹上述“三化”的正确性，但问题是，真的如他们所说，西方发达国家真的实现了所谓“三化”吗？当我们认真研究历史会发现，这不是事实！

军队“非党化”“非政治化”“军队国家化”意味着军队不应该接受政党的领导，应该不问政治，从属于国家政权，仅履行国防义务。那么，我们不妨看看事实真的是不是如他们所说。

事实上，西方发达国家，准确地说是西方发达资本主义国家的军队，从诞生的那一天起——就与资产阶级政党、与政治斗争密切相关，是资产阶级镇压劳动人民、对外侵略扩张的工具。

（插入图片：新模范军）世界上第一支真正意义上的资产阶级军队，是英国内战期间克伦威尔1645年组建的新模范军，组建这支军队的目的，就是为了击败忠于国王的贵族军队，全军实行统一的军服，统一的纪律，统一的编制，招募自耕农和手工业者作为兵源，国会专门拨出4.5万镑作为军费，正是依靠这样一支职业军队，才使得英国的资产阶级能够战胜封建国王，夺取政权，建立自己的统治。由此我们不难看出，资产阶级的军队从创立伊始，就有着明确的政治目的，就是资产阶级夺取政权的工具，那又何谈军队的"非政治化"？

也许有人会说，即使如此，那军队接受政党的领导而不是国家政权的领导，也无非是"党军"而非"国军"，这样的国家一定没有民主可言。

这样讲实则大谬不然，从表面上看，资本主义国家的军队从表面上看不在某个政党的直接领导指挥下，但实际上服从于整体的资产阶级政党指挥。以美国为例，作为一个典型的两党制国家，共和党与民主党均为资产阶级利益的代表，而无论哪一个政党上台执政，美军都是其手中维护统治的工具，不仅仅是用于侵略，也用于镇压本国人民。接下来让我们看一段纪录片，为大家揭示一段鲜为人知的历史：

（播放视频）

播放北京卫视《档案》节目纪录片《华盛顿惨案》（3分钟）

（教师讲授）

相信在座各位同学对短片中的历史并不熟悉，但不能否认它的真实性，这段历史不仅是美国历史上耻辱的一页，也是麦克阿瑟、艾森豪威尔、巴顿这些曾经被捧上神坛的二战名将军事生涯中无法抹去的污点，而时任美国总统的共和党人胡佛更是将自己钉在了历史的耻辱柱上——亲自下令美军镇压退伍老兵！更是给了自诩"民主灯塔"的美国响亮的一记耳光！当我们了解了这一段历史之后，结合20世纪、21世纪美军在世界各地犯下的战争罪行，以及背后赚得盆满钵满的资产阶级，我们还会认为资本主义国家的军队是不受政党领导的吗？

相信大家看到这里，应该对军队"非党化""非政治化""军队国家化"的谬误有了更深的认知，接下来让我们乘胜追击，彻底击碎“三化”谬论。其实我们前面击碎了军队“非党化”“非政治化”的谎言，“军队国家化”也就难以自圆其说了，持“军队国家化”观点的人恰恰忘记了现代国家一个重要的标志就是政党政治，政党领导国家恰恰是历史进步性的体现！军队作为现代国家的统治工具，自然要受到执政党的领导，这是完全符合逻辑的，怎么就能被网上的言论一“忽悠”，就被蒙蔽了双眼呢？其实军队自诞生的那天起，就是统治阶级维护统治的暴力工具，在政党政治出现之前，是服务于封建王（皇）权的，纯而又纯的、抽象的“军队国家化”，是从来没有过的。

讲到这里，我们不难发现，所谓的“三化”言论的提出是别有用心的，目的在于我们前面提到的结论——否定党对人民军队的绝对领导——这一我军不变的军魂，离间人民军队和人民之间的鱼水情。希望借这样的话题，离间我们党和人民军队的关系，离间党和人民的关系，离间人民和人民军队的关系，用心何其毒也？作为社会主义国家，党和人民、人民军队之间的关系是不可分割的，全心全意为人民服务，既是我们党的宗旨，也是人民军队的宗旨，所以人民群众才会把“人民子弟兵”这个光荣的名字授予人民军队。敌对势力之所以想用这样的言论离间我们，就是他们每时每刻都妄想颠覆中国共产党的领导，颠覆社会主义制度，就是因为他们害怕强大的人民军队，这一保卫党的领导地位和人民当家作主的坚强柱石！

我们这支军队是中国共产党缔造和领导的人民军队，是执行党的政治任务的武装集团，从不讳言自己的政治属性，从不否认我军是为无产阶级政治、为无产阶级利益服务的。我们要充分认清“使军队不问政治”这一论调在理论和实践上的荒谬性、虚伪性、欺骗性和危害性，毫不动摇地坚持党对人民军队的绝对领导，永远保持人民军队的政治本色，无条件执行党赋予的使命任务，确保人民军队始终高举旗帜、维护核心、听党指挥。

同学们，讲到这里，对于军队“非党化”“非政治化”“军队国家化”的错误言论究竟错在哪里，同学们应当充分了解掌握了，老师问大家一个问题，请同学们根据之前讲授的内容，结合自身的思考进行回答，这个问题关系到我们后续内容的讲授：

（课上提问环节）

解放战争时期，我们党领导的八路军、新四军陆续改名、统一整编为中国人民解放军，但是已经过去了70多年，中国人民解放军从一支推翻国民党反动统治的革命军队，转变成了“巩固国防，抵抗侵略，捍卫中华人民共和国和社会主义制度，保卫人民和平劳动，全心全意为人民服务”（注释：出自《中国人民解放军内务条令》第一章第4条）的现代化武装力量，那么为什么还沿用“解放军”这一名称呢?

最有效地回复问题的方法在于正面回复，在课堂上理直气壮地讲好听党指挥这一军魂就是维护中国共产党这一最高政治领导力量。“三化”虽然表面上极具鼓动性，但没有一样是符合事实的，就是编造出来的虚伪概念，这一点一定要给学生讲清楚。

在重点节的授课中，很容易成为亮点的除了上述提到的驳斥“三化”，新时代国防和军队的现代化改革也很容易成为亮点内容，一是国防和军队改革对社会高度重视，二是与军事理论课高度关联，三是为学生参军入伍和职业发展提供新的机会。综上所述有必要在这一点上付出更多笔墨，参考如下示范：

（教师讲授）

搞好深化国防和军队改革的顶层设计。深化国防和军队改革是一场回避不了的大考。不改革军队是打不了仗、打不了胜仗的，要树立向改革要战斗力的思想。2013年11月，党的十八届三中全会把深化国防和军队改革单列为一个部分写入全会决定中，纳入全面深化改革总体布局、上升为党的意志和国家行为，这在党的历史上是首次。新一轮军改大幕徐徐拉开。2015年11月，中央军委改革工作会议召开，对深化国防和军队改革进行总体部署。2016年1月，印发《中央军委关于深化国防和军队改革的意见》。具体实施分为以下三步，即“三大战役”。

第一大战役：领导指挥体制改革，重在解决体制性障碍（2015年底开始），本着军委管总、战区主战、军种主建的总原则进行改革。

第二大战役：压茬推进规模结构和力量编成改革，重在解决结构性矛盾（2016 年底开始）：压规模：军队现役总员额由 230 万减至 200 万，总规模下来，但作战部队人员不减反增。调结构：优化军兵种结构，打造以精锐作战力量为主体的联合作战力量体系。大幅提高新质战斗力比重，增加特种作战、立体攻防、两栖作战、远海防卫、战略投送等新型作战力量。

第三大战役：深化政策制度改革，重在解决政策性问题（2018 年底开始）包括深化军队党的建设制度改革、创新军事力量运用政策制度、重塑军事力量建设政策制度、改革军事管理政策制度四项战略举措。目的是形成基于联合、平战一体的军事力量运用政策制度。形成聚焦打仗、激励创新、军民融合的军事力量建设政策制度。让一切战斗力要素的活力竞相迸发，让一切军队现代化建设的源泉充分涌流。

在这里给大家介绍一个案例，也是新时代以来国防和军队改革创新的产物——文职人员制度。中国人民解放军文职人员，是指在军民通用、非直接参与作战且社会化保障不宜承担的军队编制岗位从事管理工作和专业技术工作的非现役人员，是军队人员的组成部分。分为管理岗位、专业技术岗位、专业技能岗位，军队实行面向社会公开招考、直接引进和现役军人转改相结合的文职人员招录聘用制度。之所以在这里给大家专门讲一下文职人员，是想给大家提供一个新的选择，军队呼唤人才，特别是专业技能人才，文职人员制度的建立为咱们高职院校学生在就业中提供了一个新的选择。

六、新时代国防和军队建设取得的重大成果设计要点

此节为展示环节，不需要占用太多的教学时间，把控在 10 至 15 分钟时间为宜，设计要点一定要通过成果的展示，增强学生的“四个自信”和朴素的、作为一名中国人的自豪感，产生“人民军队行”这样的感性认识。因此，本节的思路为：摆事实、亮成绩、强信心、树情感。下面将以第三节第三目坚定灵活展开军事斗争为例，介绍示范讲义如下：

（教师讲授）

人民军队有效应对外部军事挑衅，震慑“台独”分裂行径，遂行边防斗争、海上维权、反恐维稳、抢险救灾、抗击疫情、维和护航、人道主义救援和国际军事合作等重大任务，以顽强斗争精神和实际行动捍卫了国家主权、安全、发展利益。具体包括以下几个方面：

维护边防安全稳定，加强边境管控和反蚕食斗争，在 2020 年 6 月的边防斗争中，我边防指战员涌现出五位卫国戍边英雄——祁发宝、陈红军、陈祥榕、肖思远、王焯冉，其中陈祥榕烈士留下这样一句话：“清澈的爱，只为中国！”

震慑“台独”分裂行径。着眼捍卫国家统一，加强以海上方向为重点的军事斗争准备，组织舰机“绕岛巡航”，对“台独”分裂势力发出严正警告。针对美国国会众议院议长佩洛西 2022 年 8 月 2 日执意窜访台湾地区，中国人民解放军高度戒备，展开一系列针对性军事行动予以反制，坚决捍卫国家主权和领土完整，坚决挫败外部势力干涉和“台独”分裂图谋。

应对海上安全威胁和侵权挑衅行为。组织东海、南海、黄海等重要海区和岛礁警戒防卫，划设东海防空识别区，组织南海常态化战斗巡航，掌握周边海上态势，组织海上联合维权执法，妥善处置海空情况，坚决应对海上安全威胁和侵权挑衅行为。

（插入图片：南昌舰荣获“时代楷模”称号）2024 年 1 月 7 日，中央电视台《时代楷模发布厅》节目发布南昌舰党委先进事迹，其中介绍了一次南昌舰与外军航母编队“扳手腕”的经历。

报道中提到，2022 年 5 月，正在西太平洋伴随航母编队执行远海训练任务的南昌舰接到指令，作为航母编队“哨舰”独自前出近百海里，直面外军航母编队，承担态势侦搜任务，这是南昌舰首次遇到外军航母编队。

面对外军舰机长时间高强度的抵近滋扰，南昌舰拉响战斗警报，拿“敌”练兵，在远海大洋与对手斗智斗勇，拓展了防御纵深，保证了机动空间，有效履行了航母编队“带刀护卫”的神圣职责。经此一“役”，南昌舰具备了与强敌对手“扳手腕”的信心和底气。

在此部分案例的选择中，可供选择的样本很多，但一定要选择与世界上一流军事强国的“掰手腕”才能尽显新时代我军我军军事斗争准备的最高水平，我军近年来新质战斗力培育的最新成果，这样的例子具有不可取代性，应成为整节教学设计中的亮点，类似于话剧中的“压轴戏”。

最精彩的“压轴戏”结束后，还应以较为平缓的节奏将学习者拉回现实、产生思考、巩固本次课的教学目标，也为将学生自己“摆进去”创造了合适的时机，对于高职院校的思政课而言，此时应不失时机地将职校人献身国防和军队建设的先进事迹介绍给学生，特别发掘属于本校的例子，例如笔者所任教的天津机电职业技术学院在支持我国国防和军队建设方面取得的一系列成绩，非常适合利用这一时机进行宣传。比如下列片段：

（教师讲授）

我校2016年被教育部评为首批“全国国防教育特色学校”，是天津市唯一入选高职院校。2019年学校与红桥区人民武装部等机关签订了共建共育国防预储班协议，正式组建国防预储班。2017到2021年7次被天津市红桥区人民政府等评为“征兵工作先进单位”“年度征兵工作先进高校”等荣誉。今年3月15日，我校又有一批大学生应征入伍，把政治素质好、组织纪律观念强的优秀大学生送到部队去学习成长锻炼，为建设巩固国防和强大人民军队贡献了机电力量。

七、课堂练习设计要点

在职业院校的课程设计中，课堂练习环节非常重要，通过这样的方式让学生提升参与力度，进而不断强化作为学习主体的潜意识自觉，也同时引导学生回忆今天课程中学过的知识点，巩固对知识的记忆。课堂习题的形式建议以选择题为主，出题范围要紧贴重点知识，可以采取先易后难，先单选再多选的形式进行，数量建议3—5个之间，以便控制整个教学时长。以下为课堂练习题样例：

（课堂习题）

1.【单选】党在新时代的强军目标是建设一支听党指挥、能打胜仗、（　）的人民军队，把人民军队建设成为世界一流军队。

A 作风扎实　B 作风正派　C 作风优良　D 作风良好

2.【单选】建成世界一流军队，我们有着严格的路线图，到 2027 年，要实现建军一百年奋斗目标；到 2035 年，基本实现（　）；到本世纪中叶，把人民军队全面建成世界一流军队。

A 国防现代化　B 军事现代化　C 装备现代化　D 国防和军队现代化

3.【单选】（　）在党领导军队的一整套制度体系中处于最高层次、居于统领地位。

A 军委主席负责制　B 政治工作制

C 政治委员制　D 党委领导下的分工负责制

4.【多选】新时代军队领导指挥体制改革的总原则是（　）

A 军委管总　B 战区主战　C 军种主建　D 兵种主建

5.【多选】新时代人民军队使命任务是（　）

A 为巩固中国共产党领导和我国社会主义制度提供战略支撑

B 为捍卫国家主权、统一、领土完整提供战略支撑

C 为维护我国海外利益提供战略支撑

D 为促进世界和平与发展提供战略支撑

E 为维护世界和平与促进共同发展发挥重要作用

八、课堂小结设计要点

课堂小结在教学设计中的重要性往往被低估，往往流于形式，学生无法从容深刻地将一节课所学的内容和学习感受表达出来。[①] 事实上，课堂小结的作

① 徐海虎：《关于“赛课”教学的几点困惑与思考》，《教学之友》2023 年第 21 期。

用可以加强学生的元认知，帮助学生构建起树状的知识结构，帮助学生不断提升自我认知与反思的能力。如果换一种表述方式，就是课堂小结必须做到用一句话高度凝练出本次课的教学内容，用一张思维导图呈现出本次课的知识结构，即笔者在前文中所提到的“分一总”结构，笔者尝试用这样的表述进行：

强国必须强军，军强才能国安。党的十八大以来，党中央和中央军委就加快国防和军队现代化作出一系列战略谋划和部署，引领全军开创了强军事业新局面。在全面建设社会主义现代化国家、实现第二个百年奋斗目标的历史进程中，必须把国防和军队建设摆在更加重要的位置，加快建设巩固国防和强大军队。

九、结论

综上所述，本节教学内容要求具备一定的军事素养，要求对国防和军队现代化建设保持关注。从笔者与行业同仁的交流中发现，很多教师在面对本节时往往无从下手，主要原因是因为对国防和军队缺乏足够了解。希望通过本文，能为同仁提供一些有益的参考，也同时希望能够加强对思政教师相关知识的培训，特别是期望军队院校的思政课同仁能为我们多传授经验，开拓思路，共同为实现立德树人的根本目标站好讲台，守好“责任田”。

第五篇　借鉴参考篇

第三十二章

国外职业教育及其中的职业素养教育

研究职业教育与思政教育的统一，可以借鉴国际上发达国家关于在职业教育中注重职业素养教育的具体做法。这些做法又与其职业教育本身的特点相关。

一、国外职业教育理论探究

（一）国外职业教育起源与发展进程

职业教育，早在19世纪末20世纪初的德国和美国就已崭露头角。随着工业化的浪潮滚滚而来，社会对劳动者的需求不再仅仅是简单的体力劳动，而是需要具备一定专业技能和知识的新型工人。于是，职业教育应运而生，它旨在培养能够适应工业化发展、具备实际操作能力的劳动者。从世界范围来看，发达国家的职业教育是由传统的学徒制逐步转化为以传授科学生产原理和职业技术为主要内容的现代职业教育，并进一步演变为各发达工业化国家教育体系的重要组成部分。这一过程分为四个阶段，第一阶段是在18世纪工业革命以前，职业教育实行原始的学徒制度，没有形成严格意义上的职业教育立法；第二阶段是第一次工业革命后到20世纪初，学徒制度被初级职业技术教育所取代，第二次工业革命时期产生了中等职业教育，职业教育立法也随之产生，但多是单向性法律；第三阶段是20世纪初至第二次世界大战前后，招收初中生的中等职业技术教育机构应运而生，职业技术教育立法也随之趋向系统化；第四阶段是二战后至今,新的技术革命催生出对接受过高等职业教育者的大量需求,职业教育立法也随之大量涌现。

二战后,全球经济格局发生了深刻变革,各国都面临着重建家园、发展经济的艰巨任务。在这一背景下,职业教育迎来了前所未有的发展机遇。特别是在发达国家,职业教育开始向高等教育层次移动,高等职业教育进入了高速发展时期。以美国为例,二战后,以高等职业教育为主要职能的社区学院和其他短期中等后职业教育机构如雨后春笋般涌现。在政府的政策鼓励和经费支持下,这些机构的学生数量迅速增长。据统计,从 1960 年到 1995 年,接受高等职业教育的学生数量增长了 12.8 倍,而同一时期四年制院校的学生数量仅增长了 3.2 倍。这一数据足以说明高等职业教育在美国的强劲发展势头。英国的情况也类似。二战后,多数高等技术学院获得大学特许状,开始向技术大学过渡。到 1972 年,英国共有 30 所多科技术学院诞生。这些学院不仅培养了大量高素质的技术人才,也为英国的经济社会发展注入了强劲动力。

(二)若干发达国家职业教育办学模式

职业教育作为培养实用型人才的重要阵地,越来越受到各国的重视。通过对德国、英国、日本这几个职业教育发达国家的比较研究,探究他们各自的办学模式,能给我们的职业教育发展带来启示。

德国,双元制,理论与实践并重。德国职业教育以“双元制”闻名于世,这是一种企业与学校合作、工学结合的职业教育模式。学生在学校学习理论知识,同时在企业进行实践操作,实现了从学校到企业的无缝对接。这种模式注重实用技能的培养,使得德国毕业生在就业市场上备受欢迎。英国,职业导向,注重行业需求。英国职业教育则更加注重行业需求,课程设置紧密贴合市场变化。英国的职业培训机构与企业保持紧密合作,及时捕捉行业动态,根据企业需要调整课程内容。此外,英国还鼓励学生在校期间积累工作经验,通过实习、兼职等方式,让学生更好地了解职场环境,提高就业竞争力。日本,技能传承,匠心独运。日本职业教育强调技能传承和匠心独运。在日本,许多职业学校都拥有悠久的历史和深厚的文化底蕴,注重培养学生的工匠精神和职业素养。此外,日本还非常注重师徒制度的传承,许多技艺精湛的老匠人将自己的经验和技能传授给年轻一代,使得日本的传统技艺得以延续和发扬。

德国、英国、日本三个国家在职业教育办学模式上各有所长。德国的双元制模式注重实用技能的培养,英国的职业导向模式更加贴近市场需求,而日本则强调技能传承和匠心独运。这些不同的办学模式都为国家培养了大量优秀人才,推动了各自国家的经济发展和社会进步。

(三)国外职业教育教师队伍建设

在知识经济的浪潮中,职业教育成为连接学校与职场、理论与实践的桥梁。进入新世纪以来,国外职业院校的教师队伍建设有以下 4 个特征。

1. 严格准入,确保高质量师资

国外职业院校普遍实行严格的教师准入制度。以德国为例,其职业学校教师不仅需要具备扎实的专业理论基础,还必须拥有丰富的实践经验和熟练的专业技能。这种准入标准确保了教师队伍的整体素质,为培养高质量的技术技能人才奠定了坚实基础。

2. 持续培训,助力教师成长

国外职业院校注重教师的职前培养与职后培训。许多国家设立了专门的培训机构和课程,如波兰的教师培训学院、爱尔兰的职业教育师资培养机构等,为教师的专业持续性发展提供有力支持。此外,一些国家还将参加持续性发展课程作为教师工资奖金的考核标准,进一步激发了教师的学习热情。

3. 兼职教师,引入行业精英

国外职业院校普遍采用专兼职相结合的教师队伍模式。以德国为例,其职业学校的兼职教师大部分来自企业,他们带来了丰富的实践经验和最新的行业动态,有效弥补了专职教师在实践教学方面的不足。这种模式不仅丰富了教学内容,也为学生提供了更多接触实际工作的机会。

4. 评价激励,激发教师动力

国外职业院校建立了完善的评价和激励机制。通过设立教学成果奖、优秀教师奖等奖项,激励教师不断进取、追求卓越。同时,他们还注重教师的个人发展，为教师提供广阔的发展空间和职业晋升机会，让教师在工作中实现自我价值。

进入新世纪以来，国外职业院校在教师队伍建设方面取得了显著成果。他们通过严格准入、持续培训、引入兼职教师、评价激励等措施，打造了一支高素质、专业化的教师队伍。这些成功经验对于我国职业院校教师队伍建设具有重要的借鉴意义。

（四）国外职业教育质量保障体系建设与实施

1. 英国职业教育：标准引领，质量为王

英国职业教育以其严格的标准和高质量的教学而闻名于世。英国政府制定了详细的职业教育标准，确保学生在学习过程中能够掌握扎实的专业知识和实践技能。同时，英国职业教育机构还积极与企业和行业合作，不断调整和优化课程设置，以满足市场需求。此外，英国职业教育还注重培养学生的创新能力和团队协作能力，为他们未来的职业生涯奠定坚实基础。

2. 德国职业教育：双元制教育，理实并重

德国职业教育以“双元制”教育模式著称于世。这种教育模式将学校教育与企业实践紧密结合，让学生在学习过程中就能够接触到真实的职业环境。德国政府和企业共同投资，建立了完善的职业教育体系，确保学生在毕业后能够迅速适应职场需求。此外，德国职业教育还注重培养学生的职业素养和道德品质，让他们成为既有技能又有品德的合格人才。

英国和德国职业教育质量保障体系的建设与实施具有以下特征。首先，政府加强对职业教育的投入和管理，制定严格的职业教育标准和规范；其次，职业教育机构与企业和行业保持紧密合作，共同开发符合市场需求的课程体系；最后，职业教育注重培养学生的实践能力和综合素质，为他们未来的职业生涯奠定坚实基础。

二、国外职业院校的职业素养教育

（一）国外职业院校的职业素养教育建构与逻辑分析

职业素养教育，作为职业教育中不可或缺的一部分，其建构与逻辑分析不仅与教育质量的提高息息相关，而且对于学生的自我成长和职业发展有着非常重要的影响。因此要加强对于职业素养教育的研究，而在我国职业素养教育研究的过程中，深入了解和借鉴国外职业院校相关研究的成果是十分必要的，再进一步结合学情、校情来提出我国开展职业素养教育的有效策略。

从学理分析的角度探讨国外职业院校的职业素养教育建构问题，可以从以下几个方面进行加以判断。

1. 总体规划

国外职业院校在职业素养教育的总体规划上，通常体现出以下几个特点：

（1）先进办学理念：他们注重培养学生的综合能力和终身学习的能力，强调学生“成才”的同时，更能“成人”，具备从事各种职业的综合素质。这种理念不仅关注学生的专业技能，还关注其作为“人”的本质发展特征。

（2）合理课程结构：他们强调基本人文素质的培养，不仅培养有技能的职业人，还培养高素质的技能型人才。通过增加通识类人文课程，形成有特色的职业素养“核心课程”，拓宽学生的知识视野。

2. 具体做法

（1）课程设计理念与思路：他们通过大量的企业和行业调研，对职业岗位实际工作任务进行分析，确定所需的知识、能力和素质，并据此设计课程。

（2）校企合作：他们积极与企业合作，引入企业参与专业建设、课程设计等工作，提高专业与课程的针对性。同时，建立兼职教师制度，引入企业一线员工、技术人员等担任部分教学工作，实现教学与工作的无缝对接。

（3）创新评价方式：他们不再单一地以考试分数作为评价标准，而是更注重学生实际能力、素质的评价，如采用项目式、任务式等评价方式，让学生在实践中展现自己的能力和素质。

3. 运行规律

在运行规律上，国外职业院校的职业素养教育通常遵循以下几个原则：

（1）以学生为中心：他们注重学生的需求和兴趣，根据学生的特点和需求进行个性化教学。

（2）理论与实践相结合：他们强调理论教学与实践操作的结合，让学生在实践中学习和掌握知识。

（3）持续更新与改进：他们持续关注社会和企业的需求变化，不断更新和改进教学内容和方法。

4. 成效与缺欠

在成效上，国外职业院校的职业素养教育取得了显著的成绩：

（1）学生综合素质提高：通过职业素养教育，学生的综合素质得到了显著提高，他们不仅掌握了专业技能，还具备了良好的人文素质、心理素质和社会责任感。

（2）毕业生就业竞争力增强：职业素养教育的实施使得毕业生更加符合社会和企业的需求，他们的就业竞争力得到了增强。

然而，也存在一些缺欠：

（1）部分学校资源有限：一些学校在实施职业素养教育时受到资源限制，如师资力量不足、教学设施不完善等。

（2）企业参与度不够：虽然很多学校都尝试与企业合作进行职业素养教育，但企业的参与度仍然不够高，有些企业只是形式上的参与，并没有真正融入到教育中来。

综上所述，国外职业院校在职业素养教育建构方面取得了显著成效，但也存在一些问题和挑战。我们可以从中借鉴有益的经验和做法，结合我国的实际情况进行改进和创新，构建符合我国职业院校特点的职业素养教育体系。

（二）国外职业院校的职业素养教育学理分析

国外职业院校的职业素养教育学理分析，主要涉及职业素养教育在学历教育体系中的定位、学历层次划分，以及学历认证与职业资格认证的关系等方面。

1. 职业素养教育在学历教育体系中占据重要地位

在许多国外职业院校中，职业素养教育被视为学历教育体系的重要组成部分，它是培养学生综合素质、适应未来职业发展的重要环节。职业素养教育不仅关注学生的专业技能和知识，更注重学生的职业道德、行为准则、职业技能和心理素养等方面的培养，使学生更好地适应职场需求和社会发展的要求。

2. 在职业教育体系中，无论是中等职业教育还是高等职业教育，都强调职业素养的培养

通常根据教育层次的不同而有所区别。国外职业院校的职业素养教育在不同学历层次中有不同的体现。例如，在中等职业教育阶段，职业素养教育注重基础职业技能的训练和职业态度的培养，使学生初步具备从事某一职业的基本素养。而在高等职业教育中，职业素养教育则更加注重深化和拓展，以及高级职业技能的培养，强调提高创新能力和团队协作能力，这种学历层次的划分有助于根据学生的实际需求和职业发展路径，提供有针对性的职业素养教育，以适应更高级别的职业需求。

3. 学历认证与职业资格认证的关系也是国外职业院校职业素养教育学理分析的重要方面

许多国外职业院校将职业素养教育纳入学历认证体系中，与职业资格认证相结合，将职业素养的评估作为学历认证的重要组成部分，使学生在完成学业的同时获得相应的职业资格认证，学生的职业素养水平得到客观评价。这种结合有助于提高学生的就业竞争力，同时也有助于企业更准确地评估求职者的职业素养水平，从而为企业提供了更加明确的人才选拔标准。

4. 学历与职业发展之间存在紧密关联

在国外，不同的学历层次往往对应着不同的职业发展路径和职位晋升空间。具备较高学历的毕业生往往能够进入更高级别的职位，享有更广阔的发展空间和更高的薪资待遇。因此，通过接受更高层次的职业素养教育，学生可以获得更好的职业发展前景。

综上所述，国外职业院校的职业素养教育在学历教育体系中具有明确的定位，且学历认证与职业素养教育密切相关，学历层次划分清晰，并与职业资格认证相结合。这些做法使得国外职业院校的职业素养教育学历体系更加完善和系统，也有助于提高学生的职业素养水平，增强他们的就业竞争力，并为企业的人才选拔提供了有力支持。

需要注意的是，不同国家和地区的职业院校在职业素养教育的学历认证方面可能存在差异。一些国家可能建立了完善的职业素养教育学历认证体系，而另一些国家则可能还在探索和完善过程中。因此，在具体分析时，需要考虑到不同国家和地区的具体情况，以更好地借鉴和学习其成功经验，再进一步结合我国各级各类职业院校和学生的实际情况校情来制定我国开展职业素养教育的有效策略，培养德智体美劳全面发展的高素质、高技能人才。

三、国外职业院校职业素养教育实施与成效

（一）国外职业院校职业素养教育考察

1. 国外职业院校中职业素养教育的内涵与目标

职业素养教育旨在帮助学生掌握职业所需的各项技能，同时培养他们的职业道德、职业意识和职业行为习惯。国外职业院校通常将职业素养教育作为教育的重要组成部分，并将其贯穿于整个教育过程中。通过职业素养教育，学生能够更好地适应职业环境，提高职业竞争力，实现个人职业发展。

2. 国外职业院校中职业素养教育的实施方式

（1）课程设置。国外职业院校通常将职业素养教育融入专业课程中，通过案例分析、实践操作等方式，使学生在学习专业知识的同时，提升职业素养。此外，一些学校还开设专门的职业素养课程，如职业道德、职业礼仪、职业沟通等，以强化学生的职业素养意识。

（2）实践教学。实践教学是职业素养教育的重要手段。国外职业院校注重与企业合作，为学生提供实习、实训等机会，使学生在实践中体验职业环境，锻

炼职业技能，培养职业态度。

（3）师资队伍

国外很多职业院校拥有具备丰富实践经验和职业素养的师资队伍。这些教师不仅具备扎实的专业知识，还具备较高的职业道德水平和教育教学能力，能够为学生提供有效的职业素养教育。

3. 国外职业院校职业素养教育现状分析

（1）课程设置丰富多样。国外职业院校普遍注重职业素养课程的设置，不仅涵盖了职业道德、职业态度、职业技能等多个方面，还结合行业需求和职业发展趋势，不断更新和优化课程内容。同时，这些院校还注重跨学科课程的整合，将职业素养教育与专业知识教育有机结合，提高学生的综合素质。

（2）教学方法灵活创新。国外职业院校在职业素养教育方面采用了多种灵活创新的教学方法，如案例教学、角色扮演、小组讨论等。这些方法有助于激发学生的学习兴趣和积极性，提高教学效果。同时，这些院校还注重实践教学环节的设计和实施，通过校企合作、实习实训等方式，让学生在实践中提升职业素养。

（3）实践环节与评价体系完善。国外职业院校非常重视职业素养教育的实践环节，通过组织各种实践活动、比赛和竞赛等方式，让学生在实践中锻炼和提升职业素养。同时，这些院校还建立了完善的评价体系，对学生在职业素养方面的表现进行客观、全面的评价，为学生的职业发展提供有力支持。

（二）国外职业院校职业素养教育效果和意义

职业素养教育作为现代职业教育的重要组成部分，在国外职业院校中得到了广泛的关注和重视。这一教育形式不仅关乎学生的个人成长和职业发展，更对社会经济的进步和国家的长远发展具有深远的影响。

1. 国外职业院校职业素养教育效果

（1）提升职业技能。国外职业院校职业素养教育显著提升了学生的综合素质和职业能力。通过系统的职业素养教育，学生不仅掌握了扎实的专业知识与技能，更在职业道德、团队协作、沟通能力等方面得到了全面的提升。这种综合素质的提升，使得学生在面对职场挑战时能够迅速适应，展现出强大的竞争力。此外，国外职业院校在教育方法上更加灵活多样，例如，美国社区学院强调实践能力的培养，为学生提供丰富的实践机会，将理论学习与实际操作相结合。除了传统的课堂教学外，国外职业院校还注重通过实践活动、社区参与、社团活动等多种方式培养学生的职业素养。

（2）增强职业意识。职业素养教育还帮助学生树立了正确的职业观念和价值观。在国外职业院校中，职业素养教育往往与企业文化、行业规范等紧密结合，使学生在学习过程中就能深入了解职业世界的运作规律，从而对自己的职业定位和发展方向有更为清晰的认识。这种认识不仅有助于学生在求职过程中更好地展示自己，更能在未来的职业生涯中为其指引方向，助力其实现人生价值。国外职业院校还注重培养学生的长期职业发展和终身学习的能力，通过系统的职业素养教育，使学生具备适应未来职业发展的能力。

（3）提高综合素质。国外职业院校职业素养教育的实施方式多样且富有创新性。许多学校通过与企业合作，开展实习实训项目，让学生在真实的工作环境中体验职业素养的重要性。这种实践性的教学方式，使学生能够将理论知识与实际操作相结合，更好地理解和掌握职业素养的内涵。同时，学校还注重课程体系的优化和教学方法的创新，通过引入案例分析、角色扮演等多元化教学手段，激发学生的学习兴趣和主动性，从而进一步提升职业素养教育的效果。

2. 国外职业院校职业素养教育意义

（1）促进职业发展。职业素养教育有助于提升劳动力的整体素质和技能水平。在现代社会，职业素养已经成为衡量人才质量的重要标准之一。通过职业素养教育，职业院校能够培养出更多具备高素质、高技能的人才，为社会经济的发展提供有力的人才保障。随着全球化和技术发展的加速，行业对具备职业素养的人才需求日益增加。国外职业院校通过强化职业素养教育，提高了毕业生的竞争力，使他们更容易在就业市场上脱颖而出。

（2）提高就业质量。职业素养教育有助于推动产业升级和创新发展。随着科技的进步和经济的全球化，产业结构不断升级，对人才的需求也日益多样化。

职业素养教育使职业教育更加贴近社会需求和行业发展趋势,有助于职业教育与社会需求的紧密结合。通过与行业企业的紧密合作,职业院校可以及时了解行业对人才的需求变化,调整教学内容和方式,使学生更好地适应行业发展的需要。职业素养教育能够帮助学生掌握新的技能和知识,适应产业发展的新需求,从而推动产业的升级和创新发展。

(3)培养社会责任感。职业素养教育有助于构建和谐社会和推动国家长治久安。职业素养教育不仅关注专业知识和技能的培养,还注重学生的情感、态度和价值观的培养。这有助于学生的全面发展,提升他们的个人价值。例如,通过参与实践活动和社团活动,学生可以培养团队合作精神、沟通能力、解决问题的能力等,这些能力对他们未来的职业生涯和个人成长都至关重要。通过职业素养教育,学生能够形成正确的职业观念和价值观,遵守职业道德规范,积极履行社会责任。这种职业素养的提升有助于构建和谐的社会关系,减少社会矛盾,为国家的长治久安奠定坚实的基础。

(三)若干发达国家职业院校职业素养教育的特色

职业素养教育作为现代职业教育的核心组成部分,在发达国家职业院校中得到了广泛而深入的实践。这些国家的职业院校在职业素养教育方面,各具特色,值得我们深入研究与借鉴。

1. 德国

德国的职业院校以其双元制度和学徒制度而闻名于世。双元制度是德国职业教育的一大特色,它将学术教育与实践教育紧密结合,使学生在学习理论知识的同时,也能获得实际工作经验。这种制度不仅培养了学生的职业技能,还锻炼了他们解决实际问题的能力。而学徒制度则是学生在企业中进行实习实训,通过与经验丰富的导师合作,学习并掌握职业技能。这种制度使学生能够更好地了解职业领域,为未来的职业发展奠定坚实基础。

2. 瑞士

瑞士的职业院校则注重培养学生的关键能力和实践经验。他们强调理论知识与动手能力的结合,致力于培养既有扎实理论基础,又有卓越实践能力的复合型人才。为了满足学生的多元发展需求，瑞士的职业院校还开设了多样化的公共基础课程，旨在提高学生的思想道德、职业道德和文化素养，为其终身学习和职业发展提供有力支持。

3. 美国

美国的职业院校则更加注重职业素养教育的实践导向。他们强调将教育与实际工作紧密联系起来，通过实习、实践和工作学习等方式，确保学生获得有价值的经验和技能。此外，美国职业教育系统还非常开放，向所有人开放，无论年龄、学习需求如何，都能找到适合自己的学习资源和支持服务。这种开放性和包容性使得美国的职业教育更具活力和吸引力。

4. 英国

英国的职业院校则以其“六方联动”的职教体系而著称。这一体系涵盖了企业、行业协会、政府机构、课程培训提供方、职业能力资格鉴定中心以及职业能力资格监管中心等多个方面，共同推动职业教育的健康发展。这种多方参与、协同育人的模式，使得英国的职业教育更具针对性和实效性，能够更好地满足社会和企业的需求。

5. 日本

日本在职业院校职业素养教育方面也有着独特的特色。日本的企业教育强调对员工的专业能力培养，通过建立终身教育体系和多元化的企业教育模式，实现知识与能力的完美结合。同时，日本还注重职业教育立法的完善，建立了多层次的职业教育法律体系，为职业素养教育的顺利实施提供了有力保障。

综上所述，发达国家职业院校在职业素养教育方面各具特色，但他们都注重实践与应用，强调学生综合能力的培养。这些成功的经验和实践为我们提供了宝贵的启示和借鉴。我们应该结合我国的实际情况，积极借鉴发达国家的先进经验，加强职业院校职业素养教育的改革创新，为我国培养更多高素质、高技能的职业人才作出贡献。

四、国外职业教育及其中的职业素养教育对我们的启示与借鉴

随着全球经济的不断发展和产业的持续升级，职业教育在培养高素质技术技能人才方面发挥着越来越重要的作用。国外在职业教育及其职业素养教育方面积累了丰富的经验，为我国职业教育的改革与发展提供了宝贵的启示与借鉴。

首先，国外职业教育注重与产业、企业的紧密结合。这种紧密的合作不仅体现在教学内容的更新和教学方法的改革上，更体现在对学生职业素养的培养上。通过与企业的合作，学生可以更早地接触到实际工作场景，了解职业规范和要求，从而更有针对性地提升自己的职业素养。这种教学模式有助于培养学生的实践能力和创新精神，使他们更好地适应未来职业发展的需要。

其次，国外职业教育强调学生综合素质的培养。除了专业技能的传授外，他们还注重培养学生的沟通能力、团队协作能力、解决问题的能力等综合素质。这些综合素质在学生的职业生涯中同样重要，能够帮助他们更好地适应职场环境，提升职业竞争力。因此，我国职业教育也应加强对学生综合素质的培养，注重提升学生的综合素质和综合能力。此外，国外职业教育还注重职业素养教育的系统性和连贯性。他们通常将职业素养教育贯穿于整个职业教育过程中，从入学教育到毕业实习，都强调对学生职业素养的培养。这种连贯性的教育有助于学生在不同阶段逐渐形成良好的职业素养，为未来的职业发展奠定坚实基础。因此，我国职业教育也应加强职业素养教育的系统性和连贯性，确保学生在整个学习过程中都能接受到有效的职业素养教育。

同时，国外职业教育中的职业素养教育还注重个性化与差异化。他们充分考虑到每个学生的个体差异和兴趣特长，提供多样化的教育方式和课程内容，以满足不同学生的需求。这种个性化的教育有助于激发学生的学习兴趣和主动性，提升学习效果。因此，我国职业教育也应关注学生的个体差异和兴趣特长，提供个性化的职业素养教育方案，以满足不同学生的需求。

最后，国外职业教育注重国际化视野的培养。随着全球化的深入发展，职

业教育也越来越需要具备国际化视野。国外职业教育通过引进国外先进的职业教育理念、教学方法和教学资源,加强与国外职业教育机构的交流与合作,提升了职业教育的国际化水平。这种国际化的教育有助于培养学生的跨文化交流能力和国际竞争力,为他们在国际舞台上展现才华提供了更多机会。因此,我国职业教育也应加强与国际职业教育的交流与合作,引进先进的教育理念和方法,提升职业教育的国际化水平。

第三十三章

国外学校道德教育

世界上各国大都注重道德教育,这些国家在道德教育上的理论和实践,都反映了这些国家的性质和特点的要求,同时也给我国开展道德教育和思想政治教育带来诸多有益的借鉴和启发。

一、国外学校道德教育理论研究

(一)西方道德教育理论模式

20 世纪 60 年代末以来,西方道德教育理论的发展不断取得进展。英、美等国家逐步形成了一系列道德教育理论学说。由此,促使西方的道德教育理论的建设与发展不断取得进展局面,其中,影响较大的理论模式如下:

1. 涂尔干的个体社会化理论模式

法国教育学家涂尔干认为,教育是个体社会化的主要途径,教育对促进人的社会化有特殊功能。他的核心论点是:使个人的道德社会化是德育的目的。学校德育就是要使学生个体的道德心理社会化。涂尔干认为,对学生进行道德教育就是要培养学生具有社会所需要的品德即实现社会道德个体化,个体品德社会化。涂尔干主张道德判断应以社会的利益和要求为标准,主张个人委身于社会,反对损害社会利益的个人主义的价值观。德育的主要内容和途径就是讲授道德原则,道德原则应作为道德生活的指南来发挥作用,道德教育不是单纯地教给学生一整套具体的行为规范,或者仅仅是学生掌握道德推理的过程、发展其表达道德情感的能力，而是要使学生能够按照一整套规范去行动，即传递和培养道德行为举止。

因而，他认为，在德育中个人的一项义不容辞的行为是解释、理解并遵守道德原则。在涂尔干看来，一个“有道德的人”要具有道德三要素，即纪律精神、献身精神和意志自由。

2. 苏霍姆林斯基的全面和谐发展德育模式

苏联教育家苏霍姆林斯基提出了全面和谐发展的德育理论模式。苏霍姆林斯基认为，以学校是道德教育的中心。首先，要优化学校内部的社会关系。应当建立良好的师生关系，在班集体内部培养健康向上的同学间的人际关系，使校园内的自然环境人文化，在和谐的校园环境中陶冶学生的道德情操。

他认为，在加强学校德育的同时，要提高家长的文化和教育素养，使家庭关系在学生道德观念形成中发挥积极作用。家庭的状况对学生的行为举止有很大的影响，学生的身上往往映射着家长的痕迹。为此，应该创办家长学校，努力提高家长的自身素质。另外，应当提升社会的整体道德水平，创造良好的社会环境，为学生品德素质的提高奠定基础。同时，引导学生识别、抵制社会中的不良道德现象，提高其社会适应能力和免疫力。

苏霍姆林斯基在其“道德中心说”中，认为德育在学生发展过程中具有至高无上的地位。他强调，学生是德育活动的主体，要把学生自我教育能力的培养作为德育工作的出发点和归宿，要精心设计丰富多彩的学生实践活动，在活动中显露、发挥和发展学生的个性。

3. 科尔伯格认知发展教育模式

科尔伯格的发展理论将儿童的道德发展作为整个认知发展的一部分。儿童有自己关于价值问题的思考方式，能主动地形成自己的道德观念。但科尔伯格也认为，人的道德成熟是一个渐进的需要花费更长时间的过程，他具体描述了人在每个层次、每个阶段不同的道德形成特点，人的道德认知发展尤其特有的规律性和复杂性。个体的道德水平就是在一次又一次从不平衡到平衡的质变过程中得到发展的。

因此，根据科尔伯格认知发展教育模式论，道德教育就是向儿童提供丰富的社会经验和角色承担机会，促进儿童的道德认知和道德结构不断地产生新的质变，到达一个更高的层次。他认为道德教育首先应该从提高学生的道德判断能力，培养他们明辨是非的能力入手。学校、家庭和社会要创造充分的条件，广泛开展各种道德教育活动，以丰富的社会经验和角色承担机会促进儿童的道德发展。

科尔伯格还在其认知发展教育模式论中提出了两种道德教育模式，即道德两难问题讨论模式和公正团体学校模式。道德两难问题讨论模式的基本方法是：教师引导学生讨论一些道德两难问题，引起学生的道德认知冲突，激发学生进行积极的道德思考以促进学生的道德判断水平的提高。在道德两难问题讨论中，教师只能起一种引导的作用，应该像一位"精神助产士"，循循善诱，而不要试图把自己的观点当成正确的观点强加给学生。

公正团体学校模式则是建立这样一种学校，在学校中给学生提供机会参与民主团体的活动，为学生创造一种民主而公正的集体氛围，以促进个人的道德发展。这种学校要培养学生的群体归属感，让师生民主地参与讨论和决定学校的生活和纪律问题，所建立起来的群体规范对于所有的群体成员而言都是非常公正的。当然，这一道德教育模式并不是学校和教师放任学生自行其是，而是要求教师能够有效地帮助学生以正确的态度参与社会生活，使学生在与群体其他成员的正常交往中提高自己的道德认知水平。

4. 卡洛·吉莉根的关爱理论

吉莉根对科尔伯格的道德认知发展教育模式论提出了很多批评，她认为科尔伯格的研究对妇女持有偏见，没有把妇女作为研究的对象。为此，她仔细讨论了男女不同性别在道德认知上的不同特点，并进而指出道德有两种：一是关爱的道德，二是基于公正和权利的道德。关爱的道德建立在非暴力的基础之上，它的核心就是重视人与人之间的情感关系不允许人们在他人需要关怀爱护的时候袖手旁观、置之不理；而基于公正和权利的道德则建立在平等的基础之上，它不允许人们不公正地对待他人，损害人与人之间的平等关系。

吉莉根认为关爱的道德比科尔伯格提出的基于公正和权利的道德更为重要，这不仅表明关爱是道德认知的一个十分重要的组成部分，道德的成熟应该包括学会如何去关怀和爱护他人，而且也表明，缺乏关爱意识与不知道如何去关怀和爱护他人，这是当前人们道德认知及道德教育的一个重要缺陷。根据吉莉根的关爱理论，道德教育应当着重培养学生的同情心与关爱心，并教育学生学会如何去关怀和爱护他人。

现代西方道德教育理论模式纷呈，远远超出本文提到的上述模式，如果对每一种理论模式悉以详述，不仅是不可能的，而且这种百科全书式的理论概览，并无多大益处。因此，本文将影响大且特色鲜明的理论模式做简要介绍。通览浩繁的文献资料可以发现，西方道德教育理论模式聚焦的基本问题有以下几方面，即个人与社会、理智与行为、他律与自律、内容与形式、道德原则、灌输、在道德上受过教育的人、道德教学论（课程、方法与教师）。尽管各个理论模式呈现立场相左、观点迥异，但仍然体现了理论发展的共同逻辑，仍然取得了一些重大的理论成就与共识。如：以批判传统的道德灌输为理论起点，主知主义成为主流，对道德教育开展多学科研究等。

（二）若干发达国家学校道德教育理论模式

思想道德作为人类社会意识形态的重要组成部分，客观地存在于社会生活的各个角落，对社会的发展有巨大的作用，世界各国对本国公民的道德教育都高度重视。在国外的道德教育中，美国、英国、德国、日本、新加坡的教育模式比较典型。

1. 美国道德教育模式

美国道德教育模式经历了从传统品格教育模式到理论基础构建模式、价值澄清模式、价值分析模式、道德认知发展模式、社会行动模式、关怀模式等道德教育模式的多样化发展，再到新品格教育模式的演进历程。正当性问题、本体性问题、实践性问题以及价值性问题等几个基本问题，构成了美国道德教育模式演进的中心主题。美国道德教育模式的演进，在价值取向、理论基础以及实践策略等多个维度上，呈现出清晰的“整合趋向”的内在逻辑。

2. 英国道德教育模式

英国的教育家洛克的“绅士教育”长期以来影响着英国道德教育模式。英国的道德教育模式即“德目主义模式”又称“体谅模式”,它强调在人与人之间相处关系的过程中,把学生培养成具有正直、善良、亲切、勇敢品质的人。“体谅模式”的最大特点是关注人际关系,培养学生的换位思考品质,帮助学生学会设身处地为他人着想,互相理解,互相尊重。

3. 日本道德教育模式

20 世纪 80 年代以来,日本学术界在学校道德教学理论研究方面出现很大进展,产生多种道德教学理论流派和学者。归纳起来,这些流派主要有两个方面,一是解读分析并运用欧美的道德教学理论观点;二是力图构建从日本国情出发的道德教学理论。受到文化传统以及价值理念等因素的影响,日本学校道德教育在教育方法和实施途径上也有其独特特征。日本学校道德教育实施过程中,既重视道德教育方法的针对性,又重视道德教育方法的综合性;既注重理论思考,又强调起而行之。

4. 新加坡道德教育模式

融合中西方教育理念,但对于德育教育,新加坡批判性地弘扬了中国传统的儒家思想,很好地解决了东西方文化差异的问题。在新加坡学校品德教育理念中,品德教育的使命是培养学生成为有国家意识、有社会责任感和有正确价值观念,即“能够对自己、家庭、邻居、社会和国家尽自己义务”和“能明辨是非的良好的与有用的公民”。新加坡政府认为每一个公民都离不开社会和社区,从小就要培养孩子的社区服务意识和公民责任。新加坡中小学校公民道德教育是新加坡思想道德建设的重要组成部分,他们从本国思想道德建设的大局出发,遵循青少年思想品德形成的规律,贴近本国价值观教育的实际,贴近青少年的生活,贴近青少年思想特点。新加坡的每个中学生毕业前都至少参与过两个“德育在于行动”项目。德育在于行动强调自主的社会参与,希望学生在学习有成的同时,成为有社会责任感的活跃公民,愿意长期为社区及需要帮助的人作出贡献。

上述国家学校道德教育理论模式和实践方式有以下共性：第一，培养爱国意识和民族自豪感，将公民教育作为首要目标；第二，注重学生主体性道德素质培养，塑造学生的主体意识；第三，倡导道德教育向生活世界的回归，从生活细微处培养学生的良好道德习惯。所有这些，为深化我国学校德育改革，增强德育工作的实效性提供了有益的借鉴和启示。

二、国外学校道德教育实施与效果

（一）国外学校道德教育方法措施

1. 完善学校教育的课程体系

在学校课程体系和教育模式中自然引入道德教育内容，让学生能在学习的过程中时刻接受系统的、标准的、体系化的道德教育影响，使学生才能真正意义上，从教师的指导中学会如何培养自身的道德评价标准及道德价值观念。比如新加坡，就专门规定学校每星期设立一定课时的道德教育，让学生一起接受有关道德的整体教育，进而在一定程度上提升所教授学生的整体道德水平。

2. 加强德育场所和环境建设

美国的很多地区修建了纪念馆、博物馆、展览馆、国家公园。这些设施规模宏伟，耗资巨大，还要动用大量财力、物力和人力进行日常维护和改进。并且采用了模拟、影视、图片、文字等许多现代化手段进行烘托和渲染，增强感染力。美国把这些设施看作是社会文明的体现，当作向美国公民特别是青少年进行美国传统教育、政治教育、国家意识培育的重要渠道，并向青少年免费开放。

3. 讲究德育方法技巧

改变学校道德教育中传统的说教式教学，鼓励学生参加讨论，采取新的教学法：一是文化传递，即把道德标准传递给学生，使学生在讨论中接受价值观念；二是从实际出发，即通过教学解除学生的心理障碍，鼓励学生在评论之前，能设身处地为别人设想，了解别人的感受、需要或利益；三是价值澄清，强调道德或价值观是经过自由选择、反省和行动澄清出来的，因此，应重视道德或价值观形成的过程，考虑选择、行动等环节；四是道德认识发展，即通过道德两难问题，了解学生道德认识发展的阶段，提高学生的认识层次。

4. 开展社会实践活动

第一，开展丰富多彩的校园活动。由大学生自发组织各种社团活动。社团活动是学生喜闻乐见的进行自我道德教育的有效途径。美国高校的各类学生社团不可胜数，形式多种，例如康奈尔大学便有 600 多个学生社团。日本名古屋大学学生自治会则定位于：使学生在心理上取得平衡，发扬团结友爱精神，促进学生间、师生间的亲睦，促进学的身心发展和社会的进步。该校还拥有 52 个文艺社团和 43 个体育社团，其成员占全校学生的 65%。学生可在社团活动中提升合作、尊重、互助、宽容等道德品质。第二，推出多种多样社会实践活动，例如照顾社区的老弱病残、救助无家可归者、开展慈善募捐等。学生在活动中能获得真切感受，有助于道德认知内化为道德自觉。德国的许多大学安排将近一年的实习，让学生在行业与企业一线切身感受行业认真负责、严谨踏实、协作互助、吃苦耐劳的"工匠精神"和企业文化，从中受到熏陶与感染。形成良好的敬业精神和职业道德。

（二）若干发达国家学校道德教育特色

1. 美国道德教育特色

美国自诩为典型的自由主义国家，其德育教育采用了全方位的渗透式方法为其制度服务。在美国，学校的任务就是维护美国的制度优越性和意识形态的正当性，其德育教育贯穿于学校的所有课程与活动当中，通过潜移默化的方式达到预设的教育效果。另外，美国政府在充分利用社会硬件资源的同时，通过文化的精神作用来加强、影响其国民。

2. 英国道德教育特色

英国学校的德育称之为"个人的社会健康教育"或"社会化过程"。英国学校聚焦学生的自由主义价值观教育，推崇尊重生命、公平、诚实和守信。他们认为，只有对孩子从小培养政治意识，其政治价值取向才会随着年龄的增长而根深蒂固。英国的很多高校不仅开设了宗教教育、公民教育等与思想政治教育内容直接相关的课程，而且还将思想教育类内容渗透在各门课程之中，并借助各种渠道对学生进行道德教育。

3. 德国道德教育特色

在德国的中小学课程中，并没有专门的显性道德教育专题设置。但是，道德教育的内容被细化拆分，渗透到宗教、伦理、社会、经济学与法学等课程之中。同时开展的取向鲜明的政治教育，这一特点贯穿到德国各级各类学校的道德教育的过程之中。

4. 日本道德教育特色

一是道德教育内容的层次分明。这种层次分明基于学生的年级高低，划定不同的道德要求，并且呈现出由个体到整体的特点，每个阶段都从自己出发，再依次推及他人、自然和崇高事物、集体和社会，层层递进，由小及大，由浅入深。二是在道德教育理念上强调生活化。道德教育理念的生活化体现在与学生的现实生活中。道德教育理念的生活化与课外课内活动紧密结合。日本的学校道德教育，非常注重“学校、社会，家庭”三位一体的实施途径，注重道德教育的全社会参与。三是道德教育注重以人为本，注重人文关怀。四是多学科渗透，从多方面对学生进行道德教育。

5. 新加坡道德教育特色

新加坡道德教育具有东方社会的特色，其儒家伦理教育特点突出：一是将“国家意识”作为其道德教育的核心内容，注重培养公民的爱国意识和社会规范意识：二是政府有计划地开展加强公民道德建设与公民意识培育活动，以此培养具体高尚道德情操的“新加坡人”。三是加强学生的日常行为规范教育，使其懂得只有人与人之间的相互关怀、和谐相处才能推动社会的进步。

三、启示与借鉴

（一）坚定不移地把道德教育放在学校教育的首位

近年来，西方一些发达国家如美、英、日、德、法等在制订本国教育改革计划时，都把学校道德教育提高到十分重要的战略地位，这已成为当今世界教育发展的一个重要选择和突出特点。面对新的形势，我国高校更要始终不渝地坚持“育人为本、德育为先”的原则，落实好立德树人根本任务，把德育放在学校教育的首位，努力提高学生的思想道德素质和科学文化素质，增强大学生为人民服务、为社会主义现代化建设服务的历史责任感和使命感。

（二）坚持以学生为中心

进一步鼓励学生学习如何在公众的事务上依靠自身进行思考和行动，使学生成为自主和负责任的公民。在思想政治教育中，加强建设思政教育中心和科研机构，加大政策支持和资金保障；注重以人为本，培养学生正确的职业价值观。培养学生以人为本的价值观，使其既会“做事”又会“做人”。在思想道德教育中应弘扬科学发展观，倡导以人为本，确立“以人为本”的职业思想教育理念，走出把学生培养成单一的优良“工具人”或“机器人”的目标误区，使学生净化心灵，陶冶性情，完成从自我意识到自我定位、从自我改进到自我完善的转化过程。

（三）创新道德教育的方法

创新德育方法，在教育活动中充分考虑受教育者可以接受的方式，找准时机，看准对象，通过适当方式，使受教育者主动接纳而不是被动接受教育者的意见。注重将德育内容渗透到各科教学、各种活动、各类情境之中，渗透到学生学习和生活的方方面面，做到教书育人、管理育人、服务育人、环境育人，使学生在潜移默化中受到道德陶冶，在不知不觉中得到道德升华。教育工作者创新德育方法要坚持理论灌输与引导相结合、教育与服务相结合、理论与实践相结合的原则，贴近生活，把握受教育者的所想、所感、所惑、所需，以情动人、以诚感人、以理服人，在润物细无声的境界中达到教育引导的目的。

当前，国外中小学常用的道德教育方法有道德讨论、角色扮演、价值澄清、合作式学习和榜样学习、道德体验等。重视发挥学生的主体性，尊重学生的独立人格，给予学生选择的自由，鼓励学生自主思考，通过平等讨论、切身体验等来感受、认识和树立养成道德判断能力。

(四)突出德育生活化

培养学生的道德品质,重要的是要让他们把自己的道德认识和道德情感付诸实践,这就是导之以行的过程。我国思想教育方法的改革,必须克服说教为主和形式主义的弊端,把道德教育的重心转移到对学生实践的指导上来,把学生的自觉实践作为道德教育的出发点和归宿。我国高职院校思想教育方式注重教育者的“教”与“育”,忽视受教育者的“学”与受,因而思想政治教育实效不明显。思想政治教育只有同受教育者的实际相结合,解决其实际问题才能为其所接受。德育生活化是德育的基本走向。

德育首先是源于生活,充分挖掘生活中的教育价值,从而使德育工作可亲可信可近,增强德育工作的时效性。德育的本质在于育德,就需要在实践中,不断加强体验性教育,体现操作性,调动学生的同情心和责任心,充分发挥情感的作用,使之在学生内心中留下美好的情感烙印,从而达到以情认知。职业院校要以素质为着力点,加强校园文化建设,举行知识竞赛、专题讲座、辩论赛等健康有益的文体活动,多从事志愿者、义工等社会实践工作,磨炼学生的道德意志,培养其道德情感,提高其道德水平。

(五)德育必须注重实践环节

德育理论的灌输,只有通过实践,才能收到德育实效;只有通过实践,才能证明德育理论与原则的正确性,才能进一步完善和发展德育理论。没有实践,就没有德育对象素质的提高。通过社会实践活动育人,这就要求教育工作者要变封闭德育为开放德育,把学校“小课堂”同社会“大课堂”有机地结合起来。

在道德教育过程中,应当理论联系实际,从学生主体出发,依据学情进行教学设计,着重培养其运用知识的实践能力,并提供机会让其参与到实践当中。更加注重学生的公民意识养成和实践活动,通过让学生把握人权、公民责任等培养其权利义务观,引导其积极参与学校管理事务,“让学生走进社区亲身体验政治活动,通过班级选举进入班委会或校委会参与学校管理。”加大发挥基层社会组织和非政府组织在思想政治教育中的作用,使学生在“做中学、学中做”努力实现理论教学与实践教育的平衡。

从做中学、教学做合一是有效提高道德素养的方式之一,道德教育的优劣都需要在实践中检验。高校是培养社会主义事业的建设者与接班人的重要基地,是道德教育的重要场所。所以,如何利用社会活动及课堂教学提高学生的道德素养,如何在实践中强化与提升学生的道德水平应该是学校道德教育的核心问题。

第三十四章

国外学校的爱国主义教育

在全球化背景下，现代民族国家纷纷致力于探索爱国主义教育的有效实践路径。研究国外青年爱国主义教育，有利于拓展思想政治教育的比较视野，为我国爱国主义教育提供理论与实践借鉴。本章主要从国外爱国主义思想理论分析入手，论述爱国主义理论的历史与理论逻辑，国外学校的民族精神传承与爱国主义教育，分析西方社会的社会建构以及西方国家非常时期的学校爱国主义教育，论述西方国家学校爱国主义教育模式，进而探讨对我国爱国主义教育的启示和借鉴。

一、国外爱国主义思想理论分析

（一）爱国主义理论的历史与理论逻辑

1. 爱国主义的历史逻辑

爱国主义可以溯源到氏族社会的集体精神，而氏族部落是民族的根基，可以将其看作为早期爱国主义的思想渊源。随着氏族逐渐被民族国家取代，成员对氏族的集体精神也逐渐演变为对本民族国家的认同与热爱。

马克思、恩格斯认为，私有制的出现导致社会分裂为自由人和奴隶，富者和贫者两个阶级，于是社会出现了难以解决的自我矛盾，这种矛盾难以调和。为了避免矛盾升级，毁灭社会，需要有一种缓和冲突的力量，这种力量就是国家。[1]伴随着国家的发展以及公民身份的普及，强化了公民彼此之间的联结，增强了公民对国家的认同和忠诚。公民身份强化的是个人与国家之间的互惠关系，根据主权在民原则，国家权力源于公民权的让渡，国家政权的建构是大众一致同意的结果，是“公意”的体现。

列宁从“祖国”的视角出发，对爱国主义的内涵作出界定：“爱国主义是由于千百年来各自的祖国彼此隔离而形成的一种极其深厚的感情”[2]。若从政权化身的“国家”来看，爱国主义则应当表现出对维护国家主权、热爱本国人民的强烈情感。

2. 爱国主义的理论逻辑

从理论来看，爱国主义是基于个人与国家的关系而展开的，个体与国家的互动关系表明国家需要国民的支持和认同，国民也需要以此维系政治秩序的稳定。因此，国家需要在增强国家能力的同时获取国民的认可和支持。因而，爱国主义具有正当性，进而国家实施爱国主义教育具有正当性。

从国家的角度讲，爱国主义教育旨在强化个人对国家的认同，从而达到实现社会整合和维护国家稳定发展的目的；从个人的角度讲，爱国主义教育旨在提升个人的公民素质，使之有能力参与政治生活。当然，爱国主义教育的双重目标并非完全割裂的：一方面，爱国和承担责任是好公民的表现；另一方面，公民对国家的忠诚并非是盲目的，它需要以一定的公民素质为依托。

（二）国外学校的民族精神传承与爱国主义教育

爱国主义作为一个抽象的概念，内含着一种情感维度，与传承民族精神紧密结合在一起。从情感角度来看，爱国主义教育是呼唤青年集体“共情”的活动。例如，国家纪念日活动在回忆历史的同时，也唤起了公众的爱国情感。比如，一些国家的纪念馆、纪念碑、纪念物和纪念仪式均承载记忆、建构认同，同

① 中共中央马克思恩格斯列宁斯大林著作编译局译：《马克思恩格斯选集（第4卷）》，人民出版社2016年版，第187页。
② 列宁：《列宁选集（第3卷）》，人民出版社2010年版，第579—580页。

时重组并塑造了一种共同的情感”①。通过对“共同记忆”的感知，青年也可以实现从对国家的集体记忆向集体情感的转向。

首先，国旗、国歌和效忠宣誓是国家身份的主要象征。在美国，效忠宣誓自19世纪末诞生以来，已成为爱国主义教育的核心内容，被认为具有传播“忠诚、尊重、共同体、爱国主义、自由与正义”共同价值观的教育价值。美国各界人士对效忠宣誓仪式产生的效果进行了一系列理论分析与调查研究。一些文化人类学家提出，当象征性仪式本身不引起注意时，它所产生的影响可能是最强大的，当学生被问到效忠宣誓对他们意味着什么时，最常见的回答是忠诚和美国的概念，如“这是表达我对祖国忠诚的一种方式”，“显示美国是一个强大和自由民主的国家”。显然，效忠宣誓仪式作为一种日常活动，能够激发人们对“自我、种族和国家”身份的思考与认同。

另外，还可以通过一些仪式符号来传播民族文化、传承民族精神来进行爱国主义教育。法国的三色旗、马赛曲、七月十四日国庆日、“自由—平等—博爱”箴言、埃菲尔铁塔等，作为法国特有的民族文化象征在时间的洗礼下重现与重构，成为深入人心的民族象征。俄罗斯在重要年份国庆日举行的大规模精彩的阅兵仪式，在卫国胜利日以及卫国战争中重大战役胜利日举行的系列庆祝活动等，都是在仪式场域升华民族共同体的情感。国家物质文化遗产与符号元素同样代表着国家的象征体系，法国学者诺拉认为历史纪念馆、纪念物、烈士纪念建筑、历史档案等是保存国家历史的“记忆之场”。“记忆之场”是实在的、象征性的和功能性的场所，是记忆与历史的相互作用，承载着祖国的集体记忆，构成国家象征体系。

符号象征同样可以在虚拟空间发挥作用，俄罗斯公民爱国主义教育中的一个环节是建立互联网平台，比如，在网络国家博物馆、纪念馆展览国家历史保卫战争中的英雄人物；创建资讯门户网站“亲历历史”，呈现俄罗斯历史、军事伟绩以及国家同胞在战争和局部冲突中的荣耀和英勇行为等。仪式、符号、

① 于京东：《现代爱国主义的情感场域——基于“记忆之场”的研究》，《社会科学战线》2020年第5期。

象征是一种交流形式，是有意传达思想和价值观的手段，能够将抽象思维理念与现实社会联系起来，构建青年对国家的认同。

二、西方社会爱国主义理论对学校爱国主义教育的影响

（一）西方国家的社会建构与学校爱国主义教育

马歇认为，19世纪的国家强制要求儿童接受教育的原因在于“政治民主需要受过教育的选民”[①]“既然我们已经给了他们政治权力，我们就不能再推迟给他们提供教育。”[②] 格林通过对英国、法国和美国国民教育体系起源的考察，阐述了教育发展与国家形成之间的关系。格林指出，国家创建国民教育体系的主要动力在于：“为国家提供受过训练的管理者、工程师、军人，推广占统治地位的文化和灌输普遍性的国家意识形态，铸造新兴的民族国家的政治和文化统一体，巩固统治阶级意识形态的霸主地位。”[③] 在英国国家形成的过程中，国家逐渐将地方势力及宗教势力边缘化，从而获得教育领导权，通过制定标准化的教科书，在学校中传播民族国家的历史，把英国的国民教育成现代国家的公民。斯利瑞拉和舒勒（Francesco Cinnirella & Ruth Schueler）将1886年至1911年间德国政府资助的学校学生数据与199个选区的联邦选举数据结合分析发现，国家教育支出和学生获得的价值观（强调诸如投票、纳税、服兵役、上学和尊重权威等价值观）呈正相关。

（二）西方国家非常时期的学校爱国主义教育

非常时期，指的是各个国家在军事、政治和经济等方面遭遇了巨大挑战的时期。在非常时期，西方国家十分强调学校爱国主义教育，以美国冷战时期、俄罗斯度过苏联解体的动荡之后和德国在一战失败后的爱国主义教育为例，主要

① T.H. 马歇尔、安东尼·吉登斯等：《公民身份与社会阶级》，郭忠华等译，江苏人民出版社2008年版。

② 金含芬：《教育学文集——英国教育改革》，人民教育出版社1993年版，第11页。

③ 安迪·格林：《教育、全球化与民族国家》，朱旭东，徐卫红等译，教育科学出版社2004年版。

体现为：

美国特别强调仪式的作用并借助宗教的力量进行爱国主义教育。宗教是绝大多数美国人生活中的一个重要组成部分。20 世纪 50 年代冷战期间，美国将宣誓效忠国旗的誓言做了修改，加上了“追随上帝”的字眼，从而给作为国家象征的国旗，增加了更加神圣的光环。在一些正式宗教仪式上，信徒们反复而虔诚地诵读着祈祷文：“全能的上帝，我们的一切全靠您所赐予，我们祈求您赐福我们：我们的父母、我们的教师和我们的国家。”可见他们的宗教与道德教育、爱国教育结下了不解之缘。

苏联解体导致了意识形态的混乱、经济水平的下降，人们失去了归属感和群体意识、民族自豪感和自信心。俄罗斯开始重新重视公民的思想道德建设，认识到人民的精神统一和团结是与政治稳定和经济稳定同等重要的发展因素。为此，政府在德育的发展方向上，突出爱国主义教育、精神道德教育，以培养公民意识，并在青少年生活自决和职业定向过程中提供帮助。俄罗斯在思想道德方面、民族自豪感自信心方面、新的民族国家认同方面加强宣传教育，制定进行爱国主义教育的法律性及其相关的文件，成立新的青少年活动团体，特别是在对其教育中的思想价值引导方面尤其重视。其中意识形态的正确性的强化，充分利用意识形态凝聚、整合思想价值的作用同时，利用民族主义情绪增强民族凝聚力。

三、若干西方国家学校的爱国主义教育模式

（一）西方国家学校爱国主义教育方法措施与效果

1. 以学校课程引导青年爱国认知

知识向度的爱国主义教育内容包括历史知识、政治知识、宪法知识等，具体说来，涉及对国家历史、制度、政治原则、社会规范等的学习，这又统称为公民知识。公民知识教育是爱国主义教育的基础，直接影响公民的爱国主义情感和行为。国内外学界均认为，有效的公民知识教育能够影响青年的国家认同，

青年对国家政治制度和宪法法律越了解，就越能认同和支持国家核心价值观，增强对国家的政治信任，缓解政治疏离。美国华盛顿大学的一名学者在其文章中表明，接受过充分政治知识教育的青年更倾向于理性思考国家政府的决策，而缺乏政治知识教育的青年对国家政策决定更易产生敌对情绪。国内有学者认为，政治知识对爱国主义起调节作用，对于政治知识水平较高的民众来说，由于其对政治和公共事务比较关注和了解，他们在政治态度上更容易接受和认同国家所传递的价值观；而对于政治知识水平较低的民众来说，由于其对国家和公共事务缺乏了解和兴趣，他们并不会过多理解和思考国家政策传递的政治倾向与意识形态立场，因而促使其认同国家政治价值观和激发其家国情怀的可能性较小。[①]

学校教育在青年价值观形成和发展中发挥着重要作用。通过学校课程传承国家历史、政治制度、社会经济的知识教育是各个国家对青年进行爱国主义教育的重要路径。比如，北美国家将学校课程视为对青少年进行公民教育的载体、培养学生共同国家身份的有效工具。美国加利福尼亚州、德克萨斯州、俄勒冈州学校的社会科课程教材就包括有共同的教学主题，包括个人主义与社群主义，价值观、世界和平与人权，国家认同以及民主与世界等。其中，个人权利和个人成就、民族自豪感和爱国主义、公民身份与公民参与、国家认同与公民认同等是教材中频频出现的关键词。课程议题与社会需求相结合，在知识和价值之间搭建起关联，给学生传递其应具备的公民价值观。

2019 年哈佛大学进行了通识教育体系改革，在新的教学模块之一的“历史、社会、个人”模块中包含美国资本主义课、美国社会和公共政策课、美国人作为占领者和国家建设者课等课程，传递的是美国独特的社会政治文化。通过美国高中社会科课程与大学通识课教学内容可以看出，这些课程具有明确的意识形态特征，通过传递国家历史、宪法、政治制度等知识，培育学生形成一种“美国化”的共享意识与共同身份。

① 王法硕、丁海恩：《官方媒体使用如何影响制度自信？——爱国主义的中介作用与政治知识的调节作用》，《东北大学学报（社会科学版）》2020 年第 3 期。

英国、俄罗斯主要以历史课程培养青年的国家认同。21世纪以来，英国面临的新移民、恐怖袭击、大不列颠诸岛教育体制的地方性等问题，加剧了公民身份认同的复杂性，对国家及社会凝聚力的冲击越来越大。英国政教界针对青年的国家认同问题，聚焦国家历史教育掀起了各种教育论争，被称作“伟大的历史辩论”。2013年发布的《英国国家历史课程标准》（以下简称《标准》）是英国国内关于通过历史教育建构国家认同的最新国家级文本，代表着国家主流价值观。《标准》整合了大不列颠诸岛的历史经验以及融入移民产生的多元族群的文化价值观，在课程目标上的首条表述是“了解并理解诸岛屿的故事：大不列颠人民是如何塑造这个国家的，大不列颠人是如何影响世界的”，在课程内容上要求学生学习海船运送移民一代的历史，理解东非、亚洲人移民到英国成为合法民众的概念。[①] 在俄罗斯，自1999年普京上任以来，他高度重视以国家历史为基础的爱国主义教育，认为历史是培养爱国意识和民族自豪感的核心。自2001年1月起，俄罗斯每五年制订一个爱国主义教育国家计划。《2001—2005年俄罗斯联邦公民爱国主义教育纲要》提出要反对伪造历史，恢复国家象征和历史记忆。以国家政府为主导、提倡“重新评估历史”的教科书改革运动在俄罗斯国内得到热烈响应，苏联历史在中小学历史课程中得到恢复。近些年，俄罗斯重视历史教科书编写，强调历史延续性，突出苏联加盟共和国间的历史文化关系，通过历史课程强化青年爱国主义教育。

当前，国外青年爱国主义教育的知识向度正在经历从“教授哪些内容”到“如何提升教学效果”的发展转向。例如，美国于2015年颁布的《每一个学生都成功法案》强调提升公民知识教育类课程的教学效果，加拿大的公民教育研究网络、美国的公民教育中心承担了中学社会科课程的改革评价工作等。整体来看，国外主张将爱国主义教育的知识、内容转换成自我意识，提升青年爱国认知。具体来看，国外突出强调教学内容与方法创新，在内容层面，爱国主义教育内容设计详细且具有动态性；在方法维度，通过创建开放课堂环境，运用讨

① 朱晓章：《当代英国的学校国史教育改革论争》，《比较教育研究》2021年第7期。

论式、辩论式、模拟式教学方法,在课上讨论与历史事件、政治制度相关的问题,开展模拟公开法庭活动。

2. 以实践行动深化青年爱国责任

美国、新加坡、俄罗斯等国家均非常注重培养青少年参与公民活动和国家事务的意识和能力。在美国政府看来,参与公民活动和国家事务可以有效减轻种族多样化带来的国家认同问题,通过组织青少年参与社会与政治活动的方式,在实践活动中认识到国家发展与自我发展是利益共同体,有助于达成各种青年群体对国家的认同这一目标。美国政教界认为青少年时期是形成公民价值观的关键期,参与社区活动、政治民主活动等培养青年的国家主人翁意识。比如,以夏令营小组调查的形式,要求学生在通过查找档案资料、访谈社区公民与领导、大学教师、政府官员等形式,完成"识别社区问题、选择调研主题、设计研究计划、寻找根本原因、制定解决策略、采取行动影响政策"的调研活动,可以帮助学生养成评估社区与政治发展、积极促进社区与社会改革的意识,由"个人体验式公民"转向"参与式公民"与"正义导向公民"。[①]

俄罗斯、新加坡等国同样重视青年参与社会活动教育。《2016—2020 年俄罗斯联邦公民爱国主义教育纲要》强调运用志愿者活动培育青年的爱国主义精神,方案内容包括吸收更多青少年团体、非政府组织等参与爱国主义教育工作,增加教育机构中的志愿者组织比例。新加坡的精英教育理念重视高等教育对学生的培养,新加坡教育部提出培养青年面向 21 世纪应具备的能力,其中一项要素是培养年轻一代成为心系祖国、具有社会责任意识的新加坡公民,履行公民应尽的义务,建立国家归属感。新加坡利用学校和社区提升青年服务社会的能力,例如,新加坡国立大学发起的"参与社区"系列活动——"优良种子计划""零废物行动计划",[②]能够促使学生在活动参与中形成公民意识。

---

① Brooke Blevins、Karon Nicol LeCompte、Michelle Bauml, "Developing students' understandings of citizenship and advocacy through action civics", *Social Studies Research and Practice*, No.2, 2018.

② Office of Student Affairs of NUS Official Website:Communities and Engagement, https://www.nus.edu.sg/osa/student-life/community-engagement.

以俄罗斯为代表的国家注重呼吁青年参与军事活动，使青年在履行军事职责中培养公民素质，明确个人为国家服务的责任与义务。《2016—2020 年俄罗斯联邦公民爱国主义教育纲要》重视军事爱国主义教育，提出设计有针对性的实践活动，让青年履行保卫祖国的公民义务。[①] 俄罗斯利用军事学校、军事志愿协会等激发年轻人参与军事活动的积极性。例如，军事学校会组织学生在军事历史节日期间参与卫国战争重演活动，设计与军事教育主题相关的游戏。军事爱国主义行动教育在俄罗斯年轻人中占据重要地位，73% 的人完全或在很大程度上同意俄罗斯军队构成了“俄罗斯民族自我意识不可分割的一部分”，60% 的人完全或基本上同意“爱国者的职责是支持其武装部队的所有活动”。

（二）网络时代的国外学校爱国主义教育

国外学校网络时代的爱国主义具有隐蔽性和复杂性的特质。首先表现隐蔽性，不是开展赤裸裸的说教，而是利用网络平台巧妙地把爱国主义教育融入其中。其次表现为复杂性，爱国主义有了全新的时代支撑和信息平台，还对培养和宣传爱国主义带来了一定的困难，各种舆论的传播更加复杂，也使传播的形式得到了转型。

针对其隐蔽性，西方国家凭借着先进的网络技术和互联网的普及，已经形成了一个网络完备，手段齐全、方法隐蔽、巧妙渗透力极强的体系对公民进行着道德教育、法治教育、历史教育、宗教教育等进行着实质性的网络爱国主义教育。“不是利用网络平台直接进行政治说教，更不是把教育者的政治观念、价值理念、法律制度等赤裸裸地灌输给网民，而是巧妙地将浓浓的政治色彩，含蓄有度，大象无形。”[②] 如美国的国旗，不仅悬挂在现实学校、社区、政府和企业内，而且飘扬在美国各级网站中，可见，美国通过网络对公民进行爱国主义与增强民族自尊心的隐性教育。从维护美国社会制度的角度看，美国爱国主义教育效果十分显著。“美国立国 200 多年，作为一个移民国家，美国成功地以爱国主

---

① I.Ya.Murzina.S.V.Kazakova，“Perspective Directions Of Patriotic Education”，*Obrazovanie i Nauka*，No.2，2019.

② 禹旭才：《美国网络思想政治教育的“五性”与“三性”》，《思想政治教育》2012 年第 1 期。

义、自由、民主等思想价值为社会凝聚剂，基本保证了国家的稳定与繁荣，实现了美利坚的和谐与稳定”。[1]

针对其复杂性，西方国家处在全球网络信息技术的前沿，他们凭借技术优势形成文化强势，将网络作为输出精神文化产品的载体，通过话语霸权、大规模输出精神文化产品进行文化扩张与渗透，对其他国家实行意识形态渗透。例如，他们将西方的政治制度美化为全人类的“普世价值”，通过电影电视、娱乐节目、社交网络“配售”西方的生活方式和价值理念，意图潜移默化地改变颠覆对于其他文化的信仰，企图以西方的意识形态主导和重构世界青年世界观和价值观。同时，他们贬低其他国家文化，通过歪曲地解读马克思主义来攻击社会主义。拿美国来说，美国的大众传媒有其雄厚的基础，在世界领域内无孔不入。美国通过电视、广播、网络、报刊等大众传媒进行渲染、渗透美国的政治理念、文化价值观，宣传官方的政治活动信息，从而渗透影响公民的政治倾向、价值取向和生活方式。把资本主义的价值观掩藏在广告和文艺节目之中，强化爱国主义教育。

四、启示与借鉴

党的十八大以来，以习近平同志为核心的党中央高度重视爱国主义教育。2019 年，中共中央、国务院印发《新时代爱国主义教育实施纲要》（以下简称《新时代纲要》）；2023 年 10 月，十四届全国人大常委会第六次会议表决通过了《中华人民共和国爱国主义教育法》。我国逐步探索出大中小学一体化、不同教育阶段层次化的模式；注重历史文化教育、中华优秀传统文化教育、国情与形势政策教育、国防安全教育等主题；通过学校教育、社会教育（爱国主义教育基地、仪式典礼、纪念活动、自然文化景观等）、家庭教育和网络媒体教育等开展青年爱国主义教育；采用显性与隐性相结合的爱国主义教育方法。但就

① 查理德．哈什等：《道德教育模式》，学术期刊出版社 1989 年版。

当前青年爱国主义教育的形势来看，仍面临着异质社会思潮动摇青年的爱国信仰[①]、大学生爱国主义教育实践行为转化不足等多重挑战。

（一）创新教育路径，探索“知—情—行”爱国主义教育模式

稳定的爱国主义精神是认知、情感、行动的统一，需要探索“知识学习—情感培育—实践行动”的爱国主义教育模式。一是深化爱国主义知识教育，提升青年的爱国认知。坚持立足中国又面向世界的价值导向，发挥学校主阵地功能，在教育内容上，既要开展马克思主义理论教育、中华优秀传统文化教育、国家历史教育、国家象征与标志教育等，也要开展世情教育，引导青年正确认识中国特色和国际比较。在教学方法上，要采用探究学习教学法、争议问题讨论法、模拟情境教学法等，将爱国主义教育知识、内容转换成自我意识。二是涵养青年的理性爱国之情，培养其正确的爱国主义价值观。正确的爱国主义教育价值观应该是培养青年成为积极进取、开放包容、理性平和的爱国者，即理性表达爱国情感和具有科学自主的判断能力。为引导青年成为具有科学自主判断能力的理性爱国者，学校教育应积极发挥作用。应在高校思想政治理论课中引入批判性思维，组织学生针对媒体报道的作者、目的、受众群体进行辩证思考，深入分析媒体报道的动机和内在价值，培养青年对信息的判断能力、理解能力。三是引导青年认识个体价值，在实践中发挥国家主人翁精神。一般认为，公民参与国家事务的积极性和公民所持有的价值立场具有发展同向性，即个体参与社会活动的积极性越高涨，意味着个体在自我实现的过程中所持有的价值立场越符合国家、社会的需要。我国青年爱国主义教育应注重结合青年发展阶段特点，制定有针对性的爱国主义教育方案，搭建青年参与社会活动必备的教育空间和实践平台，以实践行动深化青年的爱国责任。

（二）强化组织保障，推动爱国主义教育的制度化发展

爱国主义教育是人类文明发展过程中逐渐形成的一种社会建构活动，是一项持久性、系统性、稳定性的教育工作。现代民族国家无一不探索有效的爱

① 林于良，杨渝玲：《论新时代青年爱国主义教育的实践理路》，《学校党建与思想教育》2020 年第 22 期。

国主义教育实践路径，并将爱国主义教育融入制度化的国民教育体系。俄罗斯为保障爱国主义教育的实施效果，配合爱国主义教育法案，每年资助 2000 万至 2200 万美元成立主管爱国主义教育的办公室，在全国范围内设立上千个青少年教育组织，以协调落实爱国主义教育工作。可以说，俄罗斯的爱国主义教育渗透到了国家政府机构及全社会领域。进入新时代，我国爱国主义教育已逐步实现法治化、制度化。《中华人民共和国爱国主义教育法》规定了爱国主义教育的领导体制和机制，提出国家主管部门、地方主管部门以及其他领域相关部门共同参与的工作格局，进一步深化了我国青年爱国主义教育。我国在组织保障方面发力，增设了爱国主义教育相关责任部门，在各个地方设立协助爱国主义教育有效落实的组织，形成“国家主导—地方协助”的层级化爱国主义教育实施体系，破解了国家层面爱国主义教育与民间层面爱国主义教育之间的制度距离，是增强我国青年爱国主义教育实效性的关键点。

（三）协同多方主体，建构全社会共同参与的爱国主义教育生态

个人社会化的过程对其爱国主义精神的形成具有重要影响，家庭成员、社会组织、学校、教育机构等都是青年社会化过程的重要影响因素。要进一步提升我国青年爱国主义教育的效果，就要积极调动社会各方面力量形成育人合力。要在国家爱国主义教育政策的引导下，建立和完善由学校、社会组织、社区、家庭等组成的爱国主义教育资源体系，利用爱国主义教育的教育载体、网络载体、环境载体、活动载体和人物载体，建构“家庭—学校—社会—国家”的爱国主义教育生态。

第三十五章

国外学校法治教育

西方国家的学校法治教育实践起步早，且在实践过程中形成了相对明确的法治教育目标、科学的法治教育内容和合理有效的法治教育途径。通过梳理西方主要国家法治教育模式，总结其可供借鉴的经验，进一步在结合我国实际情况的基础上，提出有针对性的举措以尝试解决现阶段法治教育存在的突出问题，完善学校法治教育的路径。

一、国外的法治建设与学校法治教育

法律也不是从来就有的，是人类历史发展到一定阶段的产物。早在原始社会的末期，由于社会大分工和产品交换的出现，迫切要求有新的行为规范来对日常生产、分配和交换等活动进行规制，为了适应这种新的需要，法律便开始产生。这也充分说明法律最早的形成是为了维护既得利益者的权益的，具有一定的阶级属性。恩格斯在《论住宅问题》中所说："在社会发展某个很早的阶段，产生了这样一种需要：把每天重复着的生产、分配和交换产品的行为用一个共同规则概括起来，设法使个人服从生产和交换的一般条件。这个规则首先表现为习惯，后来便成了法律。"[①] 法律自诞生之日起就担负起平衡统治阶级内部利益，镇压敌对阶级反抗，维护社会秩序和稳定，促进经济和文化发展的使

① 中共中央马克思恩格斯列宁斯大林著作编译局译：《马克思恩格斯文集（第3卷）》，人民出版社2009年版，第322页。

命。纵观整个世界法治进程，可大致分为四个阶段，即古代奴隶制法治、中世纪封建法治、近代资产阶级法治、现代法治体系。但是具体到学校法治教育层面，通过在既有材料基础上，梳理国外学校法治教育发展实践可基本概括为早期阶段、发展阶段和成熟阶段。在早期阶段注重法律文本的学习，在学校教育的不同层次明确法治教育的目标，科学设置教学内容，从小学到中学法治教育内容环环相扣，层层递进，强化学生对本国制度的认同；成熟阶段则引导学生关注社会现实，提高其自觉运用法律去解决生活中的问题的能力；成熟阶段则注重法治教育制度化建设。

国外学校法治教育与经济社会发展密切相关。法治教育通过培养具有法律素养的公民和专业人才，为社会经济发展提供了必要的法治保障。在当今世界，法治教育的重要性日益凸显，各国应更加重视学校法治教育的质量和效果，以促进经济社会的全面发展。

二、美国学校法治教育模式

美国的法治教育起步早，相对比较成熟。一般意义上认为美国是一个典型的法治国家，在美国法律关系已经自觉不自觉地渗透到社会生活的各个角落。现在我们不得不承认，美国人具有较强法律观念和法律执行力，美国民众之所以很长一段时间内对国家充满信任和尊重，与其长久以来实施法治教育是密不可分的。美国十分重视培养学生的法治意识并在学校法治教育过程中下了很大力气，尤其在整个中小学的法治教育进程中开始有意识地进行价值观引领、法治思维养成和法治精神的培育，并逐步通过一整套的法治教育模式致力于培养更多认同“实现美国核心价值认同”这一法治教育目标的美国公民。

美国学校法治教育是以中小学为核心、多主体协同合作的形式来进行的，其法治内容十分丰富且有效性和针对性都非常强，法治教育成果也是十分突出的，这些成果的取得与美国中小学法治教育课的合理设置是分不开的。在长期学校法治教育实践过程中逐步积累经验，形成了一整套科学合理的课程体系。

既包括显性的法治教育课程，也包括一系列隐形课程，更重要的是在大部分社会科课程中都融入了法治要素，诸如在历史、公民、政府、经济、社会等科目中都蕴含着丰富的法治要素并有机地融合渗透。总体上来说，美国学校法治课程内容主要包括法律知识的普及、法治思维的培育、行动技能提升以及维护和改善美国宪法民主的态度价值观。

1. 美国中小学法治教育课程目标

课程是学校进行法治教育的主渠道。合理设定科学明确的课程目标有利于衔接课程与教育目的之间的关系，有利于确定课程的设置和课程内容的选择完善，更有利于形成与之相适应的课程实施与评价的基本准则。正如我们所了解到的，美国中小学法治教育课程目标是在充分考虑不同学段的学生成长规律和法治教育规律基础上形成的，从一开始注重培养学生掌握基础法律知识到提升学生运用法律的技能，再到形成对美国宪政的信仰的基本目标。

具体表现为：小学阶段法治教育基本上以潜移默化的形式进行，意在学生心底埋下有序规则的理性种子，引导小学生自觉融入集体生活，遵守集体规则，对其法治思维的形成进行启蒙；到小学高年级阶段，开始注重讲授基本的法律历史与知识，适当增加阅读与理解简单法律文本的相关课程，尝试引导学生能通过运用所学法律知识，自行协商解决同伴矛盾及遇到的现实问题；到了中学阶段则注重法治核心精神的培育，进一步培养学生的法治理性，引导其理解法律、权利、公平、自由、平等、社会、公民等基本概念；而后还要在掌握法律文本，理解法律案例的基础上，能够提升自身技能；最终引导学生增强对美国核心精神认同并在未来生活充满信心的同时不断付出个人的努力，为国家发展贡献力量。

2. 美国中小学法治教育课程内容

在美国学校法治教育过程中已经形成了与法治教育目标相配且相对完善的以民主、自由、正义、平等为核心精神、各学段在知识能力上既一脉相承又层层递进的课程体系。

小学阶段主要以小学生喜闻乐见的游戏为主，在参与游戏的过程中开始有机融入关于家庭、社区所涉及的相关的规则秩序方面的常识与知识。中学阶段则开始运用自由讨论、小组学习、模拟法庭、案例教学等方式，在前面小学阶段已建立的对家庭和社区相关规则了解的基础上进一步深入，引导学生开始关注更大空间范围的州的规则秩序，明白个人责任和社区责任，并适度参与民主社会政治生活合理行使自己的权利，履行应尽的义务。到了高中阶段则是引导学生更理性地思考和判断，从而促使学生形成法治态度，积极参与政治生活，对国家的前途命运充满信心。纵观整个中小学教育阶段，不难发现，法治教育中已经形成了以家庭为中心，逐步向社区—州和国家—全球的空间秩序的层层延伸，教学形式也是不断递进和丰富。

3. 美国中小学法治教育课程评价

在美国中小学法治教育课程评价体系中更加强调过程性评价，而非单一的目的性评价。在实际评价过程中，更加关注学生的成长发展，关注学生的学习过程，不强调过分地甄别与筛选。在评价方法的选择上综合运用实验法和调查研究法，以此实现量化评价和质性评价的有机统一。

在法治教育评价中，美国已建立起符合美国实际的课程评价系统，包括标准系统、课程系统、教学实践系统和评价系统，并开发与之配套的 NAEP 评价框架，从而保证得到最真实有效的教育反馈；与此同时注重合理运用网络信息评价技术，在教学中尝试利用网络多媒体技术 QuickStats、PowerStats、TrendStats 来辅助评价。但最重要的评价目的应该是落到“人”身上，既要看学生对权威、正义、公平、自由、法律的理解，还要看学生掌握认知和社交技能的能力以及批判性思维的形成和法治精神内化。

4. 美国高校法治教育模式

在美国高校法治教育中，主要有两种类型，一类是专业性的法学教育，注重培养法律人才；另一类是公民体系中的法治素养教育，注重培养全体公民的法律意识和法律素养。

就美国大学阶段法治教育的内容来看，美国高校法治教育没有统一的教材和教学大纲，各高校的自主权相对较大，当前美国各州所采用的教育方式既有内在的一致性，但也有各种特色。已经形成的诸如理论基础建构模式、体谅模式、道德认知发展模式、价值分析模式、社会行动模式等，都在美国高校法治教育中取得了较好的效果。同时，还通过开展“走出教室、走向法庭”等极具特色的现场训练，让大学生身临法院审判现场，尝试并运用所学的法律知识进行实地案例分析与探讨，探究判定法官给予罪犯的定罪是否合理，以此来运用所学法律知识。另外，除课堂教学之外，还可以组织大学生到警察局、律师事务所等相关单位实习体验以此来培养美国大学生法律意识和守法习惯，提高知法守法用法的能力。

其次，教育途径多元化。除了专门的法制类课程之外，还分散于其他课程教学和学校各类社团组织活动当中，如在政治课、职业道德课、历史课、学生俱乐部活动、社团活动以及社会实践服务等都不同程度渗透着法治要素，潜移默化地进行法治教育，传递美国的法律价值观。更重要的是，在学校与社区、家庭等各种组织建立了制度化、常态化的联系，使得大学生在平时生活中也能够进一步学习和践行法律，自觉养成良好的法律品格和行为习惯。

法治教育不同于其他方面的教育，法律法规是既定的，是不会随着人的主观性而改变的，这是非常重要的。尽管美国高校法治教育的方式非常多样，但不可避免地也具有局限性，主要表现为过于注重实践，缺少必要的正确引导，以至大学生不自觉地形成错误的权利义务观。

美国高校法治教育保障中最重要的是师资保障。突出表现为：一方面是师资来源的高水平，美国高校大都聘用优秀的人才和来自社会的优秀律师，美国大学的法制课程教师都必须具备法学硕士以上学位。另一方面是给优秀的人才提供良好的生活和教学条件，保证师资队伍的稳定性和长期发展。最后也是相对具有特色的方面就是在课程传授上采用“选教制”，既能让学生在不同授课教师的讲授中感觉到课程的新鲜感，又能够通过教师与教师之间的竞争，提高教师的教学积极性，挖掘教师的创造性。

三、日本学校法治教育模式

鉴于日本和我国一样都处在东亚地区,同属儒家文化圈,在文化传统与价值取向方面也是比较相近,所以其学校法治建设的经验同样值得我们学习借鉴。20 世纪 90 年代以来,日本进行了两次规模较大的未成年人法治教育改革运动,一些主要的改革举措延续至今,在教育界乃至社会上仍具有很大的反响,这无疑对我国中小学法治教育建设具有重要借鉴意义。

(一)日本中小学法治教育课程目标

事实上,日本中小学法治教育课程目标与美国法治教育课程目标有一定的相似之处,都注重不同学段中的学生成长规律,目标设置螺旋式上升且层层递进。日本学校法治教育更注重实用性,主要是通过引导学生了解并掌握与自身成长发展密切相关的法律法规,在了解的基础上去解决遇到的现实矛盾问题,从而培育法治思维,提升自身的学法用法的能力。

(二)日本中小学法治教育课程内容

通过既有掌握资料的分析发现,在日本中小学所开设的法治教育课程中出现频率最高的一个词就是“规则”,由此可见日本的法治教育是以规则作为其核心价值的。日本根据统一的指导纲要,针对不同学段的学生实际发展需要,形成了以道德科和公民科为首的法治教育课程体系,旨在帮助学生形成规则意识、私法和消费者保护意识和宪法意识。为实现这一目标,在法治教育课程中有重点地向中小学生讲授法律和规则的制定过程、法律和规则的作用等内容,同时还会通过典型案例向学生讲清为什么要遵守社会秩序等相关内容,进而达到塑造合格法律意识的基本目的,提升司法参与的意识和司法使用的能力。

(三)日本中小学法治教育课程评价

日本学校法治教育评价体系是多维度且注重实际应用能力的评估体系,旨在全面评估学生在法治教育各方面的表现和成长。不同学段法治教育课程目标、课程内容不同,自然其评价指标也不同,除一般的关注法律知识的学习之外,更加注重解决实际问题的能力和法治思维方式的养成。

(四)日本高校法治教育的特点

日本高校法法治教育发展历程与现状中主要表现出以下两方面特点。

第一,日本高校法治教育主要是源于私立法律学校。日本近现代的高校法治教育的起源大都是来自私立法律院校,这是日本高校法治教育所特有的现象。例如日本中央大学的法律教学机构前身是原来的英吉利法律学校;早稻田大学的法学部前身则是早期东京法律专门学校;明治大学的法学系源于原来的明治法律学校。日本高校法治教育的这一特点源于19世纪中后期,日本明治维新后政府对教育的改革。

第二,日本国内高校法治教育差异性比较明显。一是法治教育目标的差异性,日本国内高校自主权较大,但就法治教育而言可以基于对学生就业需求定位的不同,制定不同的教学培养目标;二是高校之间甚至高校内部在不同院系间也呈现出的法治教育的差异性。三是由日本高校法治教育差异性决定的学生的差异性,日本高校可提供不同的法治教育课程供学生选择,而学生则可基于自身种种原因选修最适合自己的不同课程,最终成为有用之才。

四、德国学校法治教育模式

作为大陆法系之标杆,德国青少年法治教育体系也相对完善且值得借鉴。德国学校法治教育的突出特色为:开创了“基础教育与职业教育并重”的教育模式。在联邦教育法案之下,各州对青少年法治教育具有一定的自主权和灵活性,可结合本州现实、根据不同发展阶段的青少年制定相应的教育政策。

德国学校教育重视对青少年的价值培养和权利保护,在进行义务教育的同时更加强调权利教育,这是德国学校法治教育的特色之一;同时德国法治教育也具有极高的专业性,体现为各种教育方式均有专业法律人士的深度参与;另外德国在长期探索过程中形成了较为规范的“校外教育”体系,比如德国联邦教育与科学部还专门对实施家庭法治教育提供经费支持,并通过家庭法院这一形式对父母的抚养教育进行监督。

（一）德国学校法治教育目标

德国学校法治教育中主要培育有知识、乐观健康、自由发展的人为教育目标。在实现目标过程中注重对中小学生进行法治观念的培育，尤其是培养青少年学生的权利意识以及法治精神，使得青少年了解法律对其的保护和救济，更要了解什么行为会受法律调整、规制甚至制裁。

受卢梭自然观念影响，在青少年法治教育总目标下，不同阶段的青少年法治教育各有其侧重和阶段目标。德国早期的基础教育注重独立能力、独立性格的培养，以及对于社会生活知识的掌握。如了解相关机构的职能、同时注意个人素养的培养；在中学阶段则注重法治思维的培育和较前一阶段更为深层次的一些法律的常识与知识；到了大学阶段则在前期基础上更加强调学生运用法律思维和法律精神解决问题的能力。

（二）德国学校法治教育的特色

德国的青少年法治教育是以学校教育为主导，社会和家庭为主体的形式所进行的法治教育，学校法治教育是对青少年进行法治教育的主渠道。一方面，学校中青少年相对集中且容易组织这就使得学校法治教育具有集中教育引导青少年的天然优势；另一方面，其法治教育更具专业性。德国对学校教育的主体具有严格的控制标准，《德国基本法》第 7 条第 4 款明确提出："对于设立的私立学校，要求具有不逊色于公立学校的教学设备及师资力量，且需要得到州政府的批准，并接受州法院的约束。"

德国家庭教育更强调法治教育的专业性，一方面，家长首先需要学习相关的法律知识，提升法律素养；另一方面，家庭法治教育注重以子女为中心，注重保障子女的最大利益。家庭法治教育要在家庭法院等专业机构的指导之下进行，与此同时德国联邦教育与科学部设有专门经费支持举办的"德国家长参议会"，主要是通过举办专题报告以及讲座等形式促进父母对于子女法治教育，这就使得家庭教育和家庭外教育合力对青少年进行教育，互为补充。

德国家庭法治教育与社会教育也形成了良性的互动局面。一方面，家庭法治教育引导孩子逐步走出家庭环境，走到社会中去，通过亲身参与社会政治事件的讨论而形成法治意识；另一方面，学生作为社会公民可以依法参与社会事务，行使法律权利。

五、西方其他国家学校法治教育模式

除上述美国、德国和日本之外的很多西方国家也都非常重视法治教育。澳大利亚的法治教育是包含在公民通识性教育课程之中的，其法治教育主要目的是培养掌握“澳大利亚政治和法律制度知识”的合格公民。澳大利亚中小学的法治教育同样没有统一的国家标准，基本上是由各校自行决定授课方式，主要集中在小学阶段开设法治必修课程，其教育主要内容包括学习《澳大利亚宪法》、了解议会民主、权利、义务以及法院等机构的运行机制；到了高中阶段，课程范围就进一步扩展，开始涉及国际层面的国家间关系和国际法律文本，也开始涉及到一些实用性的法律知识；为更好地实现法治教育目标，有计划地将法治元素与商科、社会教育、人文、历史和地理等融合渗透，采取跨学科综合教学和专题教学来提升学生学习兴趣。

加拿大学校则规定在校学生必须接受法治教育课程，针对不同学段学生开设不同的法治课程，九年级时将科学政治列为必修课，主要采用主题单元学习形式；到十一年级时开设“个人生活”选修课程，旨在解决青年学生的个人生活问题，帮助其承担作为社会成员该担负的责任；到十二年级时法治教育课程则成为综合课程，逐步涉及政治、经济、司法的诸多方面。

综上所述，西方国家法治教育的目标明确，且在小学、中学和大学不同阶段的法治教育目标衔接有序且内在有机统一；内容上更加多元化和社会化，包括家庭、求学、就业、经济生活以及国家安全等与学生生活息息相关的诸多方面，注重选取与学生日常生活密切联系的常见案例来启发学生，使学生能够深切地感受到法律在日常生活中的重要作用，再引导学生把对法律的感性认识上升为理性认识；从教育途径上看，基本都形成了学校、家庭和社会协同育人的法治教育体系，学校教育基于学校课程系统讲授法律知识，家庭教育则重在日常生活领域中不同规则意识的培养，而社会教育则侧重于实施普法教育，提供相应的司法支持和保障。

六、我国学校法治教育存在的问题

党的十八届四中全会强调："推动全社会树立法治意识。坚持把全民普法和守法作为依法治国的长期基础性工作，深入开展法治宣传教育，引导全民自觉守法、遇事找法、解决问题靠法……把法治教育纳入国民教育体系，从青少年抓起，在中小学设立法治知识课程"。[①] 这是中央文件首次使用"法治教育"这一概念，也是第一次明确把法治教育纳入国民教育体系。事实上，从 1984 年起，我国就开始第一次全民法治宣传教育（法治教育只是法治教育的一部分），至今已将近 40 年，不难看到，法治教育的进行在提高我国公民的法治品质方面发挥着不可替代的重要作用。但也暴露出一些问题，如重义务教育、轻权利教育，重法律知识传授、轻法治理念传播，重学校单一主体传授、轻多元主体辅助等，这就表明我们与所要建成的现代法治国家目标尚有一定距离。

（一）法治教育的课程体系尚未完善

我国学校法治教育的起步并不能算晚，改革开放之初我国教育部就颁布了思想政治教育计划，其中明确提到中小学思想政治教育并细化了具体要求，与之相配套地涌现了大批相关系列的教材，自此我国中小学法治教育课也在摸索中开始发展。从 1985 年"一五普法"开始，法治教育进入初创发展时期，法治教育受到了国家层面的高度重视，从学校法治教育层面看，也开始将青少年学生纳入了法治教育的主体，并在中学教育阶段开设专门的法治课程，集中教授青年学生关于我国民主、法治以及纪律方面的基础知识；到"二五普法"时，法治重点就放在了中学教育阶段，在这个阶段重点是讲授《中华人民共和国宪法》、公民权利义务等；这时的高中教育阶段的法治教育课程尚处在初期

① 《中共中央关于全面推进依法治国若干重大问题的决定》，《人民日报》2014 年 10 月 29 日第 3 版。

摸索阶段；到了1996年的“三五普法”活动，青少年进一步作为作为普法对象，并注重引导青少年学法、用法，并在初中阶段进行有关法律法规方面教育；2000年后，法治建设开始进入快车道，国家层面进一步提出依法治国与以德治国的基本方略，这就促使教育界开始探索进行青少年普法教育的途径和方法。“七五”普法教育期间明确提出在中小学设置法治教育课程，致力形成具有中国特色的法治教育课程体系，并开始强调要开展法治实践活动。“八五”普法教育时期则进一步明确提出“推进青少年法治教育规范化和常态化，提升法治课教师专业教学能力，推动大中小学法治课程开齐开足开好；结合安全、禁毒、国防、防灾减灾救灾以及防范学生欺凌、网络诈骗、人身侵害和人口拐卖等内容开展日常宣传教育，将法治教育纳入中小学课后服务范围；深入开展法治实践教育，将青少年法治教育实践基地（法治资源教室）纳入社会综合实践活动场所范围。由此可见，我国学校法治教育是扎实稳步推进的，在这个过程中形成了以国家为主体，以学校为场域，以青少年学生为对象，以法治课程为主渠道的国家、社会、学校等多方协同推进法治教育的模式。

当然，尽管有政策作为支撑，但在政策落地的具体落实层面还存在差距。比如，目前我国中小学法治教育课程教育的主要场所还是局限在教室的课堂中，且现阶段的法治教育还只是中小学思想品德教育中很小的一部分，与形成独立的课程体系还有很大距离。在普遍的应试教育形势下，法治教育要能够成为独立的课程体系还需要很长一段时间艰辛探索。再比如，现行的法治教育课程大部分还是以班级法治教育主题班会活动或者集体讲述的形式来进行的，大都局限于对中小学生讲解一些简单的法律法规，讲授的课时和内容都比较有限，且大都是形式大于内容，法治思维深入中小学生内心的效果仍不明显。

（二）法治教育课程的内容枯燥无味

现阶段中小学法治教育仅作为思想政治品德课程中很小一部分，再加上思想政治品德课涉及内容比较广泛，致使法治教育课程内容在思想政治品德教材中所占比例较少，且仅注重法律文本的简单介绍，忽视了不同学段学生的成长规律以及各年级课程内容的有效衔接，使得不同学段课程之间出现知识断层，从而不利于学生进行全面系统的法治学习，也不利于学生提升运用法律的能力。

（三）法治教育课程的实施与社会实践间存在较大距离

目前，中小学法治教育课程基本上是学校任课老师（大都是政治老师）担任，课程实施主要还是在课堂上进行。考虑到应试教育和升学的压力，包括教师、学生在内的多元主体都不可避免地将尽可能多的时间和精力放在提高“主科”成绩上，把学习的注意力放在升学上。尽管从表面上看我国大部分中小学已经明确要求开设道德与法治课程，但是相应的课程管理评价体系并未形成，在个别地区的某些学校仅把中小学法治教育课程体现在了课表上，而从未真正进行过。稍微好点的学校尽管课程也开足开齐了，但实际教学效果并不乐观，一部分教师在教授法治教育课程时囿于自身法律素养、法律知识基础相对薄弱，只能生硬进行法律条文知识的讲授，大多都是填鸭式灌输教学，教育形式单一，选用的教学案例陈旧且与实际结合不够紧密，再加上极少采用情景式教学（当然这并不完全是老师个人原因造成的），从而使得教学脱离学生生活，不利于学生形成解决问题的能力。

（四）法治教育课程评价体系不科学、不全面

有什么样的评价指标，就有什么样的教育方式。在针对中小学法治教育课程评价方面，早在 2016 年教育部、司法部、全国普法办就印发了《青少年法治教育大纲》，其中明确指出了“学校法治教育的评价体系不健全，教育针对性和实效性不强”的突出问题。党的十八大以来，中小学法治教育课程仍处于致力探索有效的评价体系的过程中，也取得了一系列成果，我们完全有理由相信，随着法治中国建设的不断推进，法治教育课程评价体系也会日臻完善。

（五）我国高校法治教育，也存在一定问题，突出表现在以下几个方面

一是高校法治教育目标定位不清晰，在具体的高校法治教育教学实践过程中，总是自觉不自觉地忽视了不同类型学生的学习能力差异。二是高校法治教育教学模式的创新性不足，目前高校法治教育还主要是通过思想道德修养与法律基础课堂讲授进行，虽然各高校开展了一些法治教育的第二课堂活动，但

大多以讲座等传统宣传模式进行，并不能真正激发高校大学生的学习兴趣，这也就不可避免地使大多法治教育宣传工作流于形式，并未真正起到培养法治观念的作用。三是高校法治教育教学考核方法相对单一，基本上都是通过笔试考核来判断高校大学生对于基本法律知识的掌握状况，忽视了高校大学生在实践过程中的自主探究能力，降低了学生对于了解法律知识的兴趣，再加上法治理论课程授课过程枯燥乏味，使其失去应有的效果，致使高校法治教育长期处于低效状态。四是高校大学生法治教育教材内容并不完善。《思想道德修养与法律基础》教材作为我国高校法治教育教学中的主要教材，从教材的内容配比来看，关于高校法治教育的具体内容所占比重仍相对较少，初步统计发现与高校法治教育有关的篇幅仅占全书篇幅的四分之一，甚至还不够四分之一。五是除思政课外的专业课中对法治元素的重视和挖掘不够，全员、全过程、全方位法治育人的基础不牢，这也是导致法治教育低效率的重要原因。

七、启示与借鉴

（一）牢牢把握社会主义法治意识形态

马克思指出："统治阶级的思想在每一时代都是占统治地位的思想。这就是说，一个阶级是社会占统治地位的物质力量，同时也是社会上占统治地位的精神力量。"[①] 我们不得不承认西方国家法治建设所取得的重要成就，以及对人类社会发展作出的贡献，非常有必要去学习借鉴。但西方国家与我国的国情和社会制度还是有很大的差别，因此在吸取西方国家法治教育精华的同时，不能将其属于资本主义意识形态的部分也照搬过来。必须旗帜鲜明牢牢把握社会主义意识形态，才有可能做好我国学校的法治教育工作。目前，我国正在统筹全面推进依法治国、实现国家治理体系和治理能力现代化，大量具有社会主义法治观念的人才是建设社会主义法治中国所不可或缺的关键资源和重要力量，

① 中共中央马克思恩格斯列宁斯大林著作编译局译：《马克思恩格斯选集第 1 卷》，人民出版社 2012 年版。

加强法治教育比以往任何时候都更加迫切。

（二）要关注教育主体的特征与发展规律

就教师队伍建设而言，必须加强师资队伍建设，保证教师队伍均具备较高法治素养和法治能力，让懂法的教师讲法。这就要求法治课程的师资一定是来源于具有法律知识相关背景的高学历人员和有相关工作经验的公检法机关工作人员。具体来说，学校可以通过招聘具有法律或者思想政治教育专业背景的教师作为补充力量，更应该适当增加对现任教师进行专业化培训的机会。从教师层面而言，要求教师在日常教学过程中及时总结和反思课堂教育的方式方法以及教学内容，不断关注依法治国的最新进展及其成果，扎实自身的法律基础，更要在实际课堂讲授过程中学会引经据典，对大家普遍关注的典型司法案件进行剖析讲解，吸引学生的注意力，增强教学效果。另外，教师应当将道德教育与法治教育有机结合起来，引导学生自觉理解德治与法治的关系。如条件具备，学校可以定期聘请优秀的法官、检察官、律师等法律工作者为学生进行专题讲座和以案说法。

就学生主体性特征而言，学校法治教育也要坚持以生为本，尊重学生成长成才规律。学生在思想政治教育过程中扮演着主动主体的角色，承认受教育者的主体地位，是提高思想政治教育有效性的重要前提。学校法治教育成效的取得一定是建立在对学生充分了解的基础之上；同时，教师要善于鼓励并引导学生发挥主观能动性，使其尽可能增加主动参与课堂、学习知识、思考与提问的积极性，进而使学生能够在学习法律知识的基础上，培育法治思维，提升法治技能。

（三）完善法治教育课程，统筹推进大中小学法治教育课程一体化建设

推进大中小学法治教育课程一体化建设符合我国实际国情，要形成完善的具有中国特色的社会主义法治教育课程体系。另外在实际法治教育过程中，也要注重理论与实践相结合。不可否认，灌输是思想政治教育的一种重要方式，也是我国思想政治教育采取的一种最为常用的方式。习近平总书记在谈到思政课改革创新时多次强调：灌输是马克思主义理论教育的基本方法，让学生

接受马克思主义，离不开必要的灌输，但这不等于搞填鸭式的“硬灌输”，要注重启发式教育，在不断启发中让学生水到渠成得出结论。在实际法治教育过程中，学生是很难自发形成正确的法治观的，因此由教师进行一定的灌输教育是必要的。在这方面，我国可以充分借鉴西方国家在法治教育中将实践作为非常重要的一种教育方式的经验。通过亲身参与让其将课上被“灌输”进去的知识自觉运用于解决生活中的实际问题。比如可以尝试用模拟法庭、旁听法院开庭审理案件等形式来帮助学生更好地理解理论，消化在课上所学习的理论知识，同时也能引起学生的兴趣增强法治教育的有效性。

（四）注重挖掘传统法律文化精华，与新时代学校法治教育的有机结合

党的二十大报告指出：“法治社会是构筑法治国家的基础。弘扬社会主义法治精神，传承中华优秀传统法律文化，引导全体人民做社会主义法治的忠实崇尚者、自觉遵守者、坚定捍卫者。”① 习近平总书记也多次强调：“我国古代法制蕴含着十分丰富的智慧和资源，中华法系在世界几大法系中独树一帜。要注意研究我国古代法制传统和成败得失，挖掘和传承中华法律文化精华，汲取营养、择善而用。”② 这些重要论述充分说明，在新时代条件下推进学校法治教育建设，必须充分挖掘和传承中华法律文化精华，在全社会范围内营造良好的法治氛围，助力新时代学校法治教育建设。

① 习近平：《高举中国特色社会主义伟大旗帜　为全面建设社会主义现代化国家而团结奋斗——在中国共产党第二十次全国代表大会上的报告》，人民出版社 2022 年版，第 21 页。
② 习近平：《加快建设社会主义法治国家》，《求是》2015 年第 1 期。

第三十六章

西方国家学校意识形态教育

意识形态工作是为国家立心、为民族立魂的工作,直接关系国家安全。教育领域作为意识形态领域斗争中的前沿阵地,是西方意识形态渗透最重要的领域,加强学校意识形态教育至关重要。西方国家历来重视学校意识形态教育,建立完善意识形态教育体系,制定了行之有效的运行管理机制,起到良好的实际成效,积累丰富的意识形态教育经验,在这些方面,加强对西方学校意识形态教育的分析研究,对于我们更好探索中国学校意识形态教育规律,增强我国学校意识形态教育的针对性、实效性是有重要借鉴意义的。

一、西方学校意识形态教育的基本特点

西方国家历来重视意识形态工作,学校作为青少年学习成长最重要的场所和机构,扮演着极其重要的角色,理所当然成为了各国加强对青少年进行意识形态教育和灌输的主阵地。美国政治学家加布里埃尔·A. 阿尔蒙德就谈到“学校向青少年传授关于政治世界以及他们在这个世界中的作用的知识”“学校可以在形成对政治竞赛的各种不成文规则的态度方面发挥重要作用。”① 综观西方各国学校在意识形态教育方面的种种举措,我们可以看到西方学校意识形态教育呈现出下面几个特点:

① [美]加里布埃尔·A·阿尔蒙德、小G·宾厄姆·鲍威尔:《当代比较政治学——体系、过程和政策》,《上海译文出版社》1987年版。

（一）教育的意识形态立场具有政治性

在所有的国家，当权者都会花大量的时间和力量来进行国家意识形态教育。回顾当今各国发展历史很容易看到，教育一直是传播官方意识形态的基本路径。在绝大多数国家，“所有学校系统在为形成年轻人的民族身份和民族忠诚意识而发挥作用；学校系统也发挥着培养社会舆论和皈依群体主导价值观的功能。”[①] 因此，学校意识形态教育必然具有其政治属性。

在考察西方国家学校在意识形态教育的机制、内容、方式等各方面的时候，能够明显感受随着全球化进程加剧，学校非常重视运用公共权力对青少年意识形态进行规范、引导，强调主流价值观和共同社会价值取向的塑造和培育。以美国为例，它作为一个联邦制国家，实行中央和地方的分权。美国教育，尤其是中小学教育资源掌握在各州的手里，各州对其有控制权。这就造成了各个州在教育观念上有一定差异，在意识形态上也有一定差异，出现了多种意识形态并立，如正统宗教观念、进步主义、人文主义、理性批判主义、认知多元主义等等[②]。但是，这种并立和多元都是表面的，无论什么样的主义和理论，都必须符合统治阶级利益要求，绝不允许触犯现有的统治秩序，否则就会被关停，甚至面临着更严重的惩罚。并且，在美国的所有学校教育中，无论中小学教育，还是高等教育，国家的核心价值观都是必不可少的教育内容，并通过多种课程，如历史、道德、法律、政治、社会、文学等体现出来，维护国家安全，爱国主义、权力制衡、三权分立、自由平等、民主法治等，都必然会被接触到，都是相关课程设置的精神和灵魂。

（二）教育的意识形态内容强调系统性

西方国家学校的意识形态教育具有成体系性特点，强调自上而下的顶层设计，重视从“娃娃”抓起，打破学段、学科之间的内在隔阂，实现全过程、全领域、全员参与国家意识形态建设。

---

① [美]杰拉尔德·古特克:《哲学与意识形态视野中的教育》，陈晓端主译，北京师范大学出版社2008年版。

② 赵蒙成:《美国中小学课程的意识形态述评》，《外国中小学教育》2012年第8期。

第一,政府积极参与学校意识形态教育内容的设计指导、监督管理和支持协助。很多西方国家政府对学校人才培养有明确要求,培养具有爱国主义和民族精神的合格公民。德国《联邦德国教育总法》规定:“培养学生在一个自由、民主和福利的法律社会中……对自己的行为有责任感。”日本在其规划的《21世纪教育目标》中认为:“只有重视思想素质的培养,才能保证人才的健康成长。”2002 年 3 月美国发布的“美国联邦教育部 2002—2007 年工作要点”重申要加强学生的思想政治教育,培养新时期负责任的具有爱国主义精神的高素质公民。同时,强调社会通力合作加强青少年意识形态。比如法国 1989 年颁布了《教育指导法案》,对学校、社会团体、家庭在青少年公民教育中的地位、作用、权利和义务作了全面而具体的规定。美国政府认为,凡是一切具有道德教育职能的组织或部门,如国会、州府、政党、教会、传媒、学校、企业、社区、家庭等,都负有道德教育的职能。[1] 此外,西方国家还针对每种类型的社会组织制定了具体的运作法规。如为了督促家长更好地担负起教育子女的责任,美国各州制定了相关法律,规定家长若未能协助学校管教自己的孩子,将会触犯法律而被移送法庭,遭到高额罚金的严厉处罚。[2]

第二,精心设计意识形态教育课程体系,实现对青少年各阶段持续教育。为实现共同主流价值观的建设与培育,西方国家学校将公民教育作为培育核心价值观的通行路径,实现从幼儿园到高校全过程学习。比如美国学校一直开设公民教育课程,课程的组织形式在各州有所不同,但其教学目的一般是通过两种途径实现的。一是“直接的公民学教学”,它构成了公民教育“课程的核心组成部分”,包括“政府及其职能、政治体制的基础、民主问题、公民权利等内容”[3]。二是“间接的公民教育”,即通过历史、地理等学科教学,通过丰富的文

① 赵康太:《试论美国思想政治教育的社会化、具象化和实践化路径》,《思想理论教育导刊》2007 年第 4 期。

② 杨海燕等:《美国推动家庭参与学校教育的 18 种措施》,《中小学管理》2005 年第 4 期。

③ 高德胜:《美国社会研究课程述评》,《课程 · 教材 · 教法》1999 年第 12 期。

化内容进行间接的、隐含的教育,“达到培养积极的参与性公民的目的”[①]。二者相辅相成,前者为后者提供明确的价值导向,成为统合诸多学科的轴心;后者为前者提供丰富的价值材料,成为公民教育目的得以实现的资源。比如法国学校实施开展公民道德教育,以公民道德课程为主,以系统的社会参与机制为辅助,整个公民道德课程从小学持续到高中阶段,覆盖全部公立学校。同时,不少学校对于课程都进行了严格的考核规定,比如美国许多州的大学都硬性规定,必须拿到政治科目的学分才能拿到学位。

由此可见,西方国家特别是发达国家,十分重视对青少年的意识形态教育,不仅开设以灌输西方“核心价值观”为主的意识形态教育核心课程,而且对课程进行了严格的考核,并且形成自上而下严密的管理监督。

(三)教育的意识形态手段突出隐蔽性

思想政治教育课程是承担国家意识形态教育的核心课程,从当前世界各国教育课程来看,思想政治教育是一门独具中国特色的学科,西方学校并未专门开设思想政治教育课程,也没有专门强调要对学生加强思想政治教育。从表面上看,西方学校好像不进行意识形态教育与灌输,这恰恰反映出来西方学校意识形态教育具有极强的渗透性和隐蔽性。

从课程设置来说,西方学校没有完整的思想政治教育概念和独立学科,而是把意识形态教育以“通识教育”“公民教育”等不同名目体现出来,横跨不同学科与专业的“通识教育”抑或“公民教育”,就是在教育领域特别是高等教育领域进行意识形态灌输的基本途径。比如在美国、法国有“公民教育”,英国、加拿大有“政治教育”,西班牙有“共处之道教育”,日本有“社会科”和“道德时间”,等等。通过这些“公民教育”“人格教育”“价值观教育”等无时无刻不在对学生进行着政治观、价值观、道德观的教育。另一方面,除了通识教育课程之外,西方学校几乎所有的专业课程也都包含着意识形态教育。比如美国的经济学的教育,主要以新古典经济学为主,而新古典经济学本身就含有

① 高德胜:《美国社会研究课程述评》,《课程·教材·教法》1999 年第 12 期。

很强的意识形态性,它强调一种没有政府干预的市场经济是一个最好的制度,而且它自古以来就是一种最好的制度。这样一个不区分国家、民族、时代的制度,就是自由的市场经济。这样一门课程,与其说是一门经济的科学的课程,不如说是一个意识形态教育的课程。它让美国学生通过理论上的训练,去相信他们所生活的社会是这样一个自由、合理的社会。再比如医学课程讲医学伦理、医学道德,自然科学课程讲技术道德、技术伦理,这些各种自然科学、人文科学、社会科学的教育都贯彻着一种要捍卫美国价值观的东西。

从具体教育途径来说,西方学校的意识形态教育,特别是思想政治教育类课程并不采用强制性直接灌输的方式,而是通过课堂讨论、辩论、表演、探究等灵活多样的互动方式引导学生积极参与到各类教学活动中去,在互动交流过程中潜移默化宣传主流意识形态、政治价值观念。比如美国许多高校开设了职业道德课、公民与法律课、大学生伦理课等课程,从名称上看,这些课程思想政治教育色彩比较浓郁,但教师在课程教学中尽量避免强制性灌输,鼓励多种教学方法并举,用讨论、商量和探究的方法代替强制性灌输,通过积极引导促进学生道德发展。在德育和公民课中注重学生对人的关注和对做人问题的理解,倡导学生“健全的人品,广博的见识,培养社会责任感,建立大世界而非小我的崇高的理想,以及训练扬善惩恶的信念,致力于全人类的幸福而不是个人利益的决心和意志”①

课堂教学只是西方教育领域维护意识形态安全的一种主要方式,此外,通过学生社团、学习旅行、参观访问等形式开展的课外活动对学生进行德育渗透也是西方意识形态教育的有效实施途径,同时,开展实践活动也是学校进行意识形态教育的重要形式。例如美国的政治价值观是由宪法规定的,美国宪政治国,宪法至上,所有法律、制度都不能违宪,老师如果课堂上讲了违宪的东西就是违宪。老师可以在课上带着学生参观一个地方,讲讲纪念碑的来历,这就是上课,自由度很大,但会产生有效的实践教育效果。这就是美国政治教育的一

① 杨海燕等:《美国推动家庭参与学校教育的 18 种措施》,《中小学管理》2005 年第 4 期。

个重要特点，就是隐性课程的方式。

（四）教育的意识形态参与呈现广泛性

西方国家意识形态教育工作并不是主要依靠学校来完成，也不是依靠某个特定群体来承担培育工作的，它是一项需要全社会广泛参与的共同事务。即使是学校的意识形态教育工作，也充分借助家庭、社区、教会、大众传媒等各种社会团体和各类社会成员的力量，几乎所有的人员、所有的场所、所有的时机都可以被用来宣传资本主义的生活方式和价值观念。

第一，西方学校通过整合社会资源创新合作机制发挥综合效应，实施家长、社区参与学校教育的机制，创建学校、社区与家庭伙伴关系模式。美国是较早提出建立这种模式的国家，已在实践中形成了六种学校协助家庭和社区参与关怀学生的途径与框架模式：加强亲职教育、拓展沟通渠道、组织家长自愿服务、协助家庭辅导、参与学校决策、加强与社区的合作等。[①]“法国公民教育的社会参与主要有三个方面：一是家庭的参与。法国教育部在 20 世纪 70 年代的教育改革方案中就提出，‘学校教育与家庭教育互为补充’，应当使‘教师与学生家长之间的关系制度化’。二是学生的参与。主要是扩大学生对教学活动的参与，使学生有能力自己安排学习，对他们的学习要‘善于增加难度’。三是参与指导机构的建立。法国全国性的社会参与管理机构 1988 年前有两个：‘国民教育高级委员会’和‘普通教育和技术教育委员会’。”[②]

第二，西方学校特别重视为意识形态教育创造有利的实施环境，重视校园文化环境的育人作用，通过校园环境建设，展示独特的校园文化，凸显学校倡导的主流价值观念。在校旗、校徽、校园建筑等物质环境中，以及在校史、学风、校园活动、校风、校训等精神环境中，学生也会受到潜移默化的影响，同时，学校还通过网络、广播、杂志等大众媒体对学生进行德育教育，支持学生在校内外举办各类活动，如国庆节、学校日、毕业典礼、集会活动，营造文化氛围。比

① 杨启光：《重叠影响阈：美国学校与家庭伙伴关系的一种理论解释框架》，《外国教育研究》2006 年第 2 期。

② 吴军民，齐耀铭：《法国青少年的公民意识与公民教育》，《青年研究》2000 年第 8 期。

如美国学校每个班级都挂着国旗和总统的画像，时刻提醒学生所处的国家是美国，老师们也经常组织学生面对国旗宣誓、唱国歌，在美国的华盛顿，有一个可供青少年免费参观的航空航科技博物馆，青少年可以看到宇宙火箭、人造卫星、宇宙飞机、宇航员在太空生活的种种照片和实物，以此展示美国科学技术的领先地位，激起青少年对国家的自豪感等。

第三，西方国家政府是意识形态教育的重要助力，在发挥学校意识形态教育重要途径之上，各国政府还广泛设立或鼓励设立各种政治教育机构，通过对教育机构的引导、组织、管理和监督来进行更为广泛的意识形态教育，成为学校意识形态教育的补充和深化。

二、西方学校意识形态教育对我国学校加强意识形态教育的启示

2013年，习近平总书记在全国宣传思想工作会议上的重要讲话强调“意识形态工作是一项极端重要的工作”，党的二十大报告进一步指出“意识形态工作是为国家立心、为民族立魂的工作”，要“建设具有强大凝聚力和引领力的社会主义意识形态”。一直以来，以美国为首的西方国家，始终存有对我国实行西化、分化的战略图谋，试图在中国实现“和平演变”的战略诉求。对此，筑牢我国意识形态领域防线，增强防御风险的能力是维护国家总体安全的必然要求。学习研究西方国家学校意识形态教育方面的经验和做法，进一步加强我国学校特别是高校意识形态教育工作具有重要启发借鉴意义。

（一）坚持马克思主义指导地位，筑牢意识形态教育主阵地

随着世界进入动荡变革期，国际国内环境日趋复杂，意识形态斗争更为激烈。教育系统是对青少年进行意识形态教育的主渠道，是意识形态斗争的主阵地，青少年是东西方两种意识形态斗争的主体。一直以来，西方不遗余力针对我国青少年群体进行意识形态渗透，一些美式价值观、美式生活观、美式认知观在青少年身上有所体现，拜金主义、享乐主义、精致利己主义等错误思想和行为也呈现抬头迹象，甚至出现一些道德滑坡、信仰失落、理想信念缺失的现

象，这不得不引起我们的警惕。面对各类错误思潮猛然攻击，面对学生中出现的信仰缺少、思想迷乱，我们整个教育系统要做好几个方面重要工作：

旗帜鲜明讲政治。从一定意义上讲，教育就是政治，是政治的独特表现形式。我们的教育就要坚持社会主义办学方向，坚定不移地走中国特色社会主义教育发展道路，坚持中国共产党的领导，努力为国培养和造就全面发展的社会主义合格建设者和可靠接班人。纵观西方学校意识形态教育，无一例外是培养具有西方国家需要的具有爱国主义和民族精神的人，同样的，中国教育也该如此。

整个教育系统要增强意识形态工作的能力。之所以我们的青少年出现林林总总的意识形态方面问题，最重要的原因就是我们在意识形态教育方面重视不够、能力不足。意识形态工作阵地我们不去占领，敌人就会去占领。我们中小学生、大学生对敌对势力鼓吹传播的各种错误思想观点缺乏政治鉴别力和政治免疫力恰恰反映了他们在马克思主义理论、“四史”等基本常识上的缺失。因此，深入实施马克思主义理论研究和建设工程，加快构建中国特色哲学社会科学学科体系、学术体系、话语体系，培育壮大哲学社会科学人才队伍也是迫在眉睫。

（二）努力形成合力，构建全方位意识形态教育新格局

在分析研究西方国家学校意识形态教育的过程中，我们非常清楚地看到，西方意识形态教育工作具有鲜明的社会性，全员全过程参与到国家主流价值观的建设中。比如在美国，虽然是由资产阶级政党牢牢控制着意识形态的领导权，并且运用多种调控手段掌握着意识形态的内容和导向。但是就具体的途径来说，并不是只靠少数人来做，而是尽量通过全社会来实施。意识形态工作的主要任务就是要使党和国家的意识形态被社会所接受和认同，转化成社会公众的社会心理。这个转化的过程也就是进行政治社会化的过程，这个过程不是哪个部门和哪些部门的工作，而是需要家庭、学校、社会各方面力量的通力合作。

从学校来说，很多时候意识形态工作“虚而不实”，往往游离于学校教学科研等中心工作之外，意识形态教育只限于某些特定教学部门，没有形成共育

合力，同时，意识形态工作容易被忽视，没有严格有效的监督管理机制。因此，要加强党政协同，确实落实党委意识形态工作责任制；增强部门联动，宣传、组织、统战、教务、科研、学生、保卫、信息化等职能部门之间建立规范、长效的联动机制，打造出信息互通顺畅、集中研判及时、协同应对迅速的意识形态工作大格局；夯实"分工负责"，建立健全明晰的责任体系，明确不同层次责任主体责任，真正把意识形态工作责任下沉到基层单位和具体个人，抓好意识形态工作责任制硬落实。

推动显性教育与隐性教育相统一。西方学校的意识形态教育往往以隐形方式推动，这也启发我们学校在意识形态教育方面要重视隐性教育的功能，推动显性教育与隐性教育同向同行，共同完成立德树人的教育任务。要注重校园文化建设，把社会主义核心价值观融入学校的方方面面，可以通过文化墙、校园网、宣传标语、校园标志等方式来宣传社会共同价值取向，还可以借助各种各样比赛、艺术节、体育节、文化节等校园活动进行意识形态宣传教育，让青少年学生浸润在精心创设的校园环境中，潜移默化接受社会主义核心价值观。要加强制度文化建设，培养大学精神，弘扬优良校风、教风、学风，让师生在耳濡目染与文化熏陶中，真正把社会主义核心价值观内化于心、外化于行。

"世界上只有两种强大的力量，即刀枪和思想；从长远看，刀枪总是被思想战胜的。"拿破仑的这句话，很大程度上道出了人类历史的一个秘密——忽视了意识形态的力量，很难实现国家的独立自主和繁荣富强。意识形态工作是面向精神和心灵的工作，需要的是春风化雨、润物无声。结合青年特点，讲好中国故事，让青年真正懂中国、爱中国，青年一代才会在中国主流价值观的烛照下自信地"接棒"，坚定地走向未来。

坚持线上线下协同，以"互联网+"意识形态教育占领网络阵地。习近平总书记指出，"推动传统媒体和新兴媒体深度融合发展，是占领信息传播制高点、扩大宣传思想文化阵地的必然要求。"[①] 做好宣传思想工作比以往任何时候

① 中共中央党史和文献研究院编：《习近平关于网络强国论述摘编》，中央文献出版社，2021年版。

都更加需要创新。当前，随着网络和数字技术迅猛发展，媒体格局、舆论生态、传播方式正在发生广泛而深刻的变化，我们的意识形态工作必须主动适应新形势，强化互联网思维，不断改善网络育人环境。一方面，要加强意识形态工作队伍素质建设，使之成为运用现代传媒新手段新方法的行家里手，善于通过话语转换开展网络意识形态教育，做到既“接天线”又“接地气”，既会“面对面”又会“键对键”，把党的主张和社会正能量变成师生喜爱的精神产品。另一方面，要进一步加强融媒体建设，着力打造校园新型主流媒体，实现传统媒体与新媒体优势叠加、相互融合，提升价值引领的说服力、亲和力、感染力，不断巩固壮大校园主流思想舆论阵地。

三、改进和创新意识形态教育模式，全面提高教育实效

2019 年，习近平总书记在学校思政课教师座谈会上指出，思政课是落实立德树人根本任务的关键课程，用习近平新时代中国特色社会主义思想铸魂育人，要理直气壮地办好思政课。目前，我们思政课还存在不少问题亟待解决，课堂教学效果不够理想，教学内容手段比较单一，教师队伍整体素质有待提升，中小学思政课一体化建设需要深化，各类课程同思政课建设的协同效应还有待增强，学校、家庭、社会协同推动思政课建设的合力没有完全形成等等，种种问题直接影响了意识形态教育的针对性、实效性和可持续性，进行思政课教育教学改革势在必行。

第一，把“大思政课”贯穿于教育教学全过程，实现课堂教学、网络引领、实践教育的有机融合，提升思政课的教学质量。要立足社会实践，坚持理论性和实践性相统一，把思政课延伸到田间地头、厂矿社区，思政课教师和专业教师全程跟队指导，把思政课小课堂与社会大课堂紧密结合，打造“行走的思政课”。探索实施以“互联网＋思政”理念，逐步完善思政教育的实施体系，进一步深入推进“大思政”工程，实现“全方位”思政。持续做好学校智慧马院、智慧课堂、网络名师工作室、思政案例数据库等项目的建设发展。

第二，优化思政课教学内容，改进教学方式。要坚持改革创新精神，强化紧迫感和危机感，善于学习，勤于研究，建立健全思政课学生思想状况调研机制，探索实施思政课贴近实际、贴近生活、贴近学生的教育内容、教学方法和评价标准，切实增强思政课的吸引力、感染力和针对性、实效性，推动思政课课程建设工作不断迈上新台阶。

第三，扎实推进思政课教师队伍建设，守好思想阵地。要进一步完善学校思政课教师一体化人才培养模式，建立融“线上 + 线下、专题授课 + 集体备课、校内培训 + 校外实践”为一体的培训模式。注重运用“实战”提升思政课教师教学业务能力，每学期组织开展思政课教师教学比武、磨课练兵，以赛促教、以赛促学、以赛促研。借助思政骨干教师的专业引领，通过强化集体备课实效、名师示范课等方式，发挥骨干名师的辐射引领作用，让好教师成就好课堂。

第四，推进思政课程与课程思政协同发展。高校设有思政理论课，向学生传授社会主义理论等知识。这是以一种直接的教学，讲授知识，但是这并不意味其他课程没有思政育人属性，也不需要参与意识形态教育。在我国高校课程思政教学中，一些专业课程并未能充分发挥好育人功能。因此，我国课程思政建设要始终贯彻立德树人的总任务，凸显专业课程的育人功能。在对课程功能的认识上，专业课教师应在注重专业教学目标实现的前提下，关注课程的教育功能；教学评价上，在育人方面给予专业课教师一定的考核评价；从教师能力角度看，教师应加强专业课程思想政治教育的示范性和专业性指导，促进教学工作有效开展。多措并举推动思政课程与课程思政深度协同，筑强意识形态安全防线。

第三十七章

苏联学校教育和思想政治教育的理论与实践

苏联作为第一个社会主义国家，在学校教育和思想政治教育方面曾经有过良好的开端和基础，但后期由于种种原因而出现了严重失误，成为苏共垮台、苏联解体的重要原因之一，教训极为深刻，值得我们永远记取。

一、苏联的学校教育概况

十月革命前，沙皇统治下的俄国在经济、政治、文化等领域仍然残留着农奴制势力，这种情况在教育领域表现更为突出。俄国的地主、资产阶级将学校作为工具，学校教育的等级性、阶级性、宗教性十分突出。19 世纪七八十年代，沙皇政府颁布一系列教育法令，其目的是维护贵族子弟受教育的权利，保留贵族的等级学校，加强宗教教育。并且继续加强对各级学校的控制和警察监视活动。1914 年，俄国仅有十万所小学，学龄儿童入学率只达 20%，文盲占全国成年居民的 75%。中等和高等教育只能为有产阶级所享受。伟大的十月社会主义革命开辟了人类历史的新纪元，在世界上建立了第一个无产阶级专政的社会主义国家。苏联人民在布尔什维克党领导下，改革旧教育，逐步建立并全面推进苏联教育理论与新的教育体系。

（一）苏联教育理论在学校教育中的实施

1917 年十月革命胜利之后，苏维埃政权自成立之日即将教育事业的改革与发展作为首要任务之一，迅速成立了国家教育委员会，统筹管理全国教育工作。苏维埃政府下令取缔旧的学校机构，所有学校由苏维埃领导，禁止在学校内讲授宗教课程、举行宗教仪式，教会不能干涉学校事务。国家教育委员会公布了新生的苏维埃政府的教育举措：增加国民教育经费，开展面向工农大众的免费义务教育，统一举办苏维埃管理的学校，到了培养各类学校教师，大力开展成人文化教育建设等。同时，苏维埃政权要求教师与工农合作，学生要接近工农。

苏维埃政权将改善提高工农大众文化水平作为教育的主要目标，并且在各级教育中坚持开展共产主义意识形态教育。苏维埃国家教育委员会的《统一劳动学校规程》《统一劳动学校宣言》明确提出，取消革命前的各种类型的学校，学校要真正成为民主的、劳动人民的学校，要尽快普及义务初等教育。这两份具有历史意义的文件还特别强调，生产劳动与教学结合、学校综合技术化、把生产劳动作为学校生活的基础是苏维埃教育的重要原则。

1919 年，俄国共产党（布尔什维克）第八次代表大会通过的新党纲规定：把学校由资产阶级统治工具变为消灭阶级的工具，进行社会的共产主义改造的工具，实行教学与社会生产劳动紧密结合，培养共产主义社会的全面发展的成员。列宁进一步阐明了苏维埃学校的任务，他给青年提出一个任务：要通晓人类所积累起来的知识，通过参加工农劳动来培养共产主义道德和信念。

1925 年，外国反动武装的干涉被打退了，国民经济的恢复任务基本完成。在这一时期，列宁明确地提出了一项重要任务——文化革命。他要求完善学校布局，扫除文盲，以系统的知识武装青年。斯大林也提出了关于掌握科学理论的作用问题，关于青年的共产主义教育问题等等。

为了加速培养工人阶级的技术干部队伍以适应新生政权和社会制度的力量，苏联共产党（布尔什维克）派遣大批党、团员和党的积极分子到高等学校学习。高等学校由 1930 学年的 190 所发展，迅速增加到 1941 学年的 817 所，在校学生达 811700 人。

1941 年至 1945 年，苏联进行了抗击德国法西斯的伟大卫国战争。在战争期间，苏联政府仍然继续加强和改进学校教育工作。1943 年决定把儿童入学年龄从 8 岁提前到 7 岁，为青年工人和农村青年开办夜校。

第二次世界大战后，苏联立即开始恢复战争创伤，发展国民经济，教育事业的恢复发展是其中的重要内容。从 1946 年起的第一个五年计划开始，苏联党和政府发动各行各业集中人力、物力恢复被战火毁坏的学校、筹集教学设备、组建教师队伍，领导人民全面恢复学校正常教学状态。苏联党和人民用了很短的时间就修复、新建了战前的大部分学校，各级各类学校开始运行，教育事业有了新的发展。20 世纪 50 年代初，教育经费增加了两倍以上，全国基本上普及了 7 年制义务教育；20 世纪 50 年代中期，苏联全国的学生人数大幅度增长，远远超过了战前水平。20 世纪 60 年代中期，苏联形成了从学前教育到成人教育在内的各个年龄段的完整教育体系，并且开始实施 12 年制义务教育。与此同时，苏联非常重视高等学校的人才培养，积极培养高层次优秀人才，在科学、技术、文化等领域都取得了显著的成就。据统计，20 世纪 80 年代中期，苏联共有 10,610 万人在各级各类学校学习，约占全国人口的 39%；全国就业人员中受过高等教育的达 1210 万人，约占就业人员总数的 9.6%。

（二）苏联的教育体制改革

苏联在战后迅速恢复教育事业，中学毕业生人数急剧上升，然而，高等学校的容量未能与之相匹配，社会劳动岗位供给不足，大量中学毕业生面临升学、就业困难的严重问题。面对这一形势，苏联自 20 世纪 50 年代中期至 80 年代末期进行了三次教育体制改革。苏联的第一次教育体制改革于 20 世纪 50 年代中期至 60 年代中期展开。这十年教育改革的直接目的是破解中学生毕业后的出路问题。

本着这个改革目标，1958 年 12 月，苏联通过了《关于加强学校同生活的联系和进一步发展全国国民教育制度的法律》，这是此次改革的核心文件之一。该法律要求加强学校同生活联系，增加普通教育中的劳动课时，着重指出，苏联学校的主要任务是培养学生走向生活和参加公益劳动……中学教学和教育的基本思想必须是教育同劳动、同共产主义建设实践相结合。文件明确规定，苏联的青少年从 15 至 18 岁起，都要在教育同生产劳动相结合的基础上接受完中学教育，参加公益劳动。

这一时期，苏联党和国家加快了发展职业技术教育的步伐，将职业技术教育的基本任务确定为有计划、有组织地为国民经济的一切部门培养有文化的有技术的熟练工人和农业劳动者。苏联设立了城市和农村职业技术学校，培养目标是“具有高度的理论水平和良好实际知识”的中等专门人才。

此次教育改革缓解了50年代以来大批中学毕业生升学、就业的严重局面。但是，这次改革过于强调教育与生产劳动相结合，大幅增加了学生的生产实习和劳动时间，职业技术教育的发展超过了知识教育，结果导致教学质量普遍下降，影响了高等学校新生的质量。于是，从20世纪60年代中期至70年代中后期进行了第二次教育体制改革。这次教育体制改革的主要目标之一是推进教育现代化，核心内容是处理好学校的“知识教育和劳动教育”关系问题。

1964年8月，苏共中央通过了《关于改革兼施生产教学的劳动综合技术普通中学的学习期限的决定》，又恢复了原来的10年制普通教育学制，并将普通中学的学制3年改为2年，并大量压缩劳动教育的时间。10月，苏联全面修改了普通学校的教学计划、教学大纲，并重新编写了新教材。1965年苏联提出，中学生系统掌握现代科学知识是十分重要和必要的，要使教育内容和性质符合现代科学技术和文化发展的水平。最为突出的是提出取消普通中学的职业训练，培养学生掌握渊博的科学知识，使学生养成增加知识的愿望和运用知识的能力。

可见，苏联的第二次教育体制改革是对第一次改革的较大幅度调整，对提高教学质量和加强理论知识教育起到了推动作用。然而，世界形势的变革与国内形势的发展使苏联的教育体制面临新的问题：一是苏联社会主义模式弊端开始显现，如何培养新一代接班人、保持社会主义制度延续发展的问题迫在眉睫；二是随着世界科学技术的突飞猛进，新技术革命浪潮迭起，如何培养跟上世界科技革命发展的一代新人的问题至为关键；三是第二次教育体制改革促使中学过于偏向学生的理论知识体系的教育培养，忽视了劳动教育、职业教育，不仅导致学生的学习负担过重，而且就业能力减弱，毕业生就业困难的问题不容回避。于是，苏联从20世纪70年代中后期到80年代末，进行了第三次教育体制改革。

苏联党和政府认为，苏联教育就是要培养这样的一代新人：他们不但要继承前辈的光荣传统，而且能够以新的知识技术充实自己。他们的任务，在新的世纪继承伟大的十月革命的事业。因此，目前教育的一项重要任务就是使学生掌握系统的科学基础知识和一定的职业劳动技能，以适应社会的需要。为此，苏联党和政府要求增加劳动教学时间，加强职业训练与指导。于是决定大力提高教育、教学质量，要求教学计划、教学大纲、教科书和教具等都能符合时代发展的要求，经过一两个五年计划，所有年轻人都将有机会在开始劳动前学会一种职业技能。

苏联的三次教育体制改革勾画出其教育改革发展的历史轨迹，总体上反映出教育在一个特殊历史时代典型样态，教育体制改革既有坚持苏联模式的主观意志，也有从实际出发适应经济社会发展的实践探索，还有应对世界科技大潮挑战的清醒意识。同时，教育体制改革不仅仅是教育策略、技术层面的自身调整，更是对一个国家社会形态、政治制度、意识形态和社会价值观的合力所致。苏联的教育改革虽然力图走出一条独特的有助于社会主义制度改革发展之路，而且，在每个改革时期都创造了出色业绩，培养了许许多多不同领域的专业人才，为苏联在世界范围内诸多领域的领先和强大奠定了强大的人才基础。然而，苏联的教育体制改革随着20世纪80年代末、90年代初的苏共垮台、苏联解体而发生历史性断裂，在失去根本制度基础的前提之下，教育改革必然会走入历史的断崖。

二、苏联学校思想政治教育与实践

（一）苏联的学校思想政治教育

苏共初期曾十分重视意识形态领域的工作。列宁在十月革命前就曾表示：“把政治鼓动扩大到必要程度的基本条件之一，就是组织全面的政治揭露。不进行这样的揭露，就不能培养群众的政治意识和革命积极性。因此，这一类活动是整个国际社会民主党的最重要的职能之一”[①] 因此，苏维埃政权始终关注对意识形态的控制和对公民思想的教育，将其视为维护苏共执政合法性和建成社会主义的关键。

苏联教育体系的主要任务在于提高国民的教育水平，并按照共产主义意识形态对学生进行培养。随着时间的推移，教育体系发生了改变，但这一改变并没有对学生所受教育的性质产生影响。

苏联时期出现了一系列新的教育理论家，他们的工作是从零开始设计新的教育系统。比如马卡连科，他利用一个青少年罪犯群体作为试点研究，开发了一个困境儿童康复系统，他建议也应在主流教育机构引入该系统。马卡连科在《教育诗》中阐述了自己的原则，在俄罗斯，他的名字与蒙台梭利一样著名，家喻户晓。马卡连科的基本原则是让孩子们参与“共同事业”（例如打扫教室等简单任务），并让他们相信每个人都对自己也对彼此负责。孩子的精力被引导到集体利益上。此外，马卡连科在学校环境中信奉“民主”原则——每个孩子都有自己的发言权，孩子们可以举行集体会议，他们可以选举一名班级代表，他们可以让新来的学生和低年级学生加入他们的行列。同时，他确保纪律得到遵守，不会因惩罚违法者和闹事者而退缩。

到 20 世纪 20 年代末，苏联的教育体系基本形成。列宁的妻子、教育部副人民委员纳杰日达·克鲁普斯卡娅是其主要激励力量和智囊。她认为，学校不仅应该教书，而且应该成为共产主义教育的中心。因此，教育应该影响年轻一代，以获得某种类型的人。1922 年，克鲁普斯卡娅在儿童先锋组织的建立中发挥了关键作用，该组织起源于 1908 年尼古拉二世统治时期成立的俄罗斯童军运动。然而，重要的区别在于，尽管它在形式上类似于童子军，但先锋运动在内容上是共产主义的。

少先队员受到的教育是忠于苏联祖国、无产阶级和社会主义国际主义、对

---

① 中共中央马克思恩格斯列宁斯大林著作编译局译：《列宁全集第 6 卷》，人民出版社 1986 年版，第 66 页。

工作和公共财产的认真态度、获得精神文化以及毫不妥协地反对一切与社会主义生活方式格格不入的东西。所有学生从 10 岁起就加入先锋组织。从本质上讲,先锋组织向儿童灌输道德和伦理价值观——忠诚社会主义事业,认真学习,诚实努力,尊重长辈,积极弘扬同志精神和互助精神,表现较好的学生应该帮助较弱的学生。先锋队的座右铭是“时刻准备!”这表明他们的任务是为苏联共产党的事业奋斗。

随着苏联社会主义制度的逐步成型,在苏联模式下,苏共对意识形态的管控措施和手段不断强化。“纵向成线、横向成面”构成了苏联意识形态管控的主要方式。一方面,苏共的意识形态管理形成了由上至下的纵向管控线条。苏共中央委员会、中央书记处和政治局为最高管理机构,各共和国、州及边疆一级党委为中间点,一直延伸到市、区一级党委和基层党组织。苏共中央委员会、中央书记处和政治局负责在宏观上制定路线、方针和政策;各共和国、州及边疆一级党委根据苏共中央的精神制定实施意见,起到承上启下的桥梁和纽带作用;市、区一级党委负责把上级的精神和实施意见变成可以操作的程序,具体化地布置各项任务;基层党组织深入到学校、各个单位和集体农庄,负责具体落实工作,把意识形态管控工作落到实处。

另一方面,苏共意识形态管理机构通过横向形成多种层面:第一层面隶属苏共中央,以军事部、社会主义国家共产党和工人党联络部、科学和学校部等;第二层面隶属于苏联部长会议,主要有文化部、国家新闻保密局、出版委员会、教育部等;第三层面是重要研究机构:苏共中央马列主义研究院、苏共中央社会科学研究所、苏共中央高级党校和苏共中央社科院等;第四层面是舆论宣传单位,如真理报、消息报、塔斯社、新闻出版社、电视台、广播电台等;第五层面是官方色彩很重的团体、协会,如共青团、工会、妇女组织等。①

苏共在加强意识形态管理的同时,重视对高校大学生群体的意识形态教育。1966 年 11 月 10 日,在苏共中央政治局会议上,勃列日涅夫主持与会人员

① 李全:《勃列日涅夫时期苏联的意识形态机构及管理模式》,《当代世界与社会主义》2008 年第 1 期。

讨论了关于国内意识形态的问题。勃列日涅夫指出:“我们的思想工作存在着严重的问题,对此我们不仅要议论,看来还应当对之采取相应的措施”,并提议要编写能捍卫马克思列宁主义的、能捍卫苏联共产党免遭反马克思主义者和假马克思主义者攻击的、论据充分的、有说服力的、真正的马克思列宁主义教科书。①

勃列日涅夫时期,苏共意识到了大学生思想意识形态中存在的严重问题,也想尽办法进行解决,不惜花费大量的人力、物力和财力。比如,为提高中小学政治思想教育质量,把着重点放在提高教师的马列主义教育理论水平上。为此,苏共为教师和干部设立了专门进修机构,名为“科学共产主义学校”。教师和干部在这里要学习的一门课程是“发达社会主义社会年轻一代共产主义教育迫切理论问题和实践问题”,并责令资深马克思主义理论专家编写专门教材和教学计划。但是,中小学的思想政治教育并没有取得良好的效果。

在勃列日涅夫时期,苏联大学生的思想政治状况越发令人担忧,严重的信仰危机不断蔓延。大部分苏联大学生不再信仰马列主义,认为它的基本原理只是僵硬教条,不能解释和预见实践的过程。他们不再信仰马列主义,不再敬仰共产党,更不愿意参加共青团的活动,党对大学生来说已不是光明、先进的化身。信仰危机导致一部分大学生只是在公开场合表面接受官方的意识形态,在私下场合却抨击时政、发泄对现实的不满。意识形态混乱极大降低了大学生的政治责任感,导致道德滑坡,各种自由主义思想和行为泛滥,继而引发的一系列社会问题削弱了苏联的社会主义基础。

(二)苏联学校思想政治教育与西方国家学校的比较

思想政治教育作为一项重要的社会主义实践,贯穿了苏联从兴盛到解体的始终。苏联的学校思想政治教育历程,从前文所述中可清晰看到它所具有的特点:十月革命之后,列宁带领布尔什维克把思政政治工作放在了重要位置。列宁系统论述了学校思想政治教育的重要地位、管理机构、教育内容、实施方

① 沈志华、叶书宗主编:《苏联历史档案选编第31卷》,社会科学文献出版社2002年版,第116—117、132页。

法等问题，新生的苏维埃政权的思想政治教育开始形成；斯大林时期，学校思想政治教育工作进入了新阶段。斯大林要求在批判各种错误思想和来自西方的反动思潮的同时，要坚持用马克思列宁主义统一青年学生的思想，苏维埃政权要建立自己的思想政治教育阵地；勃列日涅夫执政期间，要求学校思想政治工作以马克思列宁主义理论为指导，重新编写教材，以强制方式推进学校思想政治工作。然而，到上世纪 70 年代末，苏联模式弊端造成的政治、经济和社会等方面的严重问题，已经使学校思想政治教育难以正常推进；到了戈尔巴乔夫时期，苏联历史虚无主义泛滥、所谓的"公开性"以偏概全，混淆是非，全面否定苏共与苏联的历史，全面否定苏军的历史，最终把苏联共产党、人民以及军队的思想彻底搞乱，苏联的学校思想政治教育也必然彻底溃败。

以 21 世纪的时空视角，将苏联学校思想政治教育与西方国家学校状况进行分析比较，从历史与现实的透视中研究苏联和西方国家在思想政治教育的价值角度、方法措施和实际效果，具有重要的理论和实际价值。在此应首先厘清一个问题：西方国家学校尽管没有"思想政治教育"这个明确的限定词汇，但是，他们在实施这方面策略与手段时，具有同苏联的"思想政治教育"基本一致的内容。因此，这个比较研究在理论研究和实践逻辑上可以成立。

第一，西方国家普遍在学校教学之中广泛开展公民理念、法治意识等方面教育。上世纪 50 年代起，在新技术革命的推动下，西方国家的生产力水平相应提高，经济获得了长足发展。然而，在经济发展的同时，其社会问题不断显现，青少年价值观扭曲，犯罪率攀升，社会秩序混乱。此外，社会环境问题凸显、恐怖活动频出。这些情况使西方国家认识到，科技和经济高度发达并不能解决所有的社会问题，迫切需要通过学校的公民教育、人格教育、价值观教育来实现社会的安定与有序运行。比如，美国决定在学校加强纪律教育和勤奋学习的教育。美国前总统乔治·布什指出，学校不能仅仅发展学生智力，智力加品德才是教育的目的。他强调，"必须把道德价值观的培养和家庭参与重新纳入教育计划”，[①]“9·11”事件后，美国更为重视学校的人格教育、价值观教育，并且把这些教育渗入学校教育的各个环节之中。

第二，强化学校的品德教育，把品德教育看作是解决国民品性危机的最重要的方法之一。美国相继成立了“品德教育联合会”“重视品德同盟会”，要求在每一所学校都实行品德教育。法国规定，思想品德教育是学校“不能回避”和“义不容辞”的任务；法国的学校普遍开设了“共和国公民的伦理与道德课程”。英国的一些高等学校设立道德教育研究机构，为其他学校和社区提供教材和教授培训。德国的学校将政治养成和宗教教育作为重要教育内容，而且，德国社会对学校的这一做法大力支持并以法律形式肯定；日本在政府文件《21世纪教育目标》中规定：当务之急要加强学校的德育，培养足以承担起21世纪重任的年轻一代，而道德情操和创造力决定未来的命运。日本认为，人才的健康成长取决于对学生思想素质培养的重视，一些日本学校将思想品德教育设置为必修课。

第三，将学校品德教育与政治活动紧密结合。德国的学校非常重视对学生的政治养成教育，在教学内容、教学方式等方面都做了细致安排；美国利用一切形式对学生强化“美国的意识”，美国的国旗、国歌、国徽、总统画像等美国国家的象征物，充斥在中小学的空间。

第四，在教育方式上，由灌输向灌输与渗透并重转变。西方国家学校在推进价值观、社会意识教育的过程中，不断改进教学方法和手段，把意识形态教育渗透到历史学、政治学、经济学、心理学等学科教学之中，甚至在一些理工科的教学中也植入西方意识和价值观。更值得注意的是，西方国家学校利用现场教学开展直观的教学活动。不论是灌输还是灌输与渗透并重的教育方式，西方学校始终对学生进行宣扬西方中心论、为资本主义制度辩护、反对共产主义的教育。

第五，在西方国家，学生的价值观教育不仅仅是学校和教师单方面的事

① 戴艳军：《思想政治教育案例分析》，高等教育出版社2001年版，第252页。

请，而是全社会、各层面、全体社会成员不得推辞的共同责任。他们非常注意大力发挥学校与社会协同共济开展教育的方式，以实现学校教育的广泛参与性，进而提高教育效果。美国政府规定，家庭、学校、社会等一切社会要素都要推崇美国的生活方式和价值观念，而且号召人们不遗余力地教育每一个美国学生负起历史赋予的责任，鼓励他们把自己奉献给国家。

三、苏共领导学校思想政治教育失败教训的反思

（一）苏共后期对高等学校思想政治教育的领导

20 世纪 70 年代起，苏共对学校思想政治教育的领导开始出现一系列失误，思想政治教育效果持续减弱。赫鲁晓夫下台后，苏共中央先是在相当长的时间不了解学校师生意识形态详细情况，学校思想政治教育管理工作出现空白。

在苏共安排克格勃专门机构了解到学校思想政治教育严重弱化、意识形态问题的严重性时，苏共仍未能认真加以研究讨论，以正确的领导方式形成切实有效的应对严峻形势的方法措施，改进完善学校的思想政治教育，而是以一系列违反思想政治教育规律、引发学校师生反感的手段生硬地推进工作，结果造成了不良后果。随着苏共社会主义建设的指导思想开始出现混乱状态，苏共对学校思想政治教育的领导和方法措施同时出现系列性错误，最终走入毁灭结局。

第一，以特殊手段收集学生的思想情况。苏共赋予国家安全委员会专门职权，监控收集学生思想状况和动态，经分析后形成专门报告，并从特殊机构的角度提出对问题的分析判断和解决办法，之后提交苏共中央掌握。该委员会在很多情况下指定专门机构采用秘密手段了解高校学生情况，这种做法引起了苏联高校师生的普遍反感，甚至引发激烈不满情绪。

第二，以强制手段规训学生的言行。所谓“政治规训”的方式是苏共采取的对知识分子，特别是青年学生的教育管理方式和手段。他们运用各种手段对学生身心进行强制规训，力求塑造出服从驯顺的状态。他们认为，“政治规训”

及其手段具有社会规范的功能,可以强化社会控制,减少经济和政治代价。

第三,以监视手段监控学生的思想行为。勃列日涅夫时期,苏共相关部门对大学生的在校时间和空间进行技术化分割和编排,在时间和空间的交叉点上将大学生的身体位置直观地固定在监控网络中,严密的监控网络据此构成,学生上课学习、社会政治实践和参加考试等方面的活动都是实施监视的特定的时间空间场域。此外,对学生在教室、宿舍、图书馆等场所的活动也经常列入监视范围。虽然这张监控网络很强大,但是也时而出现疏漏之处,学生们总会设法突破控制,避开监视。可见,勃列日涅夫时期苏共通过层级监视、规范化裁决和检查等手段对大学生加强意识形态控制的做法既不得人心,也难以在技术层面密无疏漏,最终在当局与学生的激烈冲突中难以真正落实。

第四,以硬性制度强令学生参加政治活动。在苏共各种僵化的规章制度和行政命令下,参加各种所谓的政治学习和名目繁多的社会政治实践是高校学生必须接受的政治任务,诸如青年演讲员、政治日、大学生建设队、列宁考察等等均为大学生必须参加的强制性活动。苏联的一系列行政管理机关具有强制性权力,制定了严格的纪律,实施各种惩戒措施迫使大学生参加这些政治活动,但是学生或是消极应对,或是公开反对,逆反心理逐日激化。

第五,戈尔巴乔夫的“新思维”“人道主义”“异化”等言论引发了苏联积郁已久的攻击列宁主义与十月革命、否定马克思主义和社会主义的逆流狂潮。高校成为意识形态混乱的核心领域之一,苏联的社会主义实践被说得一无是处,苏共成为“犯了罪”的组织、苏联社会主义制度带给人民的“只有灾难”、苏联的过去是一部“不光彩的历史”等思想认识甚嚣尘上。由此,苏联高校的思想政治教育陷入一片混乱,极大动摇了学生对马克思主义的信仰,对社会主义、共产主义的信念,苏共及其领袖在很多学生心目中的地位急剧下降,进而,公开提出必须取消苏共的执政地位,仿效西方国家搞多党制等等。苏联高校的思想政治教育工作随着苏共垮台、苏共解体而彻底崩溃。

(二)苏共垮台、苏联解体与学校思想政治教育的关系

1917 年的十月革命成功之日起,美国等西方国家就将新生的苏维埃政权

视为“邪恶”政权。美国等西方国家从此即确定了共同的毁灭计划——彻底毁灭苏共和苏维埃社会主义制度，尤其是从地球上清除他们视为洪水猛兽的共产主义意识形态。然而，他们也认识到，仅凭侵略战争和武力干涉无法达最终到这一目的，必须依靠西方的自由主义精神瓦解苏共政权和社会主义制度，打一场没有硝烟的意识形态战争。当戈尔巴乔夫主动迎合西方价值观和意识形态，抛弃苏共、社会主义制度和苏联的言行刚刚显露时，西方认为和平演变的有利时机到了，于是全面加紧对苏联进行意识形态渗透颠覆。他们针对苏联的学校，特别是高校的意识形态渗透迅速启动，和平演变战略全面发力。本来就已思想混乱地苏联学校，刹那间与苏联传统的社会主义思想教育彻底分道扬镳，大学生的思想发生了根本转变，苏共和苏联的社会主义制度失去了未来的建设者和接班人，反而产生了一代掘墓人，加速了苏共垮台、苏联解体和苏联社会主义制度的最终覆灭。苏联意识形态的坚固堡垒是从其内部即苏联的学校被攻破的，苏共垮台、苏联解体与学校思想政治教育有着直接的关系。

1. 苏共党组织与学校思想政治教育的领导责任错位虚化，学校思想政治教育弱化，效果尽失，进而苏共失去了其执政地位的一个重要基础。戈尔巴乔夫执政时期，苏共几乎全面放弃了对学校思想政治教育的领导。“民主化”“公开性”风潮中，苏共的领导地位和形象受到了严重破坏。上世纪 80 年代末，近十万个“非正式组织”出现，类型各异，明显带有政党、政治色彩的组织不在少数。主张多党制、议会制度的声音甚嚣尘上，一系列秘密、公开反对苏共、反对社会主义制度组织团体接连成立，其纲领与活动具有明显的政党性质。

1990 年 3 月，第三次苏联非常人民代表大会通过了《关于设立苏联总统职位和苏联宪法修改补充法》等决议，苏联宪法中保障苏共领导地位的条款被删除了，苏共的领导地位由此终结，多党制取而代之。1990 年 10 月，苏共中央的一次重要会议上，乌克兰共产党中央委员会书记奥斯特罗任斯基说：“学校的人文主义思想基础在悄悄地遭受冲击，新近出现的政党、青年组织、教会正放肆地、有力地冲击着学校生活……就连苏联国家教委本身对于教育的非意识形态化和非政党化也含糊其词。”[①]

2. 教材管理混乱，内容混乱，一些党员甚至公开反对在学校开展马克思主义理论教育。在很长的时间里，苏联学校的思想政治教育教材就存在着严重的问题。苏联后期高校思想政治教育教材长期僵化地、教条主义地对待马克思主义。而且，教学案例陈旧、枯燥空洞，联共党史、哲学、科学共产主义原理等课程的教材，更加索然无味，对青年学生没有说服力和吸引力。大学生最不欢迎的课竟然是马列主义相关课程。

3. 苏联学校思想政治教育方式方法死板、僵化、理论脱离实际。思想政治教育课程的教师讲课，大多数情况下是教条式的僵硬的说教，既不能解释现实问题，也不能对世界和苏联的发展进程进行科学的预测。在思想政治教育课程上，教师们面对反对马克思主义、社会主义制度的问题或是避而不谈，或是只做些轻描淡写的敷衍应付。正如当时人们所评价的：“社会科学教师在大学生世界观形成过程中所起的作用是毋庸置疑的，然而，他们在大学生们中间却极不得人心。他们中的大多数人不善于跟学生交往，对于追求知识的青年人来说他们显得才气平庸。一些工科院校的社会科学教师对于最新科学技术发展趋势一无所知。”[②]

4. 各部门各方面没有形成合力，未能给青年学生健康成长营造良好的思想政治教育社会环境。苏联党和政府没有对学校思想政治教育工作的有效开展形成社会多方合力，苏联的报刊、广播、电视和社会机构等组织在与青年学生的沟通、传播、教育的方式方法上存在着严重的缺陷甚至错误导向，未能担负起并有效地履行其应尽的职责和使命。学校的思想政治教育方式方法死板、生硬，对出现思想方面问题的学生简单生硬地进行纪律或组织处分，或是将这些学生开除出共青团组织、开除学籍，或是转交司法机关追究法律责任，而不

① 沈志华、时书宗主编：《苏联历史档案选编第30卷》，社会科学文献出版社2002年版，第614页。

② 沈志华、时书宗主编：《苏联历史档案选编第31卷》，社会科学文献出版社2002年版，第146页。

是充分利用社会各方面的影响，经过耐心地做思想疏导、说服教育工作，使这些学生实现思想转化，结果形成了很多青年学生对党和政府做法的极度不满。这些因素导致苏联学校思想政治教育越来越弱化、虚化，越来越丧失了思想政治教育的功能和作用。

四、启示与借鉴

从根本上讲，苏联学校思想政治教育由盛至衰，根源在于苏共长期僵化、教条主义地对待马克思主义、社会主义，没有完全搞清楚什么是马克思主义、社会主义，如何坚持发展马克思主义和社会主义，没有紧密结合时代特征和苏联具体实践发展马克思主义、推进社会主义建设。学校思想政治教育在这种状态下必然随同苏共、苏联的覆灭走向终结。这一历史过程留给了我们深刻的启示和借鉴：

第一，必须坚持和强化党对学校思想政治教育的领导。在斯大林之后很长时间，苏共忽视了意识形态工作，逐步丧失了学校思想政治教育领导地位。在勃列日涅夫时期，苏共没有明确要求各级党委和党组织必须担负起学校意识形态工作的领导责任，党的领导人对学校思想政治教育的理解浅薄而生硬，他们认为，这些工作无非是强化纪律措施、实施组织手段、细化监督手段，没有从党的建设、制度建设等层面认真考虑加强党对学校思想政治教育领导顶层设计和具体实施。戈尔巴乔夫执政时期，苏共对思想政治工作的领导则由此全面弱化、虚化，一发而不可收，学校思想政治教育陷入混乱失控，甚至出现破坏性局面。1988 年 3 月，苏联国家安全委员会呈交苏共中央的一份报告显示，1987 年制作、散发反苏内容匿名材料的苏联公民人数比 1986 年增加了 9.4%。这些材料的作者占比例最高的是“大学、中学、小学在校学生以及职业技术学校学生”，为 37.2%。这一数字从一个角度反映了苏共弱化、虚化学校思想政治教育领导所造成的严重后果，也使我们警醒，忽视、放弃党对学校思想政治教育的全面领导，最终必然会危及党的生命力。

第二，必须坚持和发展马克思主义，不断推进理论创新。苏共长期没有完全搞清楚什么是马克思主义、怎样坚持和发展马克思主义等根本问题，特别是没有紧密结合时代特征和苏联具体国情发展马克思主义，没有坚持用马克思主义的立场、观点和方法解决现实问题。比如，苏共盲目高估了苏联社会主义的发展水平，在 20 世纪 80 年代初即将自己同资本主义发达国家在技术水平、经济效益方面还有巨大差距的社会生产力情况称之为“发达的社会主义”，根本无法显示出对资本主义的竞争优势。而且将这一理论作为各类学校政治思想教育的核心内容，结果对青年学生没有任何说服力和吸引力。加强学校思想政治教育，必须首先加强思想理论创新工作，只有用发展了的马克思主义开展思政教育才能凝聚人心、汇聚力量。

第三，必须不断改进和完善学校思想政治教育的方式方法，以动之以情、晓之以理的思想疏导开展青年学生的思想政治教育。苏联后期基本以简单粗暴的纪律处理、组织处分、法律制裁作为思想政治教育的主要方法手段，而忽视思想疏导、情理感化。一些学校开除学籍、团籍、将一些高校青年学生赶出大城市、向其家长通报相关情况、向学生家长所在单位的党团组织和社会组织通报相关情况、预防警告、逮捕判刑等措施竟然作为思想教育的手段加以实施。强制手段的运用往往效果不好，无助于从思想上、认识上、根源上解决思想问题，甚至适得其反，激起青年学生和家长的强烈不满和抵触。

第四，必须构建社会各方面、各单位齐抓共管、同向同行的工作格局，营造学校思想政治教育合力协同氛围。青年学生思想政治教育对党和国家的长治久安的重要性有目共睹，一日不可忽视。从根本上讲，苏共对学校思想政治教育的失败说明，学校思想政治教育不单单是学校一方面的工作，而是全社会的工作，关键是加强党的领导。苏共的学校思想政治教育失败的主要原因之一在于将学校思想政治教育同社会各方面隔离开来，更谈不上形成社会合力。这样，前苏联的学校思想政治教育基本上是孤岛方式存在，在意识形态失控的环境中必然轰然坍塌。

后 记

本书是天津市哲学社会科学规划2023年一般项目“基于职业教育类型定位视角的大中小学思政课一体化建设研究”的主要研究成果。这个选题的重要意义在于：在党和国家提出并力推大中小学思政课一体化建设的背景下和过程中，这个“一体化”建设在大中小学思政课纵向贯通方面已有很大进展，但其横向协调工作尚在起步阶段；关于“一体化”的一般研究的成果较多，但由职业院校牵头的大中小学思政课一体化建设的实践研究成果尚不多见且有一些难点有待攻克。本书的撰写意在弥补以上不足，但课题组自觉只是部分地达到了目的，有些实践难题还有待探索，有关理论观点还需要接受同行的质疑。无论如何，对于从职业教育的角度探讨大中小学思政课一体化建设这个尝试，本书是较为系统的“起步”，我们愿意与同行共同努力，不断推进这个研究过程，为实践中的大中小学思政课一体化建设贡献一份推进力量。为此，我们也非常诚恳地接受来自各方面的批评与改进意见。

本书的研究从成立以荣长海、赵丽敏、李维利、王胜利为主要成员的课题组开始，一直得到有关专家和领导的大力支持。在开展研究之前，业内知名专家李朝阳教授提出了宝贵的指导意见，在全部书稿完成后欣然为本书作序，使本书成果增色良多。天津机电职业技术学院主要领导和马克思主义学院教师给予全方位支持，承担了主要的研究工作。部分天津市普通高校的骨干教师和专业带头人积极参与提纲拟定和重要章节的撰写，为本书成果质量提供了一定的支持。全书具体研究工作由王胜利教授主持,各章撰稿人依次为:绪论——荣长海,第一章——房强,第二章——刘文晴,第三章——王维园,第四章——王芬,第五章——付贤会,第六章——郑安定、王洽,第七章——宋雨江,第八章——张哲,第九章——韩松、杨晓岑,第十、十一章——李墨,第十二章——柴媛媛,第十三章——郭傲雪、曾抗、迟娜,第十四章——刘芳、彭雅琴、张薇,第十五章——王千文、裴丽莎,第十六章——李晓慧,第十七章——邢小丽,第十八章——温慧超,第十九章——李晋芬,第二十章——史月田,第二十一章——张月阳,第二十二章——马立娇、李志芳、宋悦瑄,第二十三章——逯慧,第二十四章——张亚丽,第二十五章——任宗花、黄鸿智,第二十六章——于杰,第二十七章——刘雪,第二十八章——董凯丽,第二十九章——王永丽,第三十章——郝浩杰,第三十一章——杨帅,第三十二章——韩树柏、高美美、王嘉起,第三十三章——刘艳娇,第三十四章——张薇,第三十五章——房强,第三十六章——陈丽菁,第三十七章——王胜利、随军。在初稿基础上,荣长海、李墨、郑安定、王胜利分别负责与第一篇,第二篇,第三、四篇,第五篇各章作者进行修改沟通,并作出初步修改。王胜利对全部书稿进行了统修,王维园、王千文分别协助王胜利进行书稿修改工作,最后请荣长海教授对全部书稿作了文字上的审定。天津社会科学院出版社领导和柳晔编辑对此书出版付出了很多心血。课题组对以上各位的辛勤劳动表示衷心的感谢!

大中小学思政课一体化建设是习近平总书记直接关注的重大课题,这方面无论是实践发展和理论探讨,都是一项长期的坚韧的工作。本课题组在完成本书撰写之后,仍将继续开展相关研究,与业界同仁以此为基础不断探索,共同书写大中小学思政教育一体化的新篇章。

“基于职业教育类型定位视角的大中小学思政课一体化建设研究”

课题组

2024 年 8 月 10 号